本书的中文版翻译受中央高校基本科研业务费资助，是大连理工大学引进人才科研启动项目 "商业伦理与资本主义发展进程研究" [项目编号 DUT20RC(3)077] 的最终成果。

启真馆 出品

财富、商业与哲学

伟大思想家与商业伦理

WEALTH, COMMERCE, AND PHILOSOPHY:

Foundational Thinkers and Business Ethics

［美］

尤金·希斯
Eugene Heath

拜伦·卡尔迪斯
Byron Kaldis

编

宋良 译

ZHEJIANG UNIVERSITY PRESS
浙江大学出版社

序言 "在遵守……法律和……伦理习惯时"：
如何在商业伦理中研究人类经济学

黛尔德拉·迈克洛斯基（Deirdre N. McCloskey）

1970 年，米尔顿·弗里德曼（Milton Friedman）在《纽约时报》（*New York Times*）上发表了一篇举世闻名或者说臭名昭著的文章——《企业的社会责任是增加利润》，标题是一位精明的头条作者根据文章开头一句话的第一个从句精心设计的。我在这里所使用的标题来自同一句话中的第二个从句，它推翻了经济学家和他们的反对者们所支持的弗里德曼的观点——商学院的学生和商业从业者不需要学习道德。事实是，弗里德曼的说法正好相反（比如关于委托管理的伦理）。

这本书也是如此。商业伦理存在的一个问题是，它对伦理并不严肃。另一个问题是，它对商业并不认真。在《财富、商业与哲学》这本书出版之后，这两个问题都不复存在。

我建议这本书增加一个新颖的红字标题——"人类经济学"（"humanomics"），意为这是一本关于商业、人类，以及人文学科（人性?）的研究。人文学科研究的是人类认为意义重大的诸多范畴（categories），如商业道德与政治道德，企业与伙伴关系，红巨星与白矮星，病毒与细菌，公民与非法移民，丑陋与美丽，尊严与快乐，好与坏。人们需要知道一个范畴的意义，然后才能确定它所涵盖的要素，这就是为什么人文科学——德国人称之为"精神科学"（spirit sciences）——必须总是先于社会科学或物理学这样的定量科学。正如尼尔斯·玻尔（Niels Bohr）等人指出的那样，"意义"是科学的，这是因为科学家是心系人类问题的人。

同样，哲学的"精神科学"也适用于商业世界。的确，不仅仅是人文学科中的技术哲学能够解释日常生活中的商业活动。读者可以从易卜生（Henrik Ibsen）或阿瑟·米勒（Arthur Miller）的戏剧中学到资产阶级生活中有意义的范畴——比如一位建筑大师害怕年轻人进入；或者，即使是不成功的推销员也必须受到尊重。读者可以从约翰·弥尔顿而不是弗里德曼那里学到——"恶啊，你来做我的善"，这是一个聪明的傻瓜的人生计划，甚至是一个天使般的计划，就像一个贵族、农民或资产阶级的计划一样，如"谁死的时候玩具最多，谁就是赢家"。读者可以从语言学或呆伯特[1]漫画中了解到，管理者宣言的表面修辞可能具有相反的语用含义或言外之意。读者可以从高深的经济学理论——它本身是人文学科的一部分，而不是定量科学——所钟爱的数学存在定理中学到，在自由市场中可能存在一种溢出效应，它可能证明由仁慈的哲人王所领导的、假设完善的政府进行大规模干预是合理的。这些范畴包括溢出效应（所产生的任何影响？）、合理干预（射杀污染者？）、政府（暴力垄断？）、仁慈（对谁？）和哲学家（不是修辞学家？），其本身就是进行人文主义探究的合适主题。

最近，发明了"人类经济学"一词的实验经济学家巴特·威尔逊（Bart Wilson）借用哲学家路德维希·维特根斯坦（Ludwig Wittgenstein, 1889—1951）的观点，表示公正感不仅存在于个人的效用功能中，也存在于他们所玩的语言游戏中。[1]他是唯一一位深入研究维特根斯坦的经济学家。我本人也开始参考哲学家约翰·塞尔（John Searle, 1932—   ）的著作，把对经济制度的研究提升到哲学和文学的范畴。[2]这样的游戏在科学上是值得的。也就是说，读者要想学习人类意义的范畴，第一步从科学开始，逐步涉及人类所关心的所有问题，了解由各种各样的哲学家"对世界进行的最佳思考和表述"，这些哲学家可以从孔子列举到阿玛蒂亚·森（Amartya Sen）。本书所列的参考著作可以专业并可靠地告诉读者，这些哲学家都说了些什么。（唉，我注意到女性并未出现在其中。哲学家哲学家伊丽莎白·安斯科姆（Elizabeth Anscombe），菲利帕·富特（Philippa Foot）和玛莎·努斯鲍姆（Martha Nussbaum）对道德伦理的研究，也可以为商业伦理提供参考。）[3]本书所传达

---

[1] 卡通人物，身居斗室的生意圈里的平庸之辈。——译者注

的信息是：阅读最好的哲学家，研读他们的著作，探究他们的思想如何在商业社会中发挥作用。

第二步是，尝试在商业社会中理解并践行有效性，这是至关重要的。原因是，正如本书多次提到的，一直到资产阶级时代（包括罗尔斯，甚至阿玛蒂亚·森），哲学家们（尤其是知识精英）很少有人能够避免对社会的反商业化产生偏见。例如，弗雷德·穆勒（Fred Miller）在他的文章中提出了一项艰巨的任务：让偏爱贵族的亚里士多德（Aristotle）对商业道德有所帮助。他通过一种希腊人称为"埃朗修斯"（elenchus）的柔道招式，一种配得上苏格拉底本人的招式，来完成这项任务。尼古拉斯·卡帕尔迪（Nicholas Capaldi）证明了穆勒的核心价值是人的尊严，从而将穆勒的功利主义学说从粗俗中拯救出来。此举将商业伦理的研究，置于利益相关者成本和利益相加的功利主义之上。同样的，道格拉斯·登·尤伊尔（Douglas Den Uyl）认为，在亚当·斯密（Adam Smith）所描绘的理想的"商业所承诺的只有适应性和进步性，而不是个人幸福"。例如，在一个穷小子奋斗的过程中，他的性格可能会随之改变。然而，尤伊尔认为，在整体性的商业中，即"一种明显且单纯的自然自由体系"，斯密发现了美。尤伊尔写道，"斯密可以合理断言，一个人可以对一个商业环境中的许多行为者持批判的态度［同行业的人很少聚在一起］，同时通常仍然对商业持积极的态度"，原因是在孟德斯鸠的理论中［见书中亨利·克拉克（Henry Clark）那篇富有特色且条理清晰的文章］，商业会让人变得软弱和文明。我自己也会注意到，受到商业的影响，这个穷小子的性格发生变化，这一过程可能不比小领主变得傲慢、见习修道士对僧侣恶习的态度转变更差。总的来说，这样可能会更好一些。

再来看看马丁·施拉克神父（Fr. Martin Schlag）关于科学发展成为深奥哲学的例子。他在一篇较为晦涩的文章中写道，作为一名教会医生，圣·托马斯·阿奎那（Saint Thomas Aquinas）在罗马天主教中的正统地位，有时会给那些不信教的人提供一个借口，来忽视这位最杰出的哲学家。施拉克指出，阿奎那不是一个方法论的个人主义者。他以私有财产所产生的社会后果为依据，通过公共利益的方式，为私有财产辩护。通常情况下，阿奎那的思想比他的许多继任者都要清晰。几个世纪后，洛克认为，应通过劳动和土地的混合来证明财产的正当性，这一观点含糊得令人绝望。试问：一年级老师所做的劳动，是否证明他/她有权分享你的财产？这份财产是你创造的吗？相比之下，商业体系的社会效用显而易见。如果要合理使用土地，就必须有人拥有它，而让矛盾的"公有制"来完成这项工作是行不通的。

施拉克写道，阿奎那和他的老师大阿尔伯特（Albert the Great）"克服了此前在传统中占主导地位、对私有财产的消极态度……托马斯关于财产的论点，旨在更好地发挥整体的作用"。"更好地发挥作用"是一个终极目标的问题，正如施拉克所说，现代社会科学家不应该考虑这个问题。然而，像经济学家默里·罗斯巴德（Murray Rothbard）[4]、穆勒（如卡帕尔迪所指出），以及哈耶克（如卡伦·沃恩所指出）等自由主义者所有的个人主义，实际上确实考虑到了人类繁荣的目标。施拉克把托马斯置于一个中间的位置，"他仍然过于专注于拒绝贪婪，而不愿接受以利润为基础的国际贸易的内在逻辑和积极后果"。直到今天，许多商科和神学院的学生仍然如此，他们过于专注于拒绝贪婪，以至于看不到贪婪并非商业所特有的。

本书中的作家并非都能摆脱哲学家们的这种反经济偏见。正如托德·布雷弗格（Todd Breyfogle）引用圣奥古斯丁的话："我们必须利用这个世界，而不是享受它"——也就是说，利用它来达到真正的和适当的目的，尤其是精神目的，而不仅仅是为了快乐。然而，奥古斯丁以及教皇弗朗西斯一世（Pope Francis）未能理解的是，在一个道德高尚的商业社会中，财富主要来自为他人服务。错误的做法是只看企业家的资产负债表，询问他/她是否将部分利润捐给了救世军（Salvation Army），而没有注意到他/她在市场上的损益表中为其他人创造了什么。十三世纪的城市修道士，如圣徒阿尔伯特（Albert）、阿奎那（Aquinas）和弗朗西斯（Francis）等，注意到了这一具有创新性的方面，把商人比作上帝的创新性作品。正如孟德斯鸠所说，就像亨利·克拉克（Henry Clark）提醒我们的那样，在那个时候，"神学家们不得不限制一下他们自己的原则了。于是曾被粗暴的同没有信义连接在一起的贸易……回到了诚实的怀抱"。

运用古代哲学思想的一种方法，是将他们对政治哲学的重视转移到公司治理和经济监管的哲学上来。例如，杜楷廷（David Elstein）和田青（Qing Tian）将孔子和孟子的思想视为管理企业行为的模型，指出在中国古代，一个公民若对一个统治者不满，可能会跳槽到另一个统治者那里。［艾伦·卡汉（Alan Kahan）以同样的方式解释了托克维尔（Tocqueville）的思想，认为企业是在一个平等社会中追求目标的一种自愿组织。]然而，杜楷廷和田青认为，儒家思想有时会过分强调个人伦理，而西方政治和经济思想则会过分强调成文法。"儒家的理想是被内在价值驱动的……认为仅靠强制措施是不够的。"儒家强调道德而非强制的律法，这对我而言是个新颖的观点，而且有助于纠正当今经济学中新制度正统学说在伦理学上的不足："采纳制度——强制规定游戏规则、新的法律、新的宪法——然后开始推动。"

一些经济学家希望将道德规范简化为激励机制。这种策略假定激励会起作用，从而使任何人实际上都没有必要具备道德。与之相对应的错误观点，在最近的伦理思想，甚至在商业伦理中都很常见，认为伦理只与谋杀、堕胎或会计学的公然欺诈等重大问题有关，有人可能会说伦理问题只会出现在电视剧中。但是，伦理也关乎日常的善意和一个人作为专业人士的身份，比如尽其所能做好一名会计，或者是一名教授努力说出真相，或者是一名新奥尔良警官在卡特里娜飓风期间没有放弃这座城市。

蒂莫西·富勒（Timothy Fuller）提醒我们，霍布斯有句名言："语词之力量太弱，不足以使人履行其信约……只有两种助力足以加强语词的力量：一种是对后果的恐惧……另一种是感到的光荣或骄傲……后者太难寻觅而无法被利用。"霍布斯在这一点上是大错特错的，他把政治哲学引向了一个错误的方向，那就是忽视修辞，只关注利益。

另外，霍布斯还错在认为政府可以轻易地把杠杆运用到利益上。在霍布斯之前的两个世纪，伊本·赫勒敦（Ibn Khaldun）曾描述了一种名为muhtasib 的组织，穆尼尔·古都斯（Munir Quddus）、萨利姆·拉希德（Salim Rashid）称之为"强大的市场监管者"，以"保证人们的行为符合城市的公共利益"。然而，就连罗马人也对这种经济"天职"产生了怀疑，他们问道："到底是谁在监督这个监管者？"圣人们需要奥斯卡·兰格（Oskar Lange）所提到的中央计划社会主义，在卡伦·沃恩的文章中并未进行充分的论证。正如马特·茨沃林斯基（Matt Zwolinski）所指出的那样，在约翰·罗尔斯（John Rawls）所生活的 20 世纪 60 年代中，在社会工程（我对其记忆犹新，且带着某种好感）的曙光中，人们认为"技术官僚国家"（"technocratic state"）在正义和效率方面可以轻易超越自由市场秩序。

简而言之，请读者遵循法律和道德习惯，阅读书中所提及的伦理和政治学家之主张，然后坐下来思考我们的商业生活。

尾注注释

1. Bart J. Wilson, "Social Preferences Aren't Preferences," *Journal of Economic Behavior & Organization* 73 (2010): 7−82.

2. Deirdre N. McCloskey, "Max U versus Humanomics: A Critique of Neo-Institutionalism," *Journal of Institutional Economics* (Spring 2015): 1−27, doi:10.1017/S1744137415000053; and Larry Arnhart, "Lockean Liberalism as Symbolic Niche Construction: Locke's Mixed Modes and Searle's Institutional Facts," *Darwinian Conservatism* (biog), June 11, 2015, http://darwinianconservatism.blogspot.com/2015/06/lockean-liberalism-as-symbolic-niche.html2015.

3. Elizabeth Anscombe, "Modern Moral Philosophy," *Philosophy* 33 (1958): 1−19; Philippa Foot, *Virtues and Vices and Other Essays in Moral Philosophy* (Berkeley: University of California Press, 1978); and Martha Nussbaum, *The Fragility of Goodness: Luck and Ethics in Greek Tragedy and Philosophy* (Cambridge: Cambridge University Press, 1986).

4. Gerard Casey, *Murray Rothbard* (New York: Continuum, 2010), 42.

目　录

导 论

尤金·希思（Eugene Heath）、拜伦·卡尔迪斯（Byron Kaldis）

在商业伦理这一学科中，学者们研究市场基础、交换的道德基础、商业行为（包括公司性质）、财富的生产和分配条件、公司的社会责任，以及商业所产生的（无论是在当地还是在全球范围）后果。这些主题的学术讨论假定并预设了一些概念和原则，涵盖道德、政治、经济、社会和法律方面。显然，这些学科有着深厚而广泛的根基，但在许多情况下，著名哲学家、社会理论家和政治经济学家的见解和贡献仍未被发掘，或仅被机械而简单地表现出来。本书旨在重振和扩大商业伦理学，使其更充分和深刻地融入重要哲学家和思想家的观点。通过这种方式，这本书将起到重要而充分的提醒作用，即历史上的作家、理论家和哲学家们长久以来阐述和争论的主题是经济交换的道德，市场和商业的道德，以及财富的生产或使用。这些思想家的作品仅因其相关性和深度就值得仔细关注，更不用说他们独到的、尚未被认可的部分见解。

本书收集的文章提供了对思想奠基者理论的原始解释。令人惊讶的是，在人们对商业伦理的兴趣日益浓厚的同时，却没有一本著作专门研究伟大思想家的见解与商业和财富伦理的相关性。本书弥补了这一缺陷，提供了清晰、准确、令人信服的解释，阐明了重要思想家的观点以及商业、财富和市场之间的关系。由此，本书希望在商业伦理的领域，提倡一种更丰富、更具哲学性的方法来活跃学术争论，阐明被忽视或遗忘的观点，并通过新的方法指导讨论。与此同时，它提醒我们需要用一种批判性和解释性的立场来处理某些哲学思想或论文，而不应将其不加批判或公式化地运用于商业伦理研究之中。通过这种方式，商业伦理的研究将不仅局限于常见的热门话题和原则，而且会纳入并涉及在许多情况下被根深蒂固的解释忽视、误解或边缘化的理念。

上述观点的意义是不容置疑的。毕竟，贸易是文明的中心。商品和服务的交换本身以创造性和生产性劳动为先决条件，它起到联系个体，并在不同的社会间架起桥梁的重要作用。此外，对财富的渴望一直是社会世界构成的主要动力之一。由于这些活动和愿望的重要性，因此道德家和哲学家，特别是那些对人性的基础和社会互动的合理边界感兴趣的学者，会对贸易、商业及财富使用发表一些令人信服的观点，也就不足为奇了。他们的见解、论点和观点证明了哲学与对商业和财富道德的深入研究是密切相关且尤为必要的。或许正是在此种意义上，塞缪尔·约翰逊（Samuel Johnson）的结论颇具说服力："没有什么比贸易更需要用哲学来阐释。"[1]

本书旨在践行约翰逊的观点。然而，它的成功必须根据目前所设想的商业道德的方法和任务来衡量。商业伦理学家在分析某一主题或问题时，往往采用伦理和法律原则，有时明确诉诸市场的理论概念（如完全竞争的经济模型）。在某些情况下，学者们也会运用被广泛使用甚至被普遍默认的厂商性质和企业文化的相关概念。然而，当学者们将伦理理论应用于某一特定问题或商业、企业生活的环境时，他们通常会借鉴一些著名哲学家——尤其是亚里士多德（Aristotle）、伊曼努尔·康德（Immanuel Kant）和约翰·斯图亚特·穆勒（John Stuart Mill）——的著作。在这样的背景下，这些思想家的思想成为特定规范立场的范例。例如，商业伦理学家可能运用康德的道德原则（将他人作为自己的目标）、亚里士多德的美德思想（如慷慨或诚实），或一套标准以检验广告和营销问题、人力资源和招聘、管理义务及自然环境的职责，以及仲裁出现在特定领域业务的伦理问题，如公司治理、金融或会计。在许多其他情况下，伦理分析更多的是从特定商业伦理的观点而非从一般规范理论的应用中获得的。在这些情况下，企业社会责任或规范利益相关者理论成为道德过滤器，通过它来评估企业或商人行为的某些方面。

除了亚里士多德、康德和穆勒，著名哲学家、社会理论家和政治经济学家的见解和贡献往往未被发掘或仅用于阐明某些道德观点。因此，商业伦理领域失去了与更博大的思想传统之间的联系。缺失这一更广阔的思想领域可能会阻碍创新分析和建设性批评。商业道德领域也在不断扩大和发展，发展过程中也似乎遇到了一些新的问题，所以商业道理与著名哲学家及思想家的见解间的联系就更加必要（即便这些学者目前依然着眼于哲学领域，而非商业伦理）。

当然，我们可以说，商业伦理在很大程度上是一门应用学科，因此，如果要在思想和实践之间架起一座桥梁，就必须牺牲道德和社会理论的抽象要素。根据这一论点，要使商业伦理学科与商业生活的制度和行为相关，其出发点必须不偏向于理论，而偏向于具体，即那些在企业生活或更普遍的商业活动中出现的问题和挑战。然而，这种观点错误地将实践的重点放在了实践证明上：实践证明需要对概念、制度和可能性进行认真的筛选，才能使规范性评价具有相关性和道德价值。这样的检验是必要的，因为商业伦理学家在研究商业的环境和代理人时，无论对人、社会还是企业及其业务，都有一套事先既定的理解。这些包含概念、实践和信仰等抽象问题的先验认识，不能完全立即运用到实际应用中去；相反，必须考虑、理解、探索和权衡这些隐含的假设。事实上，许多这些先前的理解或概念基础很可能与哲学家和思想家处理道德、社会和经济问题的态度紧密联系。他们在论文中建议对直接和间接的应用哲学理论及对商业伦理学家有价值的观点进行研究，即使研究的问题乍一看似乎与所谓的抽象哲学推理相去甚远。考虑到商业伦理学家并不总是就如何面对、评估或解决问题达成一致，分歧的关键可能在于这些更深层次的理解。一旦清晰地提出了假设，分歧清晰可见，就会引起辩论；一个细微的反思理解甚至可能减少分歧。

这本论文集涵盖了关于人类本性的愿望和经济生活、贸易和繁荣的收益和成本、个人利益和公共利益的作用、商业活动的相互作用和道德进步、公司责任、市场与平等的关系、知识在社会和经济中的价值，以及广义自由与信仰和行动、生产和交换的自由间的联系等诸多观点。本书收录的思想家包括一些耳熟能详的名字（亚里士多德、康德、穆勒），也包括一些意料之外的学者［如荷马（Homer）、赫西奥德（Hesiod）、奥古斯丁（Augustine）、伊本·赫勒敦（Ibn khaldun）、伯纳德·曼德维尔（Bernard Mandeville）、孟德斯鸠（Montesquieu）、阿历克西·德·托克维尔（Alexis de Tocueville）、卡尔·马克思（Karl Marx）和阿玛蒂亚·森等］。我们在梳理当代商业伦理学家时发现，某些重要思想家要么被忽视，要么没有得到充分的承认。

本书所选择收录的论文标准包括作者思想的意义，以及其所表达的见解、论点或概念在多大程度上与商业道德相关，是否能从商业或商业社会的道德（及道德影响）层面或从商业领域中个人或公司的行为层面进行理解。这些具有重要意义和相关性的标准，使得候选对象得以层出不穷地涌现（例如亚里士多德和亚当·斯密）。同时，我们也发现思想家的数量超过了一本书所能容纳的范围。总体而言，正如题目所言，我们倾向于选取思想奠基者，因为他们的工作既具有方向性又能引起共鸣。由于篇幅有限，我们将尽量避免观点的重复，由此，我们将约翰·洛克（John Locke）作为权利和自由的基本捍卫者纳入本书，而未采纳罗伯特·诺齐克（Robert Nozick）的观点。同时，我们也避免了神学家的观点，即使我们吸收了一些他们的观点，至少可以说是由信仰决定的。基于此，每位编辑都能说出我们希望收录的思想家的名字，并给予足够的篇幅引用其观点，包括黑格尔（G. W. F. Hegel）、迪尔凯姆（Emile Durkheim）、布坎南（James M. Buchanan），以及之前提到的诺齐克。

书中每一章都是由一位（或多位）从事商业伦理研究的学者所著的原创文章。虽然主题各异，但每篇文章均主要体现了两个广泛的重点：一般性的商业道德，以及个人或企业商业行为的伦理。一部分论文〔例如作者为匹考克（Peacock）、米勒（Miller）、古都斯（Quddus）和拉希德（Rashid）、麦克（Mack）、克拉克（Clark）、贝瑞（Berry）、肖（Shaw）、沃恩（Vaughn）和茨沃林斯基（Zwolinski）〕揭示了不同的思想家是如何阐述与那些制度、原则或实践相关的概念和论点的，而这些制度、原则和实践则为市场和商业提供信息或进行管理。另一部分论文〔例如作者为布雷弗格（Breyfogle）、杜楷廷（Elstein）和田（Tian）、登厄伊尔（Den Uyl）、鲍伊（Bowie）、卡汉（Kahan）、卡帕尔迪（Capaldi）、马尔库克斯（Marcoux）和卡德（Cudd）〕则侧重于理论家的观点是如何适用于市场中的个人行为，或者更具体地说，如何适用于公司或企业的运作。还有一些论文〔例如作者为施拉克（Schlag）、富勒（Fuller）和希思（Heath）〕表明了一个思想家的关注点是如何影响商业机构和个人行为的。

尽管所选的论文涉猎范围广泛，且主题比较和对话以更为复杂的配对模式呈现出来，但论文仍按时间顺序进行排列。在第一篇论文中，马克·S.匹考克（Mark S. Peacock）修正了一种关于早期希腊思想的主流观点，指出不同于柏拉图或亚里士多德等古典哲学家的观点，荷马和赫西奥德认为他们那个时代的商业活动对高尚生活没有害处。两位诗人都不认为（体力）劳动是一种有辱人格的活动。然而，柏拉图后来认为财富和善良是对立的，亚里士多德则坚持认为我们的日常追求必须服从于更高的目标。然而，正如小弗雷德·D.米勒（Fred D. Miller Jr.）所主张的，亚里士多德的道德理论与他自己的推论相反，并没有得出反对贸易或高利贷的结论。米勒挑战了对亚里士多德美德理论的传统理解，解释了基本商业活动以及对当代商业伦理的关注，是如何适用于亚里士多德美德伦理的理论框架。在中国古典文化中，孔子和孟子既不排斥财富，也不排斥逐利。正如杜楷廷（David Elstein）和田青（Qing Tian）所解释的那样，现代企业与中国古代相互竞争的国家有着大致的相似之处。在仔细总结了儒学对中国文化的认同和对儒家经典解读的挑战后，杜楷廷和田青将其与一些商业伦理的相关主题进行类比，其中包括儒家美德的观点（如互惠和"恕"）与"组织公民"的当代管理理论大致类似等观点。

从罗马晚期到近代，许多思想家都通过明确的宗教和哲学信仰来探讨生产和贸易问题。托德·布雷弗格（Todd Breyfogle）指出，奥古斯丁既不谴责财产也不谴责财富，而是劝告人们对世俗物品的依恋，包括对财富的不正当追求，不应该违背精神道义。产权和商业交换向来不是自然而然发生的；只有对人类生活所必需的商品有着审慎的理解，基于这一基础，才能对财富进行合理的享受。这种观点为一种类似于社会责任的说法提供了基础——精神经济将恢复自然人的完整性或统一性，否则在纯粹的物质经济中就无法实现。正如马丁·施拉克（Martin Schlag）所解释的那样，托马斯·阿奎那的商业思想虽然自然地与现代经济学拉开了距离，但它并没有呈现出一种僵化的体系，而是一种理性的论证。托马斯对特定经济现象（如定价公正、计息贷款或非生产性囤积）的道德分析与当代商业道德有着密切的关联，展现了一定的深度。对托马斯来说，财富具有工具价值，而在所有权有助于公共利益的前提下，自然法可证明财产的正当性。我们很高兴地发现，托马斯的著作展示了他对经济和商业事务的广泛兴趣，而不仅仅局限于通常我们认为的那些略显枯燥的观点（如，禁止高利贷）。在托马斯看来，体面的利润和体面的工资并没有什么不同；公平的价格对买卖双方都产生义务；共同利益与正义有关，这是一个关键的联系，让人想起奥古斯丁所提的一个在现代辩论中黯然失色的概念，即社会团结。穆斯林思想家伊本·赫勒敦（Ibn Khaldun）认为商业是文明周期的一个重要组成部分。然而，正如穆尼尔·古都斯（Munir Quddus）和萨利姆·拉希德（Salim Rashid）在对这位被忽视的理论家进行重新评估后所指出的那样，商业创造的财富鼓励统治阶级征收更高的税额，以便让他们沉迷于无意义的奢侈品，结果便是道德和文明的衰落。然而，面对这些更为重大的事件及后果，伊本·赫勒敦坚持认为，尽管商业贸易表现出"狡猾"的成分，但它既有益于生产力的发展，也是自然发生的。

到了17世纪中期，托马斯·霍布斯十分清楚地意识到一个新兴的商业秩序。蒂莫西·富勒（Timothy Fuller）反驳了霍布斯不过是君主理论的建筑师这一简单观点，相反，他描述了霍布斯是如何描绘出一幅道德想象的画像，其中展示了商业和伦理的兼容性。正如富勒的论述所证明的那样，研究商业伦理的一个重要途径在于研究自我，在霍布斯的《利维坦》（Leviathan）中也曾简要涉及这一问题。富勒所描写的结果本身令人惊讶，揭露了在霍布斯的著作中，可以找到与本书目标一致的例证：重新审视商业伦理是如何被放置在一个更大的哲学基础道德下进行研究的，包括道德理论的戒律、哲学、道德心理学和政治理论。埃里克·麦克（Eric Mack）广泛而深刻地借鉴了约翰·洛克的作品——利用洛克的政治文章、对宽容的多篇论文及《政府论（下篇）》（Second Treatise of Government）——表明自由原则是洛克对财产和商业解释的基础。事实上，麦克认为，在洛克看来，经济自由制度，如财产和契约，也为宗教自由和宽容提供了哲学和实践基础。

商业的迅速发展，劳动分工的加强，生产方式的日益组织化，以及通过创造或生产活动可以获得相对无限的财富这一全新的认识——这些现代社会的标志在18世纪得以更加全面地展现出来。伯纳德·曼德维尔是最早设法解决这些变化的人之一。曼德维尔被同时代的人视为利己主义和非道德主义的捍卫者，是一位具有重要意义的社会理论家。尤金·希思详细阐述了曼德维尔的繁荣的条件、社会的进化发展和目的多元论这些富有煽动性的观点。从曼德维尔的众多著作中，希思总结出三条与当代商业和社会研究相关的格言：一是意外结果的重要性，二是实践知识对伦理的重要性，三是在提出规范建议之前权衡理想兼容性的必要性。与曼德维尔一样，孟德斯鸠也承认利己行为具有公共利益价值。亨利·C.克拉克描述了孟德斯鸠对待商业（及其后果）的历史研究方法，指出与曼德维尔不同，孟德斯鸠接受日常生活中现实的美德。克拉克阐明了人性和正义的品质如何构成真正的商业道德框架。事实上，这些优点并不游离在市场之外，而是在与商业特征的互动中逐渐扎根。如克里斯多夫·贝瑞所述，大卫·休谟也证明了商业在物质和道德方面的好处。休谟批评了对奢侈品盛行的偏见，认为贪婪等恶习应该引导到商业发展中来。商业社会不仅可以带来繁荣，改善穷人的生活条件，而且有助于维护自由。贝瑞认为，这样的社会既要求公正的司法行政，也意味着要求完全自愿的企业社会责任。亚当·斯密以捍卫"自然自由体系"（"system of natural liberty"）而闻名，但正如道格拉斯·登厄伊尔所说，前者还认为商业社会的重要吸引力不在于其繁荣的结果，而在于它允许个体在想象中调和其目标、互动和道德规范。这种调和构成了商业社会的一种"美学"正当性，揭示了它具有一种"适合性"或美感，可以将想象生活与日常商业实践联系起来。康德虽然欣赏斯密的道德理论，但他自己的原则却与休谟和史密斯等18世纪的道德家不同。正如诺曼·鲍伊所述，人们时常认为，康德的核心道德观点，即"善良意志"，是与追求利润互不相容的。然而，鲍伊反对人们对康德这种天真的认知，阐述了公司的管理者如何在道德义务之下去追求利润，而这种义务源自其对股东的承诺。鲍伊认为，这一义务，正如企业有慈善义务一样，具有异曲同工的兼容性。

到了19世纪，商业是民主的自然组成部分这一观点在亚历克西斯·德·托克维尔的著作中再次出现，而托克维尔是一位被商业伦理学家忽视的思想家。与孟德斯鸠一样，托克维尔认为，商业有助于民主社会的道德生活。更具体地说，正如艾伦·S.卡汉所指出的，企业可以被视为民主道德的源泉。托克维尔运用结社原则，包括与公司相关的理论，来反对任何希望退回到个人和家庭的私人世界、放弃更广泛关注或利己的倾向。同时，卡汉还根据托克维尔的结社原则、开明自利、集体个人主义、免于政府和多数人暴政的自由等原则，对利益相关者和股东理论进行了评估。尼古拉斯·卡帕尔迪对这样一种普遍观点提出了质疑，即约翰·斯图亚特·穆勒是一个彻彻底底的功利主义者，他的伦理理论在某种程度上独立于他的社会和经济关注点之外。正如卡帕尔迪所指出的，在穆勒的整体观点中，人的尊严起着至关重要的作用。事实上，行动自由在自治和自我发展的基础上找到了正当性，而不是基于权利或对快乐的追求。然后，卡帕尔迪富有煽动性地阐述了穆勒是如何论证企业伦理等重要主题的，包括企业的性质和公司治理。威廉·肖探索了马克思如何论述商业伦理。这样一来，理论家就可以从阶级或资本主义的必要性、弱势群体的视角，或从环境如何影响和决定行为的角度来阐述一个话题。

不同于古代雅典的集会，市场需要的不再是一个特定的地方，而是一个可以用不同方式描述和使用的抽象概念，以便形成各种各样交易的结论和假设，而这些交易允许生产和构成商品或服务的交换。从广义上讲，在当代，对商业道德最有趣的影响来自 20 世纪的经济学家，他们以这样或那样的方式挑战了一些关于经济的主流模型和观点，其中三位都是诺贝尔经济学奖的获得者。这三位和 19 世纪的一位主要政治哲学家一起，被收录在这本文集的最后一部分。正如卡伦·沃恩所指出的，F. A. 哈耶克捍卫市场秩序，一部分原因是他认为这是对中央经济规划的认知挑战。哈耶克批评了经济学家（和商业伦理学家）经常引用的完全竞争静态模型，并阐述了自由与繁荣之间的联系。正如沃恩所阐明的那样，自由社会之所以运转良好，并不是因为其成员有某种共同的目标或将目标进行排序，而是因为规则（财产、契约以及其他行为传统）使社会交往具有可预测性以及和平性，允许进行试验和探索，允许承担风险和责任。米尔顿·弗里德曼以其货币理论闻名于经济学界，他反对企业承担社会责任的这一观点，经常被商业伦理学家当作一个（移动的）靶子。尽管这样的批评既生硬又老套，也许是为了更好地抓住核心问题，但批评的焦点总是被含糊其辞地重申。阿列克谢·马尔库克斯经过反复论证后，通过区分（不断发展的）各种企业社会责任，纠正了人们此前所接受的观点。他解释了弗里德曼最初的论点是如何表述有关实践和规范两个方面的观点，前者侧重于认识和技术层面的问题，后者则侧重于受托责任和司法责任。尽管这些论点很有说服力，但它们可能并不反对有益于守住社会和道德底线的努力。许多人会认为，哲学家约翰·罗尔斯的正义理论与市场原则或古典自由主义观点背道而驰。但是马特·茨沃林斯基认为商业伦理学家只关注罗尔斯的两个正义原则之一——平等差别原则（egalitarian difference principle），以及他的众多作品之一——《正义论》（A Theory of Justice）。茨沃林斯基认为，第一正义原则的基本自由即为要求经济自由（经济自由本身具有内在价值）。此外，成功地应用第二正义原则和平等主义原则，可能需要只有在自由市场社会才能得到的激励，而自由市场社会本身就象征着罗尔斯在其后来的著作《政治自由主义》（Political Liberalism）中所信奉的多元主义。在这本论文集的最后一篇论文中，安·E.卡德探讨了阿玛蒂亚·森在经济理论和人类动机方面的著作，如何反驳他所称的商业代理的"工具"模型、利润或自身利益最大化的必要性。卡德试图在森关于道德动机的思想（及其主要的社会影响和信任）和商业伦理的核心规范问题（企业是否应该承担社会或道德责任）之间建立联系。在提出个人和企业可能除了创造或获取财富之外还有其他目的时，森修正和扩展了利己的概念，挑战了偏好理论的行为主义观点，并提出了包含承诺和欲望的动机模型。因此，卡德证明，森的研究为抛弃弗里德曼所持的有限企业社会责任这一观点提供了理由。

这些论文的分析不仅丰富了我们对商业道德生活中当代问题的理解，而且展示了思想史对我们理解和改善当前问题的不可或缺性。一套既内涵丰富又根基扎实的商业伦理学说，必须囊括各派思想家的观点，他们的见解不仅具有相关性，而且是基础性的。这里汇集的论文使我们得以重温各位思想家的学术贡献，他们的著作值得商业伦理学家重新关注和更为广泛的赞赏。

致　谢

出版这一论文集的最初想法是在几年前雅典的一次商业道德会议上提出的。非常感谢芝加哥大学出版社编辑伊丽莎白·布兰奇·戴森（Elizabeth Branch Dyson）女士的耐心和帮助，使这一项目得以顺利完成。感谢瑞娃·沃尔夫（Reva Wolf）和凯蒂·帕帕塔奇（Katia Papadaki）以及小克里斯托·加布里埃尔（little Christos Gabriel）给予的直接或间接、稳定且持续的支持和鼓励。同时，希望通过更深刻地思考商业、道德和社会，他们的未来将更为美好。

尾注注释

1. Samuel Johnson, Saturday, March 16, 1776, in James Boswell, *Life of Johnson,* ed. R. W. Chapman (Oxford: Oxford University Press, 1980), 682–683.

第一章　希腊古风时期的财富与商业：荷马与赫西奥德

马克·S. 匹考克（Mark S. Peacock）

纵观历史，对财富和商业的道德地位的评判一直褒贬不一，积累财富或追求贸易的人经常被诋毁。许多学者认为，希腊古风时期的所有思想家都像柏拉图一样，对与贸易或商业有关的活动持谨慎态度。本章以希腊古风时期（约公元前800-前500年）为考察背景，以《荷马史诗》和赫西奥德的《田功农时》为重要的书面史料依据，对这一假设进行重新评价。荷马和赫西奥德运用了对商业道德评价至关重要的概念——财富、贸易和劳动力。他们的观点与后来的古典时期所流行的观点形成了对比，而后者通常被用作商业伦理所讨论的素材。

本章首先在方法论上将赫西奥德和荷马的著作作为史料进行评述，随后将用两小节的篇幅分别介绍荷马和赫西奥德。相对而言，荷马通过关注古代贵族和他们的价值观来反映希腊社会中的"高端"群体，而赫西奥德则侧重于向独立的小农场主提出建议，由此可以管窥希腊社会中的"低端"群体。因此，荷马和赫西奥德在论述财富的性质、财富的获得方式以及商业的作用和地位这些方面均存在着对比。针对赫西奥德和荷马认为商业地位卑微的普遍看法，笔者表示怀疑。笔者认为，尽管两位诗人的观点中都有对商业进行批判的成分，但直到古典时期，希腊人对商业的偏见才完全显现出来，这从柏拉图、色诺芬和亚里士多德等作家的观点中可见一斑，笔者亦将其与赫西奥德和荷马的观点进行比较。

赫西奥德与荷马的历史化：方法论述评

赫西奥德和荷马的作品中包含了很多"纯属虚构"的内容——比如，奥林匹斯山上的众神和有关农耕的迷信提示。两位诗人和他们的读者可能相信"小说"中的内容，但这并没有使我们更接近作品所反映的"真实"的社会历史。然而，古典学者试图通过强调文本、考古和比较资源来重建赫西奥德或荷马的"世界"。[1]学者们从明显是虚构的方面或者是刻意"仿古化"的元素中抽离出来，比如荷马战争中使用青铜（而非铁）器，把注意力放在那些作品的背景价值和结构上而不让这些文本变得毫无意义。比如，赫西奥德曾提到的送礼制度，荷马更为深入地揭示了这一点。赫西奥德和荷马都没有详细介绍送出礼物的细节，暗示了读者们对这种行为的理解大概来自他们的社会生活或者是他们最近的经历。[2]财富的性质、使用和获得同样构成了赫西奥德和荷马所处的社会背景，揭示了诗人所描述的社会状况。

另一个将赫西奥德和荷马的作品作为史料来源的方法论视角是对口头诗歌的研究。口头诗歌通常是代代相传的，然而擅长朗诵诗歌的吟游诗人往往会把这种朗诵与其所生活的社会联系起来。口头诗歌不是静态的，因此，对于"同样"一个传奇或史诗，一位吟游诗人所陈述的故事与之前几代人所背诵的版本是不尽相同的；[3]实际上，同一位吟游诗人会根据特定的观众群体将其表演内容进行剪裁。如果上述观点适用于赫西奥德和荷马的诗歌，那么他们的作品将记录他们所处的时代，或转录他们之前数代人的时代。以荷马为例，其对于公元前8世纪后半叶的描述被普遍认为是对史诗的抄写（有些段落是后来加上的，伊利亚特可能比奥德赛早一代人）；[4]赫西奥德所处的历史时段更为靠后，大约在公元前8世纪和前7世纪之交之后，一些学者认为这个日期更有可能是荷马的生活时代。[5]如果这些作品可以揭示相关的历史，那么赫西奥德和荷马就会告诉我们希腊早期古风时期的这几个世纪的历史。

《荷马史诗》中的财富与商业

奥德修斯的猪倌列举了他主人的财富："农场有十二群牛，十二群绵羊，十二群猪，十二群山羊。"[6]他由此揭示了荷马财富的农业基础。奴隶也是财富的组成部分之一，正如奥德修斯伪装成乞丐时所透露的那样，他曾吹嘘自己"服务过成千上万的人"。[7] 除了牲畜（以及饲养它们的土地）和奴隶，荷马的财富还包括经常作为礼物、奖品或补偿等只在精英阶层中流通的珍贵物品，例如长袍、武器和金银器皿。这些物品不仅具有内在价值，而且具有"传记性"。荷马并没有描述阿伽门农权杖的外观或品质，他写道：

> 强大的阿伽门农王手持赫菲斯托斯精心打造的权杖站了起来。赫菲斯托斯把它交给克罗诺斯之子宙斯王，宙斯王又把它送给了引路神阿尔吉丰忒斯，赫尔墨斯勋爵把它送给了策马的珀罗普斯，珀罗普斯又把它送给了人民的牧羊人阿特柔斯。阿特柔斯死后把它留给了多绵羊的提爱斯特斯，提爱斯特斯又把它留给了阿伽门农。[8]

虽然荷马有时只描述贵重物品的材质属性，[9] 但它们的历史赋予它们的价值和它们的材质属性一样多；那些曾经拥有或制作这些物品的主人，用自己的地位提高了它们的价值。引用的这段话也让我们对财富的流动有了更深入的了解，我将这一主题分为内部（在一个社区内）和外部（在不同社区之间）流动。

财富：内部流动

一个社区占据了一个区域，其中有许多贵族家庭或庄园，每个贵族家庭都由一个"国王"领导。在这些国王中，有一位不仅是每个贵族家族的领袖，也是整个社区的领袖。该社区的领导人通常被称为"首席领导"，领导其他"国王"，每个国王都领导一个贵族家庭。[10] 例如，费阿刻斯人由 13 位国王统治，他们的领袖阿尔金诺是最为重要的。[11] 奥德修斯的社区比费阿刻斯的社区还要大，这一点可以从 108 位贵族追求奥德修斯妻子一事上得到佐证。[12] 正如荷马对阿尔金诺和奥德修斯的宏伟宫殿的描述所说的那样，促使某一个家庭的国王成为社区领袖，需要靠他高超的演讲或战斗技能，以及他的巨额财富。[13] 作为领袖需要小心谨慎，以确保社区的安全和繁荣，并在战争中表现出英雄主义气概。[14] 出于各种各样的原因，财富会流向社区的领袖，而他的家庭财富也会随之膨胀。[15] 例如，社区可以授予领袖一块地。[16]

一个社区内的财富流动有许多形式，并与社区的政治制度有关，而这种政治制度会激发人们毫不犹豫地即刻加入。领袖主持公共宗教盛宴，包括消费活动和分发祭祀肉。[17] 还有一种贡品支付制度，通过这种制度，领袖可以收回他以牺牲公众为代价所承担的费用。[18] 这一制度并没有常规税收予以保障，因为支付的款项包括特殊开支，而并非常规开支，例如战争费用和招待陌生人或宾客朋友的费用。[19] 财富可以由领袖分配给下属，作为额外的报酬，以回报他们在战场上所尽的额外义务或所做的英勇行为。[20] 此外，社区成员还会进行诸多单调乏味的服务活动。例如，每一位国王都要参加他所在社区的集会，这是一种非正式的政治集会，人们在会上交换意见，商定政策。然而，国王们是否得到了回报（以及如何得到回报）还不清楚。[21]

领袖的统治不是绝对的，他的意见可以被公民大会推翻。[22] 领袖的权力与他所主持的财富分配密切相关。当领袖被认为得到的回报超过了其应得的份额时，下属们就会拒绝服从：特洛伊城的希腊军队指挥官阿伽门农之所以面临叛乱，是由于他被认为在战斗中没有其他人英勇，但却要求获得最大份的战利品。[23] 在一个社区内重新分配财富的方式是战争或掠夺（见下一节）；通过这些手段获取财富是领袖的责任，因为这种获取是一种集体努力，所以下属希望分享战利品。领袖和他的子民之间的关系近似于"平衡互惠"，[24] 这种关系类似于马歇尔·萨林斯所提倡的平衡互惠的理性模型，领袖"得到多少就给予多少"，[25] 而双方都希望对方提供并获得大致平等的服务，尽管回报不一定是即时的。

正如这一分析所表明的，财富的内部流动是通过再分配而不是商业或市场交换来影响的。事实上，摩西·芬利声称，市场交换并不是同一群体成员之间的证明。[26] 唯一的例外是在一次阿喀琉斯为希腊人举办的投掷铅球比赛中，所提供的奖品是生铁块。[27] 当宣布该奖项为生铁时，阿喀琉斯说，牧羊人和获胜的庄稼汉都无法得到这一奖品，"想要铁的话，必须去城里"。这表明奴隶（农夫或牧羊人）在他们主人的命令下从城市（城邦）获得像铁一样的物品，大概是通过以物易物的方式来交换贵族家庭的产品。[28] 在这一事件中，间接地提到社区内的商业活动，使我们很难推断出"城镇"和"乡村"之间的关系。这种例外恰恰证明了芬利所提出的一条规律：《荷马史诗》中没有社区内的商业活动；与长途贸易相反，《荷马史诗》中没有一个词来描述

4

社区内的商业。因此，要想在史诗中寻找商业的痕迹，我们必须转向不同社区和民族之间财富的外部流动。

财富：外部流动

在荷马所处的社会中，财富通过三种方式在社区之间进行转移：礼物交换、掠夺或战争（后文简称掠夺）和商业活动。礼物交换发生在荷马所提及的贵族精英之间，包括华丽的、精心制作的"有威望的"物品。作为一种在不同社区的个人之间建立和平关系的手段，它通常是在人与人之间进行的，同时可以涉及神与人之间的交换。[29] 一个例证即是特洛伊的盟友格劳科斯和希腊的狄俄墨得斯，他们在特洛伊的战场上相遇，确定他们的祖父是彼此的宾客朋友。这份友谊是可以留给子孙后代的，所以两位战士交换盔甲作为友谊的象征。[30] 礼物有时会一直保存到需要再次送出的时候，但它们往往会成为影响故事发展的重要物品。[31]

通过礼物交换进行的财富转移存在一个问题，即双方之间的礼物是否应该具有同等价值，或者礼物是否属于不平等交换的对象。荷马所提及的收受礼物当事人通常不会同时交换礼物，这一事实并不能很好地解释这一问题。作为交换大致等值礼物的例证，比如狄俄墨得斯把他的青铜盔甲给了格劳科斯，作为回报，他得到了黄金盔甲。此外，荷马还谈到过一次"坏交易"，格劳科斯发现被宙斯偷走了智慧，理由是他用自己的金铠甲去换别人的铜铠甲，前者价值100头牛，而后者仅值9头牛。[32] 从格劳科斯和狄俄墨得斯的两个交换案例可以看出，礼物间的价值在多数情况下相差不大，但也有事实证明交换的礼物并非等价物。例如，费阿刻斯人送给奥德修斯的礼物几乎不可能得到回报，因为费阿刻斯人"住得很远"，并且与其他民族几乎没有交往。[33] 再如，迈内劳斯认为他给忒勒马科斯的礼物是他所拥有的"最高价值"的礼物了，这就意味着忒勒马科斯回访时，将无法回送一个相同价值的礼物。[34] 迈内劳斯的声明表明了施予者的动机，即，礼物的价值要远高于对方，礼物（及其光芒）会为施予者带来声望。因此，礼物交换可能近似于一种"广义互惠"系统，在该系统中，回赠的礼物常常被无限期地推迟，而回赠的礼物不一定等于所给的礼物。[35]

现在将注意力转向荷马时代的英雄获取财富的另一种方式，即通过武力

（掠夺）。学者们对掠夺的态度褒贬不一。部分学者认为这是一种"低声望"的行为，因为它经常与贸易联系在一起；[36] 另一部分人持中立态度，认为掠夺是荷马式生活中存在的事实，也是获取财富的"主要手段"；[37] 其他人仍然认为掠夺是"光荣的"。[38] 支持后一种观点不仅是掠夺行为的共性，而且荷马时代的贵族们在形容掠夺行为时毫不羞涩（有时自夸）；[39] 这并不表明这是一种低威望或应受谴责的行为。如上所述，掠夺也是财富的一种来源，财富在社区内可重新分配，从而巩固领袖的统治，使社区团结在一起；因此，它在荷马时代的社区生活中起着不可或缺的作用，而且，在社区内部，领袖成功的掠夺行为会促进大家的服从与团结。[40]

第三种从社区之外获取财富的方法是商业活动，或称长途贸易。在《荷马史诗》中，商业活动尤其与腓尼基人联系在一起。人们普遍认为，荷马对腓尼基人的评价很低。目前尚不能确定荷马是否因为腓尼基人是商业活动的主要承办者而否定商业活动，也不能确定腓尼基人是否因为追求商业活动而受到蔑视（腓尼基人因自成一派而具有一定的代表性）。然而，许多学者都认为荷马将腓尼基人的名声描述为"完全的"和"彻底的"负面的，[41] 其原因与腓尼基人的商业活动有关。事实上，腓尼基商业活动的某些方面确实令人对其道德状况提出了质疑，这是由于腓尼基人似乎把商业活动与绑架无辜的人并将他们卖为奴隶混为一谈。[42] 然而，人们试图找出腓尼基商业活动的特征，以解释其声名狼藉的原因，却被这样一个问题困扰：腓尼基人的成绩（包括商业领域）几乎没有在史诗的描述中与其他群体进行分享（如果有的话）。鉴于荷马将腓尼基人置于不光彩的环境中，当其他人从事类似的活动时，就不会受到谩骂。例如，绑架是塔皮亚人的惯例，他们和腓尼基人一样，也从事奴隶贸易，然而塔皮亚人的首领曼特斯是奥德修斯的朋友，他从事商业活动却丝毫不影响自己的高贵声誉。[43] 其他学者研究腓尼基商业活动的自身特点（而不是他们的其他追求）来解释他们的恶名，其特点之一就是腓尼基人的贸易是"专业的"，而不是"偶然的"。通过这种区别，我们便可了解荷马社会中关于贸易和金钱的本质。

"专业"贸易是指以销售为目的进行生产或获取货物。与此相反，"偶然"贸易则是乘机出售恰好拥有盈余的某种商品，而不是生产或购买商品，目的是出售自己所恰好拥有的东西。比如，阿喀琉斯和尤尼俄斯之间进行的就是偶然交易，前者出售特洛伊战俘，后者在"临时"（非定期）的市场上向希腊军队出售葡萄酒。[44] 贸易是通过以物易物的方式进行的，希腊人用铜、铁、皮毛、牛和奴隶来交换尤尼俄斯的酒。在荷马所描述的商业案例中，其特点都不是使用单一的交换媒介，这就是荷马式货币经济的典型状态。在荷马式货币经济中，货币的所有功能（包括交换媒介、支付手段、价值储存手段和记账单位）只表现为记账单位，且完全由一种物品来完成——牛。在荷马看来，只有牛才能被用来衡量史诗中的各种物品。荷马的资产评估清单中包括下列物品：宙斯之盾（100 头牛）；狄俄墨得斯和格劳科斯的盔甲（狄俄墨得斯的盔甲价值 9 头牛，后者价值 100 头）；莱卡翁，一名特洛伊战俘，阿喀琉斯将他卖为奴隶（100 头牛）；欧律克勒娅，奥德修斯的父亲莱尔提斯买的一个女仆（20 头牛）；阿喀琉斯在为表彰普特洛克勒斯而举行的竞技比赛中，为他颁发了三项奖品（分别是价值 4 头牛的女奴，价值 12 头牛的三角桌，以及价值 1 头牛的大锅）。[45] 即使是在市场交换的情况下对"货物"进行估价（如欧律克勒娅和莱卡翁），我们也不应被牛的估价误导，而误以为这些交易实际上是在交换牛。阿喀琉斯用莱卡翁换回一只价值 100 头牛的银碗，他在描述欧律克勒娅的身价时所用的词语表明，用以交换的是 20 头牛的价值，而不是 20 头牛本身。[46] 我们还应该注意荷马对商品进行赋值时的基本特征：只对一种商品进行估价，而不是将不同种类的商品集合在一起进行估价。这与我们今天经常进行的心理计算练习相差甚远。根据后者，各种各样的物品，如卡车、土地、艺术品和餐馆餐点，都可以被归为一类，并以一种特定的货币给出统一的价值。

因此，在荷马所处的社会中，货币只是一种媒介，并不是"万能"的，如硬币、黄金、纸币或牛，具备上文所列出的四种货币标准功能，但只起到部分或唯一的作用。[47]

在讨论荷马社会中的货币之后，我们将讨论的焦点转回到贸易上来，探寻腓尼基人的商业活动是否对"专业贸易"做出了合理的回答。荷马叙事中的腓尼基人贩卖奴隶和珠宝后，可能会去购买主食（酒、肉和谷物）。[48] 这种描述在一定程度上符合我们对"历史上的"腓尼基人的了解，即他们出售奢侈品（纺织品和象牙及贵金属制成的物品）并获得主食，尽管荷马没有提到历史上腓尼基人在贸易中寻求原材料（尤其是金属）。[49] 荷马笔下的腓尼基人就是这样似乎是出于商业目的而生产或获取物品，这使得他们的商业活动变得"专业"。但这是否足以解释荷马对腓尼基人的反感是值得怀疑的，因为事实上，他们出售的物品是为了销售而生产的，这并不能阻止荷马对腓尼基工匠的技艺和手工大加赞赏。[50] 对于腓尼基人应受谴责的另一种解释是，他们的动机是利益。从这个意义上说，并不只有腓尼基人是逐利的：伪装后的奥德修斯告诉他的妻子，真正的奥德修斯推迟了从特洛伊回国的时间，因为他觉得在国外积累财富更加"有利可图"。[51] 迈内劳斯从特洛伊回国途中也积累了巨额财富，尽管他和奥德修斯积累财富的方式不为人所知，但贸易是一个可能的渠道。[52]

《荷马史诗》对商业活动持消极态度的最有力证据是，奥德修斯拒绝了费阿刻斯人参加体育竞赛的申请。一位费阿刻斯的贵族，名为欧律阿洛斯，对奥德修斯的这一决定表示，奥德修斯并不是一个真正的运动员，而是那种会"把自己的货物放在一个被层层锁住的船上，指挥着同为生意人的水手们，小心翼翼地照看并运送自己的货物，同时计算着利润"的人。[53] 对此，奥德修斯愤怒地回应，并展示了他的运动天赋，结果他投掷的铁饼比任何费阿刻斯人都远。[54] 根据他的这一反应，学者们通常推断奥德修斯认为自己被欧律阿洛斯侮辱了，为了显示他的高贵，奥德修斯展示了他的运动才能，从而消除了人们对他是个唯利是图的商人的怀疑。欧律阿洛斯的评论无疑是在贬低费阿刻斯人：对他们来说，作为一个普通的商人和一个高贵的运动员是相互排斥的。然而，在奥德修斯看来，高贵与贸易并不矛盾。从非黑即白的费阿刻斯人的角度来看，奥德修斯的运动才能排除了他是商人的可能性，因此，一旦奥德修斯确立了他的高贵身份，他在费阿刻斯人看来就是不容置疑的。随后，他可以利用费阿刻斯人的天真（和好奇心），讲述他在特洛伊旅行的故事。作为回报，他得到了费阿刻斯人赠予的价值连城的宝贵财富（以礼物的形式）。在这一点上，人们可能只看到典型的荷马式送礼仪式，即费阿刻斯人首先做出奉献的姿态，但正如笔者前文所说，奥德修斯可以确信将来不会再有需要他进行回报的机会。奥德修斯主要通过他的旅行故事来牟取暴利，换取费阿刻斯人给予他的巨大财富。[55] 通过这种策略，奥德修斯获得了丰厚的利益，却没有因此而声名狼藉，这再次佐证了荷马在作品中一次又一次地描述他的狡猾诡诈。

虽然荷马对商业活动的态度还有诸多可以讨论之处，但并不清楚腓尼基人的商业活动及其特征是否独一无二，因此受到特别的反对。这使得一些学者将荷马对腓尼基人的较低评价归因于种族偏见（腓尼基人不是希腊人）。但也有人认为荷马对商业活动以及对腓尼基人的态度并没有那么轻蔑。荷马的《伊利亚特》中并没有谴责腓尼基人的话语，而在《奥德赛》中只有两段表示反对腓尼基人，但这两段与其他对腓尼基人持中立或积极态度的段落是对立的。[56]

为了结束本节对《荷马史诗》中财富和商业活动的讨论，笔者准备在讨论赫西奥德之前，探讨一下在希腊社会等级中相对"低端"的群体，特别是那些通过被雇佣进入精英阶层而获得谋生机会的劳动者的地位。例如，医药、预言、诗歌／音乐、木工和铁匠等行业，其从业者并没有被荷马蔑视。[57]与奴隶不同，这些熟练的劳动者往往是家庭佣人（如果是妇女）或从事畜牧业（如果是男人），他们没有正式依附于一个贵族家庭，但可能会在一个或多个贵族家庭找到可以工作一段时间的流动就业机会。他们这种来去自由的程度具体有多高，还不清楚。不太受尊重的（如果有尊重可言的话）是那些没有技能的人或体力劳动者，他们并不是家庭的奴隶。海神波塞冬回想起他和阿波罗曾为特洛伊国王拉俄墨冬当了一年的雇工，波塞冬需要建造城墙，阿波罗则需放牛。合同期满后，拉俄墨冬拒绝支付工钱并威胁要奴役他们。[58]这可以证明劳动者的脆弱及卑微的社会地位。另一个佐证是，在阴间，阿喀琉斯的鬼魂告诉奥德修斯，他宁愿给一个没有土地的人当雇工，也不愿意当地狱的统治者。[59]阿喀琉斯的话只有在劳动者的地位很低的前提下才有意义；而只有乞丐的地位似乎更低一些。[60]奥德修斯因精通农艺和木工，由此觉得劳动本身并不可耻。事实上，在《荷马史诗》的同一篇文章中，奥德修斯为自己在战争中的英勇表现和畜牧方面的技巧而感到自豪，这表明他对这些技能同样予以重视。[61]体力劳动甚至不低于诸神，因为诸神之一的赫菲斯托斯，就是一位铁匠，尽管他的这一出身缺陷可能表明，他的铁匠手艺使他在某种程度上比其不朽的同行们"更为低等一些"。如此看来，劳动以及劳动者的身份让他们低人一等，而不是雇佣行为本身。由此，正如我在结论中所论证的那样，如果在荷马的作品中可以看到对劳动者的消极态度，那么这种态度在古典时期就已经长期存在。

《田功农时》中的财富与商业

《田功农时》中第383-707行被视为"农民年鉴"，[62] 其中包含了对追求收益的农民的建议，这里的收益还是最初的含义，即在一块土地上养活一个贵族家庭。理想化的赫西奥德式贵族家庭包括一个小家庭（最好有一个儿子）、男女奴隶各一到两个、相同数量的季节性工人，严格地说，他们不属于贵族家庭。"劳动者"一词是雇佣的实体关系，"雇佣"这个词是《荷马史诗》的两篇文章中提到的（见注释59和60）。在对劳动者的描写中，赫西奥德并没有提及劳动者的悲惨生活和低下地位。赫西奥德的其他财产还包括十几头牛、一只狗、一些绵羊和山羊。[63] 赫西奥德关于组建赫西奥德式贵族家庭的建议是写给叙述人的兄弟珀尔塞斯的（这样推测的话，也很有可能是写给赫西奥德自己的兄弟），他和珀尔塞斯分享了父亲的遗产。可能是珀尔塞斯从赫西奥德那里骗取了相等份额的遗产和土地，但珀尔塞斯正在提起诉讼，要求把赫西奥德的部分归于己有。[64] 有一点是明确的，当珀尔塞斯处于困难时期的时候，赫西奥德劝他努力诚实并且虔诚地工作；只有当珀尔塞斯获得了足够的财富，赫西奥德才支持珀尔塞斯提起诉讼的想法（第31-35行）。

赫西奥德出生于一个中小地主之家，他和他的贵族家庭成员若能根据季节变化用心经营，可以获得足够的财富用于生计。财富或多或少被理解为生活的必要手段。[65] 我们将在下一段中看到，虽然赫西奥德提到礼物，但赫西奥德的财富并没有荷马所拥有的那么丰厚。因此，赫西奥德没有必要提及（或指责）过度的财富。

赫西奥德建议农民通过努力工作来获得生计，以避免贫困。他对一个人可能获得的财富没有设定上限，可能是基于这样的假设：一个典型的农民，无论多么勤劳，都不会获得过多的财富。赫西奥德更希望的是，尽可能通过自己的劳动或家族成员的劳动来创造财富。因此，所有人需要遵循自给自足的原则，只有在必要情况下才能放松。赫西奥德的自给自足概念不仅限于农产品生产，还包括自己造船（第809行）、打造农具（第422-429行）、缝制衣服（第537-544行）和建造房屋（第746行）。

赫西奥德认为财富的意义不仅仅是维持生活的一种方法，拥有财富是主人卓越和荣耀（第314行）的标志。因此，努力工作是获得财富的方法，这一点十分重要。懒惰是被人和神共同厌弃的："人是由劳动而变得富有的，而劳动的人比活着的人更宝贵。"（第 309–310 行）拥有财富也是一种让邻居嫉妒的手段（从而促使他们努力从事生产活动）（第 312–313 行）。这是赫西奥德对邻近村民的众多评论之一。相邻的家庭基本上是相互独立的，尽管他们都觊觎（嫉妒）着彼此的财富。除了公共宴会，赫西奥德没有提及村民之间举办其他的公共活动。在盛宴上，赫西奥德告诉农夫不要无礼（第 722–723 行）。不过，在赫西奥德评论其他邻居时，宴会上的彬彬有礼几乎毫无用处，唯一的有用之处就是可以维持良好的声誉。如此一来，当他们遇到困难而不得不向邻居求救时，邻居更有可能愿意帮忙。当然，邻居们似乎没有义务提供帮助，赫西奥德对农民的建议是尽量避免乞讨或借贷；这样就算没有邻居的支持，勤勉的农民也能有足够的食物（第 408–409 行）。邻居提供帮助的意愿是有限的，彼此之间需要相互帮助的这一义务感会在一个人请求帮助两到三次之后逐渐消失（第 400–401 行）。由此，赫西奥德建议，一个人要赢得邻居的好感，可以通过"滴水之恩、涌泉相报"的方式，加倍奉还邻居之前所提供的帮助（第 348–351 行）。例如，他要求农民不要把钱借给那些不愿给予的人（第 354–355 行）。他认为，邻居之间的关系，就像荷马时代的社区成员一样，需要保持明显的"平衡"互惠特征。虽然邻里间的关系并不要求即刻的回报，但无法回报的求助是不被接受的。作为萨林斯"普遍"互惠而非"平衡"互惠的特征，尽管立刻获得回报不是邻里关系的特征，但人们之间的债务关系却可以由此持续下去。[66]

在《田功农时》一书中未能提及的一种邻里间经济互动的方式，即为在市场交换意义上的"商业活动"。在这一方面，赫西奥德的世界反映了荷马的世界。在荷马的世界里，社区内的商业活动最多是边缘性的。在赫西奥德的社区中发生财富转移（虽然不是通过商业）的例子，是收购另外一个农民的土地（第 336–341 行）。赫西奥德盼附珀尔塞斯献祭给神，好让珀尔塞斯可以"从别人那里得到土地，而不是被别人收购土地"（第 340–341 行）。"获得"一词，意味着"购买"或"物物交换"。因此，赫西奥德认为虔诚是一种获得财富的手段，使农民能够购买无法维持生计的他人的土地。因此，在赫西奥德的世界里，土地是可以转让的，但前提是土地所有者足够贫困；[67]然而，如果按照这个情景，由于赫西奥德认为土地通常不需要买卖，那么可以想象一个关于土地的自由市场，这还不能被称作真正意义上的"商业"。另外一种获取土地的方式是针对"移民"的，比如赫西奥德的父亲，他移居到阿斯克拉并获得了土地，儿子们围绕土地问题而争吵不休（第635-641行）。学者们通常认为赫西奥德的父亲获得了以前未被占用的土地；由于他很贫穷（这也是他进行移民的动机），因此他不太可能买下这块地，但在赫西奥德的叙述中，没有任何迹象表明如何将土地分配给新来的人。[68] 赫西奥德还提到用武力夺取财富这一方式，认为任何获取财产的非法企图都会受到神的惩罚。赫西奥德将这种行为归因于人们被谋利的欲望驱使（第321-327行），这并不是说直率地追求利益应受到谴责，而是说只有坏人才会被那种获取"邪恶利益"的欲望误导（第352行）。

上文中关于获取财富的例子都不符合直接进行买卖的"商业"概念。我们所研究的商业是在"航海"这一前提条件下进行讨论的。航海把农民带到他自己社区以外的地方，带到某种意义上的市场或贸易点。农民进行航行的目的是追求利润（第632行，第644行），这种行为没有招致赫西奥德的批评。赫西奥德告诉珀尔塞斯，货物越多，所得的利润就越大（第642-644行）。赫西奥德设想农民可以建造、拥有并管理他们自己的船只，可以看出，他对自给自足的强烈倾向在这里显现出来。[69] 他对航海的定义与阿方索·梅莱对商业的理解不谋而合，后者认为商业即通过个人劳动获得收益。[70] 基于此前赫西奥德对于航海的建议，他指出，宙斯授予正直的人富裕：由于他们具有正直的品质，可以维持自己的生活，因此"不需要登船［进行交易］"（第235-236行）。从这句话中，大卫·坦迪和沃尔特·尼尔看到了赫西奥德"对海洋的强烈厌恶"，[71] 但这并不一定是对商业的厌恶，虽然赫西奥德认为航海与商业有紧密联系；相反，赫西奥德可能只是简单地表达了航海的必要性和一个人生活状态之间的因果关系：人只有在迫不得已的情况下才会航行。赫西奥德对航海的厌恶很大程度上是由于它所伴随的危险，这一问题将在下文进行探讨。另外，在赫西奥德的诗文中还有一篇关于航海的道德评论：那些不需要航行的人拥有很多生计来源，原因是他们十分正直；因此他们得到了宙斯的支持。这是否意味着只有那些不正直的人（因此宙斯不允许他们成功）才需要航行？赫西奥德在文中的言论还不够清晰，因此不足以支持某一种解释。那么，让我们来看看赫西奥德关于航海的建议

（第 618–694 行），他描述了一个人只出海过一次，且不是出于商业目的的情形（第 649–651 行）。

赫西奥德反对在寒风凛冽的冬天进行航行（第 618–629 行），认为在夏至之后的 50 天内去航海更为适宜（第 663 行）。[72] 由于大船可以收益更多的利润，因此他主张使用大船而不是小船（第 642–644 行）。另一个可供选择的航行时间是春季（4 月底或 5 月初），不过赫西奥德对此提出了警告，认为它存在风险（第 678 行，第 682–684 行）。人们在春天航行是因为缺乏思考（第 685 行）。赫西奥德试图解释在春天出海的轻率决定，他补充道："因为财富是可怜的普通人的生命。"（第 686 行）由此，我们可以感受到他对财富可能持有一种批判的态度，而这正是 M. L. 韦斯特在评论中所强调的那样："对于那些在春天出海的人，他们对财产的关注，远多于对生命的关注。"[73] 如果是这样，那么他们就误解了生活中什么是美好的；他们想航海的欲望使其误入歧途。这种解释存在一定的问题，因为不清楚是什么因素导致这些人误入歧途。对利润的追求是一种可能性，但从上文可知，赫西奥德并不反对以正确的方式追求利润。罗宾·奥斯本认为，对那些"可怜的普通人"来说，"商品就是生命"（引用并翻译第 686 行诗）。他们碰巧有剩余的商品可以在当地市场上交换，也不会将偶尔的贸易作为农业活动的附属品；相反，他们主要的谋生手段就是贸易。[74] 根据这一解释，赫西奥德揭示了职业商人的概念和对他们的厌恶，一些学者把这种意识归因于荷马。然而，赫西奥德是否表明了对这种交易的厌恶尚不清楚，因为他随即表示，反对春季航行只是出于保险起见，而非道德上的谴责（第 690–693 行）；航行是一项需要与风险做斗争而获得利润的活动。赫西奥德对于春季航行的警告也适用于夏季航行，他还向夏季出海的水手提出谨慎的建议，希望他们不要出海太久，因为随着冬季的临近，海面会变得波涛汹涌（第 673–677 行）。尽管他认为夏季航行比春季更加安全，但对春季航行和职业贸易没有道德层面上的批评。因此，笔者认为，赫西奥德和荷马一样，对商业活动的批判并不像许多学者认为的那样严重。

从古风时期到古典时期：柏拉图、亚里士多德、色诺芬

最后，笔者将把荷马和赫西奥德关于劳动、商业和财富的观点与三位最著名的古典作家亚里士多德、柏拉图和色诺芬的观点进行比较。笔者将分析三位古典作家所持的"贵族"观点，同时认为，这些观点不应被认为是古典雅典思想的普遍代表。要想彻底理解笔者所提到的影响，需要先对古典演说家和铭文证据给予足够的关注。

关于劳动，荷马没有谴责劳动的行为；然而，被贵族家庭雇佣的劳动者的地位却很低。对赫西奥德来说，（几乎）能够自给自足的农民努力工作是一种美德。相比之下，亚里士多德、柏拉图和色诺芬对劳动持一种更为严厉的态度。亚里士多德认为，如果城邦接纳工匠或劳工的话，那他们会成为低等公民，因为他们是"必要的人"且"服务于社会的需要"。但是，他们不能享受适当的"自由"，"因为技工或劳动者是不能取得卓越成就的"。[75] 在亚里士多德看来，劳动是一个人堕落的原因（而不是一个人的堕落是由于他适合劳动）。他写道，体力劳动和有偿工作通常会"吸收和贬低人的思想"。[76] 亚里士多德把活动与它们的目的联系起来之后，也认同这一观点。他认为，当一项工作是为了追求卓越时，它就不是"不自由的"；也就是说，它不值得一个自由人去做，但当这项工作是为他人服务时，同样的劳动是卑躬屈膝的。[77] 这可能使人想起荷马，对荷马来说，从事劳动的人的地位是最重要的，尽管亚里士多德认为劳动的目的更为重要。和亚里士多德一样，色诺芬假定劳动和对劳动者不利影响之间的因果关系：体力劳动会毁掉相关从业者的身体和思想，而从事这些职业，使得劳动者没有足够的时间享受休闲，关心朋友和城邦的问题；他们不是好公民。[78] 同样的，柏拉图也认为，尽管他把体力劳动者也当作理想城邦里的公民，把他们定位成在低于统治者的阶层，但毫不怀疑的是，从事体力劳动会使人的精神和身体变得丑陋。[79] 这三位古典作家对劳动和个人之间的因果关系的看法标志着他们与荷马和赫西奥德的不同之处，后者认为劳动不会使人堕落或畸形。

谈到财富，让我们回忆一下《荷马史诗》中农业财富的中心地位（牲畜、生存手段和奴隶）；财富也包括精心制作的物品，通常是在荷马时代的社会精英之间流通的贵金属。赫西奥德的财富更为常见一些，也不那么惊人，但

两位诗人都不认为财富是有限的，一个人拥有的财富越多越好。因此，拥有财富并不会使一个人的地位受到质疑；相反，像迈内劳斯这样的英雄还夸耀他们的财富，认为财富和（高）地位是息息相关的。谈到财富的获取方式，荷马似乎并不反对通过战争或掠夺的形式去暴力获得财富。而赫西奥德认为"用武力"攫取财富是可耻的，荷马则认为从社会内部攫取过多的财富也是可耻的。[80] 如此看来，正如大卫·沙普斯所认为的那样："真正有危害的是不公，而非财富。"[81] 在古风时代末期，梭伦于公元前594年被任命为雅典的立法者，他对财富持有更为批判的态度。和赫西奥德一样，梭伦谴责不公平地获得财富，认为这种做法是"傲慢的"，会受到神灵的惩罚。[82] 然而，尽管梭伦认为那些傲慢的看重财富的人是"看到了不公正行为的好处"，但他也谴责财富本身，因为人们会"看到财富所带来的好处"，做那些破坏他们城市的行为。[83] 梭伦还明确地将财富的界限作为题目进行研究："人们对于财富的追求没有明确的终点。"[84] 梭伦的观点必须要放在他上任之前雅典爆发内乱这一历史背景之下，他希望通过立法解决这一问题。在梭伦之前，雅典市民分化成两种极端，一部分人变得富有，而另一部分人无法偿还债务，成为贫穷、负债和被奴役的人。这种分歧在《荷马史诗》中没有被反映出来，在赫西奥德的史诗中也仅被隐晦地（如果有的话）反映一下。[85] 然而，公元前6世纪早期社会的不平等印象一直延续到古典时期，并且可能对柏拉图、色诺芬和亚里士多德的财富观念产生了影响。

柏拉图对不平等的厌恶可以归因于受到了公元前7世纪和公元前6世纪初梭伦所阐述的分层论的影响。[86] 柏拉图还断言，财富和善良是对立的："双方是此消彼长的关系，一方增加，另一方必然减少。"财富腐蚀灵魂，并滋生"奢侈和懒惰"。财富对于本性善良的人来说可能是有价值的，但是人的善良是财富具有价值的必要条件。[87] 色诺芬与克利托布洛一样，后者是听苏格拉底讲学的人，也将财富定义为"对财富所有者有益的东西"。这个定义的含义是，相同的物品"对于知道如何使用的人来说就是财富，而对于不知道用途的人而言就毫无价值"。这是由于那些不知道如何使用财富的人，会证明这个东西是有害的，因此事实上，这并不是财富。[88] 对于不会骑马的人来说，马并不是财富。因此，一篇文章本身不是财富，而只能说与我们的知识相关。亚里士多德也认为，财富并不与人类的知识相关，而是与人的自然需要相关。对亚里士多德而言，财富是一种对更高层次的幸福有益的东西。[89]由于财富这唯一的用处，财富并不是最有价值的生活的终极目标；事实上，有些人被他们的财富摧毁了。[90]亚里士多德谴责的焦点在于，有人误以为财富本身是目的，而不是生活的一种手段。如果我们遵循韦斯特对《田功农时》[91]的解释，我们可能会发现赫西奥德和亚里士多德之间的共同点。正如韦斯特所主张的，赫西奥德谴责那些在春天航行的人（第686行）；他们的头脑充斥着财富，却忽视了生活的正当目的。有人可能会说，赫西奥德之所以比亚里士多德的观点更为超前，是因为他认为财富是美好生活的工具，而非最终目的。关于赫西奥德对春天出海航行的人所进行的解读，笔者并不同意韦斯特的观点。但即使有人同意韦斯特的观点，赫西奥德和亚里士多德之间的任何共同点，也会由于亚里士多德看待财富的新颖角度而黯然失色。[92]亚里士多德将获得财富的类型分为两种：一种是自然的，它受到人们需求的限制；另一种是不自然的，它对财富没有限制。人的需要和欲望是有限的，而那些无节制地追求财富的人，有着过分的不自然的欲望。[93]质疑获取财富这一经典主题——财富对那些缺乏智慧或善良的人而言是有害的，只有以满足人类自然需求为目的而获得时才是有益的——在古典文献中是缺失的。

结　语

荷马时代的商业主要指长途贸易，而在一个社区之内的市场交换几乎没有被提及。赫西奥德同样没有提到社区内部贸易，尽管他提到过一次"长途贸易"（第646行），但他通常所指的是以"航海"为背景的（外部）贸易。对于古典作家来说，内部商业活动（荷马和赫西奥德都没有使用这个词）更为重要。被柏拉图称为"小商贩"的人，应该是那些"身体最不健康，不适合从事其他工作的人"，而这一论断不适用于为城邦提供进口商品的"海外贸易商"。[94]在《法律篇》中，柏拉图提到了海外贸易商图谋"贪得无厌的暴利"，使用的是"海外贸易商"一词，而非"小商贩"这一个被滥用的术语。[95]然而，小商贩也未能免遭批评，由于其阶层较低，这个术语被用来指定那些（通过贸易）腐败却对国家伤害最少的人。[96]色诺芬将"海外贸易商"与廉价买入和高价卖出联系在一起，这句话的本意并不是对商人的褒奖；他把海外贸易商的活动定位在市集之中，这与通常使用的"长途贸易"一词相反，意味着是内部商业，而非远距离贸易。[97]亚里士多德对小商品贸易的评价源自那些从中获得财富的人：通过小商品的零售贸易，可以积累货币财富；如果一个人相信货币即为财富，那他就想无限制地获得它，并错误地认为财富的积累是为了生活得更好。[98]到公元前 4 世纪，也就是亚里士多德所写的那个时代，货币在雅典和许多其他的希腊城邦中被广泛使用。比如，吕西亚斯偷来的物品清单中，就包括硬币、银锭和锻造的银器，这可以证明货币已经被用于储存财富。[99]从伯里克利的例子可以看出，硬币已经是一种高度流动的财富形式。早在公元前 5 世纪，伯里克利就卖掉了他所有的财产，"从市场上买了他生活所需的任何东西"。[100]从希腊历史学家普鲁塔克的描述中，也是这句谚语的出处，并没有揭示伯里克利持有财富的形式。鉴于硬币在公元前 5 世纪的雅典已经得到快速发展，并且在交换和支付中被固定使用，因此硬币是上述谚语中最有可能的财富形式。德拉克马（古希腊的一种银币）也成为雅典古典时期的记账单位。因此，在财富和商业的理论和实践方面，荷马和赫西奥德与三位古典时期的哲人相差大约三个世纪，在这三百年中，双方的思想出现了差异，呈现出较为深远的变化。在研究希腊人对财富、商业和劳动价值的看法时，我们必须考虑到这些差异。

致　谢

我要感谢尤金·希思（Eugene Heath）和拜伦·卡尔迪斯（Byron Kaldis）有毅力及耐心地评论并修改这篇文章，如果没有他们的坚持和耐心，本章会逊色不少。

尾注注释

1. Moses Finley, *The World of Odysseus* (Middlesex: Penguin, 1978); Paul Millett, "Hesiod and His World," *Proceedings of the Cambridge Philological Society* 210 (1984), 84–115; Kurt A. Raaflaub, "Homeric Society," in *A New Companion to Homer,* ed. Ian Morris and Barry Powell (Leiden: Brill, 1997), 624–648.

2. Kurt Raaflaub, "Homer to Solon: The Rise of the *Polis*," in *The Ancient Greek City-State,* ed. Mogens Hansen (Copenhagen: Kongelige Danske Videnskabernes Selskab, 1993), 42–59.

3. Ian Morris, "The Use and Abuse of Homer," *Classical Antiquity* 5 (1986): § 2; Albert Lord, *The Singer of Tales* (Cambridge, MA: Harvard University Press, 1960).

4. Richard Seaford, *Reciprocity and Ritual: Homer and Tragedy in the Developing City-State* (Oxford: Oxford University Press, 1994), chap. 5.

5. Robin Osborne, "Homer's Society," in *The Cambridge Companion to Homer,* ed. Robert Fowler (Cambridge: Cambridge University Press, 2004), 218.

6. *The Odyssey of Homer,* trans. Richmond Lattimore (New York: Harper Perennial, 1991), XIV. 100–102. 本章所指的《荷马史诗》是拉蒂摩尔的英译本，引用时图书采用罗马数字，行数采用阿拉伯数字。

7. *Od.* XI. 78.

8. *The Iliad of Homer,* trans. Richmond Lattimore (Chicago: University of Chicago Press, 1951), 11.100–107.

9. *Il.* XI. 631–634.

10. Raaflaub, "Homer to Solon," 50.

11. *Od.* VIII.390–391.

12. *Od.* XVI.247–251.

13. *Od.* VI.299–302, XVII.264–265.

14. *Od.* XIX.111–114; *Il.* IV.341–344, XII.310–321.

15. *Od.* 1.390–393.

16. *Il.* VII.320–322, XII.310–314.

17. *Od.* 111.4–8; Walter Donlan, "Reciprocities in Homer," *Classical World* 75 (1982): 165–166.

18. *Od.* XIII.14–15, XIX.197–198.

19. Walter Donlan, "The Homeric Economy," in Morris and Powell, *A New Companion to Homer,* 665–666.

20. *Il.* VII.314–322, X.303–312; *Od.* XI.505–535.

21. 伯恩哈德·劳姆认为，甘愿臣服的国王们可以因此得到一定的"报酬"，分得部分祭肉，但这一点并未在《荷马史诗》中被明确地记载下来。参见 Laum, *Heiliges Geld: Eine historische Untersuchung uber den sakralen Ursprung des Geldes* (Tiibingen: Mohr, 1924), 49。

22. *Il.* XVIII. 721.

23. *Il.* 1.163–168, 11.226–228.

24. Marshall Sahlins, *Stone Age Economics* (Chicago: Aldine-Atherton, 1972), 194–195.

25. Donlan, "Reciprocities in Homer," 167.

26. Moses Finley, *Economy and Society in Ancient Greece* (1953; New York: Viking Press, 1982), 235. 本章中，作者使用"商业"而非"贸易"，以便与本书的题目相呼应。然而，古典主义者更喜欢"贸易"一词，还有一些人将较为体面的"贸易"与易受谴责的

"商业"区分开来。(e.g., David Schaps, *The Invention of Coinage and the Monetization of Ancient Greece*［Ann Arbor: University of Michigan Press, 2004］, 74–75).

27. *Il.* XXIII.826–849.

28. Laum, *Heiliges Geld,* 12.

29. 礼物也可以作为对错误或婚姻的补偿，如新娘聘礼或嫁妆。(Finley, *Economy and Society,* 240–241).

30. *Il.* VI.215–236.

31. *Od.* IX.195–205, X.19–22, XXI.5–41. 礼物经常被使用，这一观点与芬利的相反，后者认为礼物会一直被保留，直到下次再送出去。(Finley, The *World of Odysseus,* 61). 尽管荷马使用"财富"一词，意为"可以被储存起来的东西"，但认为礼物被存放而不被使用，这仍然是一种误解。

32. *Il.* VI.234–236.

33. *Od.* VI.204; Carol Dougherty, *The Raft of Odysseus: The Ethnographic Imagination of Homer's "Odyssey"* (Oxford: Oxford University Press, 2001), 117.

34. *Od.* IV.614.

35. Sahlins, *Stone Age Economics,* 193–194.

36. Raaflaub, "Homeric Society," 636–637; 也见 Dougherty, *Raft of Odysseus,* 46。

37. Donlan, "Reciprocities in Homer," 142.

38. Fridolf Kudlien, "Der archaisch-griechische Seehandler," *Münsterische Beiträge zur antiken Handelsgeschichte* 18 (1999): 66.

39. *Il.* XI.673–80; *Od.* IX.39–43.

40. *Il.* XI.686–687, 695–706; *Od.* IX.42–43.

41. Finley, *The World of Odysseus,* 102; Donlan, "Homeric Economy," 653.

42. *Od.* XV.415–484.

43. *Od.* XV.425–429, XIV.449–452, 1.180–189.

44. Michel Austin and Pierre Vidal-Naquet, *Economic and Social History of Ancient Greece* (Berkeley: University of California Press, 1977), 43; Hans van Wees, *Status Warriors: War, Violence, and Society in Homer and History* (Amsterdam: J.C. Gieben, 1992), 238; *Il.* VII.470–475, XXI.40–41. Cf. Donlan, "Homeric Economy," 652–653; David Tandy, *Warriors into Traders: The Power of the Market in Early Greece* (Berkeley: University of California Press, 1997), 72–73.

45. *Il.* 11.448–449; VI.236; XXI.79; XXIII.703–705, 885–886; *Od.* 1.431, XXII.54–59. 参见 Mark Peacock, *Introducing Money* (London: Routledge, 2013), 71–81.

46. *Od.* 1.431; cf. Schaps, *Invention of Coinage,* 70 n. 34.

47. George Dalton, "Economic Theory and Primitive Society," *American Anthropologist* 63 (1961): 12–13.

48. *Od.* XV.405–406, 459–463; XIV.285–297.

49. Hans Georg Niemeyer, "The Phoenicians and the Birth of a Multinational Mediterranean

Society," in *Commerce and Monetary Systems in the Ancient World,* ed. Robert Rollinger and Christoph Ulf (Wiesbaden: Franz Steiner, 2004), 249.

50. *Il.* VI.289–295, XXIII.741–745.

51. *Od.* XIX.283–284.

52. *Od.* III.301. Cf. Dougherty, *Raft of Odysseus,* 48; Sarah Morris, "Homer and the Near East," in Morris and Powell, *A New Companion to Homer,* 613; Mark Peacock, "Rehabilitating Homer's Phoenicians," *Ancient Society* 41 (2011): § V.

53. *Od.* VIII.161–164.

54. *Od.* VIII.186–198.

55. Cf. Dougherty, *Raft of Odysseus,* SS.

56. Peacock, "Rehabilitating Homer's Phoenicians," 1–29; van Wees, *Status Warriors,* 242.

57. *Od.* XVII.340–341, 382–385; XVIII.328.

58. *Il.* XXI.441–454.

59. *Od.* XI.489–491.

60. *Od.* XVIII.357–364.

61. *Od.* XVIII.366–380, XXIII.188–204.

62. David Tandy and Walter Neale, *Works and Days: A Translation and Commentary for the Social Sciences* (Berkeley: University of California Press, 1996), 37. 本章所提赫西奥德的《田功农时》，会在正文中附带标明行数。

63. Tandy, *Warriors into Traders,* 210–211.

64. Michael Gagarin, "Hesiod's Dispute with Perses," *Transactions of the American Philological Association* 104 (1974): 103–111.

65. Apostolos Athanassakis, "Cattle and Honour in Homer and Hesiod," *Ramus* 21 (1992): 169.

66. 对互惠的不同解释，可见 cf. Anthony Edwards, *Hesiod's Ascra* (Berkeley: University of California Press, 2004), 95–97; Thomas Gallant, "Agricultural Systems, Land Tenure, and the Reforms of Solon," *Annual of the British School at Athens* 77 (1982): 112。

67. 亚里士多德引用了（意大利南部）洛克利亚人的一条法律规定，该法律禁止个人出售自己的土地，除非"他能确凿无误的证明他遭遇了某种不幸"。(Aristotle, *The Politics and the Constitution of Athens,* trans. Benjamin Jowett〔Cambridge: Cambridge University Press, 1996〕, 1266b19–21). 关于亚里士多德的《政治学》一书，本章使用乔伊特的英译本。

68. Gallant, "Agricultural Systems," 113.

69. M. L. West, *Hesiod: Works and Days* (Oxford: Clarendon Press, 1978), 313.

70. Alfonso Mele, *Il commercio greco arcaico: Prexis ed emporie* (Naples: Institut Français de Naples, 1979), chap. 7. 笔者并不同意梅莱的观点，除了"商业"，赫西奥德提出了一种不同的商业模式，由"专业交易员"来完成，而赫西奥德并不赞同这一模式。荷马借由欧律阿洛斯之口说出"专业交易员"一词（*Od.* VIII.164），但是没有证据表明，荷马将单一的农民商人与职业商人区分开来。对梅莱观点的反驳，可参见 Edwards,

Hesiod's Ascra, 45–48。

71. Tandy and Neale, *Hesiod's Works and Days,* 76 n. 64.

72. G. Snider, "Hesiod's Sailing Season," *American Journal of Ancient History* 3 (1978): 129–130.

73. West, *Hesiod,* 325.

74. Robin Osborne, "Pots, Trade, and the Archaic Greek Economy," *Antiquity* 70 (1996): 41.

75. Arist., *Pol.* 1278a8–12, 20–21; cf. 1328b39–40.

76. Arist., *Pol.* 1337b8–12.

77. Arist., *Pol.* 1337b16–21.

78. Xenophon, *Oeconomicus: A Social and Economic History,* trans. Sarah Pomeroy (Oxford: Oxford University Press, 1995), IV.2–3. 关于色诺芬的《经济论》，本章采用波默罗伊的英译本。

79. Plato, *The Republic,* trans. Desmond Lee (London: Penguin, 1987), 405d–e, 590c.

80. *Il.* 1.122; *Od.* IX.229; Tandy and Neale, *Works and Days,* 321–327.

81. David Schaps, "Socrates and the Socratics: When Wealth Became a Problem," *Classical World* 96 (2003): 135.

82. Solon, frag. 13.7–13, in Ron Owens, *Solon of Athens: Poet, Philosopher, Soldier, Statesman* (Brighton: Suxxex Academic Press, 2010).

83. Solon, frag. 4.5–11, in Owens, *Solon of Athens.*

84. Solon, frag. 13.71, in Owens, *Solon of Athens.* 关于梭伦在著作中对财富模糊地位的表述，参见 John Lewis, *Solon the Thinker: Political Thought in Archaic Athens* (London: Duckworth, 2006), chap. 6。

85. 关于赫西奥德的相反观点，参见 Edouard Will, "Aux origines duregime fancier grec," *Revue des Etudes Anciennes* 59 (1957), 5–50。 作为对 Will 的批判，参见 Millett, "Hesiod and His World," 104–106。

86. Pl., *Rep.* 421e–422a.

87. Pl., *Rep.* 550e, 422a, 331a, 591a–d.

88. Xen., *Oec.* 1.7–10.

89. Aristotle, *Nicomachean Ethics,* trans. Terence Irwin (Indianapolis: Hackett, 1985), 1099a31–1099b2.

90. Arist., *NE* 1094b16–19.

91. West, *Hesiod,* 325.（韦斯特的解释在上一节最后一段也有引用。）

92. 亚里士多德引用赫西奥德的话，甚至在第一卷（*Pol.* 1252bll）中也有所引用。他还对财富进行了讨论，但并没有受到赫西奥德关于春季航海和"可怜的普通人"等观点的影响。

93. Arist., *Pol.* 1257a3–5, 19; 1257b24; 1258b2, 6.

94. Pl., *Rep.* 370e–37lc. 参见 Joshua Weinstein, "The Market in Plato's *Republic,*" *Classical Philology* 104 (2009): 454, 对这一观点的合理化解释是没有批评意图的。

95. Plato, *The Laws,* trans. Trevor Saunders (London: Penguin, 1970), 918d, 83le.

96. Pl., *Laws* 919c.

97. Xenophon, *Memorabilia,* trans. Amy Bonnette (Ithaca, NY: Cornell University Press, 2001), III.7.6.

98. Arist., *Pol.* 1257al–1258a18.

99. Lysias, "Against Eratosthenes," in *Lysias,* trans. W.R. M. Lamb (Cambridge, MA: Harvard University Press, 1930), lines 11–12.

100. "Pericles," in *Plutarch: Greek Lives,* trans. Robin Waterfield (Oxford: Oxford University Press, 1998), §16.

第二章 亚里士多德与商业：朋友还是敌人？

小弗雷德·D. 米勒（Fred D. Miller Jr.）

亚里士多德（公元前 384—前 322 年）是哲学史上备受尊崇的人物，他的观点在应用哲学著作中也经常被引用。然而，在商业伦理领域，亚里士多德的权威性却受到了质疑，这可以从两个截然不同的角度来看。以下引用概括了一种方法：

> 我坚信，如果我们以正确的方式，用哲学的角度，探讨企业精神的关键挑战，同样准备根据所学的东西进行实践，可以获得和保持我们都想要的优秀企业和个人水准，以及我们需要的个人满足的深度。如此，我们就能以最积极的方式，在这个世界上留下自己的印记。如果亚里士多德经营通用汽车，我想他便会这样做。我们为什么要满足于更少的东西呢？[1]

这一商业领域的"新亚里士多德"观点，得到了罗伯特·所罗门（Robert Solomon）和埃德温·哈特曼（Edwin Hartman）等著名商业伦理学家的认同。[2]

然而，对资本主义持批评态度的阿拉斯代尔·麦金泰尔提出了另一种截然不同的观点。"亚里士多德的美德不同于当代经济秩序的核心特征——个人主义……占有欲，以及提升到社会中心地位的市场价值。"[3] 同样，作为资本主义的捍卫者，安东尼·弗莱（Antony Flew）也注意到了亚里士多德对商业的全面批判：

亚里士多德的观点是，任何（有收益的）交换和贸易，本质上都是剥削性的。他认为任何商人的收益，必然以牺牲贸易伙伴的利益为代价……亚里士多德的观点和误解，与约翰·罗斯金（John Ruskin）在《给未来者言》（Unto This Last）中的看法不谋而合。正是这种强烈的反资本主义作品，极大地影响了圣雄甘地和许多英国工党的创始人。罗斯金在书中坚持认为，"无论什么时候，物质收益总是伴随着交换的，有人有收益，就会相应的有人有损失"[4]。

那么，作为商业圣人，抑或资本主义批评家，哪一种是对亚里士多德更可靠的描述？如果两种解释都有一点道理，那也不足为奇。但更重要的问题是，亚里士多德在基本原则方面的立场如何：他对商业的批评，能否脱离他自己的美德伦理学说抑或在此基础上尝试论证？这种做法将不可避免地曲解或误会他的观点？本章将确认亚里士多德批判一般商业行为所依据的一般原则，并探究他是否以令人信服的方式运用这些原则。在这一讨论的基础上，提出如下问题：商业行为是否符合亚里士多德的美德理论？如果符合，其美德理论是否能为现代商人提供指引？

亚里士多德时代的商业世界

在考察亚里士多德的观点之前，应该先思考的问题是，在公元前4世纪的希腊，商业实际上是如何运作的，以及人们一般是如何看待商人的。与今天的资本主义经济相比，包括大型跨国公司、金融机构、工会，以及分布广泛的股票和债券市场，古希腊的经济显得相当原始。[5]然而，从某种程度上说，古希腊的商业实践与现代商业实践基本类似，由此，可以更好地理解亚里士多德的观点与现代商业实践的可能相关性。[6]

古希腊世界被划分成数百个相对较小、人口稀少的地中海沿岸城邦，柏拉图将其比作"池塘边的青蛙"（Phaedo 109a–b）。其中，雅典作为最大的城邦，是政治、宗教和文化中心，也是商业中心。亚里士多德在这里度过了他生命中的大部分时间，起初是柏拉图学园的学生，后来成为自己创办的学校的校长。尽管希腊人崇尚自给自足，但城邦的自然资源有限，因此或多或少要依赖进口。雅典特别依赖进口商品（如金属、木材、石头和葡萄酒）和奴隶。尽管乡村的农民生产橄榄、葡萄、谷物等，雅典却不得不进口大量的谷物，来维持超过 30 万人口的生计。

然而，农业是主导产业。大多数公民是农民；事实上，只有公民才被允许拥有土地。社会和政治精英是大地主，但大多数公民只有一小块土地，其中大约四分之一的人没有土地，被迫从事工匠和劳工的工作。许多人是个体经营的木匠、石匠、铁匠、鞋匠、陶工、珠宝商、面包师、屠夫、渔民和鱼贩、医生等等。富裕的商人拥有作坊和小工厂，生产家具、武器、珠宝、陶器等。矿主与国家签订开采国有银矿的租约。包括建筑师和造船商在内的其他人，则与政府签订在卫城建造公共建筑、寺庙和军舰的合同，这些人另一面与木匠、石匠、雕塑家、造船商等签订分包合同。所有这些企业都严重依赖于奴隶的劳动。奴隶占人口的三分之一以上，价格便宜，在市场上也很容易买到。贫穷的自由人也和奴隶一起，在农场、工厂、造船厂、矿山和建筑工程中辛苦劳作，他们都受到社会的侮辱。[7]

在卫城城下的集市（agora）上，人们进行着贸易往来。在比雷埃夫斯港附近也有一个进出口集市（emporion）。个体工匠通常在市场上出售他们的产品，一些在自己的作坊车间外面出售，但很多是在指定地点的摊位或桌子上。农民也把他们的产品带到市场上。但是大部分交易是由零售商（kapeloi）进行的，他们从农民、工匠、制造商或进口商那里购买商品，然后以零售的方式转售。外国贸易是由商人（emporoi）进行的，他们通常从船主那里租用货舱，但在某些情况下，船主也以商人的身份开展贸易。[8]

有时，个人会向他人借钱。除了独立的富人外，货币兑换商和典当行还会收取利息贷款作为利润。另一个重要的贷款来源是银行，个人将钱存入银行以保证其安全，或将其隐藏起来（如，不让税务人员知道）。银行家向存款人支付利息，反过来又借钱给借用人，以获得利息。虽然许多借用人需要货币进行消费，但需要用借用人的土地作为抵押。同时，商人也寻找机会，进行投机贷款，如大批粮食的海上运输。海事贷款呈现出保险和投资的特点，原因是：如果货物在海上丢失，商人不必偿还贷款；但如果货物到达目的地，他就欠下一大笔利息——如，本金的 30%。[9]

在古希腊经济中，政府所起的作用相对有限。商业受到政府官员（agoranomoi）的监管，后者负责解决分歧，向销售者收取费用，检查度量衡，并对掺假或欺诈性产品以及伪币进行检查。若有更重大的遗产、产权和欺诈纠纷，则由法院裁决。幸存下来的德摩斯梯尼等人撰写的演讲稿，提供了有关企业如何运作的宝贵细节。

因此，一个看似简单的交易，如在市场上买一罐橄榄油，可以建立在一个复杂的经济交易网络之上。例如，一个农民种植橄榄，并租用榨油机榨油；他把油卖给当地的零售商，零售商再把油运到港口市场并转卖给商人。商人向银行借钱，向船主租用舱位，以便将油和其他货物运输到另一个城邦。到达另一个城邦港口后，他将成批的油卖给中间商（palinemporos），中间商再将油卖给当地的零售商，零售商最终将这罐橄榄油卖给当地市场上的消费者。

如果没有经济学，古希腊人就不会认识到商人在其社会中所扮演的重要角色。根据现存的纸本记载，从事生产工艺的人被贬称为"庸俗的人"（banausos）。制造商、商人和银行家，则通常是外国人、以前的奴隶或血统可疑的公民。正如肯尼斯·多佛（Kenneth Dover）所说，在古代喜剧中，商人经常被当作笑柄：

> 由于买方希望支付的价格，低于卖方要求的价格，对卖方的蔑视，以及经济上的依赖，可能与对其贪婪和无理的敌意相结合。因此，在阿提卡喜剧中，对下列人群一直持不友好的态度：鱼贩（"都是杀人犯"，Amphis fr.30.5ff）、奴隶贩子（"贪得无厌"，Aristophanes Wealth 521）、女房东（在 Aristophanes 的 Frogs 中是一个粗鄙幽默的人物）、面包小贩（cf. Aristophanes Wasps 1388—1414），以及债主（Demosthenes 37.52）。[10]

正如多佛进一步评论的那样，雅典人并不欣赏现代"资产阶级美德"：

> 那些获得财富的人，似乎没有因为他们具有商业头脑、发明创造能力、善于利用机会的天赋或一心一意追求利润，而被希腊人钦佩，而这些白手起家的百万富翁，在一些现代社会中，则成为大家羡慕的对象。在喜剧中，有这样一种假设：不诚实的人变得富有，而诚实的人仍然贫

穷。这正是阿里斯多芬尼斯的《财神》（Wealth）和米南德的《赫罗斯》（Colax 43）的主题，"没有人能靠诚实迅速致富"。[11]

因此，当成功的商人或他们的家人沉溺于奢侈的消费时，人们往往会嫉妒、怨恨，甚至谴责他们，这是不足为奇的。相反，这些商人也被期望支持战争，并做出实质的公共贡献，比如建造战船，资助节日和合唱等。

柏拉图在其对话录的《法律篇》中也表达了不支持商业活动的观点。在对话录中，这位仅仅是"雅典陌生人"的发言人，描述了在克里特岛建立一个虚构殖民地的情形。"陌生人"认为："每一种零售贸易、批发贸易和客栈经营都已名誉扫地，并且受到可耻的指责。"这是因为在一般情况下，人的"需求是无法衡量的，当他们得到可衡量的东西时，就选择贪得无厌"（*Laws* XI.918d）。[12] 因为逐利是道德败坏，"陌生人"希望禁止公民参与商业和贸易，这些活动仅限于外国居民（*Law* V.736e–741e, VIII.846d–847b, XI.918a–920c）。"陌生人"尤其批判进出口贸易，称大海是"一个又咸又苦的邻居"："它影响了一个地方的零售贸易的商业交易和利润，并导致灵魂上的诡诈和不可靠的倾向；因此，它剥夺了一个城市对它自己和对其他人的信任和友谊。"（*Laws* IV.705a）[13]

亚里士多德在他的《政治学》中也表达了类似的观点："过着庸俗工匠或雇工的生活，是不可能有道德追求的。"（III.S.1278a20–21; cf.I.13.1260a38–b1）[14] 这些追求被认为是"庸俗"的，因为他们"认为自由人的身体和灵魂，对美德的实践和活动没有帮助"，因为"这些追求使灵魂堕落，使人变得乐于享受安逸"（VIII.2.1337a11–15）。亚里士多德的观点似乎是，工匠们并不想努力过上有道德的生活，而是致力于生产"外部产品"，如物质财富和金钱，这是维持生计或使生活变得舒适的必需品。因此，他认为，一个粗俗的工匠在某种程度上甚至不如一个奴隶，因为至少奴隶主会教他一点美德："奴隶可以分担奴隶主的生活压力，而一个粗俗的工匠很大程度上离美德更加遥远，他们顶多和奴隶的美德程度相类似；因为一个粗俗的工匠处于一种受限制的奴役之中。"（《政治学》，I.13.1260a39–bl; cf.《修辞术》.1.9.1367a31–32）[15] 因此，当亚里士多德描绘其理想社会时，认为所有公民都是有道德的，他把工匠单独列为一个没有政治权利的独立阶级："公民不应该过一种庸俗的工匠或商人的生活。因为这类人是不光彩的，对美德是有害的。"（《政治学》，VII.9.1328b39–1329a2；cf. III.4.1277b3–7，VIII.2.1337b5–15）此外，亚里士多德认为自己时代的政治制度，要么是民主政治（从字面上解释，就是被人统治，但实际上是被穷人统治，因为穷人是大多数），要么是寡头政治（字面意思是"被少数人统治"，事实上被富人和名门出身的人统治）。他谴责民主国家，因其公民包括"许多庸俗的工匠、商人和劳工"（VI.4.1319a26–28）；相反，他鼓励寡头政治，因其不接纳最近从事贸易的暴发户（VI.7.1321a28–29，III.S.1278a25–26）。如果亚里士多德对庸俗的工匠似乎持不屑一顾的态度，那么他对商业则更加蔑视，认为商业是"被公正地蔑视的"。他尤其反对为了利息而贷款的行为，认为这是追求财富"最不自然的"方式（1.10.1258bl–8）。

亚里士多德并没有完全阐明他蔑视工匠的理由，但其原因存在于《尼各马可伦理学》（*Nicomachean Ethics*）（I.1 and VI.4）中对生产和行为的区分。其中关于生产（poiesis）的案例，是建造一所房子：这是让一种产品存在的行为，否则它是不存在的。生产劳动（如房屋建筑）仅仅具有工具价值，其价值来源于其产品（如房屋）的价值。相反，一个行为（praxis）是出于自身的目的而表现出来的；它的内在价值独立于它可能产生的任何结果。例如，在亚里士多德看来，无论哲学活动的结果是什么，像出版一本书或发表一篇文章，它都具有内在价值。同理，一种道德的行为（如，勇敢地保卫自己的城市）是高尚的，即使这种行为对他人也有好处，但它也是为自己而做的。因为生产劳动仅仅是一种手段，而不是目的本身，所以亚里士多德认为生产劳动是既辛苦又不光彩的事情，他贬低生产劳动，认为是庸俗的，并把生产劳动的实践者（尤其是那些专门从事赚钱的人）视为道德上的弃儿。[16]

亚里士多德的美德伦理学说

公平地说，亚里士多德对商业交易的谴责，不仅仅基于偏见，还基于一些必须进行仔细分析和评价的哲学观点。这些论证以他的美德理论为前提，是一种美德伦理学。因此，这里有必要区分两个问题：亚里士多德自己从他的美德理论中得出了什么结论？他的结论是否基于这一理论？因此，在研究他对商业的批判之前，有必要先来概述他的美德理论，可概括为四个主要原则。

第一个原则是，幸福（eudaimonia）是人类的最高利益。人类的行为有一个终极目的："我们是为了这个目的本身而企求做这些事（其他一切事物都是因为它）。"（NE I.2.1094a18-22）。[17]亚里士多德认为，幸福是唯一符合这种描述的东西："虽然我们选择荣誉、快乐、理性也是为了自身，可是选择它们还是为了幸福，因为通过它们可以达到幸福，却没有人是为了它们而去选择幸福的。"（I.7.1097a34-b6）

亚里士多德的第二条原则是，幸福在于美德的行为。幸福不像快乐那样是一种被动的状态，也不是一种主观的状态，比如我们想要什么就能得到什么。（为了凸显这个词的正面含义，一些译者将亚里士多德所用的术语eudaimonia 翻译成"繁荣"而不是"幸福"。）相反，幸福在于做一个出色的人，亚里士多德把出色的人解释为类似于一个竖琴手或雕塑家这样的艺术家。正如我们所说，长笛演奏者表演出色，是因为他们表现出了长笛的特点或定义了长笛的功能。同理，如果能表现出为人应有的风范，那也应该称其为一个出色的人。亚里士多德认为，这种风范包括人类独特的能力，理性的灵魂。因此，幸福（或繁荣）是灵魂遵从理性的一种活动。此外，当理性统治灵魂，抑制欲望和激情时，人类是善良的。因此，"人的功能是灵魂的活动与理性相一致……"（NE I.7.1097b22-1098a20）

亚里士多德的第三条原则是，美德是在两个极端之间选择的平均值。人类不断地面临着各种选择，这些选择通常涉及或多或少的事物。例如，吃一顿饭时，人们要选择吃多少食物。可以吃得太多，也可以吃得不够，也可以吃得适量，亚里士多德称之为"平均值"（mean，或适度）。人们发现，需要通过运用理性能力，才能找到这个平均值。在道德领域，美德使人们能够选择平均值，而邪恶则导致极端。例如，当人们处于危险的情况下，懦夫往往是过度害怕、缺乏信心，莽撞的人往往是过度自信、无畏错误，而勇敢的人则会产生适当的情感，并采取相应的行动。同样的分析也适用于表现激情和欲望的行为。例如，一个士兵在炮火之下，是选择撤退，还是采取毫无必要的还击，抑或在指挥官命令时采取行动。总的来说，"美德与选择有关，相对于我们而言，它是一种由理性决定的平均值"（NE II.6.1106b36-1107al）。

亚里士多德的第四条原则是，正义是美德之一，因此可以采用平均值来分析。在分配正义的案例中，有一点很明显：当一些共同资产被分配给个人时，分配的前提是，各方得到的金额介于两者之间，即既不太多也不太少。每个人都必须得到公平或相等（ison）的份额，[18] 但这并不意味着每个人得到的份额完全相同。例如，假设两个农民正在分配他们一起耕种、收割和在市场上销售的成果，但其中一人比另一个多工作了一倍。对于生产率较低的农民来说，坚持将他们的收入平分似乎是不公平的（假设他没有做出其他贡献）。工作更辛苦的农民显然应该分到更多。亚里士多德用他所谓的"几何比例"来分析这个问题，也就是比值等式。即，A 和 B 两人的收益比例，应该等于他们各自付出 C 和 D 的比例。也就是说，A/B = C/D。在上面的例子中，如果勤奋的农民得到的收益是他懒惰的伙伴的两倍，那只是因为他的付出是另外那个人的两倍（*NE* 1.3.1131a29–b16）。

下面将探讨的问题是，为什么亚里士多德认为这些原则包含对普通商业交易的批判？

亚里士多德对商业的批判

公平交易

亚里士多德对公平交易的分析，与他对分配正义的分析相类似。这两种类型的公正都涉及比例平等，但它们的复杂性各不相同。分配正义是按分配接受者的应得之物，进行"平等"分配；公平交易则涉及交换商品价值上的平等。亚里士多德在这个以物换物的例子中指出：

> 假设 A 是一名建筑工人，B 是一名鞋匠，C 是一所房子，D 是一双鞋。如果建筑工人想从鞋匠那里获得鞋子，就必须将他自己建造的房子作为回报……它们必须是等价的……因此，一所房子所交换的鞋的数量必须与建筑者与鞋匠的人数比例相对应。因为如果不是这样，就不会有交易和互动。除非货物在某种程度上是平等的，否则这一比例仍然成立。（*NE*, V.3.1133a7–14）

这种比例均衡要如何产生？假设一百双鞋子等于一所房子。要做到这一点，必须有某种计量单位，使一双鞋等于 N 个计量单位，一所房子等于 100 倍的 N 个计量单位。但是这个计量单位是什么呢？它不可能是一枚硬币，因为货币价格可能无法反映商品的真实价值。但亚里士多德提出了一个解决方案：

> 这个计量单位就是"需要"（chreia），它把所有的东西联系在一起（因为如果人们根本不需要彼此的物品，或者并不对等地需要它们，那么就不会产生交换，或者不会产生相同的交换）；但按照惯例，金钱已经成为一种需求的代表。（1133 a26-29）

委婉地说，亚里士多德的解决方案并没有表述清楚。[19] 因为他没有解释，人们怎样用"需要"的计量单位来衡量一双鞋和一所房子的价值，以便在二者之间建立一种平等。在货币体系中，一定数量的鞋子在价格上等同于一所房子的价格，但如何让金钱成为"需要的代表"却尚未清楚，即如何定义一定数量的钱可以满足一定计量单位的需要。值得注意的是，亚里士多德假设，如果是公平的交换，那么交换的物品之间就有一种客观的平等。中世纪亚里士多德学派已经明确地指出，这种平等可以用货币来衡量，如鞋子或房子的公平价格。[20] 如果鞋匠设法高于公平价格卖掉鞋子，那么建造者获得的钱将低于房子的公平价格，这样的交易就是不公平的。公平价格规定了有道德的代理人在相互交换商品时必须遵守的平均价格，这可以通过法律法规来规范商人。

商　业

亚里士多德认为，像鞋子这样的财产，既有正当的用途，也有不当的用途：

> 每件财产都有两种用途。这两种都是它本身的用途，但其用途是不同的：一种方法适用于事物，另一种方法不适用于事物。以穿鞋和交换鞋子为例，这两种都是鞋子的用途。有些人为了金钱或食物而与他人交换鞋子，而有些人则是因为他们真的需要而交换鞋子。但这不是正确的

用途，因为鞋子不是为了交换而存在的。(《政治学》I.9.1257a6-13)

如果使用不当，鞋子就会变成一种商品，或一种用来交换的物品。[21] 尽管如此，亚里士多德仍认为，物物交换符合伦理德性，因为"物物交换首先产生于一些人拥有过多而另一些人拥有较少的自然环境"（1257a15-17）。例如，鞋匠和农民交换鞋子和食物，直到他们每个人都有彼此需要的鞋子和食物。只要一个人正在积累的，是维持家庭所需的东西，那么在亚里士多德看来，这就是一种光荣而自然的活动。然而，在发明铸币之后，情况则发生了巨大变化。原因是，铸币让商业交换成为可能。亚里士多德说："在不完全意义上，商品的交换，使得商业与商品生产有关。"由于金钱是一种交换单位，是一种限制（目标），因此商业也被认为与金钱有关（1257b20-23）。例如，一个商人可以从鞋匠那里买鞋，再卖给别人赚更多的钱，从而获利；通过反复交易，他可以无限制地聚敛钱财。

亚里士多德认为，这种利润对美德是有害的："从公正的角度来看，商业受到蔑视，因为它是非自然的，而是（人们从他人那里得到的）一种获取方式。"(《政治学》I.10.1258b1-2) 要理解这一观点，则有必要了解亚里士多德所说的"非自然"的含义。自然（phusis）是亚里士多德的一个技术概念。"自然"的本义是指运动或静止的内在原理或原因（《物理学》II.1.192b12-23）。例如，橡子是自然的，因为它有一种内在的冲动，想要长成为一棵橡树。然而，"自然"对亚里士多德而言，还有一个次要的意义，即事物在终极状态下的决定性目的。从这个意义上说，橡子在变成橡树后才意识到它的本性。因此，"自然"一词可以指事物的自然起源或其自然目的。同时，亚里士多德以相似却不同的感觉，说事物是"自然的"。在第一种意义上，正如刚刚讨论的，一个东西被称为"自然"的，是因为它有一个自然的起源。例如，一棵橡树是一个自然实体，因为它是从一颗橡子中生长出来的，橡子有这种与生俱来的内在冲动。相反，床是人造的，而不是自然的实体。因为它的存在，并不是因为它的材料包含了一种内在的冲动想要成为一张床，而是因为它们是由一个外部的原因——工匠组装而成的。因此亚里士多德说床是靠手艺而不是靠自然而存在的。在第二种意义上，当一件事物实现了其自然目的时，它就是"自然的"；当它阻止或干扰了一件事物的自然目的时，它就是"非自然的"。

例如，人有视觉是很自然的，而失明是一种不自然的状态。同样地，如果一种实践促进了人们的自然目的，那它就是自然的；如果它挫败或颠覆了人们的自然目的，那它就是不自然的。亚里士多德以这种方式谈到"自然财产获得"（chrematistike），它包括农业、畜牧业、狩猎，甚至捕获自然奴隶。这种自然艺术获得了家庭和城邦自给自足和幸福所需的"自然财富"（见《政治学》，I.8-10）。[22] 相反，他认为从上述两种意义看，商业都是"不自然的"。首先，商业没有自然起源。与自然财产获得不同，自然财产获得是出于自我保护和繁殖的自然本能，而商业"不是自然的，而是一种经验和工艺"（见《政治学》，9.1257a4-5）。其次，亚里士多德说商业不是"自然的"，是指一种获取模式，在这种模式中，人们"彼此"索取，暗示商人在利用别人，即，从别人那里拿走其追求自然目的所需要的东西。亚里士多德假设，如果交易的任何一方获得利润或收益（kerdos），那么这样做一定是不公平的。这似乎直接来自亚里士多德对公平交换的分析。如果一个商人从一个鞋匠那里买鞋，然后把它们转卖给一个农民而获利，他只能通过付给鞋匠低于公平价格的钱，或者向农民收取高于公平价格的钱（或者两者兼而有之）来实现这一点。无论哪种方式，商人都在两个极端之间偏离了道德上的平均值。[23]

银行业

根据亚里士多德的理论，在各种形式的零售交易中，"最有理由让人讨厌的就是高利贷"（《政治学》，I.10.1258b2-3）。他对高利贷或付息借款有两种反对意见。[24] 首先，高利贷是"从钱本身获得利益，而不是从自然对象中获得。因为金钱本来是用于交换的，不应从中获利"。这里假定货币和其他商品一样有两种用途：正当的用途是，让普通商品之间的交换更加便利；不正当用途是，利用货币来收取利息。亚里士多德的第二个反对意见与"利息"（tokos）有关，字面意思是"后代"。他补充道："这就是它名字的由来，因为子女长得像他们的父母，而利息就是由钱生钱而来的。因此，在所有的财富获取中，这是最不自然的一种。"（1258b2-8）这符合亚里士多德早期的观点，即货币的价值仅仅是符合习俗的，但不是自然的。他的理由如下：如果一个农民种植小麦，他是以一种自然的方式获得了财富，因为从上文可知对于"自然"的定义，既有自然的起源也有自然的目的；种子是一种天然的实体，通过一个自然的过程而成长为小麦。但是，如果一个银行家使用货币来产生利息，他就不可能以自然的方式获得财富，因为货币是由习俗创造的，不能像植物一样自然地进行自我复制。（后世经院哲学批评家把硬币称为"贫瘠的金属"。）获得利息，是以无价值换取价值，这种方式甚至比其他形式的零售交换更不公平。[25]

商品投机买卖

亚里士多德提供了一份关于他那个时代商品投机买卖的情况报告，其中涉及古希腊第一位哲学家泰勒斯：

> 人们指责泰勒斯贫穷，声称这说明他的哲学是无用的。故事是这样的：他通过自己对星星的知识，意识到橄榄丰收的季节就要来临了。因此，还在冬天的时候，他就筹了一点钱，都投给了米利都和希俄斯岛的所有榨油机，以备将来租赁。由于没有人出价与他相争，因此他以低价就租下来了。到了橄榄收获的季节，忽然有许多人来找榨油机，泰勒斯就以任意的价格出租，由此聚揽了很多财富。这个故事说明哲学家们如果愿意的话，可以很容易地变得富有，但这不是他们所关心的。泰勒斯只是以这种方式展示了他自己的智慧。但是……他的做法涉及一个普遍适用的财富获取原则：如果可能的话，保持垄断。因此，一些城邦在需要资金的时候也会采取这种模式：它们在销售商品上取得垄断地位。（《政治学》，I.11.1259a9–23）

亚里士多德暗示，正是通过垄断榨油机市场，泰勒斯才能够高于公平价格来出租榨油机，这就是现在所说的"哄抬价格"。

对亚里士多德批判商业的批判

根据上文所述，似乎说明亚里士多德反对商业。然而，亚里士多德对商业的批评，是对他自身伦理德性理论的正确应用吗？贯穿始终的一个重要主题是，在经济交易中，道德的方式是指交换双方的物品价值相等。但回想一下，亚里士多德将美德描述为"相对于我们自身的平均值，这是由理性决定的"。在下面一段话的陈述中，他将"相对于我们自身的平均值"和"相对于客体的平均值"区分开来：

> 我所说的相对于客体的平均值，是指它与每一个极端之间的距离相等，对所有人来说都是一样的；而相对于我们自身的平均值，指的是既不能太多也不能太少——这并不只有一个，也不是对所有人都一样。例如，如果10是多的，2是少的，那么6是中间的，这是从相对于客体的平均值的角度来看；中间值比大的数字小，比小的数字大，是通过算数比例得出来的。但相对于我们自身的平均值，中间产物就不是这样的。如果对于一个人来说，一顿饭吃10磅太多而2磅太少，这并不意味着吃6磅就刚刚好；对于一个人来说，这也可能是太多了，或者太少了——对于米洛来说太少了，但对于运动锻炼的初学者来说太多了⋯⋯因此，任何艺术的大师都避免过度和缺陷，而是寻求并选择适度——这并不是相对于客体中的平均值，而是相对于我们自身的平均值。（*NE*, II.6.1106a26-b5）

亚里士多德以奥林匹克运动员米洛进行类比，为他的道德平均值理论提供了有价值的启示。然而，亚里士多德没有意识到，这个类比是否还能够解释这一问题，即对于有收益的市场交易来说，是否一定会违反道德的平均值。

商　业

假设米洛（奥利林匹克运动员）的平均值是8磅食物，而米克罗（业余运动员）的平均值是4磅。然而，如果他们每个人都有6磅的食物，这对于米克罗来说就太多了，但是对于米洛来说还不够。再假设米洛已经收集了24根柴火，这比他做饭所需的柴火还要多，但是米克罗根本没有柴火。如果米洛提出用8根柴火换米克罗的2磅食物，米克罗也同意了，那么他们的情况都会变好，享受到了经济学家所谓的"共同贸易收益"。他们进行交换的结果是，创造了之前没有的新的价值。[26] 不仅如此，每个人都将得到相对于其自身的平均值，米洛将得到8磅食物和16根柴火，而米克罗则有了4磅食物和 8 根柴火。在这里，没有必要找到一个衡量 1 磅食物等于 4 根柴火的计量单位。如果这一平均值是相对客体而言，那么寻找这样一个计量单位，可能具有一点意义。但正如亚里士多德自己解释的那样，这个平均值必须"是相对于我们自身而言的，而不是对所有人都一样"。最后，这一分析提供了理解亚里士多德观点的一种视角，即交换是基于相互的需要，而无须接受他的推断，即需要是一种使商品平等化的单位。

现在假设米洛和米克罗住在不同的城镇，不知道彼此的存在，但是有一个商人安珀洛斯，知道他们都有进行交易的愿望。再假设安珀洛斯知道，食品的价格在米克罗的城镇是米洛所在城镇的两倍（例如，米克罗镇食物每磅 2 德拉克马，而米洛镇每磅 1 德拉克马），并且在米克罗的城镇没有木材出售。安珀洛斯花 2 德拉克马在米洛的镇上买了 2 磅食物，然后和米洛交换了 8 根柴火。随后，他把这 8 根柴火拿到米克罗的城镇，用它们和米克罗交换 2 磅的食物，再在米克罗的镇上以 4 德拉克马的价格转卖。尽管安珀洛斯赚了 2 德拉克马的差价，但是米洛和米克罗的利益都没受到损害。相反，安珀洛斯使他们达到了相对于自身的平均值，最终因为米洛和米克罗都有了（据亚里士多德所言）他们所需要食物和做饭的柴火。如果亚里士多德表示安珀洛斯是通过从米洛和米克罗"那里进行索取"而获得利润，那么安珀洛斯可以回答说，米洛和米克罗都因为他的服务而变得更好，他应该得到相应的利润，作为对他这一中间商所做贡献的公正回报。实际上，安珀洛斯为米洛和米克罗都创造了额外的价值，他值得这份回报。可以说，他的中间商服务是一种智力美德的实践，由此他发现了每个交易方的潜在价值，并找到了一种实现这些潜在价值的方式。

银行业

在亚里士多德的美德伦理学说中，还有一个与借贷和利息相关的维度。他描述了平均值如何从几个方面保持在极端之间：

> 伦理德性……与激情和行动有关，在激情和行动中存在着过剩、缺陷和适度。例如，恐惧、自信、欲望、愤怒和怜悯，以及快乐和痛苦，都可能被感觉得太多或太少，这两种情况都不是很好；但在正确的时间，参考正确的客体和正确的人，以正确的目标，以正确的方式，去感

受它们，这既是适度也是最好的，也是十分卓越的。同理，对于行为来说，也有过剩、缺陷和适度。（*NE*, II.6.1106b16–24）

值得注意的是，亚里士多德提到的第一个方面是"在正确的时间"。经济学家通过观察发现，代理商倾向于更早，而非更晚获得有益的结果（如接近行动的时候）。[27] 这似乎是合理的。例如，在其他条件相同的情况下，银行家弗尔米奥现在拥有 100 德拉克马，比一年后拥有它们要好。然而，弗尔米奥可能更愿意一年后拥有 110 德拉克马，而不是现在拥有 100 德拉克马。另一方面，为了完成当前的计划，艾特昂可能会认为现在的 100 德拉克马比一年后的 110 德拉克马更有价值。在这种情况下，如果弗尔米奥把这 100 德拉克马借给艾特昂，而艾特昂同意从现在起一年内偿还 110 德拉克马，那么在考虑到时间优先的情况下，支付和接收额度的平均数是一致的。如此一来，弗尔米奥没有因为把钱借给艾特昂获取利益，而损害他的正义和美德。实际上，这样使用资金的方式，可能对双方来说都是最好的。这再次表明，一个公平的金融交易是建立在相互需要的基础上的（亚里士多德的观点），并且即使一方从另一方那里收取利息，也可以与伦理德性相容。[28]

商品投机买卖

在关于泰勒斯和榨油机的故事中，亚里士多德认为泰勒斯获得了垄断地位，因此他可以选择"任何价格"。这个故事存在两个问题。首先，关于泰勒斯确立的垄断地位。虽然在字面上是正确的，因为希腊语单词"独占"（monopolia）的意思是"只有一个卖方"，但亚里士多德将泰勒斯的计划与城邦的计划等同起来，却是有误导性的。因为一个国家可以通过法律规定，只允许有一个销售者，并对任何竞争者设置障碍来建立垄断。尽管泰勒斯成功地成为唯一能够转租榨油机的人，但他没有能力禁止竞争对手进入市场。因此，他的优势将是相对短暂的，因为其他人可以制造新的榨油机，并在一段时间内进行出售，这往往会压低价格。第二个值得怀疑的说法是，泰勒斯能够选择"任何价格"。实际上，橄榄种植者不会以高出他们预计可以通过出售橄榄油所得利润的价格来租赁榨油机。因此，如果泰勒斯一直提高价格，那么更多的种植者会不愿意租赁榨油机，直到超过一定的价格后，最终没有租户。泰勒斯的最佳策略是寻求使自己的收益最大化的价格。[29]

然而，即使承认这两点，亚里士多德可能仍然认为，泰勒斯通过对未来价格的成功投机，可以通过对榨油机收取高于其合理价格的价格，而获得"暴利"。然而，为了替泰勒斯辩护，可以说他做出了有价值的贡献。那么为什么榨油机的主人不等到收割橄榄的时候，自己把机器租出去呢？答案大概是，他们不知道价格会上升；由于不愿意冒橄榄收成不好的风险，他们宁愿将风险转嫁给泰勒斯。由此可以这么说，泰勒斯的利润是承担这种风险的结果。[30]亚里士多德还指出，泰勒斯所拥有的知识，使他处于有利的地位。但是知识不是免费的。即使在泰勒斯和榨油机的例子中，其他人在看到收益的情况下，也有主动寻求这类知识的动机，但学习知识也需要花钱。[31]即使其他人缺乏泰勒斯的先见之明，但如果他未来能在商品投机领域取得成功，那他以后将成为供应过剩或供应短缺的"早期预警信号"。因此，可以这样说，像泰勒斯这样的投机者正在发挥宝贵的社会作用，而不仅仅是一个剥削者。再次强调这其中的原因，即他是在利用自己的知识为他人创造价值，所以他有权要求得到补偿和收益。

综上所述，亚里士多德的美德伦理学说，并没有支撑他对商业、银行和投机等实践的批判。人们似乎仍然可以在这样的实践中，同时保持他们的美德。然而，到目前为止，可以确认的是，这些商业行为不一定是不公平的。一个商人的行为能否像亚里士多德所理解的那样，表现出伦理德性，还有待观察。

"好人"与"好的商人"

区分"好人"和"好的商人"，有助于更积极地思考商业实践和伦理德性之间的关系。亚里士多德借鉴了希俄斯岛（Chios）的欧西德莫斯（Euthydemus）所讲的一个诡辩式笑话，来说明类似的区分方式："一个做鞋匠的好人会是坏的吗？有可能，因为好人也可能是坏鞋匠，所以好鞋匠也可能是坏人！"（《辩谬篇》，20.177b13-15）。正如亚里士多德所说，这种推理是错误的，因为它利用了"好"和"坏"这两个词的模糊性。说某人是一个坏鞋匠是一回事，而说某人是一个不合格的鞋匠又是另一回事。这种差异，已经在上文讨论的亚里士多德伦理原则中予以提及。一个坏鞋匠，指没有发挥好鞋匠的功能；而一个不合格的鞋匠，指的是没有发挥好人的功能，即做得不理性、较差劲。既然可以只承担一种角色而不承担另一种，那么一个坏鞋匠并不一定就是一个坏人：同一个人可以生产出劣质的鞋子，却仍然表现得勇敢或慷慨。同理，一个好的鞋匠也可能是一个坏人：白天制造好鞋，晚上犯下盗窃或谋杀等严重罪行。类似地，即使有人承认某人可能是一个"好的"（成功的）商人，擅长做生意，但他也可能是一个坏（邪恶的）人。

不幸的是，亚里士多德更进一步认为，商业本质上是一种"非自然的"和"被公正地蔑视的"财富获取模式，与之相对的是一种家庭管理的"必要的和值得称赞的"财富获取方式（《政治学》I.9.1257b19–22，10.1258a38–b8）。亚里士多德认为，家庭自然地产生于自我保护和繁衍的自然需求，家庭的存在是为了满足家庭成员的日常需要（I.2.1252a26–35，b12–14）。管家的工作是获得足够的财产以满足这些需要，例如食物、衣服、和器具。因此，家庭管理包括一种"自然部分"的财产取得艺术，其功能是取得和保存这一必要的财产（I.8.1256b26–39）。相反，根据亚里士多德的观点，商业的目的是交换商品，以增加一个人的财富。他认为，这意味着商业导致了无限制的货币积累："医学的目标是无限的健康，而每一种技艺都在以无限的方式实现它的目的，因为每一种技艺都在尽可能地实现自身（但任何促进目的达成的事物都不是无限的，因为目的本身构成了对所有技艺的限制）。"（《政治学》，I.9.1257b23–28）在亚里士多德看来，商业是不自然的，因为它需要财富，而财富本应是达到人类最高利益（eudaimonia）的一种手段，并将其自身转化为一种目的。亚里士多德还认为，人们的低级欲望吸引他们从事这一职业："他们奔波于生计，生活得并不是很好。由于他们对生命的欲望是无限的，因此他们也想获得无限的维持生命的东西。而那些追求美好生活的人，则是在寻找能促进身体满足的东西。所以，既然这似乎也取决于是否拥有财产，他们就把时间花在获取财富上。"商业也就应运而生。[32] "因为他们的满足在于过度，所以他们寻求一种能满足所需的过度的技艺。"（1257b40–1258a8）

这个观点和亚里士多德的伦理学说一样，都认为最好的生活在于理性的、道德高尚的行为。幸福并不仅仅存在于肉体上的满足，以及放纵其恰好拥有的欲望和需求。物质财富仅仅是实现美好生活的手段，购买这些东西所需的金钱也是如此。因此，人类把积累金钱作为自己的终极目标是"不自然的"（不符合人类美好生活的自然目的）。

即使承认所有这些质疑，亚里士多德的观点仍有值得商榷的地方，但可以用不同的方式来理解。首先，他可能认为商业是令人反感的，因为它的目的是无限地积累财富，而财富实际上只是通向美好生活的一种手段。这种观点的问题在于，商业和医学是类似的。因为医学是以健康为目的的，也是通向美好生活的一种手段，而不是目的本身。即使亚里士多德的"医学以无限健康为目标"的观点是正确的，但这并不意味着（亚里士多德也不会提出）医学是一种非自然的艺术（即"不自然"地挫败人类的自然需求）。人们可能会同意，任何一个（碰巧是一名医生）将无限的健康作为他所有努力的终极目标的人，都是不自然和非理性的（尽管有些人认为现代社会民主正朝着这个方向发展）。但是一门艺术的最高境界可以从属于另一门更高艺术的境界，如生活的艺术。同样的道理，也适用于商业：即使商业的唯一目的是营利，但这并不意味着它的目的不能从属于更高的目的，如生活得更好（*NE*, 1.1–2）。[33] 或者，亚里士多德可能会说，商业不同于像医学这样受人尊敬的艺术，因为商业对达到其目的的手段没有任何限制。不同于医生为了治疗一个病人而限制药物的剂量，商人则是无节制地追求金钱。[34] 但这一想法并不令人信服。因为，正如泰勒斯和榨油机的例子表明的那样，泰勒斯只有限制向特定顾客所收取的价格才能营利。如果他试图无限制地提高价格，他将没有顾客。最后，亚里士多德认为，任何从事商业的人都以无限的自我满足作为个人目标。的确，有些人从商是想积累尽可能多的财富，以满足尽可能多的欲望。但其他商人有其他动机，而不把财富最大化当作目标。他们可能只是想变得足够富裕，以支持他们的家庭，为教堂或最喜爱的慈善机构筹集资金，或者支持一个不赚钱的副业等等。[35]

尽管亚里士多德的观点存在一定问题，但它确实提供了有价值的见解。从事商业的职业，包括医药、制鞋和其他"各行各业"，都有明确的目标，不应与人类的最高目标相混淆。人类的幸福或繁荣在于充分实现其最大潜能。"我们必须竭尽全力，活出自己最好的一面。"（*NE*, X.7.1177b33–34）在亚里士多德看来，人们身上最好的东西就是自己的理性能力，应该尽最大努力去追求知识。然而，他进一步指出，因为我们是有身体和灵魂的人，必须和其他人一起生活在社会中，我们的幸福也包括实践智慧和伦理德性（8.1178b5-6）。为了做到这些善行，我们需要亚里士多德所说的"外部利益"（external goods），包括身体健康和力量、家庭和朋友、教育、物质财富，当然，还有金钱。提供和保存这些外部利益，构成了各种各样工艺品的功能。即使我们不同意亚里士多德的观点，认为商业和银行是合法的职业，我们仍然可以同意他的另一个观点，即这些努力是为了提供人类繁荣和伦理德性所需的外部利益。只要商人是道德高尚的代理人，他们就应该以有利于更高目标的方式来做生意。也就是说，他们应该促进而不是破坏他们自己、他们的顾客和贸易伙伴的幸福（或繁荣）和道德品质。[36]

最近，亚里士多德的观点被阿拉斯代尔·麦金泰尔（Alasdair MacIntyre）再次提起，后者认为，现代商人对利润的关注目光短浅，这有损于美德。商人的目标仅仅是外部利益，比如有形的财产和金钱，而这些都是数量有限的外部利益。不可避免的结果，就是狗咬狗的竞争；就像一场零和游戏，有输家才会有赢家。相反，美德表现在麦金泰尔所说的"实践"中，即社会建立的、涉及内在利益的合作活动。内在利益在于成功地满足与实践相适应的卓越标准，换句话说，把工作做好。[37]麦金泰尔认为，如此理解的美德，不可避免地会被对利润的痴迷取代。他对比了不同传统手工艺中的自豪感，如木工、畜牧业、渔业等。[38]与麦金泰尔的观点相反，约翰·多布森（John Dobson）的观点更令人信服，后者认为，商人可以像其他从业者一样追求个人卓越。他进一步指出，追求利润符合企业的道德使命和战略，即生产有价值、值得用价值进行交换的产品。[39]

结　语

通过本章的讨论，希望能解释最初的困惑：为什么亚里士多德把商业既当作朋友，也看作敌人。几个世纪以来，亚里士多德对商业、银行、投机和追求利润的批评得到了商业反对者的支持。尽管如此，正如笔者在这里所论述的，人们可以同意亚里士多德的美德伦理原则，但并不接受他应用这些原则的方式，对商业行为进行毫无保留的谴责。但是，即使"有道德的商人"

不是一种矛盾修饰法，人们也应该承认，擅长做生意与有道德不是一回事。这就是亚里士多德仍然能够给人们提供的启示。一种新的亚里士多德美德伦理学——一种以亚里士多德原则为基础，但不受其错误应用影响的美德理论——可能会为现代商业伦理提供一个框架。

致　谢

本·布莱恩（Ben Bryan）、劳伦斯·约斯特（Lawrence Jost）、大卫·基特（David Keyt）、亚历山大·罗森伯格（Alexander Rosenberg）和本书的编辑们都对本章的初稿提出了宝贵意见。同时，在亚利桑那大学、乔治梅森大学、乔治城大学、堪萨斯大学、鲁汶天主教大学、维也纳大学、新奥尔良洛约拉大学和加州州立大学圣贝纳迪诺分校的自由哲学中心的演讲中，笔者也得到了许多有益的反馈。

尾注注释

1. Tom Morris, *If Aristotle Ran General Motors: The New Soul of Business* (New York: Henry Holt, 1997), 213–214.

2. 参见 Robert C. Solomon, "Corporate Roles, Personal Virtues: An Aristotelian Approach to Business Ethics," *Business Ethics Quarterly* 2 (1992): 317–339; Solomon, "Aristotle, Ethics, and Business Organizations," *Organization Studies* 25 (2004): 1021–1043; and Solomon, *Ethics and Excellence: Cooperation and Integrity in Business* (Oxford: Oxford University Press, 1993)。Edwin M. Hartman 的数篇论文被收录进 *Virtue in Business: Conversations with Aristotle* (Cambridge: Cambridge University Press, 2013)。

3. Alasdair MacIntyre, *After Virtue: A Study in Moral Theory* (Notre Dame, IN: University of Notre Dame Press, 1984), 254。

4. Antony Flew, *Social Life and Moral Judgment* (New Brunswick, NJ: Transaction, 2003), 120.

5. 学者们对古希腊经济本质上是现代的还是原始的存在分歧。Michael Rostovtzeff, in *The Social and Economic History of the Hellenistic World* (Oxford: Oxford University Press, 1941）在书中，为希腊化的希腊人拥有完全运转正常的市场经济的观点进行了辩护。相反的，Johannes Hasebroek, *Trade and Politics in Ancient Greece* (London: G. Bell, 1933;

repr., Chicago: Ares, 1978) 和 M. I. Finley, *Economy and Society in Ancient Greece* (New York: Viking, 1982) 认为，古希腊的经济关系"嵌入"其他社会制度，因此不像现代经济那样受制于非个人的供需。争论的部分原因在于"市场经济"是如何定义的，它也常常被意识形态的预设掩盖。

6. 较为全面的综述，参见 Darel Tai Engen, "The Economy of Ancient Greece," *Economic History Services,* February 1, 2010, http://eh.net./encyciopedia/article/engen.greece, 深入的讨论可参考关于古典希腊的经济的一本著作：*The Cambridge Economic History of the Greco-Roman World,* ed. Walter Scheidel, Ian Morris, and Richard P. Saller (Cambridge: Cambridge University Press, 2007), chaps. 12−14。

7. William T. Loomis 认为工资水平受市场力量的影响，并对通货膨胀和通货紧缩做出反应；Loomis, *Wages, Welfare Costs, and Inflation in Classical Athens* (Ann Arbor: University of Michigan Press, 1998)。

8. 参见 H. Knorringa, *Emporos: Data on Trade and Trader in Greek Literature from Homer to Aristotle* (Amsterdam: H. J. Paris, 1926; repr., Chicago: Ares, 1987)。

9. P. Millett 认为，希腊经济是前资本主义经济：借贷主要是为了消费，银行家在发放贷款方面没有发挥重大作用；Millett, *Lending and Borrowing in Ancient Athens* (Cambridge: Cambridge University Press, 1991)。与此相反，Edward E. Cohen 认为，公元前 4 世纪的雅典银行家从事复杂的商业交易，包括沿海的贷款；Cohen, *Athenian Economy and Society: A Banking Perspective* (Princeton, NJ: Princeton University Press, 1992)。科恩提供的证据表明，除了合同的执行，银行活动基本上不受监管。然而，没有证据表明存在部分准备金制度。

10. K. J. Dover, *Greek Popular Morality in the Time of Plato and Aristotle* (Indianapolis: Hackett, 1994), 40−41.

11. 同上，172−173。对于一种相反的现代观点，即美德伦理与商业实践是一致的，参见 Deirdre N. McCloskey, *The Bourgeois Virtues: Ethics for an Age of Commerce* (Chicago: University of Chicago Press, 2006)。

12. 柏拉图的《法律篇》译本参见 Thomas L. Pangle, *The Laws of Plato* (Chicago: University of Chicago Press, 1980)。

13. 参见本书中 Mark S. Peacock 的论文，进一步探讨柏拉图及其前辈学者。

14. 亚里士多德《政治学》（文中缩写为 Pol.）译本是源自 C. D. C. Reeve 翻译的《政治学》(Indianapolis: Hackett, 1998)。

15. 近期相关的解释和批判性思考，参见 David Keyt, "Aristotle and the Joy of Working" in *Nature and Justice: Studies in the Ethical and Political Philosophy of Plato and Aristotle* (Louvain-la-Neuve: Peeters, 2016), 223−239。

16. 这一论点假设了亚里士多德的理论，即有些人天生适合做奴隶（见 *Pol.* 1.3−7）。对于亚里士多德最令人反感的观点，相关的当代研究参见 Malcolm Schofield, "Ideology and Philosophy in Aristotle's Theory of Slavery," in *Aristotle's Politics: Critical Essays,* ed. Richard Kraut and Steven Skultety (Lanham, MD: Rowman and Littlefield, 2005), 91−119;

Nicholas D. Smith, "Aristotle's Theory of Natural Slavery," in *A Companion to Aristotle's "Politics,"* ed. David Keyt and Fred D. Miller, Jr. (Oxford: Blackwell, 1991), 142–155。

17. 本章选用的亚里士多德《尼各马可伦理学》(*Nicomachean Ethics*，文中简称 *NE*) 译本是 W. D. Ross (revised by J. 0. Urmson), from Jonathan Barnes, ed., *The Complete Works of Aristotle: The Revised Oxford Translation* (Princeton, NJ: Princeton University Press, 1984)。

18. 亚里士多德所用的 "ison" 一词，可以表示 "平等的" 或 "公正的"，其意思等同于本章的公正 (dikaion)。参见 *NE* V.l.1129a31–bl。

19. 关于这一点和亚里士多德经济理论中的其他问题，参见 Mark Blaug 编辑的重印文章集 *Aristotle (384–322 BC)* (Brookfield, VT: Elgar, 1991)。这卷包括 M. I. Finley 的颇有影响力的和高度批判的论文 "Aristotle and Economic Analysis" (1970)。Scott Meikle 在 *Aristotle's Economic Thought* (Oxford: Clarendon Press, 1995) 一书中提出了一种富有同情心的解释。Meikle 还认为，亚里士多德对马克思的《资本论》产生了重要影响。对 Meikle 的反驳，参见 Fred D. Miller, Jr., "Was Aristotle the First Economist?," *Apeiron* 31, no. 4 (1998): 387–398。

20. 参见 Raymond de Roover, "The Concept of the Just Price: Theory and Economic Policy," *Journal of Economic History* 18 (1958): 418–434; and John W. Baldwin, "The Medieval Theories of the Just Price: Romanists, Canonists, and Theologians in the Twelfth and Thirteenth Centuries," *Transactions of the American Philosophical Society* 49, no. 4 (1959): 5–90。同时参考本书中 Martin Schlag 关于 Thomas Aquinas 的文章。

21. 参见 Todd S. Mei, "The Preeminence of Use: Reevaluating the Relation between Use and Exchange in Aristotle's Economic Thought," *Journal of the History of Philosophy* 47, no. 4 (2009): 523–548。

22. Peter Hadreas 探讨了道德与财富的关系，参见其文章："Aristotle on the Vices and Virtue of Wealth," *Journal of Business Ethics* 39 (2002): 361–376。

23. 进一步讨论，参见 Scott Meikle, "Aristotle on Business," *Classical Quarterly,* n.s., 46 (1996): 138–151; and Denis Collins, "Aristotle and Business," *Journal of Business Ethics* 6 (1987): 567–572。

24. "高利贷"，就是 obolostatike 的意思，字面意思是 "秤硬币的艺术" (abol 是雅典的硬币)。对古希腊人来说，与之相关的术语 obolostates，即 "硬币秤"，有 "高利贷" 的意思。今天 "高利贷" 通常是指 "收取过高的利息"，但它以前指的是对贷款收取利息。

25. 参见 Odd Langholm, *The Aristotelian Analysis of Usury* (Bergen: Universitetsforlaget, 1984)。

26. A. R. J. Turgot 在 1769 年撰写并重新发表的论文中，对这一问题进行了分析，参见 "Value and Money," in *The Economics of A. R. J. Turgot,* ed. and trans. P. D. Groenewegen (Hague: Martinus Nijhoff, 1977), 133–148。Turgot 认为："我们两个人之间的交换增加了他们两人的财富，也就是说，交换同样的资源给了他们两人更大的满足感。"(144) 这里使用的例子是 Turgot 根据亚里士多德德性理论而改编的。

27. 参见 Murray N. Rothbard, "Time Preference," in *The New Palgrave: A Dictionary of Economics,*

ed. John Eatwell, Murray White, and Peter" Newman (London: Macmillan, 1987), 4:644−646。

28. Turgot 在 1770 年发表的论文中，用时间的优先选择来解释原始利益。这一论文的精简版参见 "Extracts from 'Paper on Lending at Interest,'" in Groenewegen, *The Economics of A. R. J. Turgot,* 149−163。杜尔哥反对以交换的商品的"内在价值"或"形而上的平等"来判断交换公平与否的观点。

29. 西西里人（亚里士多德提到过）可能遵循了这一策略，他成功地将铁矿石投资增加了两倍，而没有收取过高的费用。（*Pol.* I.12.1259a23−28）

30. 现代经济学家将风险（结果具有客观概率）和不确定性区分开来。也许榨油机的主人们是在不确定的情况下（考虑到天气将如何影响未来的收成，进而影响对榨油机的需求）采取行动，并做出了将它们租给泰勒斯的理性决定，而泰勒斯也在根据自己的科学专业知识采取理性的行动。参见 Frank H. Knight, *Risk, Uncertainty, and Profit* (Boston: Houghton Mifflin, 1921)。关于投机在现代经济中的作用，还可参见 Gregory J. Millman, "Futures and Options Markets," in *The Concise Encyclopedia of Economics,* ed. David R. Henderson, 2nd ed. (Indianapolis: Liberty Fund, 2007), 207−211。

31. Thomas Sowell 评论称"知识的代价是巨大的"：社会的一个基本问题是如何沟通和协调分散在人群中的知识；Sowell, *Knowledge and Decisions* (New York: Basic Books, 1980), 26。参见 also Friedrich A. Hayek, "The Use of Knowledge in Society," *American Economic Review* 35, no. 4 (1945): 519−530; reprinted in Hayek, *Individualism and Economic Order* (Chicago: University of Chicago Press, 1972), 77−91。参见本书 Karen I. Vaughn 关于哈耶克的论文。

32. 在亚里士多德的《政治学》（1258a5−6）中，他说"由此产生了另一种财富获取的方式"；在《政治学》（1257b20）中，他将商业等同于另一种财富获取。

33. 经济学家米尔顿·弗里德曼提出"企业的社会责任是增加利润"的观点，引发了一场辩论（*New York Times Magazine* September 13, 1970）。新亚里士多德主义派可能会说，这一争论的焦点是"社会责任"的定义。如果这意味着商人作为商人的作用，那么弗里德曼的说法是正确的。但如果我们指的是商人作为一个有道德的人所起的作用，那他就错了。

34. 这一解释参见 Hadreas, "Aristotle on the Vices and Virtue of Wealth," 370。

35. "目的本身构成了所有工艺的极限"，这可能是亚里士多德在《政治学》（1257b27−28）中附加的观点，对比 Hadreas, "Aristotle on the Vices and Virtue of Wealth," 371。

36. Edwin M. Hartman 认为，在市场上竞争的企业可以产生社会资本，"这是一套鼓励集体行动的联系，这对双方都是有利的，因为它能带来双赢局面，并保护公共利益"；Hartman, "Virtue, Profit, and the Separation Thesis: An Aristotelian View," *Journal of Business Ethics* 99 (2011): 15 n. 18。

37. MacIntyre, *After Virtue,* 187.

38. Alasdair MacIntyre, "Why Are the Problems of Business Ethics Insoluble?" in *Moral Responsibility and the Professions,* ed. Bernard Baumrin and Benjamin Freedman (New York:

Haven Publishing, 1982), 227–250; and MacIntyre, "A Partial Response to My Critics," in *After MacIntyre: Critical Perspectives on the Work of Alasdair MacIntyre,* ed. J. Horton and S. Mendus (Notre Dame, IN: University of Notre Dame Press, 1994).

39. John Dobson, "Alasdair MacIntyre's Aristotelian Business Ethics: A Critique," *Journal of Business Ethics* 86 (2009): 43–50. 作为支持，Dobson 引用了 John Roberts 的观点，后者认为"公司是为满足人类需求和提供有意义的经验而建立的机构"；Roberts, *The Modern Firm: Organizational Design for Performance and Growth* (Oxford: Oxford University Press, 2004), 18。

第三章　儒家商业伦理：可能性与挑战

杜楷廷（David Elstein）、田青[1]

儒家思想，至少在名义上，是中国古代大部分帝制时期的主要政治意识形态。[1] 同时，对于现代化之前的韩国和日本，儒家思想在塑造两国的道德和政治理论方面也具有极其重要的意义。直到今天，它的遗留问题仍有争议。马克斯·韦伯的一个著名观点是儒家思想阻碍着东亚的资本主义发展。[2] 最近一些学者把东亚经济的崛起归功于儒家思想，而另一些学者则认为儒家思想无关紧要，甚至是一种阻碍。[3] 这种描述可能是由于，在历史上儒家哲学并没有很好地处理那些非理想的情况（即当道德说服失败时该怎么办）；事实上，对于法律和其他强制措施的适当运用，仍然是儒家学者争论的问题。然而，由于近几年来中国对儒家思想和实践的热度再次增加，儒家思想与对商业和经济伦理的发展贡献这一问题则尤为相关。[4] 本章将重点探索什么是儒家商业伦理，同时关注一些问题，它们将"中国文化"与"儒家思想"混为一谈，而缺乏关注儒家思想的来源。儒家思想或许能够为商业实践伦理提供一些依据，但这需要从原始的儒家思想资料进行创造性的推断。与某些观点相反[5]，与其说儒家思想是一种封闭的伦理体系，不如说是一种不断发展的，注重实践道德而非理论建构的传统。正因为如此，从儒家思想的经典文本中，可能得出一些关于商业伦理的一般性和实践性结论。这是本章的目的之一。

伦理是儒家哲学的核心。古典儒家哲学家尤其关注不受约束的自私和贪

---

[1]　杜楷廷，美国纽约州立大学新帕尔茨分校副教授。田青，澳门科技大学商学院教授。

婪所产生的影响。这导致一些学者认为，它的规则和原则可以应用于商业。然而，这些讨论往往将儒家与东亚文化等同起来，主张儒家在现代东亚具有强大的影响力，但没有具体说明到底有什么影响，也没有将儒家所谓的影响力与特定儒家经典文本中的思想联系起来。[6]人们有时无法理解，那些从儒家思想中针对商业行为提出切实可行的建议中遇到的困难。有时，不管儒家思想是否正确，人们都觉得是毫无争议的，或者干脆置之不理。[7]而在另一些时候，儒家学说被认为是中国存在缺陷的商业行为的罪魁祸首，而没有仔细考虑这些行为是否真的是儒家思想所导致的，或者它们是否有其他来源。[8]本章的目标是通过仔细梳理经典儒家文本，分析其哲学如何应用于商业，避免对儒家伦理进行简单的描述，同时也注意到儒家伦理在哪些方面可能是模糊的，为什么无法解决某些商业问题。

另外一个困难是定义"儒学"。"儒学"经常被用作汉语或中国文化的转喻，但这种用法却忽视了中国文化的多样性和儒学本身的发展变化。将"中国"与"儒家"等同起来的做法，可能源于对中国传统的批评，这种批评在20世纪初尤为激烈。中国现代化的支持者对几乎所有的传统做法和思维方式都持批判态度，并将儒家思想作为他们想要消除的东西的简单集合。这引发了保守派的回应，他们认为儒家思想是中国人的本质，抛弃儒家思想意味着放弃中国文化。[9]这种情况一直延续到今天：一些学者把中国的一切错误都归咎于儒家思想，而另一些人则认为儒家思想是唯一可能的救赎之源。双方都认为自己对儒学的理解往往是整体性的、本质的，且与历史渊源不一致。学者们常常把价值或实践归因于儒家思想，却没有追溯至具体的儒家文本，这使得人们怀疑这些价值或实践是否是儒家哲学的一部分，以及部分的中国文化是否与儒家思想有关。

个人之间的关系和个人与集体之间的关系是儒家思想关注的主要领域。许多关于商业伦理的讨论涉及个人在道德决策中的作用，以及组织的责任。本章将考虑到个人和组织之间的关系，描述和分析儒家哲学如何影响个人和企业的伦理决策。在这方面，儒家思想对商业伦理确实存在影响。对儒家思想的频繁批评与在儒学基础文本中所阐述的哲学观点关系不大。与此同时，儒家思想也有其不足之处，尤其是在集体和制度的发展方面，它很难解决商业中所有潜在的伦理问题。[10]

在试图讨论儒家商业伦理时，最直接的困难是，在儒家经典文本中几乎没有明确的表述：早期的儒家哲学家有很多对伦理和政治的看法，但几乎没有对于交换和商业伦理的论述。涉及经济问题，则通常是在政治层面上进行讨论的，个人或非政治行为者之间的交易并不是一个常见的话题。因此，必须首先认识到，当人们谈到"儒家商业伦理"时，主要指的是从儒家哲学中合理推断出来的观点，而不是明确表达出来的观点。当然，对于儒家哲学的核心原则，尤其是从这些原则中推断出的合理推论，会存在一些争议。这种潜在的争议是富有成效的：这些推论是儒学作为一种传统继续发展的一种方式。

逐篇回顾过去两千年来的重要儒家经典文献自然是不可能的，因此本章聚焦于两个最具历史意义的思想家，孔子和孟子，以及他们如何在相关的经典文献中表达各自的观点。到目前为止，几乎所有的儒家学者都认为孔孟二人已经确立了儒家的基本教义，如果在他们的著作中找不到某种思想，或者与他们所说的不一致，那么这种思想就不应被视为儒家思想的一部分。

由于古典儒家哲学家并没有直接论述商业伦理，本章拟采用的方法是，首先从整体上大致考察儒家思想，特别是儒家政治思想，然后将这些原则应用于商业伦理的特定问题。这样看来，儒家的人本观念和家国观念，都与儒家商业伦理的发展息息相关。文中重点考察儒家的美德观，人的公共性，以及儒家的政府和领导观。本章首先概述儒家伦理体系，然后阐述从这个角度论证商业伦理的原则基础。其次研究一些具体商业问题的应用，并描述儒家的和谐社会思想及其对商业行为的影响，以为结论。

儒家美德

孔子和孟子都重点谈论培养人格状态，而不是坚持原则或运用判定程序来决定伦理行为。究竟如何对儒家伦理进行分类，是当代学界持续争论的一个问题。[11] 美德伦理的解释在以英语为母语的学术研究中很常见，而一些以汉语为母语的学者则认为儒学是义务论的一种形式。[12] 双方都可以在儒家经典文本中找到支持：孔子和孟子确实经常谈论人格状态，但有时也会诉诸规则和意图的重要性。若非要坚持儒家哲学必须是两种观点其中之一，那就或多或少犯了时代错误，因为在当时还没有严格区分二者：规则或美德可能会在不同的语境中被强调。在商业伦理的应用中，人们认识到，即使回避美德的最终来源或基础这一问题，人格仍然更重要。

当代的儒家学者对于什么是美德的共识大于如何对儒家伦理进行分类。孟子列出了四种主要美德：仁、义、礼、智。其中，他对"仁"和"义"阐述得最多。这两者在孔子的思想中也极为重要（"仁"对孔子来说更笼统，有时被简单地翻译为"善"），还有"信"、"忠"、"孝"和"恕"（也被翻译为"同理心"或"互惠"）。

孔子并没有试图系统地定义这些美德，即使是在孟子的著作中，也没有解释清楚应该如何理解它们，而是在各种评论中均有不同的描述。儒家思想没有为它们提供必要和充分的条件。以下先从争议较少的美德开始进行讨论。

"信"意味着信守诺言，通常被理解成说话前要仔细斟酌。"忠"是指认真地提供服务，通常是针对地位较高的人。[13]"孝"就是孝敬父母。虽然"孝"常与服从联系在一起，但早期儒家学者明确指出，孝并不意味着盲目服从父母的意愿和命令，这一点与儒家的领导力有关。[14]"礼"指的是适当地了解并遵循礼制惯例，并且知道如何和何时屈服于它。"智"意味着知道什么是对的，什么是错的。[15]

"恕"（互惠）类似于黄金法则。孔子说："己所不欲，勿施于人。"[16]"恕"包括利他主义和同理心。人们不应该把自己不想要的东西强加给他人，用更积极的态度来说，即人们应该认识到，想让自己得到提升，就需要同时提升他人。"恕"是一种考虑的行为，并在某种程度上认同他人利益的行为。这种美德强调利己主义与利他主义的辩证统一，肯定了人们对他人和社会的责任。

"仁"和"义"相较而言更难定义，但在这一问题上，孔子和孟子之间存在更大的差异。如前所述，"仁"或"善"是孔子对"德"的总称，但在《孟子》中，"仁"或"善"更为狭义地指一种真诚关心他人福祉的态度。《论语》认为，"我欲仁，斯仁至矣"。[17]儒家的善行代表了一种对他人的态度，有助于形成正确的社会交往行为。孔子说："夫仁者，己欲立而立人，己欲达而达人。"[18]人有义务在提高自身道德修养的过程中，帮助他人提高道德水平。道德的发展和繁荣不是孤立的，而是与他人紧密相连的。孟子认为父母与孩子的关系就是"仁"的体现：一个仁慈的人，会像孩子关心父母那样去关心别人，而且孔子指出这是基于孩子最初所收到的关心是源自父母的。[19]扩展到政治层面，孟子鼓励统治者采取"仁政"，这意味着那些持有权力的人应该真诚关心民众的幸福。[20]下面将结合公司和商业伦理来研究仁政的管理模式。

孔子认为"义"是自觉遵守社会的规范和道德标准。在《孟子》中，"义"是一种与人的社会角色相适应的尊重，但在更广泛的意义上，"义"也与廉耻相联系。[21]"义"与廉耻相关，这在孔子的观点中非常明确。"义"是与不过分关注利益联系在一起的，[22]本章将在后面继续讨论这个话题。孟子对"仁"和"义"更明确的定义，在儒家传统中占据主导地位。孔子和孟子都认为，如果一个人拥有以上所有的美德，并且知道如何将之作为一个道德典范来平衡它们，那么这个人就是"君子""绅士"，或者更高尚的"圣人"，相反就是心胸狭窄的人。儒家伦理教育的特点是以身作则。

在概述了每一种美德的核心思想之后，本章将简要分析道德教育的一个显著要素，即社会背景，从而讨论儒家商业伦理是如何建立在政治和企业之间的类比之上的。儒家认为，社会环境对美德的发展有着巨大的影响。在很大程度上，强调家庭关系是因为，家庭是学习道德价值的第一个场所。然而，家庭并不是唯一的影响因素。更普遍意义上，社会团体也具有实质性的影响。儒家美德的实践也主要是社会性的，大多数美德需要在一个社会团体中实现。此外，将美德付诸实践需要理解社会规范和相关人员的角色。有些学者甚至说，在儒家思想中，人完全是根据社会关系来定义的。[23]虽然从文本角度和哲学角度来看，这个观点有一定的争议性，但本章并不需要关注争论的细节。强调适当的社会环境的重要性，就已达到本章的目标。

笔者认为，儒家关于政府和社会的观念及其恰当关系，为人们理解商业的作用提供了一个有益的模式。显然，公司在古代中国并不存在，贸易可能是经济中相当边缘的一部分。如果要从中为企业找到指导方针，那么就必须考察儒家思想的其他类似方面。由于儒家针对政治领导阐述了许多观点，在阐述时秉持着统一的思路。古典儒家尤其关注政府，可能是因为它是影响人们的最大权力机构。他们假设个人有很大的流动性，人们会搬到权利更大的政府管辖范围内居住，就像人们可以选择光顾自己喜欢的商店一样。在当代发达经济体中，企业影响可以对公共政策和个人生活产生重大作用；因此，从儒家政治思想中所形成的推断，为论证儒家关于企业角色和企业领导责任的观点提供了一条富有成效的途径。[24]

基于儒家的政治和经济思想，可以推测儒家商业伦理的一般原则。文章将对这些一般原则进行总结；在本章接下来的篇幅中，将探索当代商业伦理的应用。儒家哲学家并不反对追求财富，但坚持要以符合伦理的方式来追求财富。贸易的目的是把商品分销到需要的地方。孟子说："古之为市也，以其所有易其所无者。"[25] 虽然商人在传统中国名声不佳，但儒家哲学家确实认识到，贸易是有价值的。[26] 他们反对统治者过度积累财富，而财富分配的不平等是一个令人担忧的问题。孟子鼓励统治者与百姓共享财富，而不是囤积财富，因为百姓的利益更重要。当营利与正义之间存在冲突时，应该始终选择正义。以这些普遍观点为基础，下文将讨论这些观点如何适用于管理和商业伦理中的特定问题。

商业伦理的具体应用

儒家的领导力

在儒家政治思想中，政府的首要职责是为人们提供经济和伦理的满足。经济需要优先，但政府也必须在提供道德教育方面发挥积极作用；正如孟子所说，如果没有道德教育，人"则近于禽兽"。[27] 教育应该鼓励培养儒家美德，如孝道；此外，统治者应该把自己作为道德模范。在经济上，良好的统治地位意味着避免过度征税和一切会给百姓带来过重负担的政策，同时统治者也被要求与百姓分享他们的财富（中国古典哲学家没有区分国家财富和统治者的个人财产）。儒学理论中的政府，可以理解为一种托管：统治者有权做出有利于人们的决定，但这种权力的行使是有条件的，必须要恰当使用权力。无视公共福利的统治者可以被免职。[28] 儒家提倡的政府比古典自由主义更激进：政府不应只是阻止人们相互干涉；它应通过确保人们追求合理生计的条件，并能在必要时提供直接经济援助，来培养美德和满足人民的经济需要。

通过考察对政府所承担义务的研究，以及对早期儒家文献中关于财富积累伦理问题的探讨，可以得出儒家商业伦理的一些基本原则。在孔孟时代，中国被划分为许多小国家，它们相互争夺领土和权力，就像现代企业争夺市场份额一样。这再次表明，理解儒家如何看待政治竞争，可以提供其看待经济竞争的启示。

首先，政府的作用是服务于人们的真正利益（这可能会偏离人们的喜好）。正如孟子所说，"民贵君轻"，百姓是国家最重要的组成部分，统治者排在最后。政府是为了让人民富足，而不是积累财富本身。[29]虽然统治者可能对自己的人民负有特殊的义务，但他们不应以牺牲邻国为代价来履行这些义务（例如侵略邻国）。[30]对企业来说，这可能会挫败仅仅为了市场份额而驱赶竞争对手的努力，但会促进为消费者提供最佳服务的竞争。孟子对其他国家的正当入侵设置了相当严格的条件，并对谁能领导这种入侵进行了严格的限制。它必须符合被占领国人民的最大利益，而不能仅仅以获得领土和权力为动机。[31]另外，通过提供更好的条件来吸引人们到自己的国家来，这种做法是受到肯定的。孔子直言反对以不正当的手段获取财富，这样会使富人更加富有。[32]这表明儒家认为公司的目的是为整个社会创造财富，而不是让已经很富有的人变得更富有。就商业实践而言，这些原则表明，实践伦理底线（以及必要时的法律限制）可能对企业有利，而非广大公众，如试图获得垄断，游说政府支持（寻租）。

经济实践应该惠及社会各阶层，而不仅仅是当权者。儒家主要是对统治者提出要求，他们关注当权者如何在经济上压迫弱势群体。儒家并不坚持财富的严格平等分配，但他们很关心最不富裕的国家。孔子说："有国有家者，不患寡而患不均，不患贫而患不安。盖均无贫，和无寡，安无倾。"[33]（直译：无论是诸侯还是大夫，并不［直接］关心贫穷问题，而关心他们所拥有的财富是否被公平分配。如果财富得到公平分配，就不会有贫穷。）但是，孔子并未阐明公平分配的含义，也不清楚这对社会财富分配意味着什么。儒家的一个普遍原则是，关系越密切，照顾对方需求的义务就越大，所以家庭优先于邻居，邻居优先于陌生人。[34]孟子认为对统治者来说，关心本国人民的福祉多于邻国。若将这一原则适用于企业，可能意味着企业对其股东和雇员（与企业关系更密切的人）负有更大的义务，但这并不能成为可能伤害他人的理由。尽管对与自己关系更密切的人负有更大的义务，但有的仁慈之心是需要关爱到每个人的。例如，尽管孟子的意思并非要一视同仁，但他明确说出要关心"四海之内"（也就是整个世界）[35] 的一切。儒家思想的一个弱点是无法平衡特定的义务和更公正的要求。例如，企业如何平衡员工利益和整体消费者利益，将是儒家商业伦理的一个难题。

儒家的仁德观念体现在君子身上，并可能在道德领导和治理中得到应用。儒家的领导经常被误认为是家长式的。然而，家长式作风并非中国独有，在其他非西方地区也十分流行，如亚太、中东和拉美地区等。[36] 一些学者声称，至少在中国文化中，家长式领导是受到儒家思想影响的。[37] 可以肯定的是，儒家理论的政府有家长式的元素：统治者被称为"百姓的父母"，公众几乎没有决策权。[38] 关于儒家的领导方式，是否为家长式尚存争议，但它肯定比使用法律或监管的家长式领导方式更弱。儒家理论认为，一个好的统治者，应该以身作则，而不是强迫人民。[39] 对于一个统治者来说，若必须用威胁来迫使人们服从，那就是失败的。在商业中，领导者也应该为自己的员工树立榜样；如果管理者体现了奉献精神、诚实和公平对待，他将激励员工也采取相应的做法。儒家从不认为服从是无条件的：人们应该自己做出道德判断。如前所述，不好的统治者是可以被罢免的。孔子和孟子希望人们离开昏庸统治者的服务或领土，去投奔更加开明的君主。[40] 类似地，商业领袖有义务至少在商业范围内树立道德行为榜样。此外，竞争是必要的：员工和消费者应该都可以选择离开一家企业后进入另一家企业，以便刺激企业重视其利益。

然而，当领导者的权力被非法使用时，那些以领导者为中心的企业，特别是那些具有制度化家长制结构的企业，可能会滋生任人唯亲、偏袒或裙带关系。当领导和下属的关系太过亲密以至于会转化为强烈的内部偏见，或者当忠诚变得无条件的时候，任人唯亲的现象就会在组织中出现。[41] 例如，如果私营企业通过与银行高管的私人关系非法获得信贷，就会涉及裙带关系。[42] 这可以通过举例子来进一步说明，如公司的领导利用自己的权力，帮助朋友的孩子在自己的公司谋得一份工作。儒家是否真的为这种偏袒辩护尚存疑问，但在历史上，儒家确实在家庭忠诚和维护公正道德和法律之间，存在实际或潜在的冲突。[43]

儒家不提倡裙带关系和任人唯亲，但在实践中，它可能无法提供足够的保障来予以反对，尤其是它更多地依赖于个人的道德裁决。在历史上，儒家学者一直对依靠法律和制度来进行改革的行为持怀疑态度，甚至当代的一些儒家学者似乎也认为刑法在理想情况下是不必要的。[44]事实上，儒学并不排斥法律和惩罚，而只是反对用法治代替德行或仁爱。儒家强调美德的力量的这种做法，有时会忽视道德榜样的局限性或美德的影响，而低估法律和其他强制措施的作用。虽然儒家经典文本本身并没有明确地说明这一点，但理想的情况是，大多数人都被模范榜样改变，他们在很大程度上表现出美德，即使严格地说他们并不善良。这种理想状态，虽然不是总能达到的，但仍是儒家道德和政治的终极目标。

在政治上，儒家的理想状态包括两个关键的假设：统治者必须是有道德的（"贤相圣君"，即"圣人般的统治者和杰出的大臣"），有道德的统治者会影响公民自发地改造自己，使得强制措施在很大程度上是不必要的。正如陈祖为（Joseph Chan）所指出的那样，出于各种原因，这一理想可能并不现实；即使实现了，也不能保证可以保持。当这一理想没有实现时，如何解决问题从来都不是古典儒学所认为的重要课题。相比之下，当代儒家学者可能不得不更多地关注这些非理想状态的情况。[45]对非理想环境进行更多关注的必要性，可能会产生对商业的监管。一个更容易达到的目标，是通过道德修养来减少惩罚的次数，而不是希望完全消除惩罚。[46]

认识到道德呼吁的局限性，为人们实现以德服人和法律制度之间的相辅相成提供了基础。[47]在实践中，如果没有一种道德的文化和环境，单靠专制本身或权威性的领导和惩罚，既不能有效地建立领导者和员工之间的信任和理解，也不能规范员工的工作行为。运用儒家的理想或美德，可以促使商人的道德提高，并帮助他们获得组织所需要的态度和行为。然而，在社会化不充分或获取利益的诱惑太大的情况下，法律措施仍然是必要的。

组织公民行为

儒家美德和通常所说的"组织公民行为"之间，在动机上可能有相似性。后者概念的基本要素是行为的重要性，这些行为"润滑了组织的社会机制，但与通常的任务绩效概念不直接相关"[48]。组织公民行为无论作为或不作为，都是指对企业目标有益、对同事有益的行为，即使该行为没有合同规定，没有得到正式补偿，也没有受到任何处罚。这种自愿行为与儒家的"仁""恕"有着密切的关系。这个词语（指"组织公民行为"）并没有出现在古代儒家的文本中，但有明显的类似的观点，包括对社区的义务、同理心或互惠的美德。同理心可以理解为"一种换位思考的反应，包括某种间接引起的情感（例如，关心）"[49]。虽然不是基于情感，但儒家的同理心、"恕"或互惠的类似概念，要求一个人考虑并尊重他人的利益，就像承认自己的利益一样。同理心与组织公民行为和乐于助人关系密切。[50]

儒家的"恕"或互惠也可以激励组织公民行为。"恕"的美德，就像黄金法则一样，作为一种道德原则被人们广泛接受。在"恕"或互惠的互动中，"接受者对施予者感到感激，直到（前者）予以回报"[51]。而施予者会相信，他会得到回报。[52] 尽管这种形式的利己动机并不符合严格意义上的道德标准，但儒家学者认为动机有两个层次。在更高的层次上，一个人会体验到美德本身所带来的快乐，[53] 但同时，儒家认识到一些人可能不欣赏美德的内在价值，因此也呼吁较低层次的自我利益动机，明确指出美德行为的好处。

理解儒家的伦理观也能促进积极的工作行为。如上所述，它包括帮助他人的倾向，但也要求一个人不要对别人做他不希望别人对自己做的事。在商业的研究文献中，组织公民行为被认为是交换和互惠的结果。[54] 当员工感到他们的经理或他们服务的组织对他们很好时，他们通常会主动回报这种良好的待遇，并在他们的角色职责之外为组织做出贡献。[55] 员工表现出的自愿行为，与他或她从同事和组织获得的帮助程度有关。员工会对同事表现出更多的帮助行为（组织公民行为的一种），因为他们试图遵循领导的模式，帮助同事实现他们的目标。员工感知到的来自组织（或主管）和同事的支持，是公民行为和帮助行为的潜在因果解释。[56] 在所有条件相同的情况下，这种员工的表现，要优于那些没有表现出组织公民行为的员工。儒家学者可以认识到这些实际的好处，鼓励建立更好的雇主和雇员的关系，同时仍然在道德层面为他们提供支持。

儒家文化中的组织公民行为是否与西方文化中的组织公民行为相同？组织行为学中与中国相关的研究维度还未被收录于西方文献之中，而其他的研究维度在西方国家更为普遍。例如，保持人际和部门的和谐这一想法，据称在中国的组织机构中十分普遍。[57] 与此同时，"负责"和"倡导参与"的具体品质更多出现在西方国家，而在中国大陆却没有出现。[58] 管理者鼓励自愿工作行为时，尤其应该注意与员工建立一种互惠和同理心的关系。鼓励"负责"和"倡导参与"行为时，经理应该意识到组织文化中员工的权力差距趋向的负面影响[59]，这是因为一个权力越大、级别越高的人越认为分级组织结构是合适的，可以接受地位差异，并且拥有权力的个人能够单方面做出决策。[60]

伦理决策

儒家价值观可以影响个人的道德观，从而影响商业决策。一些学者认为儒家思想实际上影响了中国历史上的商人，但两者之间的因果关系还有待商榷。[61] 本章关注的是潜在的影响。文章将从儒家关于"义"和利益之间适当平衡的观点出发，阐述它们在决定利益冲突和优化商业互惠方面的影响。笔者讨论了从儒家观点中提炼出的几个解决"义"与利益冲突的原则，以及这些冲突是否可以调和。

儒家伦理不谴责财富和逐利，但不应该用不道德的方法来获得优势。孔子认为，只要方式恰当，寻求利益是被允许的：如果正义的事情与利益冲突，那么选择应该是做正义的事情。[62] 儒家学者应该遵循"见得思义"[63] 原则。企业或个人获得重大利益，可能是一种违反道德标准的强烈诱惑，而承诺一定要选择正义的做法——个人的道德操守——是儒家抵制诱惑的方法。[64] 对于那些没有此种承诺的人来说，将正义置于利益之前的这一普遍原则，可以作为其适当逐利方式的指导方针。

基于正义优先于利益的原则，组织应寻求以符合伦理要求的方式追求利益，从而将这两个目标纳入组织战略。对于许多以利润为中心的企业管理者来说，做到这一点确实很困难，但儒家的管理者应该将坚持将"仁""义""礼"置于企业营利之上，以此来规范自己的行为。

在孔子的思想中，追求自己的利益并不一定是坏事，一个人可以通过一种方式，成为一个更优秀、更正义的人，从而带来更广泛的利益。单纯追求个人利益将会造成混乱。[65] "义"与利润之间的相互关系也可以用来协调雇主与雇员之间的利益冲突。企业应该尊重员工，为员工提供适当的支持，提高员工的工作满意度、敬业度和工作绩效，从而达到组织目标。儒家的政治领袖应该关心人民的利益，儒家的商业领袖也应该关心员工的利益。从历史上看，在儒家思想中，道德教育是政府责任的一部分，当代许多儒家学者仍将政府视为在促进道德发展方面扮演一定的角色。[66] 根据本章对政府和企业的类比，鉴于企业的目标更为有限，儒家学者希望看到更多的企业关注雇员经济利益的行为和道德行为，而这些与企业的工作环境相关。

和谐社会

儒家的社会理想是和谐社会，是无私合作的结果（至少部分是），而不是个人追求自身利益的自然结果。儒家认为和谐社会需要考虑他人的利益。这一理想的一个重要来源是儒家经典《礼记》中的一章《礼运》。其中，对于"大同"的理想社会是这样描述的：

> 大道之行也，天下为公。选贤与能，讲信修睦，故人不独亲其亲，不独子其子，使老有所终，壮有所用，幼有所长……货恶其弃于地也，不必藏于己；力恶其不出于身也，不必为己……是谓大同。[67]

直到今天，这幅和谐社会的图景仍然具有影响力，表明儒家思想强调的是合作而非竞争。如果竞争可以实现更大的社会目标，那么它不一定是坏事，但为了自身利益而追求利润却从未得到认可。

对于儒家学者来说，一个有道德的人知道自己的善行不会与他人发生冲突。一个人的善良需要帮助别人成为善良的人。[68] 当大多数人或所有人都明白这一点时，和谐社会就产生了。这个社会并非完全没有争议，也不需要压制批评。孔子还说："君子和而不同，小人同而不和。"[69] 孔子主张在差异和多样性中寻求和谐，而差异实际上是和谐的必要条件。[70] 在早期的儒家文献中，对多样性的容忍程度并没有明确的规定。对于和声、音乐和烹饪的常见比喻表明，能够和谐地融合在一起的事物是有一定限度的。[71] 然而，早期的儒家文献并没有明确地界定这一限度。"和而不同"的观点也可以指导人们解决人际关系和商务沟通中的矛盾。古典和当代的儒家学者经常把社会想象成一个大规模的家庭。这个类比并不能完全照字面意思来理解，但这是一个说明人们之间如何联系的比喻：至少在一些时间内，社会成员应该真诚地互相关心、互相帮助以实现他们的利益，并通过调解的过程，理想地解决冲突，而不应该是零和游戏。[72]

和谐的思想有时通过儒家的天道观一直延伸到自然界。一些儒家学者认为，在人与自然的统一中，人扮演着重要的角色。至少从西汉（公元前 202 年—公元 8 年）开始，儒家就运用天、地、人三位一体的方法。[73] 新儒家尤其以"天"为道德客观性和普遍性的基础，试图唤醒自觉的道德意识，提升对天的敬畏之情。许多当代儒家学者也把宇宙中固有的道德秩序称为人类道德之源。[74] 虽然孔子追求的是人与社会的和谐关系，而不是人与自然的关系；但也有学者认为，"天"同时指的是，不受人类意志支配的自然。[75] 然而，儒家哲学家所使用的"天"在当代意义上并不意味着"自然"。从"天"到"自然"的转变是有问题的，原因如下。

在儒家经典文献中，"天"通常是指一种直接的或自发的秩序，人可以进行理解和响应，但不能对其产生积极或消极的影响。[76] 早期的儒家思想家荀子是"不与天争职"思想的最佳代表。他认为，"不为而成，不求而得，夫是之谓天职"[77]。尽管在早期的儒家文本中（以及后来的文本中）对"天"有不同的看法，但这个词几乎从来没有被用来指自然世界，至少没有被用来指受到人类重大干扰的自然世界。儒家哲学家确实表达了管理资源的必要性，不应该不加选择地屠杀动物，这主要是为了子孙后代而保护它们，或者作为一种普遍的道德行为。[78] 这样的行为不用理解为尊重或理解"天"的一部分。在这方面，儒家对环境的关注基于人类的需求和商品，因此儒家的环境伦理观更接近于以人为中心的伦理观。

儒家思想强烈提倡为子孙后代考虑，节约资源、限制污染。这种想法足以反对中国目前的商业行为，后者往往不顾污染的影响，或为了追求利润而过度消耗资源。由于这种做法忽视了和谐的一个重要方面，刻意为之的管理者是缺乏美德的。就环境而言，由于执法不严或腐败，仅靠法律限制已经无效，这证明了在不改变人们价值观的情况下，依靠法律是不够的。正如本章上面提到的，完全依靠美德的理想情况也不一定能完全成功。结合这两种方法，把法律当作一种额外的方式，来监管那些道德动机不足的人，可能会更有效。

即使法律和其他制度的措施是必要的，在某些情况下，儒家的理想仍是被内在价值驱动的。[79] 有了这个驱动力，儒家的和谐思想可以提供宽松的指导方针，正确地理解和处理人与人之间、人与社会之间、人与自然之间的关系。和谐与其说是一套具体的规则，不如说是一种实用的智慧。在个人层面上，一个有道德的人不能止步于修身养性，而必须按照"仁"的要求，以君子为榜样，关心他人。[80] 一个优秀的人的标志，是掌握在潜在的冲突之间选择和平衡的技能。例如，精明的经理需要考虑员工薪酬增长，但是又不能提高商品价格，以免客户流失。在组织层面，和谐社会的目标是强调企业内外的和谐关系。由于儒家伦理以美德为导向的本质，并没有对如何处理以上情况做出硬性规定，而是强调做出明智选择的能力。有强烈道德诚信的企业可能会影响消费者对企业的认知，增加产品忠诚度。同样地，这样的企业会提高员工的忠诚度和满意度。强调诚信的好处是，可为那些专注于市场成功的企业领导人提供一个好策略，就像古典儒家学者在与那些本身没有内在道德驱动力的统治者交谈时，宣传其政治思想的实际好处一样。[81] 一个管理良好的企业，应该注重平衡受其影响者的不同利益，尽管儒家和谐观的本质没有准确说明应该如何做到这一点。

结　语

近年来在中国一直进行着儒学的复兴。政治和文化的利害关系使得客观评价儒家伦理的优劣变得困难。儒学与中国文化的相关性，使得一些儒学复兴主义者认为儒学是保护中国文化、抵制西化的唯一途径。[82] 而另外一些人却认为儒家价值观阻碍了现代化，滋生腐败，同时带来其他不良社会影响。[83] 这些两极化的立场，都不利于冷静地审视儒家哲学如何有助于改善道德生活，以及这一看法在哪些方面可能需要修正。更有远见的儒家哲学家明白，要使某些儒家道德价值观适用于现代社会，就需要对其进行改造。[84] 就商业伦理而言，笔者认为儒家的政治思想有利于对商业问题进行推断，而这些问题在儒家古典文本中讨论得很少。商业和政治毕竟不是完全相同的，因此这种类比是有局限性的，但它提供了一个出发点来思考儒家商业伦理的形式。

在这方面，儒家思想可能对企业领导和组织行为有一定的影响。它认可对财富的正当欲望，但坚持认为对财富和利润的追求应受到道德的限制。和谐的目标也为发展良好的社会关系和与自然的关系提供了方向，但弱点依然存在。儒家的美德并没有明确的定义，因此如何应用它们，以及在发生冲突时应该做什么，仍然是模糊的。儒家学者承认需要一种实用的智慧，但这意味着缺乏明确的指导方向。儒家一直对道德的方法抱有信心，但对道德劝说的局限性以及政治和法律制度的必要性，却没有给予足够的重视。

如果儒家伦理思想和某些政治思想（如上所述），可以应用或扩展到商业实践之中，那么儒家思想可以为商业伦理决策和公司治理做出贡献。儒家伦理的独特之处在于它重视道德转型，其程度超出了当代自由主义者认可的程度。儒家认为仅靠强制措施是不够的。哪怕是在商业领域，许多当代儒家学者也描述了依赖个人美德的局限性。强调个人美德，可以减轻但不能消除公司的不当行为。不偏不倚的法治、一贯和公平地执行现有法律、增加政府透明度和更自由的新闻宣传也是有益的，这些做法也许是必不可少的。在商业活动中，只增加对儒家道德（或美德伦理）的关注可能是有益的，但这本身并不能取代制度的措施。

尾注注释

1. 中国的"帝制"时期一般指从公元前 221 年秦朝建立到 1911 年末代皇帝退位这段时间。然而，直到公元 10 世纪儒学成为统治意识形态之前，帝国意识形态一直在变化。
2. Max Weber, *The Religion of China,* trans. Hans Gerth (New York: Free Press, 1951), 237–249.
3. 对此，持积极观点的研究如 Seok-Choon Lew, *The Korean Economic Developmental Path: Confucian Tradition, Affective Network* (New York: Palgrave Macmillan, 2013); Wei-ming Tu, ed., *Confucian Traditions in Modem East Asia: Moral Education and Economic Culture in Japan and the Four Mini-Dragons* (Cambridge, MA, and London: Harvard University Press, 1996)。持模糊或消极观点的研究，见 Po-Keung Ip, "Is Confucianism Good for Business Ethics in China?," *Journal of Business Ethics* 88, no. 3 (September 2009): 463–476; Kui-Wai Li, *Capitalist Development and Economism in East Asia: The Rise of Hong Kong, Singapore, Taiwan, and South Korea* (London and New York: Routledge, 2002)。
4. Sebastien Billioud, "Carrying the Confucian Torch to the Masses: The Challenge of Structuring the Confucian Revival in the People's Republic of China," *Oriens Extremus* 49

(2010): 201–224; John Makeham, *Lost Soul: "Confucianism" in Contemporary Academic Discourse* (Cambridge, MA: Harvard University East Asia Center, 2008).

5. Edward J. Romar, "Confucian Virtues and Business Ethics," in *Handbook of the Philosophical Foundations of Business Ethics,* ed. Christoph Lütge (Dordrecht: Springer Netherlands, 2013), 983. 他把儒学称为一种"伦理体系"。反对《论语》是系统的体系，这一观点的相关研究如 Bryan W. Van Norden, "Unweaving the 'One Thread' of *Analects* 4:15," in *Confucius and the Analects: New Essays,* ed. Bryan W. Van Norden (Oxford and New York: Oxford University Press, 2002), 216–236。

6. Gary Kok Yew Chan, "The Relevance and Value of Confucianism in Contemporary Business Ethics," *Journal of Business Ethics* 77, no. 3 (2008): 347–360; Wenzhong Zhu and Yucheng Yao, "On the Value of Traditional Confucian Culture and the Value of Modern Corporate Social Responsibility," *International Journal of Business and Management* 3, no. 2 (2008): 58–62.

7. 例如，Chung-ying Cheng, "On Yijing as Basis of Chinese Business Ethics and Management," in Lütge, *Handbook of the Philosophical Foundations of Business Ethics,* 1027–1048。文中写道："我们逐渐认识到，我们（人类）是由宇宙的创造力创造出来的。"（1030）这句话的含义是不太清晰的，作者没有考虑古典儒学的这种信仰是否正确。

8. Po-Keung Ip, "Corporate Social Responsibility and Crony Capitalism in Taiwan," *Journal of Business Ethics* 79, nos. 1–2 (April 2008): 167–177; Ip, "Is Confucianism Good for Business Ethics in China?"

9. Hao Chang, "New Confucianism and the Intellectual Crisis of Contemporary China," in *The Limits of Change: Essays on Conservative Alternatives in Republican China,* ed. Charlotte Furth (Cambridge, MA, and London: Harvard University Press, 1976), 276–304; Yi-sheng Lin, *The Crisis of Chinese Consciousness: Radical Antitraditionalism in the May Fourth Era* (Madison: University of Wisconsin Press, 1979); Vera Schwarcz, *The Chinese Enlightenment: Intellectuals and the Legacy of the May Fourth Movement of 1919* (Berkeley and Los Angeles: University of California Press, 1986).

10. Edward J. Romar, "Virtue Is Good Business: Confucianism as a Practical Business Ethic," *Journal of Business Ethics* 38, nos. 1–2 (June 2002): 119. 作者认为，儒家思想比其他的道德规范更适合于商业道德。这种说法似乎值得怀疑。

11. 更多的学术探讨，参见 Stephen C. Angle, "The *Analects* and Moral Theory," in *Dao Companion to the "Analects,"* ed. Amy Olberding, Dao Companions to Chinese Philosophy 4 (Dordrecht: Springer, 2014), 225–257; David Elstein, "Contemporary Confucianism," in *Routledge Companion to Virtue Ethics,* ed. Lorraine Besser-Jones and Michael Slate (New York: Routledge, 2015), 237–251。

12. 坚持美德伦理立场的代表人物及其作品有 Philip J. Ivanhoe, *Ethics in the Confucian Tradition: The Thought of Mengzi and Wang Yangming,* 2nd ed. (Indianapolis: Hackett, 2002); Bryan W. Van Norden, *Virtue Ethics and Consequentialism in Early Chinese*

Philosophy (New York: Cambridge University Press, 2007)。义务论的解释在以英语为母语的学术研究中并没有得到广泛的体现。比如，Ming-huei Lee, "Confucianism, Kant, and Virtue Ethics," in *Virtue Ethics and Confucianism,* ed. Stephen C. Angle and Michael Slate (New York: Routledge, 2013), 47–55。关于这一立场的讨论，参见 Angle, "The *Analects* and Moral Theory"; David Elstein, *Democracy in Contemporary Confucian Philosophy* (New York: Routledge, 2014), chap. 5。

13. Philip J. Ivanhoe, "Reweaving the 'One Thread' of the *Analects,*" *Philosophy East and West* 40, no. 1 (January 1990): 17–33.

14. David Elstein, "The Authority of the Master in the *Analects,*" *Philosophy East and West* 59, no. 2 (2009): 148–150; Sor-hoon Tan, "Authoritative Master Kong (Confucius) in an Authoritarian Age," *Dao: A Journal of Comparative Philosophy* 9, no. 2 (June 2010): 143–145.

15. *Mengzi,* 译者为 Bryan W. Van Norden (Indianapolis: Hackett, 2008), 2A6, 4A27。关于仪式的变化，见 *Mengzi* 4A17; 以及 *Analects,* 译者为 Edward Slingerland (Indianapolis: Hackett, 2003), 9.3。

16. *Analects* 15.24.

17. *Analects* 7.30.

18. *Analects* 6.30.

19. *Mengzi* 4A27, 7 A15; *Analects* 17.21.

20. *Mengzi* lA7, 2A3.

21. *Mengzi* 2A6. 也可参见 Bryan W. Van Norden, "The Emotion of Shame and the Virtue of Righteousness in Mencius," *Dao: A Journal of Comparative Philosophy* 2, no. 1 (December 2002): 45–77。

22. *Analects* 4.16, 7.16.

23. Roger Ames, *Confucian Role Ethics: A Vocabulary* (Honolulu: University of Hawaii Press, 2011), 75–125; Henry Rosemont, "Human Rights: A Bill of Worries," in *Confucianism and Human Rights,* ed. Wm Theodore de Bary and Wei-ming Tu (New York: Columbia University Press, 1998), 54–66.

24. Romar, "Virtue Is Good Business," 129–130 n. 1.

25. *Mengzi* 2Bl0; 3B4.

26. *Mengzi* 2A5, 3A4.

27. *Mengzi* 3A4. 在 *Analects* 13.9 中，也发现类似的观点，强调在进行道德教育之前，要确保基本的物质条件。

28. *Mengzi* 1B8.

29. *Mengzi* 7Bl4, 1B5.

30. 关于儒家政府应该在多大程度上优先考虑本国公民的利益，存在着争议。对民主持批评态度的儒家人士经常指出，民主忽视了非公民的利益，这是他们偏爱精英政府的一个原因。参见 Tongdong Bai, "A Confucian Version of Hybrid Regime: How Does It Work,

and Why Is It Superior?," in *The East Asian Challenge for Democracy: Political Meritocracy in Comparative Perspective,* ed. Daniel A. Bell and Chenyang Li (New York: Cambridge University Press, 2013), 55–87; QingJiang, *A Confucian Constitutional Order,* ed. Daniel Bell and Ruiping Fan (Princeton, NJ: Princeton University Press, 2012)。

31. 更多探讨可见 Justin Tiwald, "A Right of Rebellion in the Mengzi?," *Dao: A Journal of Comparative Philosophy* 7, no. 3 (Fall 2008): 269–282。

32. *Analects* 6.4, 11.17.

33. *Analects* 16.1.

34. 这一原则在早期儒家文本中有提及。具体解释参见 *Mengzi* 4B29, 6A4, 6A5。

35. *Mengzi* 2A6.

36. Zeynep Aycan et al., "Impact of Culture on Human Resource Management Practices: A 10-Country Comparison," *Applied Psychology* 49, no. 1 (2000): 192–221; Patricia G. Martinez, "Paternalism as a Positive Form of Leader-Subordinate Exchange: Evidence from Mexico," *Management Research: The Journal of the Iberoamerican Academy of Management* l, no. 3 (2003): 227–242.

37. Kwang-kuo Hwang, "Confucian and Legalist Basis of Leadership and Business Ethics," in Lütge, *Handbook of the Philosophical Foundations of Business Ethics,* 1005; 陈皓怡、高尚仁、吴治富，《家长式领导对多国籍部属身心健康之影响：以华人外派主管为例》，《应用心理研究》2007 年第 36 期，第 223–244 页; Robert Westwood, "Harmony and Patriarchy: The Cultural Basis for 'Paternalistic Headship' among the Overseas Chinese," *Organization Studies* 18, no. 3 (May 1, 1997): 445–480。

38. David Elstein, "Why Early Confucianism Cannot Generate Democracy," *Dao: A Journal of Comparative Philosophy* 9, no. 4 (2010): 427–443.

39. *Analects* 13.6.

40. *Analects* 13.16, 16.1; *Mengzi* 2A5, 5A9.

41. Naresh Khatri and Eric W. K. Tsang, "Antecedents and Consequences of Cronyism in Organizations," *Journal of Business Ethics* 43, no. 4 (April 2003): 289–303.

42. 相关案例见 Khatri and Tsang, "Antecedents and Consequences," 289。

43. 相关的经典案例，参见 *Analects* 13.18; *Mengzi* 5A3, 7 A35。

44. Elstein, *Democracy in Contemporary Confucian Philosophy,* chaps. 3–4.

45. Joseph Chan, *Confucian Perfectionism: A Political Philosophy for Modern Times* (Princeton, NJ: Princeton University Press, 2013), 1–23.

46. Chenyang Li, *The Confucian Philosophy of Harmony* (London and New York: Routledge, 2014), 119; Romar, "Virtue Is Good Business," 986.

47. *Mengzi* 4Al. 目前，关于如何平衡道德与法制规律的观点可见 Stephen C. Angle, *Contemporary Confucian Political Philosophy* (Cambridge: Polity Press, 2012); 以及 Chan, *Confucian Perfectionism*。

48. Thomas S. Bateman and Dennis W. Organ, "Job Satisfaction and the Good Soldier: The

Relationship between Affect and Employee 'Citizenship,'" *Academy of Management Journal* 26, no. 4 (1983): 587.

49. Nancy Eisenberg and Richard A. Fabes, "Empathy: Conceptualization, Measurement, and Relation to Prosocial Behavior," *Motivation and Emotion* 14, no. 2 (June 1990): 132.

50. Louis A. Penner, Alison R. Midili, and Jill Kegelmeyer, "Beyond Job Attitudes: A Personality and Social Psychology Perspective on the Causes of Organizational Citizenship Behavior," *Human Performance* 10, no. 2 (1997): 111–131; Richard P. Bagozzi and David J. Moore, "Public Service Advertisements: Emotions and Empathy Guide Prosocial Behavior," *Journal of Marketing* 58, no. 1 (January 1994): 56–70.

51. Ya-Ru Chen, Xiao-Ping Chen, and Rebecca Portnoy, "To Whom Do Positive Norm and Negative Norm of Reciprocity Apply? Effects of Inequitable Offer, Relationship, and Relational-Self Orientation," *Journal of Experimental Social Psychology* 45, no. 1 (January 2009): 24.

52. John R. Deckop, Carol C. Cirke, and Lynne M. Andersson, "Doing unto Others: The Reciprocity of Helping Behavior in Organizations," *Journal of Business Ethics* 47, no. 2 (October 2003): 103.

53. *Analects* 6.19. 这一观点是由儒学代表人物荀子提出的。参见 Philip J. Ivanhoe and Bryan W. Van Norden, eds., "Xunzi," in *Readings in Classical Chinese Philosophy,* trans. Eric L. Hutton, 2nd ed. (Indianapolis and Cambridge: Hackett, 2001), 260–261。

54. Deckop, Cirke, and Andersson, "Doing unto Others"; Dennis W. Organ, "The Motivational Basis of Organizational Citizenship Behavior," in *Research in Organizational Behavior,* ed. Barry M. Staw and L. L. Cummings, vol. 12 (Greenwich, CT: JA! Press, 1990), 12:43–72.

55. Linn Van Dyne, Dishan Kamdar, and Jeffrey Joireman, "In-Role Perceptions Buffer the Negative Impact of Low LMX on Helping and Enhance the Positive Impact of High LMX on Voice," *Journal of Applied Psychology* 93, no. 6 (2008): 1195–1207.

56. Robert Eisenberger et al., "Reciprocation of Perceived Organizational Support," *Journal of Applied Psychology* 86, no. 1 (February 2001): 42–51; Suzanne S. Masterson et al., "Integrating Justice and Social Exchange: The Differing Effects of Fair Procedures and Treatment on Work Relationships," *Academy of Management Journal* 43, no. 4 (August 1, 2000): 738–748.

57. Jiing-Lih Farh, Chen-Bo Zhong, and Dennis W. Organ, "Organizational Citizenship Behavior in the People's Republic of China," *Organization Science* 15, no. 2 (April 2004): 241–253.

58. Yong Han and Yochanan Altman, "Confucian Moral Roots of Citizenship Behaviour in China," *Asia-Pacific Journal of Business Administration* 2, no. 1 (2010): 37. "负责"是指在组织中产生积极变化的选择性和斟酌性行为。参见 Elizabeth Wolfe Morrison and Corey C. Phelps, "Taking Charge at Work: Extrarole Efforts to Initiate Workplace Change," *Academy of Management Journal* 42, no. 4 (August 1999): 403–419。"倡导参与"是指在组织中对他人提出挑战，并为提倡改进而服务的行为。关于这一概念，参见 Linn

Van Dyne, Jill W. Graham, and Richard M. Dienesch, "Organizational Citizenship Behavior: Construct Redefinition, Measurement, and Validation," *Academy of Management Journal* 37, no. 4 (August 1994): 780–783。

59. Geert Hofstede 提出，权力距离是衡量跨文化差异的五个维度之一，指的是存在的不平等程度，以及在有权力和没有权力的人之间被接受的程度。参见 Hofstede, *Culture's Consequences: Comparing Values, Behaviors, Institutions, and Organizations across Nations* (Thousand Oaks, CA: Sage, 2001)。

60. M. Clugston, J. P. Howell, and P. W. Dorfman, "Does Cultural Socialization Predict Multiple Bases and Foci of Commitment?," *Journal of Management* 26, no. 1 (JanuaryFebruary 2000): 5–30.

61. Joanna Kit-Chun Lam, "Confucian Business Ethics and the Economy," *Journal of Business Ethics* 43, nos. 1–2 (March 2003): 153–162; Dennis P. McCann, "Business Ethics in the Perspectives of Christian Social Teaching and Confucian Moral Philosophy: Two Ships Passing in the Night," *Journal ofInternational Business Ethics* 3, no. 2 (2010): 16–28.

62. 除了 *Analects* 4.16, 7.16, 16.10, and 19.1, 相关讨论还可参见 Lam, "Confucian Business Ethics and the Economy," 154; Romar, "Virtue Is Good Business," 124。

63. *Analects* 16.10.

64. *Mengzi* 6A10.

65. *Mengzi* lAl.

66. 例如，见 Elstein, *Democracy in Contemporary Confucian Philosophy,* chaps. 3, 7; Ruiping Fan, *Reconstructionist Confucianism: Rethinking Morality after the West* (Dordrecht: Springer, 2010), esp. 90–95 and 243–248。

67. "Li Yun," *Chinese Text Project,* http://ctext.org/liji/li-yun; translation modified.

68. *Analects* 6.30.

69. *Analects* 13.23; 翻译略有改动。

70. Li, *Confucian Philosophy of Harmony,* 143–147.

71. 同上，chap. 2。

72. Lam, "Confucian Business Ethics and the Economy," 158.

73. 这一思想起源于《易经》，到了汉代，由董仲舒提出。参见 Li, *Confucian Philosophy of Harmony,* 160–162。

74. 相关讨论见 Elstein, *Democracy in Contemporary Confucian Philosophy,* chap. 9。

75. Xianlin Ji, *Discussion on Chinese Ancient Civilization,* in *Collected Works of Ji Xianlin* (Beijing: Huayi Publishing House, 2008); Tianchen Li, "Confucian Ethics and the Environment," *Culture Mandala: The Bulletin of the Centre for East-West Cultural and Economic Studies* 6, no. 1 (2003): 1–6.

76. 不同观点的讨论，见 Philip J. Ivanhoe, "Heaven as a Source for Ethical Warrant in Early Confucianism," *Dao: A Journal of Comparative Philosophy* 6, no. 3 (Fall 2007): 211–220。

77. Ivanhoe and Van Norden, "Xunzi," 270.

78. *Analects* 7.27; *Mengzi* 1A3.

79. 儒家的"道"是指一个人的生活方式和社会秩序。作为人类活动目标的总称，它的作用与其他哲学中的"善"非常相似。

80. *Mengzi* 1A7, 2A6.

81. *Mengzi* 1A3, 1A5, 1A7.

82. 其中最著名的学者是蒋庆。关于其观点的英文著作，如 Ruiping Fan, ed., *The Renaissance of Confucianism in Contemporary China* (Dordrecht: Springer, 2011)；蒋庆:《儒教宪政秩序》（英文版），美国普林斯顿大学出版社 2012 年。

83. Yusheng Huang, "The Starting Point of Universal Ethics: Free Individual or Relational Character?," *Contemporary Chinese Thought* 39, no. 1 (Fall 2007): 35–45; Ip, "Corporate Social Responsibility and Crony Capitalism in Taiwan"; Qingping Liu, "Confucianism and Corruption: An Analysis of Shun's Two Actions Described by Mencius," *Dao: A Journal of Comparative Philosophy* 6, no. 1 (March 2007): 1–19. 类似的批评可以追溯到 20 世纪早期的学者，如陈独秀和胡适。参见 Lin, *Crisis of Chinese Consciousness*。

84. 例如 Ming-huei Lee，参见 Elstein, *Democracy in Contemporary Confucian Philosophy,* chap. 5。

第四章　地上之城与交换伦理：
奥古斯丁神学人类学中的精神、社会和物质经济

托德·布雷弗格（Todd Breyfogle）

奥古斯丁对物质交换伦理的理解，深深植根于他对人的社会和精神本质的概念。在奥古斯丁看来，物质经济与社会经济和精神经济是不可分割的。本章旨在勾勒奥古斯丁思想中这三种经济相互关系的复杂性，并阐明奥古斯丁认为负责任的人在市场和法治下做出决策的标准。文中的前两部分主要讨论古典传统中财富的社会价值，奥古斯丁接受并适应了古代晚期基督教强调人的尊严。第三部分阐述了奥古斯丁将人所创造的价值和其他发明创造，作为评价市场价格、享受、使用和滥用财产的标准。在第四部分中，上述要素都被放在奥古斯丁的著名观点之中，即区分了世俗和天堂的城市，以及形成城市的两种爱。最后两部分阐述奥古斯丁如何看待财富，以及其因社会和精神统一而出现的增长，其中个人拥有的财产被用来服务于共同的、精神上的利益，这种利益体现在物质和社会利益的增长上。因此，本章并不讨论抽象的经济理论；奥古斯丁也没有一种抽离受原罪制约的地上之城中具体的人际交往结构的"经济"理论。[1] 因此，这篇文章力求把奥古斯丁的生活、写作和他对交换伦理的理解所处的历史和现实条件写得生动。

在他去世前一年左右，奥古斯丁给他的老朋友阿利皮乌斯（Alypius）写了一封信，表达了对北非海岸奴隶贸易近乎绝望的担忧。奥古斯丁对社会秩序的崩溃感到惋惜，尤其是劫掠团伙袭击乡村，绑架居民并将其（包括妇女和儿童）卖给数量不断增长的奴隶商人。[2] "但是如果没有奴隶贩子，"奥古

斯丁补充道，"这些事情就不会发生。"[3]市场需求创造了"一种邪恶的交易，它源自贪婪的惊人盲目性"，这种盲目性还会传染和扩散。在罗马帝国北非努米底亚行省一个名叫希波（Hippo）的小镇上，有一名妇女以购买木材为借口，拐骗、囚禁和贩卖其他妇女为奴隶。甚至奥古斯丁自己教会的一个富裕成员也出卖了他的妻子，"仅仅是被这场灾难的热度驱使"。[4]

在信里，奥古斯丁阐述了日常生活中一些更为极端的情况，尽管这些方面也较为常见。针对这些情况，奥古斯丁在信中阐述了他对财富和交换伦理的哲学和神学思考。作为一名主教，奥古斯丁不仅是一名思想家，而且是为一个组织（他的教会）做出决定的人，是公民事务中事实上的权威。他可以理解市场的复杂运作，既要对需求做出反应，又要创造需求。他还认识到需要一个稳定的法律秩序作为商业的先决条件。事实上，他写这封信的目的之一，就是敦促他的老朋友游说皇帝执行现有的法律来打击奴隶贸易。在奴隶贸易中被绑架的人很少"被父母卖掉……按照罗马法律规定，这些人可以工作25年"。[5]法律允许一部分并非所有的奴隶贸易；法律必须得到尊重和执行。与此同时，奥古斯丁敦促减轻对奴隶贸易的惩罚——使用含铅的鞭子可能会导致死亡。奥古斯丁的思想和行为都严格遵循当时的法律，特别是罗马的《物权法》，即使这些法律冒犯了他自身更为人道的情感。

也就是说，奥古斯丁并未把经济交换和法律结构与其对人类的实际影响分开。物质经济及其相关支持要素不是抽象事物，而是人们生活和共同生活的必要条件。法律和经济学的存在是为了服务于人，而不是相反。物质经济是精神经济的基础，会被精神经济取代。

奥古斯丁在给阿利皮乌斯的信中，充分阐述了他对交换伦理思想的实践和理论层面的思考。一个人的价值是什么？财产的法律意义是什么？所有权和使用的道德维度是什么？为什么人类会重视他们所做的事情，这种评价的结果是什么？在世俗罗马法下，基督教教义对经济交换的实践有什么价值？人们所说的财富是什么意思？这些不仅仅是经济问题，它们更是人类的问题。相应地，本章将把人类以及奥古斯丁对交换伦理的思考的理论维度结合在一起论述。对奥古斯丁来说，交换伦理最终是人们对所爱之物和所爱之人的一种表达。

财富的社会价值：古典遗产

公元 354 年，奥古斯丁出生在罗马帝国北非努米底亚行省的小城塔加斯特的一个贵族家庭（honesti），他的父亲是镇议会的成员，拥有一处房产，并拥有奴隶。奥古斯丁本人从不认为体力劳动或贸易是必要的。从社会金字塔往下看，奥古斯丁的家庭是富有的，尽管还没有进入塔加斯特的核心圈子；向北看，望向意大利本土，奥古斯丁的小镇家庭与参议院贵族相距甚远。通过资助制度，奥古斯丁成长为罗马皇帝的演讲撰稿人。如果他走的是标准的职业道路，他最终会从皇室退休，回到家乡，受到当地统治者的称赞和认可。[6]

奥古斯丁个人的发展历程，成为古代罗马帝国晚期财富和道德交换的一个重要组成部分。奥古斯丁的世界不是一个区分经济阶级的世界；用彼得·布朗的话来说，"这是一个由赞助人和朋友组成的世界"。在某种程度上，社会"主要不是根据贫富分级的；而是分成可以提前获得和不可以获得……你拥有什么并不重要，重要的是你认识谁"[7]。在这个贵族价值观盛行的世界里，财富本身并不是目的，而是达到社会目的的一种手段。财富可以产生交换，交换可以提供赞助的机会，而赞助可以带来名誉。随着财富而来的是责任——不仅包括管理财产的责任，而且包括利用财富增进朋友关系、获得更大利益的义务。

将财富用于公共利益，是西塞罗（Cicero）在《德提西亚斯》（De officiis）一书中所颂扬的美德，给 4 世纪和 5 世纪蒙上了持久的阴影。西塞罗批评了他所说的不公平的财富获取，但支持将财富用于满足基本需求、用于享乐，并着眼于权力、影响力和给予恩惠。[8]也就是说，财富本身并不是一种目的，而是一种达到更广泛的社会（有别于私人）目的的手段；财富的使用是指向他人的，用于公共享受而不是个人消费。同时，西塞罗告诫他的读者不要对财富抱有过分的野心，"因为没有什么比'爱财'更能表现出灵魂的狭小和鄙俗的了；一个人没有钱，却能漠视钱财，或者有钱，却能乐善好施，那是最可敬、最可贵的"[9]。美德和高尚行为的名声，比任何财富都珍贵。[10]

奥古斯丁了解并认同西塞罗的观点，赞扬那些把自己的财富奉献给他们所服务的"国家"的人们——无论是建造市政建筑、赞助公共节日，还是支持自己（或自己的朋友）追求公民领导者地位，都是一种为了公众的慷慨行为。在《上帝之城》（City of God）一书中，奥古斯丁赞扬了那些在国家中"拥有丰富的资源"却仍生活在贫困中的罗马人。[11] 他向自己社区内的僧侣们展示了西比奥·阿非利加努斯（Scipio Africanus）这一榜样，后者是众多罗马共和主义者中的一员，这些共和主义者"将对整个城市人民的利益的共同承诺，置于个人利益之上"。[12] 私人财富由私人所属，但它完全是为了公共利益。财富不是用来积累的，而是用来使用的；消费财富，而非积累财富，不仅使人服务于物质经济，而且使人服务于社会交换经济，这种交换体现了公众的慷慨行为。西比奥，在他的公共慷慨行为中（回到奥古斯丁的例子），不能为他的女儿们筹集嫁妆，但他并不贫穷——他当然不需要为了食物而耕种土地。他之所以"不富裕"，是因为消费了自己的财产（可以称之为资本），而不是简单地将它积累起来。[13]

在西塞罗对出现"不富裕"这一现象进行赞扬的同时，在 4 世纪早期的罗马，出现了一种新的、不同的光亮。"从君士坦丁开始，罗马帝国向社会经济中注入了大量的黄金"，以确保其军队和政府机构的忠诚。[14] 皇室开始坚持要收取黄金作为税收，而不再接受一部分农产品；金币开始改变富有精英群体的本质；黄金变成了积累的对象，而不是交换的媒介，激发了人们对更多黄金的渴望，正如约翰·洛克（John Locke）后来所说，"改变了事物的内在价值"。所有人与土地之间的共同纽带，逐渐被那些拥有黄金的人与没有黄金的人之间的分离取代，不管他们在传统农业社会秩序中的地位如何。[15] 金币的引进和传播造成了一种新的货币匮乏，其影响在 100 多年后仍能感受到，促使人们寻求一种日益脱离土地或社会利益的货币。黄金的诱惑和满足帝国需求的需要，经常导致过度的、暴虐的税收。在给阿利皮乌斯的另一封信中，奥古斯丁对神职人员的短缺表示遗憾。这是因为事实上，作为地方政府官员的神职人员，法律要求他们"自费承担公民义务"，以此作为帝国收入的一种来源。[16] 他继续说，课以重税不仅对传统的公共服务造成重大的不利影响，而且侵蚀了传统的阶级差别，使所有人变得贫穷，并使自愿的公共精神减少甚至成为必要的负担。[17]

即使是在奥古斯丁认为不太关心人类苦难的基督教富裕阶层中，"不富裕"的态度也被一种粗鄙的态度取代。例如，奥古斯丁指责皈依者罗穆卢斯（Romulus），他的佃农不小心把本应交给罗穆卢斯本人的税款交给了税务员，而罗穆卢斯要求佃农再交一次。[18] 奥古斯丁对罗穆卢斯行为的反应表明，基督教在帝国后期为财富的维度带来了不同的方向。奥古斯丁说，罗穆卢斯应该承认自己的错误，改变他的决定，并关注穷人的需要。在这样的敦促中，奥古斯丁不仅维护佃农的福祉，还请求罗穆卢斯关注自己的灵魂状态："与自己和平相处，以便你所请求的人与你和平相处。"[19] 西塞罗和他的追随者试图以社会经济中的崇高思想和行动，来限制物质经济；奥古斯丁则像他之前的其他基督徒一样，试图用一种新的精神经济来重新定义对财富的追求。

财富的精神层面：基督教的批判

随着自身社会地位的不断提升，公元 384 年末，奥古斯丁来到米兰的西方帝国宫廷，得到了著名的异教罗马参议员西马查斯（Symmachus）的支持，这使奥古斯丁得到了罗马皇帝的任命。当时奥古斯丁还有着对摩尼教的宗教信仰，后者是一个来自波斯的二元论、融合的基督教教派。同时，奥古斯丁身边还有一个不知名的小妾。奥古斯丁的家族财富为他带来了机会，但这还不足以使他承担起贵族的责任。有才能的人理应得到越来越多的关注，不管他有什么特殊的宗教信仰和不正常的婚姻状况。[20]

米兰主教安布罗斯（Ambrose）很可能会怀疑年轻的奥古斯丁，认为他虽才华横溢，但在政治、宗教和社会方面有明显妥协。西马查斯是安布罗斯的异教对手；摩尼教在东正教的统治下受到了轻视；安布罗斯的贵族气质和基督教的礼仪，让他慎重考虑奥古斯丁明显缺乏节制的行为。如果说奥古斯丁反映了在罗马帝国中财富的有限地位，那么安布罗斯则相反，他代表了一种新的基督教形象——罗马贵族，他们抛弃了西马查斯所敬畏的众神，把自己的家产奉献给基督教。安布罗斯是高卢禁卫军长官的儿子，受过良好的教育，人脉广泛，非常适合担任米兰的执政官。当安布罗斯按照公众意愿被任命为新主教时，他的第一个行动就是剥夺自己可观的家族财富，把一部分分给穷人，剩下的交给别人管理。[21] 通过安布罗斯，奥古斯丁看到了一个进一步推进西塞罗的为国家服务的理想的人——安布罗斯不仅确保将他的财富用于公共利益，无论是通过教会还是帮助穷人，而且他完全脱离财富的管理，通过教会机构投身于对公共的服务。

安布罗斯宣讲他的修行。奥古斯丁很可能听过安布罗斯在《纳波特》(*De Nabuthe Jezraelita*) 中所收集的布道，其中猛烈抨击富人的奢侈贪婪和他们对待穷人的方式。"地球是共同的所有……自然，是所有穷人的父亲，并不知道富人的存在……人本来赤身裸体，自然将人带到阳光下，提供食物、衣服和水……因此，自然不知道我们什么时候出生，也不知道我们什么时候死亡。"[22] 与斯多葛学派的观点相呼应，安布罗斯坚持认为："我们只追求生活所需的东西，这是一条自然法则。"[23] 安布罗斯热衷于强调富人放错了注意力，以及随之产生的人类痛苦。穷人天天寻找食物，而财主的马却在黄金马圈里吃食。"你戒指上的宝石可以保护所有人的生命。"[24]

安布罗斯并没有断言，富人的财产和穷人的贫困之间存在明确的因果关系。他所关心的是富人的责任，富人相信自己拥有某种所有人都适当地共同拥有的东西："对于所有人都应该共同使用的东西，你就应该只获取适合自己的部分。"安布罗斯似乎并不认为富人是以牺牲穷人为代价而变得富有的，但他认为，就穷人所遭受的痛苦而言，这是由于富人未能履行其照顾穷人的责任。照顾穷人是一种对管家债务的偿还——对一个人被托付的物品材料的管理，以及对一个人对其受抚养人的社会责任的管理。[25] 不履行这项管理职责，就会破坏人类与财富之间的自然关系。贪心的人，就成为财产的奴仆，而非财产的主人："将金子埋藏在地下人的人，是看守人，而不是财物的主人；你确实是个仆人，而不是地主。但是：'你的财宝在哪里，你的心也在哪里。'所以你用金子把你的心埋在地里了。"[26] 在安布罗斯看来，斯多葛派罗马贵族的责任是沐浴在基督教洗礼中。自然的语言，被包裹在基督教创造和遵从神的旨意的外衣里。安布罗斯强调所有人，不分阶级，都是自然平等的，以此强调教会是富人和穷人的家园。[27] 与神职人员不同，只要富人能够注意并履行自己的责任，就可以拥有他们的财产而不受责难。在这里，社会、物质和精神经济融合在一起——富人有社会责任；贪婪的人，放弃管理职责，是物质的奴役；对社会和物质的管理职责，在不分贫富的精神统一中得到了恰当的体现。

作为摩尼教徒，奥古斯丁赞同一种更为鲜明的二元论，反对物质的占有；

受洗礼的摩尼教教徒不得拥有田地、房屋或金钱。[28] 在更主流的基督徒中，以共同拥有的形式放弃财富的行为，可以追溯到《新约》以后，这与贵族的感情截然不同——即使是穷人也会本着兄弟之爱彼此分享财富。在奥古斯丁时代，基督教禁欲主义达到了高潮，甚至在东正教禁欲主义者中也是如此。后来，奥古斯丁教义的反对者伯拉纠（Pelagius）坚持认为，纯洁的基督教要求完全放弃财富。[29] 在很短的时间内，奥古斯丁接受了安布罗斯关于财富的更温和立场，进一步区分出家式的放弃、正确的使用，以及滥用或不公正地使用财富。

受到安布罗斯布道的部分影响，公元 387 年，奥古斯丁从米兰回到乡下，希望受洗成为一名天主教徒，并辞去在罗马帝国所承担的职务。在返乡期间，他和他的同伴们探索并放弃了建立一个哲学公社的可能性。但奥古斯丁也意识到，他希望回到市民生活，并管理已故父亲在塔加斯特的财产。作为一个基督徒和罗马人，他将如何思考其在财富方面的责任呢？

自然价值和市场价格：享用、使用和滥用

奥古斯丁辞去帝国的职务回到北非后，变卖了家产，把所得分给穷人。然后，他把一些朋友聚集在修道院社区——先是在塔加斯特，后来是在希波——一个以共同拥有物质财富为特征的社区。正如奥古斯丁在他颇具影响力的《规程》（Praeceptum，又称《第三规章》）中所指出的，共同生活的主要动机是："和谐地生活在一所共同的房子里，有一颗共同的心，一个共同寻求上帝的灵魂。不要把任何东西视为己有。拥有的一切都是共享的。"[30]

奥古斯丁对修道院公共所有权的禁令，是一个基督教牧师的明确愿望，而不是对基督徒或世俗社会其他人的规范计划。对奥古斯丁来说，基督徒的生活可以表现为多种传统的社会形式，与一个人现有的责任相一致。对于那些过着一种被称为苦行的修道院生活的人们来说，这种社区的目的是双重的：一是为那些追求精神重建的人提供环境，二是成为社区以外的灯塔，表明精神尊严关系可以引导物质交换的原则。修道院社区的模范性质，强调了奥古斯丁思想中的一个关键因素——不同社区形式的基督徒在物质财富方面会有不同的关系。然而，通过各种各样的社会形式，每个人都合理分享了与精神

尊严有关的目标。

在奥古斯丁看来，人们所生活的社会形态千差万别，是一个由原罪所塑造、所扭曲的世界。在他对《创世纪》的描述中，奥古斯丁区分了四个时刻，分别定义了人类共同生活的起源、结局和行为。这四种时刻分别反映了：人们被创造的本性，堕落，堕落后被救赎，以及在永恒中的完美本性。这四重镜头提供了一个分析框架，使奥古斯丁对交换伦理既具有描述性的又有规范性的分析。在人们被创造的本性中，人生来就是为了感恩共享。上帝是人们的创造者；作为被他创造出来的生物，人应该心怀崇拜的感恩。[31]上帝是"人们幸福的源泉"，也是"人们一切欲望的终结"。"依附于他，或者让我说，重新依附于他——因为人们曾经脱离了自己，失去了与他的联系……人们因爱而亲近他，使人可以在他的世界里安息，并借由到达彼岸而找到人们的幸福。"[32]人们生来就是要爱神和他所造的万物。人们的幸福来自对爱的服从，奥古斯丁说，在这一点上，人们实现了古代哲学家所认为的人类最高目标。因此，人类的堕落，是一段重新依附于土地的旅程。凭借着基督的恩典，人们可以改变自己的习惯和爱，并期待在永恒中重生。[33]

人们的起源和目的，是通过与上帝和他的创造物的共享来定义的，这是奥古斯丁判断所有个人行为和社会经济政治组织的规范性立场。在描述人类的实际困境时，奥古斯丁皈依了人们的堕落和堕落后被救赎之间的张力。在人们的堕落状态下，人与上帝、邻居和其他创造物相分离。人们把物质的东西错当成目的，而不是手段，对事物形成无序的依附；人们被创造物之美吸引，将注意力集中在与其自身有关的物质事物上。[34]当人们在堕落后被救赎的时候，人的目光超越了事物本身，去理解和感谢它的创造者。由此，一种在上帝的友善中得以分解的感恩之情，彰显在与他人的友善之中。[35]

在奥古斯丁看来，人生是一段重新依恋或重新塑造的旅程，在这段旅程中，人们越来越（但今生从未完美地）恢复到最初被创造时的完整。人们的灵魂是由神所造，因罪而变形，因爱的对象而改过自新，或好或坏。[36]这些爱直达我们珍视的内心。这种评估事物价值的能力是一种强大的力量，它（在忽略相互关联的造物整体性的情况下）甚至延伸到毁灭那些被认为毫无价值的存在。"比方说，谁不愿意家里有面包而不是老鼠呢？谁不愿意家里有黄金而不是跳蚤呢？这没什么好奇怪的。原因是，哪怕在人们自己看来（人的本性当然是最高贵的），也更愿意买一匹马而非一个奴隶，更愿意多买一件珠宝而非一个女仆。"[37]

奥古斯丁并不是在说，一件东西的市场价格应该基于某种规范的自然价值（一个人的公平价格可能是多少？）。相反，他主张两种截然不同的价值尺度：一种是某物的市场价格源自其偶然的效用或交换价值；另一种是事物的价值来源于它被创造的本性，以及它在层级中所处的位置。奥古斯丁尊重市场价值；他不主张用价格来表示相关的"自然价值"。创造的价值是对一件事或一个人的目的的承认，虽然创造的价值或自然价值不能决定市场价值或公正的价格，但它确实为物质交换的判断提供了基础。在人们堕落的状态下，更看重面包而不是老鼠，这是一个简单的事实。但是在堕落后被救赎的过程中，人们应该看到，一个有生命的人的自然价值比一个无生命的物体的价值更大。

人们如何衡量一件事物的价值，取决于是从物质上考虑它的市场效用，还是从精神上考虑它的自然价值。商品可以按照市场价格进行聚合，但人不能这样聚合。"那么就判断自由而言，有思想的人的理性，与有需要者的必要或享乐者的欲望相比，二者是截然不同的。因为理性考虑的是在创造自然的秩序中，一件事物本身所具有的价值，而必要则考虑的是如何获得满足其需要的东西。理性根据心灵之光寻找真理，而享乐则寻找能使身体感官得到满足的东西。"[38]创造的自然是为了享受而不是为了使用；因此，它并不完全受制于占有欲望或必需，而是建立在超越欲望的爱的自由之上。

奥古斯丁进一步完善了价值的视角。在对事物进行估价时，理性介于必需和享乐之间。必需和享乐，是从相反的角度，但都根据个人的效用来定义事物的价值。相反，理性则根据事物被创造的性质，参照事物的创造者和整个创造物来考虑事物的价值。理性希望拥抱其他事物；必需和享乐似乎想占有和消耗事物。当奥古斯丁根据共同拥有的原则建立他的修道院团体时，他把对人性的理性评估放在了必需和享乐的判断之上。共同拥有的生活是自由选择的，不是必需的，它的物质地位是为了舒适的满足，而不是贫穷。精神经济不是一种剥夺，而是一种节制。奥古斯丁认为必需和享乐是同一枚硬币的两面，两者都是一个人精神之爱的扭曲。

无论在富裕还是在贫穷中，人类都可以享受、使用或滥用事物。奥古斯丁将其道德理论的核心概括如下："有些东西是可以享受的，有些东西是可以使用的，有些东西是可以同时享受和使用的。可享受的东西能使我们快乐。可使用的东西能够帮助我们，在追求幸福的努力中支持我们，这样就能获得使我们幸福的东西并让我们享受其中。"比如，财富只能作为达到目的的一种手段，就像慷慨是为了促进友谊一样；又如，友谊可以是一种手段（生意上的相识），也可以是一种目的（真正的友谊）。只有当事物指向的目的是正当的，事物的使用才是正当的，这是由创造的自然秩序所决定的。物质财富本身并不是目的，而是达到目的的正当手段。因此，当追求物质财富的目的时，既不能带来幸福，也不能带来内心的平静。只有当财富服务于精神目的，以及伴随而来的社会目的时，它才能帮助人们获得幸福。我们自己"置身于这两种物品之间"，很难区分享受的东西和要使用的东西。也就是说，人们会把自己错当成使用或享受的对象；对自我的过分依恋使我们陷入一种爱，这种爱妨碍我们"追求真正的、适当的享乐对象"。[39]

享受某物意味着"为了它自己而爱它，从而依附它"，也就是说，符合它在创造的自然中的位置。使用某物指的是，"只要我们想要得到它的这一想法是正确的，那么就可以利用我们得到的东西来得到我们想要的东西。"如果我们想得到它的这一方法是不对的，它就是一种"非法应用的使用"，也就被称为"滥用"。他总结道："如果我们想回到我们的祖国，在那里我们可以得到快乐的话，那我们必须利用这个世界，而不是享受它。"[40]

市场价格和自然价值之间的区别，使奥古斯丁进一步做出三方面的区别：共同使用修道院财产，是基督教牧师的理想；对财产的正确使用和享受，是基督徒和非基督徒都可能向往的一种允许的善；滥用财产——错误地使用或享受财产（如我们看到的，破坏社会单位或个人灵魂和谐的行为），是不公正的。考察交换伦理的视角，必须不仅包括受造物的起源和本性，还包括找到幸福的真正目的。共同拥有既不是贫穷的必须，也不是对奢侈的追求；相反，它是支持精神之旅的，是对物质财富的理性划分。[41]修道院团体不是每个人都能投入的生活，但它阐明了人们在修道院之外可能渴望的人际关系结构，使人们对人和事的评估按其适当的次序排列。每种社会形式都有相应的秩序。[42]在一个等级制度和财产划分各不相同的家庭中，管理修道院社区的规则是不适用的；同样，商业组织或其他企业协会也有其公正划分的目的和原则。城市也是一种特殊的社会形态，它的价值取决于人们的爱的秩序。按照创造自然的顺序，人的价值是相同的；根据偶然的、传统的社会秩序，这些价值必然以不同文化内部和不同文化之间的社会形式表现出来。

两种爱，两座城

如果我们是一个在异国他乡寻找归途的流浪者，那么我们在地球上的旅程中，如何思考自己的责任？公元 410 年罗马城陷落后的余波，促使奥古斯丁写下《上帝之城》（City of God），此时他已经在探索这个问题的轮廓。从公元 413 年到 427 年，奥古斯丁完成了这项纪念碑式的写作历程，仅仅比本章开始提到的给阿利皮乌斯的信的可能日期早了两年。奥古斯丁在他的信中更多的是从个人的经验出发，而在《上帝之城》中他论述了一个更广泛的理论和历史框架，来看待财富和交换的伦理。

奥古斯丁写道："相对应的，两座城来自两种不同的爱：地上之城来自对自我之爱，这种爱甚至是对上帝的一种蔑视；上帝之城则来自对上帝之爱，这种爱甚至是对自我的一种放弃。……在地上之城，王子们被征服的欲望控制，就像他们所征服的国家一样；在上帝之城，众人用爱来对待彼此，通过商讨进行管理，通过遵守来服从。"[43] 地上之城的骄傲表现在对统治的欲望上，因此反过来也被自己的欲望控制，包括积累财富的欲望。"你吃饱了，还想要更多。那不是财富，这是一种病。"[44] 在物质经济中，对支配地位的贪欲使其自食其力，贪得无厌的人被自己不断增长的欲望控制，反过来互相控制，就像大鱼吃小鱼一样。[45]

两座城是末世论的两种截然不同的公民道德忠诚描述的缩影，严格地说，与历史上的罗马和历史上的教会相一致。[46] 奥古斯丁说，地上之城的公民寻求一个尘世和平，体现在"公民服从和规则的和谐"，追求的是人类欲望的集合，为了获得对其生活有益的事物。上帝之城"利用尘世和平只因它是必需的，直到这种必要的尘世状况消失"。[47] 上帝之城的居民以陌生人的身份生活——他们是在世界里成为朝圣者，而不是世界的朝圣者——因此他们遵守地上之城的法律，旨在和平地协调不同的意愿。"像旅客在旅店里使用桌子、杯子、水罐和沙发一样，使用金钱不是为了留下来，而是为了留给后人。"[48] 政治经济学的教义可以总结为"投资，而不是积累"；奥古斯丁可能会说，想象我们在一个地方"轻装旅行"。在这里，人们看到使用和享乐原则在政治和历史舞台上发挥了重要作用。一直关注那些能带来真正快乐的精神财富，能让人们很好地利用那些本身不是目的的东西。

西塞罗将人们对不同意愿所进行的和平调解，描述为"一种由共同承认的权利和利益共同体而联系起来的集合"。[49] 奥古斯丁给出了新的解读："一个民族是一群理性的人的集合，他们被一种共同的协议所限制，这是由于他们所爱的目标一致。"如此一来，他将价值标准从效果转变为爱，并将所有共和国置于自然价值等级的判断之下。奥古斯丁继续说，"要想了解任何一个人的性格，我们只需要观察他们喜欢什么。"[50] 一个共和国能够反映并强化人们的性格，让他们形成共同的爱好。上帝之城的居民尊重并使用他人达成的、旨在实现更普遍和平的协议，作为达到更高目标的方式，即对邻居的善；地上之城的居民热爱和平以及它的物质果实，将其视为最高目标，因而使自己陷入焦虑、恐惧和不满之中。[51]

对奴隶贩子和那些实行双重课税的人做出判断并不困难，但对奥古斯丁来说，那些把财富置于人类福祉之上的人，与这些极端主义者其实是一类人，只是程度不同而已。出于这个原因，奥古斯丁对交换的批判是根据地上之城的爱而变出的双重呼应：爱不仅伤害他人，也伤害了被扰乱了爱的自我。

团结与财产

上帝之城的爱可能同样会受到混乱的影响，就像今生所有的人都被骄傲或自爱的罪支配一样。例如，爱科迪西亚（Ecdicia）是奥古斯丁的一个通信者，一个基督徒女人，她在精神上激励所产生的自私，在其丈夫没有同意的情况下，信奉贞洁（奥古斯丁认为，在婚姻中，如果没有征得对方的同意，丈夫和妻子都不能保持禁欲）。同样，在没有征得丈夫同意的情况下，爱科迪西亚把他们大部分的财富捐赠给两个流浪僧人，分发给穷人。奥古斯丁告诉她，这些都是错误的精神行为。经过精神激励后她变得自私，她在未经丈夫同意的情况下剥夺了他的合法财产，剥夺了他们儿子的合法遗产。她为丈夫通奸创造条件而不顾他的精神健康，剥夺他自愿选择参与分配其财产给穷人的精神利益。的确，奥古斯丁曾告诫说，"与穷人分享面包在上帝之城有很大的分量"，但是我们应该让一个人的精神幸福占据多少的分量？[52]

在基督徒的弃绝修行中，物质上的交换，甚至是情感上和肉体上的交换，都要服从于对最亲近的人所关心的最严格的精神标准。"社会中陌生人的关系与关系紧密的人之间的关系是不同的。"[53] 爱科迪西亚对丈夫和儿子的责任，高于她帮助流浪僧侣、服务穷人的愿望。她致力于家庭的物质、情感和精神幸福，包括尊重既定的家庭财产权利和一致原则，而不管她是否认为他们的财富可以用于更有启发性的精神目的。最后，奥古斯丁珍视社会团结——与丈夫进行心的团结，爱科迪西亚自己井然有序的爱，以及他们儿子的幸福。"你的儿子需要你和你丈夫同心协力。"[54]

重视家庭的和谐与统一，这一理念延伸到整个社会。安布罗斯强调，在神和众人面前，要实现社会阶级的平等，奥古斯丁强调社会纽带的统一，即使是在社会和经济不平等的条件下。奥古斯丁布道时，对穷人和富人进行双重训诫。他对穷人说："你和富人共有一个世界。你可能和他们没有共同的房子，但你们有共同的天空，共同的光芒。寻求充裕，寻求足够的东西，更多的则不要寻求。"对富人说："你给这个世界带来什么了吗？不，连你们这些有钱人也没带什么来。你们在这儿什么都找到了。和穷人一样，你们生来就赤身裸体。"[55] 嫉妒富人及其财富的穷人在精神上受到损害，就像忽视穷人的富人一样。他们都有自尊心。[56] 忽视穷人的富人剥夺了他们自己真正的精神财富，以及当礼物被给予和接受时所带来的团结。[57] 富人和穷人在物质上和精神上相互依存。[58] 富人和穷人都参与了财富的创造，财富的创造是一个人对物质财产的关心的副产品。在奥古斯丁看来，物质财富的创造不是一场零和游戏。但财富本身并不是最终的衡量标准，物质财富的真正价值在于它创造精神和社会统一的程度。关心另一个人的物质需要同时是达到目的的一种手段和这种统一的反映。

奥古斯丁关于社会秩序的统一的概念——关于爱的对象的共同一致——取决于一个强有力的法律制度和有道德的管理者，也就是财产权和热心公益的强大的领导人。像约翰·洛克一样，奥古斯丁认为，神作为创造者，是地球及其产物的唯一所有者和最高统治者；神平等地把地球交给人类，让他们好好利用和享受。[59] 在创造的自然状态下，人类将按照正确秩序的爱来使用和分享地球，包括个人消费和与他人分享。如果没有罪恶，人类就会自由地耕种土地，而不会出现由人们堕落状态所带来的需要。这种需要产生了占有欲强的自爱，而占有欲强的自爱又导致了稀缺性。[60]从逻辑和神学的角度来说，伊甸园在堕落之前并不存在匮乏的问题。

财产权及其通过商业、继承和赠予进行的合法转移，是人们堕落状态的一种功能，源自人的法则，而非神的法则。"在神的法则中，地球及其所有丰富的一切，都属于神。神用一块泥巴塑造了穷人和富人，将穷人和富人养在同一个地球上。然而按照人的法则，有人说：'这产业是我的，这房子是我的，这仆人是我的。'"[61]财产是符合习俗的，不是自然的；人在本性上和在神的法则中是一体的，在人的法则中是管家，而权利只属于神。这片土地要多结果子，结更多的果子，不是为多得荣耀，乃是为切实顺服神的命令。占有物品是自然的，但是财产所有权的法律制度也是符合习俗的，产生双重责任。一方面，奥古斯丁肯定了按照创造自然的原则使用财产的责任；另一方面，即使人们错误地使用财产，他也坚持尊重现有的财产制度，作为一种对邻居的善的表现形式。

无论是富人还是穷人，负责任的使用和享受，都需要对真正必要的东西进行审慎的评估。"我们若不常存所需用的，就有许多剩余的。因为如果我们追求无用的东西，那么没有什么是足够的。"奥古斯丁清楚地看到，人们对更大消费的欲望在无限膨胀。唯一的解药是调整自己的爱。奥古斯丁的立场隐含着一种自愿的个人、企业和政治社会责任的伦理，这基于对浪费的憎恶。富人多余的东西是穷人的必需品。拥有了多余的东西，也就是拥有了别人的财产。[62]奥古斯丁并不是在说物品被错误地从穷人那里拿走了，而是说多余地使用穷人的物品——或者是物质产品和穷人的潜力被浪费了。过剩财产的所有权并不意味着基于伦理的非自愿的财产再分配。根据人的法则，一个人可以合法地拥有财产，尽管他具有不正当的道德倾向，再分配既不能抑制富人的不正当的爱，也不能抑制穷人的贪婪。一个人的真正需求到底是多少？一个家庭的需求是多少？对多余的追求，在多大程度上阻碍了社会和精神关系的丰富性？在奥古斯丁看来，财产恰当地引导了社会和精神的统一；作为社会整体的一部分，人们被要求平衡其个人、法律权利和我们对社会整体的道德责任。

　　为公共利益服务不需要公有制；个人所有权可以引向公共财产，也可以是个人所有的财产，但并不仅仅被个人享有。亚当·斯密认为，追求自己的物质利益会产生意想不到的公共利益；而奥古斯丁则认为，追求共同利益会产生附属的个人精神果实。奥古斯丁的伦理学颠覆了斯密的立场，明确区分了目的与手段和附属利益。例如，奥古斯丁关于环境可持续性的伦理，将减少消费习惯视为一种获得有序的爱的手段和结果。奥古斯丁的慈善伦理认为，对穷人的物质救济既是一种手段，也是一种增进社会和精神团结的利益。奥古斯丁的企业社会责任伦理将改善员工的工作环境作为一种对邻居的善举，并带来更高的生产率和品牌效益。意图对奥古斯丁很重要：它反映了我们爱的秩序。

　　关于合理使用财富的道德禁令和对财产权的法律保护，奥古斯丁对这二者间关系的理解，在一封信中得到了清晰的体现，这封信主要讨论偿还贷款利息的法律。[63]虽然奥古斯丁反对高利贷的影响，但他明确指出，尽管在法律范围内要关心穷人，但对于法律中必须遵守要求偿还利息的规定，还是需要肯定的。如果有人错误地使用财产，他就是在错误地占有它，因此是不公正的。在这种情况下，"那么可以看到，实际上应归还不是他们的财产的人有很多，应归还本属于自己的财产的人却很少！只要有这种人存在的地方，人们越公平地拥有财产，人们就会越轻视财产"。[64]在集会上进行讲道时，奥古斯丁允许利息贷款，但他敦促放债人只收取本金，其余的都可以算作善行，最重要的是，不要压迫那些付不起钱的人。[65]道德或神法的判断是，很少人有他们值得拥有的财产的爱。

　　然而，根据民法，"对非法占有人的不公正行为是可以容忍的"。民法的"意图并不是使拥有者正确使用财产，而是在滥用财产时减少压迫"。世俗的法律和习俗必须占上风，即使它们不符合神的法规，尽管奥古斯丁最后命令官员们对那些坏人采取和解的态度。"这不是让他们快乐，也不是帮助他们一直做坏事，而是因为那些变得好的人来自他们之中。"[66]善良的行政人员坚持法治，在法律允许的范围内尽可能保护穷人，并与作恶的人和解，所有这些都是为了促进社会团结。道德秩序通过有公德心的行政人员的配置和合法立法来指导法律秩序。地上之城和上帝之城的爱，二者紧张且共存，但是上帝之城的居民耐心地顺从地上之城的统一和脆弱的和平。

交换伦理：从私有权到公共利益

在奥古斯丁看来，人类被放置在天堂，是为了培养和照顾所有的创造物——使其可以生产，并锻炼一种内在的纪律，在这种纪律中，对创造物的关心产生了对自己的适当关心。[67]神创造人是为了正义，人们的工作是为了反映成长和学习，以回应神对自己创造物的培养和关怀。人们通过明智和公正地使用和享受事物以及彼此，来做到这一点。[68]物质生产力本身就是一个学习改善人们的爱和培养人们灵魂的机会。在某种程度上，财富的培养和使用使人们变得自私，这是邪恶的；从某种程度上说，财富的积累和使用是有益的，因为它能使人们在适当培养自己的灵魂和共同利益的过程中，从自身出发去表达对邻居的善举，以及对神的热爱。因此，以社会团结为目标的企业社会责任或社会企业家精神，可以为精神财富铺平道路。不是财富本身，而是人们对它的依恋程度，决定了它的道德价值；富人不可能进入天堂，不是因为他有钱，而是因为他对金钱的爱扭曲了他的精神。[69]

对财富的不正当的爱，是一种更普遍的精神疾病的物质表现。奥古斯丁将贪婪定义为"一种态度，一种人因其卓越的品质和对自身利益、个人利益的某种热爱而产生的超越应得的欲望……出于一种毁灭性的自爱，从对共同利益的追求转向对个人利益的追求"。[70]个人更喜欢局部，胜于整体。奥古斯丁说，治疗这种疾病的解药是博爱，即按其创造的自然拥抱对方的爱。"有两种爱，一种是圣洁的，一种是不圣洁的；一种致力于邻居的好处，另一种致力于自己的好处。"这两种爱成为两座城的界限："在神崇高而奇妙的眷顾下，人类建立起两座城之间的界限，神管理和命令着他所创造的一切；一座城是正义之城，而另一座则是罪恶之城。随着这两座城某种程度上的融合，世界将向前发展，直至在最后的审判将它们分离。"[71]

在生活中，物质经济和精神经济仍然是混合的。人们的决定是由人们的爱形成的，所以也是混合的。奥古斯丁在解释《登山宝训》(*Sermon on the Mount*)时提醒人们，人们的心追随着财富。人们不能侍奉两个主人；一个人要么侍奉神，要么被财富控制。[72]奥古斯丁在其他地方坚称，大多数人都不知为谁，也不知道为何而积累财富。[73]财富是好的，但它不能使人们变得更好。善用自己的财富——也就是支持社会和精神的统一——我们变得更好，也与我们关心的人更加团结。[74] 我们赞美那些用东西换利润的商人；因此，我们也应该赞扬那些把物质财富转化为增加精神财富的机会的交换。[75] 给予我们的物质财富就是给予我们自己的东西，但是使用物质财富创造一个环境，让给予者和接受者在爱中共同成长，就是实现我们创造自然的潜力。在简单的经济交易中，人们可能会将他人视为人、视为存在，而不是机器的附属物或赤裸裸的现金关系中的抽象对象。公司和慈善机构可能会捐赠员工的时间和金钱，从而形成人与人之间爱的纽带。社会企业家精神努力将市场创新引入具体的社会问题目标是产生精神资本和社会资本。奥古斯丁更关心物质交换的形式，而不是物质交换的实质；同样的物质产品可以在商业或社会创业交易中交换，但是物质交换，无论是经济的还是慈善的，如果没有人类爱的纽带，最终是片面的，除非它包含一个精神层面。只有在爱的纽带中，富人和穷人才能在他们自己和彼此之间形成更大的社会和精神统一。只有在爱的纽带中，物质财富才会得到扩展并转化为精神财富。

结　语

奥古斯丁没有为人们提供一个基督教商业伦理的具体构想。他没有提出一条固定的路线，而是提供了一系列的考虑要素，希望人们能更好地驾驭物质交换所发生的道德景观。奥古斯丁以基督教对精神统一的坚持，编织了为公共利益服务的不富裕的古典传统，以此说明这一传统不是一种道德体系，而是一种塑造人类关系结构的思考模式。人们对物质经济的依恋，是否与人们对社会和精神的爱相适应？人们是否按照事物和人的创造自然的顺序，而不是简单地按照市场交换的顺序来看待事物？人们的朝圣之旅是学习提高物质生产力，以服务于没有价格、没有稀缺性、没有适当性的精神财富，因为它的总和已经积累可以共同享有的程度。当人们根据创造的自然秩序来看待自己、彼此和物质事物时，物质经济和社会经济就会增长。真正的财富——天堂的宝藏——是根据心中的爱的扩展而进行评价的。

尾注注释

1. 作为一个重要的术语学问题，Timothy Mitchell 在其著作 *Rule of Experts: Egypt, Techno-Politics, Modernity* (Berkeley: University of California, 2002, 80–83) 中认为，只有在 20 世纪 30 年代末，"经济"的实质性概念（带有定冠词）取代了形容词"经济"的使用，这是更广泛的实在物品和文化人类实践节约利用资源。在奥古斯丁的拉丁语词汇中，与"经济"最接近的词是"节俭"（*frugalitas*）。

2. *Letters,* trans. Roland J. Teske, in *The Works of Saint Augustine,* ed. B. Ramsey (Hyde Park, NY: New City Press, 2005), 10*.2, p. 263.

3. *Letter* 10*.3, pp. 263–264.

4. *Letter* 10*.6, p. 265.

5. *Letter* 10*.2, 4, pp. 263–264.

6. Peter Brown, *Through the Eye of a Needle: Wealth, the Fall of Rome, and the Making of Christianity in the West, 350–550 AD* (Princeton, NJ: Princeton University Press, 2012), 148–160. 关于奥古斯丁的参考书目十分丰富。Allan D. Fitzgerald 的著作 *Augustine through the Ages: An Encyclopedia* (Grand Rapids, MI: Eerdmans, 1999) 仍然是一个奠基性的研究起点，尤其是对于非专业人士具有参考意义。奥古斯丁对物质经济和财富的思考分散在他系统的著作和偶尔的书信和布道中。Peter Brown 的 *The Ransom of the Soul: Afterlife and Wealth in Early Western Christianity* (Cambridge, MA: Harvard University Press, 2015) 和 Robin Lane Fox 的 *Augustine: Conversions to Confessions* (New York: Basic Books, 2015) 这两部作品的发表时间较晚，未能在本章中进行讨论。

7. Brown, *Through the Eye of a Needle,* 154–155.

8. *De officiis,* trans. Walter Miller, Loeb Classical Library (Cambridge, MA: Harvard University Press, 1913), 1.8.25.

9. Cic., *De officiis* 1.20.67.

10. Cic., *De officiis* 1.33.121.

11. *City of God* 5.18, 引自 Brown, *Through the Eye of a Needle,* 179。

12. *De opere monachorum,* 25.32, 引自 Brown, *Through the Eye of a Needle,* 179。

13. Brown, *Through the Eye of a Needle,* 179.

14. 同上，14。

15. Brown, *Through the Eye of a Needle,* 3–30; John Locke, *Second Treatise of Government,* chap. 5, "Of Property," sec. 37.

16. *Letter* 22*.1, p. 314.

17. *Letter* 22*.2, p. 315.

18. *Letter* 247, pp. 177–179.

19. *Letter* 247.2, p. 178.

20. 通过奥古斯丁的《忏悔录》，我们可以更好地了解其个人生活。参见 Brown, *Through the Eye of a Needle,* 150–152。较为有价值的传记是 Peter Brown 的 *Augustine of*

Hippo: A Biography (Berkeley: University of California Press, 2000) 和 James J. O'Donnell 的 *Augustine: A New Biography* (New York: Ecco Press, 2005).

21. 参见 Neil B. McLynn, *Ambrose of Milan: Church and Court in a Christian Capital* (Berkeley: University of California Press, 1994); 还可参见 Charles Avila, *Ownership: Early Christian Teaching* (Maryknoll, NY: Orbis Books, 1983), 59–80。

22. *De Nabuthe Jezraelita* 1, 引自 Avila, *Ownership,* 62。

23. *Hexameron* 5.26, 引自 Avila, *Ownership,* 64。

24. *De Nab.* 11, 引自 Avila, *Ownership,* 65。

25. *De Nab.* 11, 引自 Avila, *Ownership,* 66。

26. *De Nab.* 14, 引自 Avila, *Ownership,* 67; 参见 further *De Nab.* 15。

27. 参见 Brown, *Through the Eye of a Needle,* 120–147。

28. *De moribus ecclesiae,* ed. Roy J. Deferrari, The Fathers of the Church, vol. 56 (Washington, DC: The Catholic University Press of America, 1966), 1.34.75–1.35.77.

29. Brown, *Through the Eye of a Needle,* 308–321. 参见 also J. L. Gonzalez, *Faith and Wealth: A History of Early Christian Ideas on the Origin, Significance, and Use of Money* (San Francisco: Harper & Row, 1990)。

30. *Praeceptum* 2, 引自 Brown, *Through the Eye of a Needle,* 172。

31. *City of God* 10.1.（除非有直接引语，否则引用《上帝之城》时不会引用特定版本。）

32. *City of God* 10.3, trans. Marcus Dods (New York: Random House, 2000), 306–307.

33. *City of God* 10.20–25, and 22 passim.

34. *Confessions* 10.6.9–10; *City of God* 11.2.

35. *City of God* 11.4.

36. *Literal Meaning of Genesis,* trans. and ed. John Hammond Taylor, Ancient Christian Writers Series, vol. 41 (New York: Newman Press, 1982), 1.5.10.

37. *City of God* 11.16, adapted from Dods, 360, and from *Augustine: The City of God against the Pagans,* trans. R. W. Dyson (Cambridge: Cambridge University Press, 1998), 470.

38. *City of God* 11.16, adapted from Dods, 360, and Dyson, 470.

39. *On Christian Doctrine* 1.3, trans. J. F. Shaw (New York: Dover, 2009).

40. *On Christian Doctrine* 1.4, trans. Shaw.

41. *Letter* 157.23; *Sermons,* trans. Edmund Hill, The Works of Saint Augustine (Hyde Park, NY: New City Press), 50.

42. *City of God* 19.13.

43. *City of God* 14.28, adapted from Dods, 477, and Dyson, 632.

44. *Sermon* 61.3, in Augustine, *Commentary on the Lord's Sermon on the Mount with Seventeen Related Sermons,* trans. Denis J. Kavanagh, The Fathers of the Church, vol. 11 (New York: Fathers of the Church, 1951), 277.

45. *Enarrationes in Psalmos,* ed. Johannes Quasten and Joseph C. Plumpe, Ancient Christian Writers (Westminster, MD: Newman, 1946—), 64.9.

46. 参见 F. E. Cranz, *"De Civitate Dei* XV, 2 and Augustine's Idea of the Christian Society,"* in *Augustine: A Collection of Critical Essays,* ed. R. A. Markus (Garden City, NY: Doubleday, 1972), 404–221。

47. *City of God* 19.17, trans. Dods, 695.

48. *Tractates on the Gospel of John* 40.10; 引用于 Herbert Andrew Deane, *The Political and Social Ideas of St. Augustine* (New York: Columbia University Press, 1963), 44; cf. *Sermon* 7.229。

49. *City of God* 2.21, trans. mine, adapted from Dods, 56.

50. *City of God* 19.24, trans. Dods, 706.

51. *City of God* 19.26, 4.3; *Sermon* 60.4.

52. *Letter* 262.6, p. 206.

53. *Letter* 262.7, p. 206.

54. *Letter* 262.11, p. 208.

55. *Sermon* 85.5, 6, quoted in Avila, *Ownership,* 113.

56. *Sermon* 85, quoted in Avila, *Ownership,* 113.

57. 参见 Allan Fitzgerald, "Diuitiae," *Augustinus-Lexikon,* 2:526–532。

58. *Sermon* 85; 44; 46.

59. *Enarrationes in Psalmos* 49.17; 关于财产的讨论，参见 D. J. MacQueen, "Saint Augustine's Concept of Property Ownership," *Recherches Augustiniennes* 8 (1972): 187–229; and Richard Dougherty, "Catholicism and the Economy: Augustine and Aquinas on Property Ownership," *Journal of Markets and Morality* 6, no. 2 (Fall 2003): 479–495。关于自爱，参见 0. M. T. O'Donovan, *Common Objects of Love: Moral Reflection and the Shaping of Community* (Grand Rapids, Ml: Eerdmans, 2002). 关于社交的讨论，参见 Todd Breyfogle, "Toward a Contemporary Augustinian Understanding of Politics," in *Augustine and Politics,* ed. John Doody et al. (Lanham, MD: Lexington Books, 2005), 217–236。

60. *Literal Meaning of Genesis* 8.15–16, 18.

61. *Tractates on the Gospel of John* 6.25, quoted in Avila, *Ownership,* 111.

62. *Enarrationes in Psalmos* 147.12.

63. *Letter* 153.25–26.

64. *Letter* 153.26, in *Augustine: Political Writings,* trans. E. M. Atkins and R. J. Dodaro (Cambridge: Cambridge University Press, 2001), 87.

65. *Sermon* 239.4.

66. *Letter* 153.26, trans. Atkins and Dodaro, 87.

67. *Literal Meaning of Genesis* 8.10.19–20.

68. *Literal Meaning of Genesis* 8.10.23; Alfred Schindler, "Auaritia," *Augustinus-Lexikon,* 1:493–498.

69. *Enarrationes in Psalmos* 51.14.

70. *Literal Meaning of Genesis* 11.15.19, p. 146.

71. *Literal Meaning of Genesis* 11.15. 19–20, p. 147.

72. *Commentary on the Lord's Sermon on the Mount,* trans. Kavanagh, 44, 46, 47.

73. *Sermon* 60.

74. *Sermon* 60.11.

75. *Sermon* 61.4.

第五章　托马斯·阿奎那：
　　　　为正义和公共利益而服务的经济

马丁·施拉克（Martin Schlag）

　　托马斯·阿奎那（Thomas Aquinas）是一个意大利贵族的儿子，公元1225年或1226年出生在那不勒斯王国，当时由罗马皇帝弗雷德里克二世（Frederick II）统治。作为道明会（the Dominicans）和募缘会（Mendicant Order）的一员，托马斯的一生致力于祈祷、学习和教学。公元1274年去世时，他留下了卷帙浩繁、无法估量的著作。托马斯的思想意义重大，影响悠远，不仅被翻译成现代语言，而且被翻译成现代概念。他把信仰和理性、幸福和责任、身体和灵魂、美德和规范结合在一起，形成一个统一的愿景。与此同时，托马斯所探讨的制度，并不像一部法典或一个封闭的制度那样死板。他的论点是基于推理，而不是政府权威，除非是与信仰有关的事情。然而，即使在理解信仰的问题上，他也试图运用理性。

　　托马斯生活在一个经济和社会飞速发展的时代，一个被称为"商业革命"的时代。[1]十二、十三世纪，信奉天主教的欧洲国家经济得到快速发展，这是由稳定的人口增长、耕地面积增加、技术革新、金银的流入以及海外商业扩张所带来的。因此，尽管托马斯几乎从未将经济学或商业作为一门经过深思熟虑选择的学科，但他仍不能忽视经济问题。托马斯从未写过关于经济学的专著，唯一的例外是一封关于延期付款的简短信件。[2]在他的时代，经济学不是一门独立的科学，而是伦理学的一个分支。他看待普遍的经济和社会现象时，期待它们在上帝对世界和人类的伟大计划中发挥作用。他的经济学观点分散在其众多著作中，并与他对美德（尤其是正义）和恶习的思考交织在一起。[3]

在这篇文章中，笔者将探讨托马斯对财富与贫穷、私有财产、商业、公平交换、公正价格以及金钱及其滥用的思考，这些问题都属于托马斯思想的两个核心道德考虑范畴：正义与公共利益。此外，本章还将讨论他的思想与当代商业伦理的相关性。

财富与贫穷

在托马斯看来，伦理的本质、衡量标准和终极源头是对幸福的追求。[4]根据亚里士多德对幸福感的分析，托马斯将幸福与感官愉悦、财富和荣誉区分开来。[5]与古典功利主义者不同的是，他没有把快乐和愉悦等同起来，也没有把不快乐和痛苦等同起来。快乐源于有道德的生活，[6]因为美德能够使个人的人性获得最充分的繁荣和发展。

仅仅把外在的财富或其本身作为一种目的，是不能获得幸福的，但是由于人的身体依赖于物质的东西，物质财富在某种程度上作为一种工具是必需的：财富可以被善用，也可以被恶用。根据托马斯的观点，贫穷也可以理解为脱离财产。对于一个募缘会成员来说，对贫穷进行如此评论，是一件非同寻常的事情。然而，贫穷和财富一样，只是一种美德、沉思和宗教生活的工具。如果是无意识的，它可能会极大地分散那些在这种情况下生活的人的注意力，因为他们会担心自己缺少什么。[7]当然，苦难和贫穷永远不能被认为是有利于人类繁荣的。

为了过上幸福和有道德的生活，人们确实应该渴望和争取自身所缺乏的物质财富。然而，什么时候这种欲望不再是美德？托马斯画了一条双线。第一行是主观的，取决于一个人的意图。当追求更大的财富成为一个人生活的最终目标，而不是成为一种更高贵的手段时，它就变成了邪恶。第二行是客观的：当一个人渴望多余的东西时，对更多的渴望就变成了邪恶。所谓的贪婪，就是一种对金钱和其他物质财富的过度欲望。[8]这是源于资本的罪，就像其他源于暴力和铁石心肠的罪一样。相反地，托马斯认为把金钱用于道德和高尚目的的行为是美德。然而，在他所生活的静态社会中，社会角色是被界定的。一个普通人不可能为了行善而积累大量的财富。慈善是贵族和教会的任务。贪婪在基督教伦理中扮演着核心角色，引发了一个极具争议的问题：什么是必要的，什么是多余的？换句话说，"多少才足够？"一些作者严格限定了生存或维持生计所必需的物品清单。根据这些学者的说法，除了生存所必需的以外，任何东西都应该施舍给穷人。[9]托马斯以一种比较温和的方式解决了这个问题，这也是他的道德观特点。贪欲是指根据一个人的社会条件，在生活得有尊严、舒适和拥有家庭所需要的东西之外，追求物质上的东西。[10]这构成了第二个目标线：渴望通过物质手段来维持个人家庭所继承的社会条件，同时避免其社会阶层的下降，这并不是贪婪。然而，由于托马斯生活在一个静态的社会中，他不允许产生想要爬向更高社会阶层的想法。这种可能性在他那个时代根本不存在，因此他会认为这是非法的。

关于消费和生产之间错综复杂的平衡，以及消费和生产减少的意外后果，托马斯并未进行详细讨论。这样的分析对他和他所处的时代而言，太过超前。尽管如此，他对生产和消费的理解，在他的经济活动学说的所有方面仍然至关重要。物质产品的生产和交换是为了服务于个人、家庭和整个社会，帮助人们获得生活在和平与和谐中所必需的物质福利，并培养美德。经济的每一个组成部分，包括财富、货币和商业，都具有服务的、牧师的特性。

私有财产：自然法、正义和公共利益

外部财富也可以用私有财产来讨论。在托马斯看来，支持私有财产的理性论证是用自然法研究的经济论点。然而，即使托马斯维护私有财产，但他没有撰写专门的论著或章节来讨论这个话题。他讨论私有财产的目的，是确定什么时候要求索赔是公正的，并为个人的道德行为建立规则（例如，禁止偷窃以财产的存在为前提），通过自然法的一般理论来研究这些规则。

托马斯运用"自然法"的概念，来定义一套符合社会需要或便利的规则。[11]在各种社会制度和经济制度下，为了人类的利益，自然法可以通过加法进行改变。或者，例如在特殊原因妨碍遵守自然法戒律的罕见和例外情况下（即使这些戒律始终保持有效和不变），也可以用减法来改变自然法。一个减法的案例，比如在可能产生不良社会或政治后果的罕见情况下，将委托给某人保管的东西不予归还，这是合法的例外情况（如，你不需要把一把剑还给一个疯子）。

关于自然法的加法，人们特别关注的一个例子是私有财产。当自然没有提供相反的条件时，事物就符合自然法则（例如，一个人自然地赤身裸体来到这个世界上，因为自然没有提供相反的条件，也就是衣服）。在这一点上，人与非理性动物有着共同之处。托马斯写道，自然公正或与真实存在之间，是适当的或相称的。从绝对意义上来说，这种情况可以实现，例如男人和女人对后代的适当性。在这种情况下，自然法是大自然强加给所有生物的，它既是理性的，也是非理性的。然而，有些东西在绝对意义上并不是天然适当的，而是根据它所产生的结果，比如一块土地。从绝对意义上来说，一块土地就其本身而言，并没有自然属性，它属于一个人，而不属于另一个人。但是，如果考虑到它的种植和和平利用，那么把这片土地归给一个人，而不是另一个人，就有一个自然的原因（或理由）。这种归属是由考虑了制度后果的人类理性所确定的。[12]

从目前所讨论的内容可以看出，在确定诸如财产等人类制度的正确功能时，托马斯和十三世纪的经院哲学家依赖于最终因果关系的概念（这一概念与以力学为基础的现代自然科学的概念并不相容）。[13]与这一现代概念相反，在托马斯和目的论观点看来，所有的生物，无论是有生命的还是无生命的，都不仅是基于一种有效的原因而产生的，而且是基于一种最终的原因而产生的（这符合托马斯思想中亚里士多德目的论的遗留问题）。所有的生物都有一个完美的最终目标。从这一明确的目的论观点来看，自然具有结局和意义。定律就是从这种结局中衍生出来的。

鉴于目的论推理在托马斯和其他中世纪神学家理论中所处的中心地位，以及与之相反的，目的论推理在现代科学知识理解中的缺失，现代社会科学知识的性质也受到了类似的影响。现代经济学是一门经验性的、无价值的科学：它试图描述经济机制是如何运作的。在这一过程中，它将自身利益确立为经济活动的核心，也是事实上存在的驱动力。与这种现代的方法相反，经院哲学家们感兴趣的是，规定商人应该如何行事才能成为有道德的人。他们关心的并不是事情是如何运作的，而是正义的社会美德所产生的理想结果。为了从这一美德中得出所有的结论，经院哲学家和托马斯不得不把它应用到现有的实践中。因此，他们对这些规律进行了研究，发现了一系列的经济规律，例如，通过供求关系形成市场价格。然而，在他们的制度中，这种经济"规律"的运用与人们的现代理解有着不同的意义。例如，在上述案例中，托马斯在市场价格中看到了尝试性的指导方针，它帮助发现了"公平价格"，从而避免了剥削，确保了"公正"的行为。相比之下，在后期的经院哲学及后来的新古典经济学中，市场将呈现出一种非人格化的特征，并将很快成为一个由集合的市场力量控制的匿名实体。经济学中出现了一种分析性的去人格化现象。[14]

然而，在此之前，托马斯追随亚里士多德，将自然法的方法应用于私有财产。大阿尔伯特（Albert the Great）和托马斯克服了此前在传统中占主导地位的对私有财产的消极态度，建立了一种基于自然理性的对私有财产的积极辩护。从亚里士多德关于财产的论述中，[15]他们发展出了如下理论：（1）关于效率的观点；（2）关于秩序的观点；（3）关于和平的观点。首先，人们往往更关心自己的东西。大家共同做一件事是没有效率的，因为人们总把工作留给别人去做。其次，没有财产的划分，就会出现混乱。如果每个人都确切地知道他们所关心的事情，人们就会更认真地对待此事。第三，有了私有财产，每个人都有自己的财产，并满足于自己的财产。有罪之人之间不可分割的公共财产，会导致频繁的争吵。[16]

关于正义，这一经济生活中最重要的社会美德，托马斯的思想集中于另一个主要考虑或目标——公共利益。继亚里士多德之后，托马斯把公共利益置于个人利益之上：个人利益本身就需要公共利益的概念，而在实践中，要实现公共利益，就需要一个公共的整体，即社会的存在。这些观点适用于私有财产制度，因此托马斯关于财产的论点，旨在更好地发挥整体的作用：如果私人拥有物品，那么他们将更有效地使用它们，这对所有人都是好事。

托马斯伦理体系的核心理念是公共利益，这一理念出现在他对法律[17]的定义中，即朝着公共利益发展的理性秩序。托马斯的这一思想，进一步反映在他关于个人如何属于他或她的社区的概念中："在社区中，每个人和社区的关系，都是局部与整体的关系"[18]；"每一个个体都是整个社会的一部分"[19]。如何理解整个社区？虽然"整体"的概念可以理解为一种实体性的统一，因此整体可以理解为一种实质的物体，但在这里则相反：社会的相关概念是

"构成和秩序的统一"。[20] 换句话说，"许多人就是一个人"或在某一特定方面或原因下成为一个人（在本章的例子中，社会或法律构成了一个整体），但分别而言，他们是许多不同的人或不同的物质。托马斯以军队为例，来说明这一观点。在军队中，每个士兵都有很多独立于整个军队的行为（如，写信给他的家人，为自己购买食物等），即使对整个军队而言，这些行为是为了实现它存在的目的：军队移动，对敌人发动攻击，希望获胜。[21] 同样，一个社会也有其自然规定的目标，即使该社会内的个人可能有独立的行动，或彼此之间有其自己选择的关系。一个社会整体，作为构成和秩序的统一，其要素或组成部分（个人和机构）或相互之间需要有一个适当的秩序。这是整体内在的公共利益（或形式）。但是整体也有它的共同目的（外在的公共利益）。[22] 托马斯认为，这种内在和外在目的的结合，才是社会的公共利益，因为社会是通过这种结合而完善的，社会是为这种结合而存在的。自然法引导着人们的理性，正确地朝向这个目标迈进。

根据托马斯的观点，一个社会的公共利益，并不是由其成员的特定利益所决定的。"城市的公共利益和个人的特殊利益不仅在多数和少数的不同，而且在形式方面也不同。"[23] 这不仅意味着，谁享有这种利益（个人或社会）在数量上是不同的，而且这两种善的实质或内容是不相同的。这种差异会带来重要的影响。公共利益不是其成员的特定利益的总和，而是其自身的利益。"一个社区的公共利益的根本好处在于，公共利益是整个社区的完成式，与社区的团结和存在紧密相连。"[24]

个人利益也不等同于公共利益。这并不意味着，整体利益实现了，部分利益就可以获得，即使部分利益的实现依赖于整体利益的实现。个体的行为以特定的事物为目标，这些行为把共同的利益称为最终的原因或目的论的目的（而不是简单地把个体称为共同的类型）。而这一公共利益或目的，正是法律的目标。[25]

公共利益本质上是可以共享的。个人的利益是不能分享的，一个人使用之后，别人就无法分享了。对于公共利益，情况则正好相反：它只在被分享时才存在。对一个人来说，不能把他/她的伴侣刚放进嘴里的同一份食物再吃一次，但是二人可以享受同一顿饭和对话，而"不用做除法或减法"。[26]

在特殊利益和公共利益的范畴下，同一行为可以有不同的判断。对一份公正的判决来说，法官可以认为他或她的判决是好的，而罪犯的妻子或孩子可以认为同样的判决是坏的。从各自的秩序来看，两种判决都是好的：一种是从公共利益的角度来看待问题，另一种是从家庭的特殊利益来看待。[27]

有了上述区别，人们就能明白，个人应该如何向公共利益靠拢。"对托马斯来说，一个好公民是愿意将他或她对特定利益的意愿，置于他或她对政治共同体公共利益的意愿之下的人。"[28]托马斯将这一点与"爱"的美德联系起来。托马斯确信，人们天然地更热爱共同的利益，而不是自己的特殊利益。[29]从现实生活中存在的自我主义和自私来看，托马斯的这一想法可能有点过于乐观了，但在他的心里并没有浪漫的爱情。他解释说，对公共利益的爱是人类一种自然的、理性的利益倾向。当一个人通过参与公共利益而成为社区的一员时，那么他或她就会自然而然地热爱公共利益并为之努力。热爱公共利益，意味着保护和捍卫这种公共利益，并将其置于个人利益之上。就像牺牲手是为了保护整个身体不受打击一样，如果一个人能主动并有效率地与他人团结在一起，那么他就有为他人奉献自己的倾向。相反，暴君也"爱"整个国家，但为了拥有它：他爱自己胜过爱集体。[30]

关于这种对社会公共利益的看法，仍然存在一个实质性的问题：什么是公共利益？托马斯没有明确而详细地定义公共利益的内容。然而，他认为正义、美德和和平，是人类社会需要法律保护的伟大目标。更准确地说，公正的人类法律应该禁止伤害他人的行为，而不是那些停留在内心世界的思想、观点或想法，它们是由神的法律所规定的。[31]因此，人们可以重新定义托马斯关于社会正义与和平这一公共利益的实质性概念。

学术分析证明，经济制度或个人经济"权利"是合理的，用现代术语来说，在一定程度上它们有助于公共利益。以约翰·洛克（John Locke）为代表的现代学者选择了一条相反的论证道路。人通过劳动获得财产，因此，财产是一种原始的自然权利，它先于联邦的形成而存在，不被公共利益证明是正当的。相反，人类后来形成了国家，建立了公共权力，以确保其财产权的保护。[32]

因此，托马斯证明了一些经济现象是合理的，其中包括为私有财产进行辩护，不是通过个人天生的自然权利，而是通过他对自然法和公共利益的理解。由于某些制度在总体上有利于公共利益，因此它们也有利于个人：私人财产、商业和贸易以及自由谈判，都是基于这些理由而正当合理的。同样，托马斯也意识到在道德上禁止高利贷的社会好处，或者说，他意识到通过民法来禁止高利贷所产生的坏处。民法不应该禁止任何一种不道德的行为，如所有的高利贷："有些人从他们借到的金钱中获得了巨大的利益，即使他们必须为此支付高利贷（利息）"[33]，没有利益，商业将无法正常运转。在制定法与道德的区别之中，还包含着其他重要的思想：并非所有道德意义上的错误都需要法律加以禁止，因此，并非所有的社会问题都可以通过法律法规加以解决。道德，特别是在一个重视道德的社会中，可以使立法者从繁重任务中解脱出来，这一任务将使社会被过多的法律规定淹没。

作为从公共利益中派生出来的私有财产，托马斯坚持认为，那些拥有财产的人有义务在需要的时候与他人分享。一个急需帮助的人，可能会拿走别人的东西来维持他或她的生活（例如，为了在饥饿中生存而拿面包，或者为了逃离刺客而夺马）。[34]简·波特（Jean Porter）把托马斯的论点表述为：私有财产的权利是为公共利益服务的。"一般来说，私有财产制度通过提供一种分配资源的结构来服务于这一意图。但是，当它做不到这一点时，这个制度所产生的权利要求就会被更基本的权利要求取代，即利用物质产品来维持一个人的生活。"[35]对私有财产的这种限制，缓解了以团结为理想的私有财产制度所固有的紧张局势。托马斯主张物质上的团结，他宽恕或允许在面对严重和紧迫的需要或迫在眉睫的危险时，强行扣押物质上的东西，而不考虑对私有财产的分割和占有。因此，偷窃并没有违反自然法，因为严重需要或迫在眉睫的危险是完全不同的情况。托马斯教导说，富人应该一直自愿向穷人提供帮助，除非在极端需要的情况下，即生死关头：濒死的人没有时间去请求帮助。[36]

商　业

托马斯把商业理解为与贸易有关的一系列活动。它包括到国外购买商品、运输、储存，也许还有改进。商业是为了获利而销售商品。托马斯把这种活动同家庭管理和政治社会公共需要的管理区分开来。托马斯坚持认为，采取必要的手段，是合理且自然的；然而，这种活动适合管理家庭的经济学家和管理城市的政治家，而不是商人（谈判人员）。[37]后者往往不是出于需要而是为了利润交换货物，而对利润的贪婪是无止境的。

然而，托马斯并没有对商人进行谴责，而是基于一种区别，进行了仔细的论证。如果利润不大，是为了维持商人和他的家人的生活，以及为穷人提供施舍，那么这个利润可以被视为"劳动工资"，是对商人为公共利益服务的报答。[38]然而，他写道，神职人员无论如何都应该避免商业活动，因为他们不仅必须避免邪恶的事情，而且还必须避免看似邪恶的事情，因为商业活动中经常出现恶习。[39]

在中世纪道德家提出的各种商业道德判断中，托马斯处于中间位置。戴安娜·伍德（Diana Wood）将其概括为一个从谴责到辩护再到颂扬的进化过程。[40]

一种极端是，封建主义谴责商业，以消极的方式影响教会的教学。作为十二世纪的一个重要教规和神学的来源，《教会法汇要》（the Decretum Gratiani）宣布商业是基督徒的非法职业。而根据另一个极端，如邓斯·司各脱（Duns Scotus）这样的学者，推崇商人为公共幸福的建设者，认为他们的工作对公共福利是如此重要，以至于如果商人不存在，政府将不得不雇人来完成商业的任务。在这一发展过程中，托马斯处于中间位置：他为商业和商人辩护，但对他们的道德品质仍持怀疑态度。在这一点上，他与奥古斯丁（Saint Augustine）结盟：商业本身并不邪恶，只有一些商人的恶习是邪恶的。欺骗、欺诈和说谎本身并不是贸易的性质，而是某些人应受谴责的恶习。如果把这些偶然事件与贸易的本质和性质混淆起来，人们还必须谴责农业。原因是，有非常多的农民欺骗、诈骗、撒谎，同时伴有其他的恶习。[41]

鉴于托马斯关于商业是多层次的且在不断发展的立场，确实应该将他的观点中的例子进行区分看待。托马斯列举了一个他对商业持怀疑态度（或中间立场）的例子，以及他在《论君主政治》（De regimine principum）第二章中[42]的宏观经济分析。在这部短小但颇具影响力的《君主之镜》（Speculum Principis）中，他用一种文学体裁记录了作为君主需要具备的道德原则。其中，托马斯用一章的篇幅阐述了一个王国的专制。他从一个普遍的原则出发，即所有自给自足的事物都优于那些不自给自足的事物——"一件东西越优秀，它就越能自给自足"，在这个特殊的经济学案例中，托马斯推论出，物质上自给自足的政体优于那些无法在物质上自给自足的政体。可以通过两种方式确保经济上的自给自足，一种是通过该地区肥沃的土壤，以确保物质丰富，另一种则是通过贸易。然而，对托马斯来说，前者在经济和道德的众多方面，都优于后者。一个完美的城市只会适度地利用商人，因为后者可以供应那些缺乏的商品，但会倾向于更多地依靠自己的私有耕地来生产必要的食物。贸易可能会中断，例如在战争时期，从而使城市处于饥饿之中。托马斯肯定地说，与其他国家的贸易，而不是与土地的私人所有者之间的贸易，向外国的习俗和法律打开了大门，从而使人堕落。此外，每个商人都为自己的利益而工作，蔑视公共利益，因此美德的培养是失败的，因为荣誉将被赋予富人。因此，如果公民致力于贸易，公民生活必然会腐败。然而，托马斯并没有解释为利润而劳动与为工资而劳动的区别，也没有解释为什么前者背离了公共利益而后者却没有。这表明托马斯对利润仍持怀疑态度。

与他在《论君主政治》中的分析相反，托马斯在其他文章中确实表示，他可以理解交换的基本积极作用，因此也理解贸易的积极作用。托马斯写道，根据亚里士多德的看法，社会的形成是因为人们需要交换货物，而这无疑是由金钱促成的。[43] 在他对商业的分析中，托马斯还不能将自己关于友好的交换商品这一观点，作为形成一般贸易社会[44]的原则。他仍然过于专注于拒绝贪婪，而不愿接受以利润为基础的国际贸易的内在逻辑和积极后果。托马斯之后的学者们将两者联系起来。[45] 然而，托马斯的怀疑论，从另一个方向上，在当代夸张的现代性批判中找到了一个有趣的相似之处。例如，迈克尔·J.桑德尔（Michael J. Sandel）和他之前的其他学者一样，认为人们已经从由市场经济转变成了市场社会。市场推理不会对被满足的偏好做出判断，而这种不加判断的立场是其吸引力的一部分。市场逻辑排挤了道德。[46] 从这个意义上说，托马斯关于交换、价值、价格等中心经济主题的讨论，以及这些主题与道德领域的内在联系，为当代辩论提供了宝贵的贡献，这一辩论主要是批评市场逻辑，同时攻击社会生活的所有领域。将伦理引入商业并不意味着否定现代性的解放和世俗化进程，而是认识到经济行为与被赋予尊严的人之间存在内在联系。人的尊严将某些做法排除在商业之外，不是作为对外部伦理标准的"入侵"，而是作为经济的一个完整组成部分：对人类的服务。犯罪形式的财富创造（例如，毒品交易）、腐败、剥削、漠视人类需求、通过金融市场机制创造人为金融利润的寄生方式等等，这些不仅是不道德的，也不配称作"经济"。在托马斯的理解中，经济活动被当作且被分析成为人类的机构，因此在本质上是道德或不道德的行为。

公平的交换与公正的价格

托马斯的经济思想在本质上是其伦理理论的一部分。由于经济关系基本上是人与人之间关于事物的相互作用，因此他的分析主要是关于交换的"正义论"（theory of justice）。经院哲学家的理想是实现买卖双方之间的公平。托马斯也持这种观点，他从"公共利益"（common good）出发，推导出经济交换的正当理由。这里有另一个关于公共利益概念的例子：经济交换对于满足人们的需要和期待而言，是有必要的。他写道，交换是为了买卖双方的公共利益而建立的，因此不应该伤害或损坏任何一方的利益；或用积极的词来形容的话，是为了双方互惠互利。就正义而言，交换需要平等。因此，当价格等于所售物品的价值（即价格）时，这笔交易就是公平的。[47]托马斯对经济问题的思考，尤其是价格和价值问题，无不体现了正义。根据人类的法则，货币是一种价值的衡量尺度。因此，货币是一种"中间的公平"（medium iustitiae），[48]它用来保护或创造"平等"（aequalitas）。

因此，努力确保公平交换与计算公平价格是一致的。"公平价格"（iustum pretium）这一概念，是在罗马法中"非常损失"（laesio enormis）原则中发展起来的：任何人都可以以自由谈判的价进行买卖。但是，如果这个价格超过"公平价格"的150%，合同就无效了。"非常损失"规则最初适用于房屋销售，在后古典罗马法中被扩展到各种销售合同。经院哲学的传统观点是，公平的价格是指有竞争力的市场价格，以及一些重要的规范。第一条规范是，法律上可能的价格和道德上合法的价格是不一样的。在自由主义的罗马司法传统中，一件东西的价值是它所能得到的。这意味着，根据中世纪的民法，只要价格在"公平价格"的150%范围内，卖家就可以获得尽可能高的价格。经院哲学家和托马斯都警告说，道德法则更加严格：一件东西不能以高于它本身价值的价格出售。对此托马斯解释到，民法不能规定理想的行为，因为它是为许多缺乏美德的人而制定的。因此，民法容许在"非常损失"规则的范围内，以高于其价值的价格出售货物，只要不含任何欺诈或谎言即可。然而，根据神圣的道德法则，"正义的平等"是必须遵守的。[49]

第二个规范涉及中世纪对市场的理解。对于中世纪的学者或公民来说，这个市场并不是一个有着匿名凝聚力的抽象的社会机构，而是一个地理上可识别的地方。在这个地方，卖方在特定的时间内，把他们的商品摆好出售。在这种情况下，多次交易将产生一个特定的价格。这个价格，也就是根据市场估价所售商品的价格，即"公正的价格"。这被理解为一种道德原则，作为公正的标准，以保护买方不因需要或议价能力低下而被过高定价。[50]

托马斯意识到这样一个事实，市场对一种商品价格的估计可能会严重失实。因此，他提出了一种在整个经院哲学时期都有影响力的微积分计算法。奥德·兰厄姆（Odd Langholm）将其称为"公平定价的双重规则"。[51] 如果卖方因出售某物而遭受严重损失（例如，由于生产成本高得出乎意料，对一个农民来说，他必须出售自己的庄稼才能生存），那么卖方就可以向买方索赔。为了弥补损失，他可以合理地提高价格。另外，如果卖方在销售中没有遭受特殊损失，但买方从购买中获得了巨大的利益，那么卖方在道德上是不允许提高价格的。托马斯说，买方的效用并不来自卖方，没有人可以出售不属于自己的东西（在这种情况下，物品的效用来自买方的纯粹主观因素）。然而，作为一种诚实的表现，买方可以自愿支付更多的钱来感谢卖方。[52] 托马斯的贸易观念表明，不仅卖方有义务，顾客也可能有义务。顾客可能对卖方负有一些公平的义务，这突出了托马斯将贸易看作人与人之间的相互关系这一理念。

托马斯的公平定价原则具有惊人的当代意义。[53] 虽然价格的一般特征是在竞争条件下的供求协议的结果，但很少会达到边际成本等于边际收入这一市场均衡的理想条件。当下所出现的公平问题，就像托马斯时代那样，缔约双方的议价能力极不平衡。因此，目前过度定价和掠夺性定价在道德上是被禁止的，在法律上则在一定程度上被禁止。[54]

从现代的角度来看，托马斯身上所缺失的，是我们所谓的"社会正义"。托马斯没有批判社会结构本身。他所生活的社会是静止的，人们仍然生活在他们出生的社会群体中。因此，他的伦理分析集中于人们在现有社会框架中所拥有的权利和义务，而他并没有努力去改变这些。然而，他确实批判了邪恶的行为，分析了社会结构，如他推崇一种混合政体即君主政体、贵族政体和民主政体的结合，认为这是最好的组织形式。[55]

金钱（及其滥用）：商业上的优点和缺点

尽管在托马斯的时代，存在着货币扩张和各种金融工具的发展，[56] 但他对货币的概念仍是物理的概念，即大量的银币。因此，他并没有使用银行账户、银行转账或汇票来表示货币。

托马斯没有把金钱污名化为罪恶。按照亚里士多德的传统，托马斯把货币看作（1）一种价值尺度，（2）一种交换手段，（3）一种价值储存手段。没有金钱，就不可能有商业交换，建立在劳动和服务分工基础上的社会就无法形成。由于了解到货币的价值是有波动的，因此他较为关心各国维持银币的价值，避免货币贬值。[57] 对于当代的情况，托马斯还可以提醒人们，金钱有一个道德维度，它的性质是作为一个价值的储存库、一个自愿和公平交换的工具。金钱也是一种社会制度，它是人的自由意志创造出来的，具有道德的性质。它不是纯粹的或仅仅是技术或机械的方式。

金钱涉及几个美德和恶习。首先，在交换中，金钱是一种"衡量公平的尺度"。公平是为了保障整个社会和个人之间正确的关系。公平加强了人们给予他人的意志，这种意志是通过理性客观地建立起来的，是通过法律或合同建立起来的。然而，金钱也是慷慨（liberalitas）这一美德的目标，在托马斯的理论中，这种美德不仅指导和加强了意志，而且也加强了人们的欲望和激情。虽然公平的美德在"外在"行为上创造了平等，但它的目的并不是要缓和人们"内在"的激情。这恰恰是慷慨这一美德的目标，慷慨是指在适当或方便的地方愉快地消费和给予金钱，而不是在不适当或不方便的时候花钱。对托马斯来说，金钱一般而言是用来消费和使用的，而不是用来储存的。对金钱的过分依恋会妨碍人们成为公正的、得体的、友好的人。慷慨克服了对金钱的过度依赖（贪婪），并确保了它的正确使用。从本质上讲，人们倾向于为自己的利益花钱。因此，把钱花在别人身上是一种慷慨的美德。[58]

另外，慷慨的美德使人们免于挥霍。正如对于一个好的士兵而言，不仅要拔出他的剑，而且要让它保持锋利并把它保存在剑鞘中，托马斯作了类比，真正慷慨的人不仅使用金钱，而且还会赚取并保存金钱，以备将来之需。[59]

与商业相关的另一种美德是"伟大"（magnificentia），最好将其翻译为为实现伟大目标而分配巨大资源的勇气，或者换句话说，冒险的勇气。[60]怀着"伟大的目标"，托马斯的意思并不是把"伟大"作为一种盛况，他指的是在数量、价值或尊严上真正的伟大。他也当然支持这种观点，即伟大需要高层次的现代价值观，比如领导力和企业家精神、对真理的热爱、纪律和技术手段。[61]

积极的储蓄和鼓励使用金钱，与托马斯对恶习的分析形成对比，如前面提到的挥霍和贪婪。特别是在货币方面，托马斯强调了三种对金钱的滥用：obolostatica，指通过滥用国王创造货币的权力，从造币厂获取不成比例的利润；[62]campsoria，即货币交换；还有 usura，即高利贷或贷款利息。这些概念源于亚里士多德《政治学》的拉丁语译文。其中，在 14 世纪，货币偷工减料的方法（obolostatica）变得尤为重要，当时国王经常试图通过货币贬值来解决金融危机，通过减少硬币中贵金属的数量或硬币的重量。托马斯谴责这些行为，因为它们是国王在臣民面前贪婪和不公正的表现。[63]目前，这些想法特别适用于现在的通货膨胀现象。通货膨胀是一种隐藏的税收形式，是一种以货币形式减少个人财富的储存的方法。当政府有意利用它来减少自己的公共债务时，它就变成了一个道德问题：国家有意没收私人财产。

最后，关于高利贷的经院哲学派学说是中世纪经济思想的组成部分，它以其非理性和违背经济逻辑的理由而受到当代最强烈的批评。[64]就本章的目的而言，将仅对其进行一个简短的概述。[65]经院哲学家教导说，对可交换货物（如货币）的贷款收取利息总是不公平的，这与利率无关。即使是隐藏自身想要得到超过给定数目的任何东西这一想法本身，也是罪恶的。托马斯继承了对高利贷的谴责看法，这一观点到 13 世纪已经有几百年的历史了。然而，在神学的氛围中进行学习和反思时，他并没有简单地将这种拒绝视为"教条"（dogma），而是真诚地相信，任何形式的利息都是违背人类理性的，因此是违反自然法的。在其著作《论恶》（De Malo）的相关讨论中，他列举了 21 条反对利息的论据。这些观点中，有 20 个可能并不一定由托马斯本人所提出，而是为了他人的利益而提出的对论点的驳斥。在他的反驳中，托马斯确实重复了经院哲学家们关于高利贷的理论学说，但始终引用他自己的"可消费性"论点（解释如下）。

那些由其他学者提出并由托马斯呈现的观点，其灵感来自罗马的贷款（mutuum）合同法的本质，该法律反对利息及借款财产的转让。[66] 通过贷款得来的钱，成为借款者的财产。他从这笔贷款中得到的一切都是他自己努力的结果。因此，如果放债人收取利息，从法律上来说就是从不属于自己的东西中获利。财产的转移引出了关于风险的第二个观点。贷款成为借款人的财产，借款人因此承担所有风险，特别是损失风险，而放款人则没有风险。尽管借款人蒙受了损失，但放款人仍有权收取款项。因此，为什么放款人得到的总额要比借给借款人的额度更多呢？当然，从现代的观点来看，学者们忘记了放款人所承担的破产风险。第三种观点批评高利贷者自己不工作，而是无所事事地等待他的钱变多，剥削债务人的劳动。高利贷者卖的是时间，但时间属于上帝，所以高利贷是盗窃上帝的财产。第四种观点，也是托马斯的观点，认为放高利贷不是自愿的，而是有条件的：借款人有需要，因此他有条件地同意放高利贷。托马斯从未接受过金钱的"物质"（physical）贫乏的观点（最初由亚里士多德提出），但他从"消费"的角度提出了自己的看法，[67]这一看法在经院哲学中影响深远［除了在邓斯·司各脱（Duns Scotus）和他的学派中］。托马斯指出，这一观点是所有其他论点存在的基础。金钱在道德意义上是贫乏的：金钱不能产生金钱，但它是一种交换有用商品的手段。除了用于交换，金钱没有其他的价值。因此，将物质和使用分开计算是罪恶和有高利贷性质的。[68] 在这个论证中，金钱的使用和所有权是没有区别的。根据托马斯的观点，货币的本质是它的消费（这就是从可消费性出发的论点），没有任何其他用途。因此，仅仅因为使用了这些钱，就不得不偿还比借的额度更多的钱，这意味着要支付两次。从现代的观点来看，可以发现托马斯明显缺乏的概念是流动资金的机会成本。这些成本，则通过利息的方式偿还给放款人。

然而，托马斯以某种方式，凭直觉知道了当代关于流动资金的机会成本这一概念，尽管并不十分清楚。在中世纪的商业惯例中，不是要找到一种规避、禁止高利贷的手段，而是当借款人因放款人的不当行为而遭受不公正的损失时，能够找到一种向借款人提供赔偿的手段。为了达到这一目的，产生了关于利息三种的外在叫法：滞纳金（poena morae）、债务追偿（damnum emergens）和利息无法兑现（lucrum cessans）。滞纳金是对延迟还款的惩罚：没有按时偿还债务的借款人必须支付利息来补偿放款人，但这不是从债务开始的时候，而是从拖延的那一刻算起。托马斯认为只有在确实受到损害的情况下，才能给予这种赔偿。[69] 换句话说，他把这种情况列入另一个外在叫法，即债务追偿：若借款人对放款人造成伤害，那么借款人应该予以赔偿，原因是放款人已经给予了一笔原本是无偿的贷款。被托马斯反对的第三种利息的外在叫法，是利息无法兑现，意味着无法兑现的收益。把金钱作为贷款借出去的放款人，不能把这笔钱用于自己的生意，因此，他失去了赚钱的机会。然而，由于这些收益是投机性的，托马斯不接受将其作为利息的一种。[70]

结　语

通过本章的分析，可以清楚地发现，托马斯·阿奎那明显缺乏对现代经济学某些重要方面的理解。尤其体现这一点是，谴责所有形式的利息都是高利贷，与利率无关。另外，在其伦理分析过程中，他深入并理解了一些支配经济生活的更加基本的社会机制：供求关系、商品的使用价值、风险管理等等。此外，他的一些见解仍然值得深入研究。

禁止高利贷的目的是避免对穷人的剥削，因此其现实价值并未衰退。将高利贷与利息区分开来，以及确立所谓的利息外在叫法，为现代合法金融市场的利率管制制度铺平了道路。此外，许多反对无偿贷款的理性论点，确实对现代商业伦理提出了值得思考的问题：过高的利率，在过去和现在都是一个严重的问题；不明智的负债，在当时和现在都是一种可悲的现象，在纯粹的消费信贷中变得显而易见，尤其是在最近几十年累积的巨额公共债务中。托马斯号召人们更加清醒，自愿地过简单的生活，避免贪婪，这些都是值得人们注意的。托马斯反对将财富毫无价值地囤积在箱柜之中，而应该通过投资为社会服务。从过去到现在，在人与人之间传播博爱这一基本理想，一直都很重要：总是有穷人需要帮助。

托马斯经济思想的特点，是对经济问题的处理。首先，把买卖双方的个人关系放在中心位置。其次，把经济现象作为经济交换参与者的道德完善这一更加宏大整体的一部分来进行评价。这就是为什么公平的美德和交换等价物品，对他的思想至关重要。这种整体性的方法，确保了对托马斯·阿奎那经济思想的持久研究兴趣。

经院哲学家致力于建立一种基于公平交换的经济形态，在这一背景下，托马斯提出了"公平定价的双重规则"，这一规则目前仍然可以使用，但不是作为一种法律规则，而是作为一种道德取向。它是对卖方的一种邀请，要求卖方慷慨大方，不能滥用买方的特殊需要或利益；同时要求买方在卖方的生产成本已经非常高的情况下，保持慷慨大方。这就为市场引入了一种灵活的平衡和相互考虑的体系，由此需要市场中有个人知识和经济主体之间的关系。

除了公平之外，另一个关键方面是对公共利益的重视。正如已经表明的那样，这使经济生活中的各种机构、权利和义务，通过它们对公共利益的贡献而合法化。公共利益高于一切个人利益。[71] 现代化选择了相反的道路：个人的自然权力至上；共同财富需要重新整合。在不希望回到过去模式的情况下，经院哲学的观点可以作为一种衡量标准：具有个人利益的制度和行为也应该为他人和公共利益服务。自由和自由经济需要培养一种公共利益的文化。自由和责任是相辅相成的。

有了这个信念，社会也可以抑制贪婪，并将个人行为重新引导为对个人利益进行有限的约束。个人利益是创造财富和经济发展的强大动力。然而，不能把它与贪婪混为一谈。个人利益不是利己主义，如果它是由一种更伟大的爱——正如托马斯·阿奎那所描述的那样，对公共利益的爱，以及上帝的爱所引导、构建和命令的，上帝的爱使人们成为永恒之城的公民，同时领导人们在地球上的生活。在艰难困苦中，在物质生存和进步的奋斗过程中，人们已经可以体验到，人们将在永恒的上帝之爱和彼此的爱中，品味至上的欢乐和和谐。事实上，这正是托马斯经济伦理学的目的：体验神的存在，并在经济和日常工作中品味永生。

尾注注释

1. 参见 Robert S. Lopez, *The Commercial Revolution of the Middle Ages, 950–1350* (1971; repr., Cambridge: Cambridge University Press, 1976)。

2. Thomas Aquinas, *De emptione et venditione ad tempus,* in *Opera omnia,* vol. 42 (Rome: Commissio Leonina, 1979), 393–394.

3. 参见 Odd Langholm, *Economics in the Medieval Schools: Wealth, Exchange, Value, Money, and Usury according to the Paris Theological Tradition, 1200—1350* (Leiden: E.J. Brill, 1992), 206–207。

4. Thomas Aquinas, *Summa theologiae,* 3rd ed. (Cinisello Balsamo: San Paolo, 1999), I–II, qq. 2–5. 笔者引用《神学大全》（*Summa Theologiae*）的规范如下：I–II 意为"第二部分的上半段"；II–II 意为"第二部分的下半段"；q(q) 即为"问题"，a(a) 即为"文章"。

5. *Summa,* 1–11q,. 2, aa. 1–6; 托马斯从他更早的著作中得出这一观点，即 *Summa contra gentiles,* in *Opera omnia,* vol. 14 (Rome: Commissio Leonina, 1926), 3.27–33。

6. *Summa,* 1–11, q. 5, a. 5.

7. *Summa,* II–II, q. 186, a. 3, ad 2.

8. Thomas Aquinas, *De malo,* in *Opera omnia,* vol. 23 (Rome: Commissio Leonina, 1982), q. 13, a. 1; *Summa,* II–II, q. 118, a. 1.

9. 参见 Langholm, *Economics in the Medieval Schools,* 42。

10. *Summa,* II–II, q. 32, aa. 5–6; q. 118, a. 1; *In orationem dominicam expositio,* ed. Raimondo Spiazzi (Turin and Rome: Marietti, 1954), Petitio 4.

11. 参见 *Summa,* 1–11q,. 94, a. 5; II–II, q. 57, a. 3c。

12. 参见 *Summa,* II–II, q. 57, a. 3。

13. 参见 Odd Langholm, *The Legacy of Scholasticism in Economic Thought: Antecedents of Choice and Power* (Cambridge: Cambridge University Press, 1998), 160。

14. 参见 Langholm, *Legacy of Scholasticism,* 162–163 and 185。

15. 参见 Aristotle, *Politics,* ed. and trans. Harris Rackham, Loeb Classical Library (Cambridge, MA: Harvard University Press, 1990), II.2.1263al–40, 85–89。

16. 因此，托马斯提出了亚里士多德的两个论点，并补充了自己的一个观点（关于秩序）：*Summa,* II–II, q. 66, a. 2; *In libros Politicorum Aristote lis expositio,* ed. Raimondo Spiazzi (Rome: Marietti, 1966), book 4, lectio 4; 参见 Langholm, *Economics in the Medieval Schools,* 171–173 (Albert) and 210–216 (Thomas)。

17. 参见 *Summa,* I–II, q. 90, a. 4c: *quaedam rationis ordinatio ad bonum commune, ab ea qui curam communitatis habet, promulgata*。

18. *Summa,* II–II, q. 58, a. 5.

19. *Summa,* II–II, q. 64, a. 2. 这一类比如下：一般来说，不完美对应完美，部分对应整体。也就是说，每个部分自然而然地都是为了整体，因此每个个体都是作为整体的一部分来与社会进行比较的。

20. *Summa,* I–II q. 17, a. 4 *(unitas compositionis aut ordinis).*

21. 参见 Thomas Aquinas, *Sententia libri Ethicorum,* in *Opera omnia,* vol. 47/1 (Rome: Comm issio Leonina, 1969), 1.1, p. 4。

22. 在这个区别中，在后文对托马斯关于公共利益的概念解释中，笔者参考了 Michael Baur, "Law and Natural Law," in *The Oxford Handbook of Aquinas,* ed. Brian Davies and Eleonore Stump (Oxford: Oxford University Press, 2012), 238–254。

23. *Summa,* II–II, q. 58, a. 7, ad 2; 参见 Baur, "Law and Natural Law," 241。

24. Baur, "Law and Natural Law," 241.

25. 参见 *Summa,* 1–11, q. 90, a. 2, ad 1 and 2。

26. Baur, "Law and Natural Law," 241.

27. 参见 *Summa,* I–II, q. 19, a. 10。

28. Baur, "Law and Natural Law," 243.

29. 参见 *Summa,* II–II, q. 26, a. 3; I, q.60, 5; Thomas Aquinas, *De caritate,* in *Quaestiones disputatae,* ed. P. Bazzi, M. Calcaterra, T. S. Centi, E. Odetto, and P. M. Pession (Turin and Rome: Marietti, 1953), 2。

30. 参见 *De caritate,* 2. 手和拳头的例子，来自 *Summa,* I, q. 60, a. 5。

31. 参见 *Summa,* 1–11q,. 95, a. l; q. 100, a. 2。托马斯对待异端这种不和谐的话题也是如此。在他看来，由于异教徒伤害他人，因此迫害异端是正当的，这不是因为异端伤害了异教徒自己，其信仰的内在行为不能被人类的法律触及。(cf. *Summa,* II–II, q. 11, a. 3).

32. 关于私有财产的正当性以及在基督教传统中对私有财产的处理，经院哲学派与现代观念的区别和比较，参见 Thomas Aquinas, *Recht und Gerechtigkeit,* with commentary by Arthur F. Utz, Die Deutsche Thomas-Ausgabe, vol. 18, ed. Heinrich M. Christmann (Heidelberg: Kerle/Pustet, 1953), 491–527。

33. *De malo,* q. 13, a. 4, ad 6.

34. *Summa,* II–II, q. 66, a. 7.

35. Jean Porter, "The Virtue of Justice (IIa Ilae, qq. 58–122)," in *The Ethics of Thomas,* ed. Stephen J. Pope (Washington, DC: Georgetown University Press, 2002), 281–282.

36. 参见 *Summa,* 11–11q,. 66, a. 7: "in extreme need all things are common" *(in necessitate Sunt omnia communia)*。

37. *Summa,* 11–11q,. 77, a. 4c.

38. *Summa,* II–II, q. 77, a. 4 c: *quasi stipendium laboris.*

39. 参见 *Summa,* II–II, q. 77, a. 4, ad 3; also q. 187, a. 2。在他的修道生活规则中，本笃（Benedict）允许僧侣们以低于市场平均价的价格出售物品，来维持生计，以便将所有荣耀归于上帝。参见 *The Rule of Benedict: A Guide to Christian Living,* trans. Monks Qf Glenstal Abbey (Dublin: Four Courts Press, 1994), chap. 57, p. 258.

40. 参见 Diana Wood, *Medieval Economic Thought* (Cambridge: Cambridge University Press, 2002), 110–120; Martin Schlag, "The Encyclical *Caritas in Veritate,* Christian Tradition, and the Modern World," in *Free Markets and the Culture of Common Good,* ed. Martin Schlag

and Juan Andres Mercado (Heidelberg: Springer, 2012), 93−109。

41. Thus Augustine, *Enarrationes in Psalmos,* in *CorpllS Christianonim, Series Latina,* vol. 39 urnholt: Brepols, 1956), Ps. 70, 17, p. 954; quoted in *Summa,* II–II, q. 77, a. 4 *sed contra.*

42. *De regimine principum et De regimine fudaeonim politica opuscula duo,* 2nd rev. ed. 'Turin and Rome: Marietti, 1948). 托马斯从未完成这本著作。

43. 参见 Thomas Aquinas, *Sentativa libri Ethicorum,* in *Opera omnia,* vol. 47/2 (Rome: Commissio Leonina, 1969), V.9, p. 296。

44. 参见 *Summa,* II–II, q. 114. In *Summa,* II–II, q. 157, a. 3, ad 3, he beautifully writes: *hcimo naturaliter est omni homini amicus。*

45. 其中一位是 Richard of Middleton（参见 Langholm, *Economics in the Medieval Schools,* 327–341），他和其他的方济会修士一起，领导了一场运动，旨在将商人提升为公共利益的建设者。参见 Giacomo Todeschini, *Ricchezza francescana: Dalla poverta l-'Olontaria al/a societa di mercato* (Bologna: Il Mulino, 2004)。

46. Michael J. Sandel, *What Money Can't Buy: The Moral Limits of Markets* (New York: Farrar, Straus and Giroux, 2012).

47. *Summa,* II–II, q. 77, a. 1c; Thomas Aquinas, *Quodlibet,* II, q. 5, a. 2, [10], in *Quaestiones quodlibetales,* ed. Raymundo Spiazzi (Turin: Marietti, 1956), 32.

48. 托马斯在下列文献中进行了明确的陈述：*Sentativa libri Ethicorum,* in *Opera omnia,* vol. 47/2, V.9, p. 294。

49. *Summa,* II–II, q. 77, a. 1, ad 1.

50. Odd Langholm, *The Merchant in the Confessional: Trade and Price in the Pre-Reformation Penitential Handbooks* (Leiden: Brill, 2003), 244−246.

51. Langholm, *Economics in the Medieval Schools,* 233.

52. *Summa,* 11–11q,. 77, a. 1 c; 这一算法也被其他的经院哲学家接受；参见 Langholm, *Merchant in the Confessional,* 121; Martin Schlag, "Economic and Business Ethics in Select Italian Scholastics (ca. 1200—1450)," in *Handbook of the Philosophical Foundations of Business Ethics,* ed. Christoph Lütge (Heidelberg: Springer, 2012), 179−205。

53. 参见 Albino Barrera, "Exchange-Value Determination: Scholastic *Just Price,* Economic Theory, and Modern Catholic Social Thought," *History of Political Economy* 29 (1997): 83−116。

54. 参见 Andrew Crane and Dirk Matten, *Business Ethics,* 3rd ed. (Oxford: Oxford University Press, 2010), 355−359。

55. 参见 *Summa,* I–II, q. 105, a. 1。

56. 详细信息可参考 Raymond de Roover, *Business, Banking, and Economic Thought in Late Medieval and Early Modem Europe,* ed. Julius Kirshner (Chicago: University of Chicago Press, 1974); Wood, *Medieval Economic Thought,* 197−201; Fabian Wittreck, *Geld als Instrument der Gerechtigkeit: Die Geldlehre des HI. Thoma s von Aquin in ihrem interkulturellen Kon text* (Paderborn: Schoningh, 2002), 147−151.

57. 参见 *Sentativa libri Ethicorum,* in *Opera omnia,* vol. 47/2, V.9, p. 296; Wittreck, *Geld*

als Instrument der Gerechtigkeit, 322–335。

58. *Summa*, II–II, q. 117, aa. 3–4; *Sententia libri Ethicorum*, in *Opera omnia*, vol. 47/2, 4.2, p. 206.

59. *Summa*, II–II, q. 117, a. 3, ad 2.

60. 托马斯自己对"伟大"的定义是：为了达到伟大而崇高的目标，而使用巨大的财政手段的美德。它不同于勇气，因为勇气的定义是，一个人为了达到一个好的目的而冒着生命和危险。"伟大"仅指财务风险。这在本章中，显而易见的是，托马斯的概念必须根据它们的上下文和真正的含义来翻译。将 liberalitas 定义为"自由"，将 magnificentia 定义为"雄壮"，是大错特错的，就像将 oeconomia 理解为"商业"一样，也是误导人的。

61. 参阅 Jim Collins 的著名分析，Jim Collins: *Good to Great: Why Some Companies Make the Leap and Others Don't* (New York: Harper Business, 2001)。

62. 个人若要剪裁硬币，则是彻头彻尾的偷窃和诈骗行为，因此并不属于 obolostatica 这一类。

63. 参见 *In libros Politicorum Aristot elis expositio*, 1.8; Wittreck, *Geld als Instrument der Gerechtigkeit*, 345–346。原文并未表述清楚，其解释也有争议。然而，笔者所给出的解释，与 William of Moerbeke 对亚里士多德的拉丁文译本意思一致，例如 *obolostatica*，参见 Wood, *Medieval Economic Thought*, 100–109。

64. 即使 Raymond de Roover 指责经院哲学在这一问题上陷入了"矛盾的泥潭"；可参考其文章 "Scholastic Economics: Survival and Lasting Influence from the Sixteenth Century to Adam Smith," in *Business, Banking, and Economic Thought in Late Medieval and Early Modem Europe*, 318。

65. 关于经院哲学派对高利贷看法的演变，参见 John T. Noonan, Jr., *The Scholastic Analysis of Usury* (Cambridge, MA: Harvard University Press, 1957); Gabriel Le Bras, "Usure," *Dictionnaire de theologie catholique* 15/2 (1950): 2316–2372。

66. 根据罗马律法，利息是被允许的，但必须在贷款的附加合同中加以规定。

67. *De malo*, q. 13, a. 4; *Summa*, II–II, q. 78.

68. *De malo*, q. 13, a. 4 c; 参见 Langholm, *Economics in the Medieval Schools*, 243。

69. 参见 *Summa*, II–II, q. 62, a. 4。

70. 参见 *Summa*, II–II, q. 78, a. 2, ad 1。

71. "全宇宙的善，就是神所领会的。他是万物的造主，又是万物的主宰。因此，无论他愿意做什么，都会在公共利益之下去做；这是他自己的善，是整个宇宙的善。" (*Summa*, I–II, q. 19, a. 10)。

第六章 伊斯兰商业伦理:
重温伊本·赫勒敦的《历史绪论》

穆尼尔·古都斯(Munir Quddus)、萨利姆·拉希德(Salim Rashid)

古典伊斯兰学者对哲学、伦理学和社会科学所做出的丰富而多样的贡献,在西方的学术圈之外,几乎无人知晓。这种不幸的情况也延伸到关于市场交换和商业的道德和伦理思想领域。伊本·赫勒敦(Ibn Khaldun,1332—1406),作为古典伊斯兰教最有影响力的学者之一,提出了其对历史和社会的独特看法,被越来越多的学者视作一系列现代学科概念和思想的卓越先驱。[1]他可能是唯一一位在核心政策问题上影响了一位同样保守的当代美国总统的穆斯林思想家。[2]本章的重点是讨论伊本·赫勒敦对商业和商业伦理的各种原创性贡献,这些都呈现在他的不朽著作《历史绪论》之中。[3]

在《历史绪论》一书中,这位来自14世纪马格里布的影响深刻的思想家,阐述了今天归类不同的学科,分为历史学、社会学、哲学、政治理论、商业和经济学六大主题。他的观察,构成了对各种文明兴衰的广泛分析的一部分。尽管伊本·赫勒敦对商人的某些做法表示担忧,但这一分析为生产性贸易赋予了重要作用。他相信,一个强大的军事和政治文明是建立在强大的商业基础上的。朝廷(court,实际上是管理当局及其关系)被认为是促进商业繁荣的关键,既可维持商业的基本法律基础,又可作为购买商品,特别是手工艺品和奢侈品的主要开支来源。对于伊本·赫勒敦来说,历史是循环的:一个文明达到顶峰后,就要开始走向衰落。一个文明衰落到最低谷,始于朝廷对定居生活和奢侈、借贷和挥霍的过度依赖,这与社会的道德和精神崩溃均有密切的联系。

　　伊本·赫勒敦在其关于商业的各种讨论中，提出了本章要探讨的重要区别。商业活动如果对社会的整体福利有贡献，就可以理解为是"自然的"。自然的或生产性的商业形式包括日常的买卖，以及着眼于未来利润的投资。[4]伊本·赫勒敦经常指出，生产性的商业交换可能涉及道德上不恰当的做法，哪怕是被允许的。这些包括交易策略，如以"狡猾"的方式在竞争中取胜。

　　在生活的某些方面，那些运用在商业中的策略和敏锐的战术则较为可疑。在伊本·赫勒敦对这种策略的描述中，人们会想起另一位现代的更广受赞誉的商业倡导者——18世纪苏格兰哲学家和政治经济学家亚当·斯密（Adam Smith）——的担忧。在其著作《国富论》中，斯密担心的不是投机商人（或他们的利己行为），而是商人通过损害普通公民利益的合谋行为获得垄断权力的倾向。[5]尽管这两位思想家都敏锐地意识到商人和商人的行为都是为了他们自己的最大利益，但他们都提倡商业竞争，因为这能带来日益繁荣。他们都反对可能限制竞争、创造权力空间，或者更普遍地降低广大公民福利的行为或政策。

　　他们独特而有远见卓识的见解是，商人和市场参与者的利己行为（或个人恶习）通常会给社会带来更大的福利（公共利益）。然而，与斯密一样，伊本·赫勒敦也提出需要明智的法规，以保护公民免受腐败商人的侵害。具体来说，他支持建构一个强有力的市场监管机构，以确保市场服务于公众利益。与斯密不同的是，他不像斯密那样关注垄断和大企业，而是热情地呼吁公平和法治，认为这是贸易和商业繁荣的基本前提。《历史绪论》的若干地方，都强调了对合法取得的收入和资产（产权）的保护。伊本·赫勒敦的诸多研究主题，如对市场和价格波动的深刻见解、分析劳动力在创造价值中所起的作用、呼吁保护私有财产，以及探讨繁重的税收如何削弱经济和社会发展等，都与现代贸易有着深刻的联系。

　　在当代政策领域，伊本·赫勒敦最著名的或许是他对税收及其社会影响的分析。他认为，当统治者促进商业、保护公民不受欺诈和剥削、保护包括富人在内的所有公民的财产时，即为善政的最好证明。下面两段文字概括了商业的重要性和市场交换中所涉及的伦理困境，代表了他的观点：

　　　　文明及其福祉以及商业繁荣，都有赖于生产力，以及人们为自身利益和利润而在各个方面所做出的努力。当人们不再为了谋生而经商时，当他们停止一切有收益的活动时，文明的事业就会衰退，一切都会衰败。（238）

商业是一种自然的营利方式。然而，它的大多数做法和方法都很狡猾，其目的是获得购买价格和销售价格之间的（利润）差额。这种盈余使营利成为可能。因此，法律允许商业中的狡诈，因为（商业）包含赌博的成分。但是，这并不意味着拿走别人的财产而不给予任何回报。因此，这是合法的。（300）[6]

第一段巧妙地概括了伊本·赫勒敦的观点，即社会福利与繁荣的商业直接相关。关于繁荣的来源，亚当·斯密的总结最为精确：个人对利润的利己性追求，造就了社会的繁荣。第二段指出商业舞台为谋生提供了一个合适的（自然的）环境。然而，由于市场交换中固有的风险和不确定性，存在一定程度的欺骗和狡诈是正常的，这甚至对商业至关重要。下文将更全面地讨论伊本·赫勒敦广泛使用的"自然"一词，它意味着一种被认可的合法且富有成效的行动，可以提高社会福利。需要明确的是，盗窃、强制征用和不公正对企业和社会都是有害的。

本章的第一部分，主要介绍伊本·赫勒敦及其知识遗产，包括他最著名的《历史绪论》。第二部分将探讨伊本·赫勒敦关于文明变迁的周期理论。该理论基于一种观点，即发达社会在实现了一定程度的繁荣之后，随着人们变得越来越习惯于定居生活、沉迷于奢侈和缺乏企业，必然会走向衰落。"群体凝聚力"的概念，在《历史绪论》一书的周期理论中扮演着重要角色。在第三部分中，重点讨论传统伊斯兰对商业的观点，探索三个与商业伦理评估相关的概念：生产活动，"自然的"概念，以及商业有时可能涉及与最高道德标准相冲突的战略实践。最后一部分重点讨论策略和治理。

伊本·赫勒敦与《历史绪论》

1332 年，伊本·赫勒敦出生于突尼斯的一个上流社会家庭。[7]一些家庭成员曾在安达卢西亚（西班牙的穆斯林占领区）担任高级行政职务，于 13

世纪中期塞维利亚沦陷后迁往突尼斯费尔南多三世（Fernando III）领地。得益于家族的贵族地位，伊本·赫勒敦师从北非最著名的学者，所接受的教育水准超越了同一时代的传统伊斯兰学校教育。他能熟记《古兰经》，学习阿拉伯语语言学、《圣训》（收集先知穆罕默德的语录）、伊斯兰教教法（律法）、伊斯兰教法学，以及数学、逻辑和哲学。[8] 不幸的是，在他年少的时候，因1348—1350 年的大瘟疫（黑死病）而失去了他的父母和许多导师。

1352 年，20 岁的赫勒敦在突尼斯开始了公务员生涯，但很快就在菲斯（Fez）为摩洛哥苏丹服务，在几位著名学者的指导下完成了学业。伊本·赫勒敦是一个才华横溢、雄心勃勃、知识渊博的年轻人，他还拥有高超的政治和外交技巧。拥有着这些才能，他的名声越来越好，越来越多的人希望他为其服务。接下来，他经历了三十年丰富的政治生涯，四处游历，组建军队，参加战斗，遭受监禁，在这个过程中深受许多文化和思想家的影响。他为各种统治者服务，这些统治者在政治、行政、外交和司法方面都有很高的地位。

这些丰富多样的经历，为他完成《历史绪论》这一不朽的作品奠定了基础。他计划在 1377 年完成初稿，以此作为一个更宏大、更雄心勃勃的项目——《世界历史》（*History of the World*）的引言。然而，他又花了四年时间，才完成《历史绪论》。1384 年，他担任了伊斯兰大学的教授，又被任命为马利基教派法理学的司法官吏，在这个职位上，他极大地改善了埃及的司法行政。同年，他遭遇了一场巨大的个人不幸，他的家人所乘坐的船沉没在风暴中。1399 年，他被任命担任当时埃及最有声望的学术职位——开罗的马利基教派法官职位。两年后，1401 年 1 月，在鞑靼军队对大马士革的历史性包围中，他有了一次罕见而危险的机会，与可怕的蒙古征服者帖木儿（Tamerlane）面对面。幸运的是，他不仅活下来了，还能带着他与历史上最神秘的人物之一的历史性会面的第一手资料，离开这个世界。[9] 他生命的最后五年是在开罗度过的，在那里他写了一本自传，完成了《世界历史》的手稿。1406 年 3 月 17 日，赫勒敦去世，被安葬在开罗郊外的一个伊斯兰苏菲派墓地。

伊本·赫勒敦的伟大著作《历史绪论》，被公认为伊斯兰文明中最深刻的学术著作之一，还影响了伊斯兰世界以外的思想家，为现代社会科学的发展做出了奠基性的贡献。N. J. 达伍德（N. J. Dawood）认为《历史绪论》是"历史学家发现人类政治和社会组织变化规律的最早尝试"。[10] 历史学家阿诺德·汤因比（Arnold Toynbee）评论称，这"无疑是有史以来任何时间、任何地点的任何人所创作的同类著作中最伟大的一部"。[11] 伊本·赫勒敦的这本著作，继续影响着许多学科中的现代学者。[12]

几乎每一个读过伊本·赫勒敦著作的人都对他的方法论和视野印象深刻，展示了一个文明史研究者必须要做什么，即使与任何一位思想家一样，他的思想和著作反映了其所处的时代。[13] 此外，伊本·赫勒敦对经济学的贡献也被许多人研究，并得到了赞赏。[14] 他对现代经济学中最基本的概念——供求关系的法律框架和市场力量——有着卓越的鉴赏能力。此外，《历史绪论》认识到人力资本在经济学中的重要性，这是一个引人注目的现代概念，现在被认为是经济发展的一个重要因素。伊本·赫勒敦还解释了需求对价值的重要性，以及劳动力如何成为经济价值的基础。他比亚当·斯密早了将近4个世纪，就已开始分析专业化如何提高生产力，以及基于自身利益的个人行为如何促进社会繁荣。[15]

文明和道德衰落的循环理论：财富、奢侈和社会凝聚力

在包括亚伯拉罕在内的许多信仰传统的经文中，关于财富和奢侈所带来的腐蚀性影响，一直是一个令人深切关注的问题。虽然伊斯兰教鼓励经济进步，但伊斯兰教教义强调简朴的生活，甚至有时似乎在颂扬贫穷。作为一个有着几百年历史的伊斯兰神秘主义传统，苏非主义（Sufism）鼓励一种苦行的生活方式，苏非派相信这是先知自己的一种实践，回避奢华和权力的象征。对伊本·赫勒敦来说，奢侈的倾向是一种有缺陷的人类特征，它在个人和群体的道德沦丧中扮演着重要角色。对奢侈的迷恋导致腐败现象显著增加，这是一个文明衰落的先兆："奢侈会腐蚀人的性格……人们失去了好的品质……相反，他们会接受坏的品质。这会导致倒退和毁灭。"（135）由于对奢侈的关注，伊本·赫勒敦认为商业生产力和获取、财富和消费的伦理对一个文明的兴衰至关重要。

伊本·赫勒敦描述了一个王朝兴衰的几个阶段，第一个阶段是战胜敌人

（141-142）。鉴于强大的"社会凝聚力"（"social cohesion"，Asabiyah，如下文所述）[16] 使统治者能够获得权力和权威，他在统治的第一阶段对臣民保持仁慈。然而，在第二阶段，统治者要求他自己和他的家庭拥有一切权力。在第三个阶段，当朝廷享受到成功的果实时，就开始有闲暇和安宁。第四阶段是"知足常乐"阶段，统治者对自己的成就感到满意，并不遗余力地维持一个繁荣社会的条件。最后一个阶段是"浪费和滥用"时期，统治者沉溺于享乐和过度的娱乐，他的周围都是没有能力的"下层追随者"（142）。

　　一旦一个文明达到了富有和繁荣的高度，衰落的过程便开始了。很少有思想家更详细地去分析，在繁荣的顶峰之后，不可阻挡的衰落是如何影响个人和整个社会的道德规范，以及财富的生产和分配的。[17] 历史的兴衰被证明是不可阻挡的。习俗决定行为，随着财富的增加，适度的行为演变成奢侈的行为。精神和平与道德发展的敌人是世俗中的成功。[18] 奢侈消费和缺乏纪律的腐败性影响，导致许多以前富有的人负债累累，丧失道德价值。随着统治阶级（及其随从）对奢侈的需求逐步增加，普通公民的税负也在增加。统治阶级的过度支出导致了军事和行政能力的下降。从社会最高层开始的腐败，最终蔓延到年轻人和普通公民。对伊本·赫勒敦来说，物质幸福的下降始于人格的丧失，由于宝贵的伦理价值观被抛弃，整个社会的道德框架崩溃。事实上，经济衰退紧随道德衰退。当美德向邪恶屈服时，经济活力就会丧失。公共和私人债务的增加，削弱了国家和家庭单位，加速了社会的衰败。

　　是什么导致商业和社会的腐败和道德衰败？《历史绪论》第4章第18节的标题揭示了一种内在的冲突："定居文化是文明的目标[19]：它意味着生命的终结和腐败的诞生。"（285）根据赫勒敦的观点，人类的野心和对进步的渴望使得他以追求舒适和快乐的生活为目的。"当奢侈和繁荣降临到文明人的身上时，文明人自然会遵循这种定居的文化方式，接受其习俗。"（285）不幸的是，这条路会导致一种"屈从于欲望"的状态，一种对过度的上瘾。"在所有这些习俗中，人类灵魂被打上了多重印记，破坏了它的宗教和世俗福祉。"（285）因此，公民的目标和愿望的升级过程本身，就暗藏着最终衰落的种子。高尚生活的习惯和习俗一旦养成，就无法丢弃。它们引发了社会的道德和精神崩溃，日益严重的通货膨胀，奢侈但不可持续的开支，不断增加的债务，商业经济的最终衰退，以及文明的崩溃。[20]

> 居民个人的腐败，是辛苦努力满足其（奢侈）习俗的需要的结果，是他们在满足这些需求的过程中所获得的不良品质（的结果），是灵魂在获得不良品质之后所遭受的伤害。为了生活，无论以恰当还是不恰当的方式，不义的事、错误的事、不诚实的事、奸诈的事，都增多了……人们现在热衷于说谎、赌博、欺骗、欺诈、偷窃、伪证和高利贷……那么，这个城市里到处都是品行恶劣的下等人。（286–287）

赫勒敦对奢侈所产生的危险的看法，与伊斯兰教告诫人们不要过度依赖财富的教义是一致的。这种执着导致贪婪和物质主义（奢侈），远离精神道路；正确的选择是与精神世界相平衡的繁荣的生活。财富越多，灵魂死后的责任就越大。与穷人和有需要的人分享财富，过着简朴的生活，这些都被认为是伟大的美德。据称哈里发阿里（Caliph Ali）曾强调，真主规定富人有义务照顾穷人。[21]

王室是经济繁荣和最终衰落的主要贡献者：

> 统治王朝追求工艺品，以及工艺的改进。它引起了对精美工艺品的需求，并使它们贴合自己的心意……王朝是最大的市场。[22]

虽然这一段特别提到了工艺品市场，但更广泛的背景是，朝廷的开支对整个经济有着巨大的影响。[23]伊本·赫勒敦描述了王室和政府官员是如何成为第一批沉迷于富裕的人，他们把大量公共资金浪费在举办宴会和婚礼等琐碎的活动上。朝廷（王室）不负责任的支出，导致了军队的削弱和更高的税收。然而，更高的税收并不能带来额外的收入，因为它们破坏了商业动机。因此，经济、军事和社会都被削弱。

包括惩罚性处罚在内的法规，是否能防止欺诈和腐败？伊本·赫勒敦质疑单独使用金融惩罚的有效性，尤其是当欺诈和腐败的潜在收益远远超过罚款时。[24]不过，他支持监管机构在确保不道德的交易员不利用消费者牟取利益方面发挥的作用。尽管他强烈支持不受阻碍的商业活动，但他明白腐败的个人是存在的，因此监管机构有必要对市场进行监管。他关注的是那些利用欺诈手段剥削公民的商人，而不是那些利用急功近利的策略来获得比其他商人更多收益的小商贩。他认为后者的策略在很大程度上是无害的。

社会凝聚力：伦理和领导力

伊本·赫勒敦用一个开创性的概念来分析文明的兴衰，即指一个群体内部的凝聚力或团结——社会凝聚力（Asabiyah）。[25] 这个词可以粗略地翻译为"民族性"或"爱国主义"，但在他的时代，主要指的是部落团结。例如，厄内斯特·盖尔纳（Ernest Gellner）将 Asabiyah 称为"社会凝聚力"。[26] 艾伦·弗罗姆黑尔兹（Allen Fromherz）坚持认为，社会凝聚力是构成一个崛起的文明基础的"原始社会黏合剂"，伊本·赫勒敦同意人类是一种社会动物的观点。[27] 伊本·赫勒敦不仅使用了大量的社交插图；他还表示，强烈的群体认同感提供了社会凝聚力，这是一个民族创造伟大的文明所必不可少的。同时，随着社会凝聚力的消散，一个民族必然会随之衰落。

社会凝聚力的概念与商业伦理有何关系？社会凝聚力体现了在农村的大部分部落和社区之间进行分享和牺牲的品质。具有强烈社区意识的人不仅更愿意与邻居分享收入和财富，而且更愿意为了社区的更大利益而牺牲个人利益。这些共同特征促使了一个伦理和道德共同体的形成，它不仅是关心别人的、人道的、团结的，在军事方面更是强大的。[28] 伊本·赫勒敦认为，一个民族的领土完整和内部社会秩序取决于该社区社会凝聚力的力量。"群体情感产生了自卫、提出反对意见、保护自己和坚持自己主张的能力。失去群体情感的人则太过软弱，不能完成这些事。"（111）这样，一个拥有强大社会凝聚力的国家应该具有强大的军事力量，从而能够对其他国家和人民提出其商业和领土要求。鉴于社会凝聚力是国家"社会资本"的一种形式，强大的社会凝聚力不仅可以转化为军事实力，有时还可以转化为"软实力"。同样，失去社会凝聚力将对一个国家有害。伊本·赫勒敦写道："当群体情感被摧毁时，部落就无法保护自己，更不用说提出任何要求了。它将被其他国家吞并。"（109）

社会凝聚力反映了复杂的社会动态，这是用来协调大规模群体以实现进步和繁荣所必需的。[29] 首先，伊本·赫勒敦关于劳动分工的观点与社会凝聚力有关。他认为，更大的社会凝聚力使更复杂的劳动分工得以实现，而劳动分工反过来又为经济的快速发展创造了条件。除专门化之外，其他社会条件也被证明有利于稳步发展，包括人口增长，人力资本的发展和技术改进。

从第二个意义上说，社会凝聚力与社会协调有关。社会凝聚力提供了批判性的"凝胶"，这也是弗朗西斯·福山（Fukuyama）等现代作家所说的"社会资本"和"信任"。[30] 福山（以及其他社会资本理论家）认为，在一些社会中，文化包括"高度普遍的社会信任"，而这种信任有助于形成一种"自发的社交倾向"，从而产生"重要的经济后果"。[31] 尽管现代社会理论家并没有使用"社会凝聚力"一词，但这两个概念有着共同的内在精神，这一点是不可否认的。当合作更多、敌意更少时，一个重要的结果便产生了更有效的、道德的和透明的商业。[32]

伊本·赫勒敦将社会凝聚力与伦理和美德（善）联系起来，列举了以下可取的品质：

> 每当我们观察那些具有群体情感的人，观察那些控制了许多土地和国家的人，就会发现在他们热切渴望那些善良和优秀的品质，如慷慨、宽恕错误、对弱者宽容、对客人热情好客、支持属下、维护家眷、在困境中保持耐心、忠实履行义务……对那些太弱小以至于无法照顾自己的人保持公平并予以照顾，对穷人谦虚，注意倾听祈求者的抱怨，履行宗教律法的职责和神圣崇拜的所有细节，避免欺诈、狡猾、欺骗及逃避义务，等等。（112）

对于那些渴望强烈的国家认同感和伟大感的公民，文中提供了一套全面的"行为准则"。虽然社会凝聚力本身是一股重要的力量，但是，如果没有其他的有利力量，例如良好的领导，就不能产生一种伟大和持久的文明。在社会凝聚力塑造一个强大社区的过程中，伦理领导（拥有"值得称赞的"品质）被认为是得力助手。[33]

商业道德的复杂性

在《历史绪论》一书中，伊本·赫勒敦引用了《古兰经》(*Qur'an*) 和《圣训》(*Hadith*)，这两本书是穆斯林信仰和伦理指导的主要来源。他认为宗教是抵御社会堕落和道德沦丧的最佳盾牌。他认为，"当一个人不能改善他的风俗习惯，宗教也不能作为改善他的榜样时，邪恶就是最接近他的品质"(97)。在传统的伊斯兰世界观中，被邪恶吸引是人之常情，是一个共同的主题。事实上，所有主流的亚伯拉罕信仰传统都强调善与恶之间的持续斗争，以及对内心恶魔保持持续警惕的必要性（伊斯兰教中的"更伟大的圣战"）。伊本·赫勒敦哀叹，许多公民未能从传统信仰所传授的道德准则中获益：

> 除了真主给予成功的人以外，大多数人都处于这种状态。人的邪恶品质表现为不公正和相互攻击。人若觊觎其弟兄的产业，就必将伸手夺取，除非有什么势力能够拦阻他。(97)

作为对道德沦丧和衰落的一种威慑，社会必须加强其公民的内部宗教信仰，并通过法律和惩罚的威胁施加外部限制。确保社会产生道德结果的最佳策略，是加强公民的内在道德建设，而不是采取惩罚措施。

值得注意的是，主流伊斯兰思想虽然对贪婪和牟取暴利等过分行为持高度批评态度，但总体上对商业和私营经济持友好态度，甚至赞扬贸易和商业是谋生的体面方式。先知穆罕默德和他的第一任妻子赫蒂彻（Khajijah）都是从事跨国贸易的商人。伊斯兰教教义不谴责市场、贸易、商业、利润或财富等；然而，教义强烈要求，对世俗成功的追求应该与精神追求相平衡，并避免贪婪、奢侈、剥削和不公。商业活动必须遵守当地的法律，服从于寻求真主的喜悦这一目标。例如，劳动应该得到公平的补偿，工人不应该被剥削；对穷人或弱势群体的贷款收取高利贷利息，即使不是非法的，也会被判有罪；同样，市场交易中的欺诈和欺骗在真主看来是罪恶的行为，通常应受到法律的惩罚。

伊本·赫勒敦并不批评利润，哪怕是高额利润。他不认为利润来自剥削。对于政策驱动的收入和财富再分配，没有明确的呼吁。赫勒敦表示，利润是商业的一个自然属性，代表诚实的收入："商业意味着通过增加资本而获利的尝试，低价购买商品而高价销售出去，这些货物包括奴隶、谷物、动物、武器，或衣服材料。增值的部分即称为"利润"（309-310）。商业是由利润驱动的市场交换："贱买贵卖"。人们可以找到从商的机会。"（310）

此外，伊本·赫勒敦将劳动力提升到了一个更高的层次，因为劳动力是利润、资本积累乃至所有商业活动背后的一个重要因素。"一切都源自真主。但是，人类劳动力对于利润和资本积累而言，都是必要的。"（298）虽然在某些情况下，不需要个人努力就可以获得利润（例如，雨水使田地多产，从而为农民创造利润），但这些都是规则之外的情况。这些事情仅能起到帮助的作用，他（农民）自己的努力必须与它们结合起来。伊本·赫勒敦进一步解释说："一个人通过自己的努力和力量所获得的（收入的一部分）称为'利润'。"（297）

因此，伊本·赫勒敦在《历史绪论》中告诫统治者，要保护商人合法获得的财富和私人财产，尽量减少国家对商业的直接干预（使私人商业得以繁荣），保持低税收，避免不公正和保留激励措施，这些都不足为奇。简而言之，他赞扬商业及其参与者在支撑繁荣文明方面发挥的作用。

这种对财富和商业的积极态度，还有一项有趣分析予以补充。伊本·赫勒敦在该分析中描述了与评估市场伦理相关的几种分类。他区分了生产活动和非生产活动，自然活动和非自然活动，狡猾的活动和不道德的活动。本章将依次探讨这几种活动类型。

生产活动是多种多样的，所有这些活动都是为了维持生计。例如，食物的第一种来源与自然相关——狩猎、捕鱼和农业。农业包括饲养家畜、养蚕、养蜂酿蜜、出售水果和谷物。就起源和合法性而言，赫勒敦把农业置于一切活动之上，因为人类之父亚当从事农业："农业的本质决定了它优先于所有其他（谋生的方式），因为它是简单的，与生俱来且自然而然的。"（299）第二种谋生的生产方式涉及"应用于特定材料的人力劳动"。这些活动可以统称为"手艺"，包括写作、木工、裁缝、编织和马术，以及建筑、接生、书籍制作、歌唱和医学（318-319）。当劳动被用于提供"服务"时，就有了"所有其他的职业和活动"。[34] 手艺是"合成且科学的"：它们的价值随着"思考和推测"的应用而逐步增加（300）。从事手工艺的工匠是否成功，在很大程度上取决于城市所产生的需求。由于城市居民和定居的人们渴望手工艺，当一个城市或文明衰落时，手工艺也会随之衰落（317）。第三种富有成效的谋生方式是商业，或者是制成品（商品）的贸易。商人可以通过到其他地方买卖货物来获利，也可以通过囤积粮食并利用价格的波动来获利（299）。因此，商业被归类为一种生产性的，且如下面所讨论的自然的方式，来谋求一种诚实的生活："商业意味着通过以低价购买商品、以高价售出的方式，实现资本的增加来获利的一种尝试……增值的金额被称为'利润'。"（309–310）贱买贵卖是商业的本质。虽然商业包括依靠狡猾和计策而产生的贸易，但它仍然是人类努力的合法活动，有助于文明的繁荣。[35]

　　商业分类中的第二种是"自然的"，这个术语在整个《历史绪论》中被大量使用。伊本·赫勒敦使用"自然的"一词有两种主要方式：一种是描述性或事实性的，另一种是规范性的。他经常使用"自然的"（或同源）来描述诸如本质、生物过程、预期或典型现象，甚至常识。第二个（规范）用法与本章更为相关。从这个意义上说，自然活动是指，为实现一个或一组适当的目的所进行的活动。当然，这一概念来自亚里士多德，他认为作为一个独立的人，同时也是社会的一员，自然活动有助于达到与主体本性相适应的目的（也就是实施这一行动的人）。[36]在《历史绪论》一书中，参考了许多有关亚里士多德和其他希腊思想家的理论思考。

　　"自然的"概念比"生产性的"概念范围更广，它指的是促进或增进社会福利的法律和道德活动（与重新分配现有收入和财富，更有甚对社会造成损害的政策相反）。伊本·赫勒敦列举了一个更广泛概念上的自然的案例，将王室的强大描述为社会的一种自然目的：如果统治者软弱，政府就会无能为力，导致经济和社会的不稳甚至衰退。第二个例证指出，商业的蓬勃发展在许多方面都有助于加强国家的实力，包括支持农业和各种手工艺。商业在这个意义上是"自然的"，因为它产生了一种生计："商业是一种自然的营利方式。"（300）

　　那么"非自然的"呢？哪些活动是非自然的？首先，高度投机的活动，如寻找埋藏的宝藏，被认为是"不正当的"，因为这些活动表明他们试图逃避或避免付出稳定的努力，最终被证明是徒劳和浪费的。这些行为是不自然的（也是不道德的）。使用"不正当的"一词乍一看可能令人费解，因为"浪费的"或"非生产性的"一词更能表达这个意思。然而，这个词表达了一种企图避免劳动的狡猾想法，如上所述，伊本·赫勒敦非常尊重劳动。对某些特定的狡猾的（和不自然的）行为，伊本·赫勒敦明确表达了他的负面评价："除了意志薄弱，导致人们寻找财富的一个动机是，他们无法通过一种或两种自然的方式来获取利润，如从事商业、农业或做工艺品。因此，他们试图以迂回的方式谋生，如寻宝……他们相信自己可以不费力气或麻烦就能维持生计。"（302，特别强调）伊本·赫勒敦提出的另一种非自然行为的例证是，富人雇用私人奴仆来满足（次要的）个人需求。富人为了一点小小的个人需求而依赖仆人，是不合适的（即不自然的）。雇用仆人来处理一些无关紧要的个人事务，即一个人可以独立完成而不需要牺牲任何其他人的努力的活动，这种行为被认为是一种放纵，因此被认为是不自然的，且不值得被赞扬。[37]

如果有人问，是否有一些活动属于自然范畴，但又不完全合乎道德？那么就会出现第三类活动。这一问题的答案是肯定的。例如，伊本·赫勒敦讨论了商业中狡猾（计谋）的使用。他写道，"宗教法律使狡诈的交易合法化，但禁止非法剥夺人们的财产"（242）。在这里，他提出的理由是，鉴于市场交换的性质，在商业交易中，一定程度的狡猾、聪明和诡计是不可避免的。然而，由于商业和更伟大的社会都没有受到这些做法的破坏，那么商业也就是自然的和良好的。

在讨论商业时，除了贸易之外，伊本·赫勒敦还描述了无数种生产经济活动——农业、制造业、手工艺，人们从这些活动中获得诚实的生活。这些活动不仅是贸易的补充，而且在本质上也是商业的基石。然而，为了突出商业中那些有问题的策略或活动，伊本·赫勒敦撰写了一个题为"应该和不应该从事商业活动的人"的章节（见《历史绪论》，第5章，第13节，第312页）。他认为交易通常伴着狡猾和冲突（因为竞争和风险）；因此，他建议，只有那些天生倾向于狡猾，以及那些愿意参与市场交换过程中所固有的冲突的那些人，才能从事贸易这一职业：

> 现在，诚实的商人很少。[在交易中]不可避免地会有欺骗、篡改甚至毁坏商品，以及拖延付款以至于降低利润，因为（这种拖延）在持

续期间就屏蔽了所有可能带来利润的活动。有人会不承认或否认所承担的债务，这可能对一个人的资本造成破坏性的影响。（312）

文章表明，诚实和温顺的商人很难成功。然而，"诚实"的商人确实存在。要想在生意上取得成功，诚实的商人必须愿意参与冲突，并时刻警惕其他商人所采用的聪明策略。一般用来描述商人行为的词语有——"狡猾的""聪明的""熟练的"——这些形成了商人可用的一系列策略和战术实践。"聪明的"这个词最能体现成功商人的技能。例如，要想在竞争激烈的市场中取得成功，无论是买进还是卖出，商人必须在行动中聪明且具有战略眼光。然而，狡猾的商人试图在竞争对手面前掩盖自己的真实动机。这样一来，用来描述狡猾或聪明的商人的词就会有"敏锐的"、"有野心的"和"能迅速发现好处的"等，所有这些词语都指的是提供"竞争优势"的技能和行为，同时也意味着能够在道德上温和地适应社会环境。

日常交易中的那些不良行为，不会被认为是犯罪或有害的。虽然这些做法并不值得赞扬，但伊本·赫勒敦似乎并不担心它们会损害商业或整个社会。这些策略与其说是威胁，不如说是讨厌的东西，因此应该容忍它们。但是，诸如公然欺骗（撒谎、欺诈性销售等）等有害行为则必须予以惩罚。然而，社会应该考虑商人的个人恶习，包括贪婪、对更大利润的渴望，以及狡猾等，这些都是在商业中普遍存在的，可以促进社会的全面繁荣。在这个意义上，有人可能会说，私人的恶习是公共利益的来源。

对商业的这一看法，预见了 3 个世纪后荷兰裔的英国哲学家伯纳德·曼德维尔（Bernard Mandeville, 1670—1733）所坚持的观点。曼德维尔认为，市场提高了社会福利，尽管市场参与者的行为不仅是自私的，而且往往不符合道德规范。曼德维尔的讽刺诗《抱怨的蜂巢：骗子变作老实人》（*The Grumbling Hive: or Knaves Turned Honest*）于 1705 年首次出版，并于 1714 年在一本名为《蜜蜂的寓言：私人的恶德，公众的利益》（*The Fable of the Bees: or Private Vices, Public Benefits*）的书中再版，引发了邪恶动机可以促进社会福祉的这一悖论。[38] 曼德维尔使用一个繁荣的蜂巢当作寓言，其认为人类社区的商业繁荣（公共利益）取决于激情和欲望，如自私和贪婪（私人恶习），而令人感觉讽刺和伪善的是，这些恶习反倒被社会鄙视。

善政的原则：国家、财产和税收的作用

伊本·赫勒敦在当代所享有的盛名，在一定程度上建立在他有关经济和行政的政策观点上，其中许多观点现在看来也是非常新颖的，与现代息息相关。[39]伊本·赫勒敦不建议国家在经济中扮演重要角色。他强烈建议国家（统治者）应避免直接参与任何商业活动，因为这将会消耗私营企业的资源。统治者牟取暴利的行为对私营企业是有害的，由此也会影响税收收入。由于统治者（以及整个朝廷）拥有普通企业所缺乏的显著优势，权力的不平衡将导致不公平竞争，私人商业的衰落，最终减少税收（233）。伊本·赫勒敦提出了有力的佐证，即政府应避免直接参与商业活动。

那么，国家在经济中所担任的角色是什么呢？国家应该把重点放在保护个人财产权上——确保个人和公司财产不被征收，包括腐败官员的掠夺行为。这是法治和维护公平的重要前提。当收入和资产不安全时，商业就不会繁荣，文明就会衰落。若不维护经济公平和法治，就不可能通过商业实现社会繁荣。不幸的是，这一重要教训往往被现代政府忽视，它们实现经济增长和减少贫困的努力往往失败，这是因为现有的政策、法律和规章破坏了信任和法治，从而给私营企业和潜在投资者的投资回报带来不确定性。

伊本·赫勒敦教导我们，不公正是繁荣的敌人："不公正会导致文明的毁灭。"（240）破坏商业的不公平行为不仅包括无理由或无补偿地没收财产，还包括任何威胁或造成损害的胁迫行为。例如，如果有人强行获得财产、强迫他人劳动或提出虚假的索赔，就是不公平的行为。征收重税的官员也是不公正的。那些剥夺人们权利的人是不公正的（240）。所有公民，包括那些富裕的公民，都应该受到法律的保护。

在当代政策领域，关于税收在经济和社会中的作用，伊本·赫勒敦有着独到而深刻的观点，也因此最被人称道。在题为"征税与低税收和高税收的原因"（230）一节中，他从"效率"和"公平"两个方面阐述了低税收的理由。一方面，低税收意味着一种正和策略，因为它们带来更高的收入，并可以激励投资、生产和工作："当对人们的税收评估和征税较低时，那么他们就有精力和意愿去做事。由于低税带来的满足感，文化［商业］企业会不断地成长和壮大……因此，税收收入，即（个人资产评估的）总额，就得以

增加。"（230）另一方面，高税收（"超越了公平的界限"）为商业创造了一种阻碍："当他们（活动的主体）将支出和税收与收入和收益进行比较，发现所得的利润十分微薄时，就失去了一切希望。因此，他们中的许多人避免一切文化［商业］活动。其结果是，随着个人资产评估的下降，税收总额减少……最后，文明被摧毁，因为文化［商业］活动的动机消失了。"（231）

伊本·赫勒敦支持权力强大的市场监管机构（muhtasib），该机构拥有防止欺诈和保护公民不受不道德企业侵害的自由裁量权。有趣的是，他提出监管应该服务于公共利益，而不是私人或个人利益。"他（市场主管）调查违规行为，并采取适当的惩罚和纠正措施。他保证人们的行为符合城市的公共利益。"（178）除了防止欺诈之外，监管机构的职责还包括确保商业繁荣的环境。尽管这些指导方针写于六百年前，但在精神上，与旨在保护公众利益的现代消费者保护法的意图是一致的。

结　语

伊斯兰文明产生了许多杰出的思想家，他们的著作丰富了人们对历史、经济和社会的理解。不幸的是，西方读者并不了解这些方面的知识。[40]

伊斯兰教支持商业，但反对那些由贪婪和权力推动的市场交易中的过度行为。在这一方面，伊斯兰教与其他宗教有着共同的传统。[41]有人说，《圣经》明确提出了对公平的要求，但也接受商业在真主眼中是合法的活动。在《历史绪论》中，我们了解到市场经济、商业和利润动机在伊斯兰教中被认为是自然的和有生产力的。这些制度和行为是为整个社会服务的，因此是自然的；它们也创造财富和繁荣，因此是有生产力的。尽管如此，在市场的相互作用下，可能出现一些狡猾和狡诈的计谋，这些计谋似乎并不值得称赞。但是，只要市场和贸易是在法治和正义的框架内进行的，急功近利的商人的狡猾手段就不应损害商业的积极利益。毕竟，尽管明智的监管是必要的，但在预防腐败和欺诈方面，培育精神文明的公民比惩罚性监管更为重要。

伊本·赫勒敦以许多不同寻常的方式，预测了一系列社会科学的未来发展，包括对社会资本的看法。他运用"社会凝聚力"或"群体团结"的概念来解释，一个具有高度相互信任和内部凝聚力的社会，是如何有足够的动力，并往往能在强大的道德领导下崛起。这些社会也趋向于更人性化和更有爱心。如果一个文明的领导是有道德的、讲伦理的，它将比缺少这种领导的文明享有更持久的繁荣和成功。然而，人类的进步很少是线性的，在每一次文明的进步中，都埋有衰落的种子。随着时间的推移，社会凝聚力逐渐消失，定居和奢华的欲望取而代之。其结果是债务增加，公共和私人道德恶化，预示着商业道德减弱，并最终导致文明的灭亡。从伊本·赫勒敦那里可以得知，商业和商业伦理在文明的兴衰中发挥着核心作用。

致　谢

感谢奥马尔·法鲁克（Omar Farooq）、阿尼斯扎曼·乔杜里（Anisuzzaman Chowdhury）、艾伦·弗罗姆黑尔兹（Allen Fromherz），威廉·维特尔（William Vetter）、雷金纳德·贝尔（Reginald Bell）、马克·特扎普（Mark Tschaepe）、及 S. M. 嘉珊法尔（S.M. Ghazanfar），特别是本书的编辑提供了详细的反馈，帮助本章的进一步完善。本章适用于通常的免责声明。

尾注注释

1. 参见 Joseph J. Spengler, "Economic Thought of Islam: Ibn Khaldun," *Comparative Studies in Society and History* 6 (April 1964): 268–306; and S. M. Ghazanfar, *Medieval Islamic Economic Thought: Filling the Great Gap in European Economics* (London: Routledge, 2003)。

2. 从伊本·赫勒敦关于税收政策的分析，以及其低税收的观点中，美国总统里根得到了启发。他说："据我所知，这一原则至少可以追溯到 14 世纪的一位穆斯林哲学家——伊本·赫勒敦，认为'低税率利于国家发展，而高税率往往足以亡国'。"参见 "Administration of Ronald Reagan," in *Public Papers of the Presidents of the United States, Ronald Reagan: January 20 to December 31, 1981* (Washington, DC: U.S. Government Printing Office, 1981), 871 (October 1, 1981)。对于这一引用的全文，可见 Ibn Khaldun, *The Muqaddimah: An Introduction to History,* trans. Franz Rosenthal, abr. And ed. N. J. Dawood (Princeton, NJ: Princeton University Press, 1989), 230。关于这一问题的更详细探讨，参见 Ibrahim M. Oweiss, "Ibn Khaldun, the Father of Economics," in *Arab Civilization: Challenges and Responses,* ed. George N. Atiyeh and Oweiss (Albany: State University of

New York Press, 1988), 112–127。

3.《历史绪论》的几个译本，使伊本·赫勒敦为西方读者所熟悉。最著名的是 Franz Rosenthal 的三卷本译本 (Princeton, NJ: Princeton University Press, 1958)，已获得权威地位。N. J. Dawood 对 Rosenthal 的译本进行了删节和编辑，使得伊本·赫勒敦的作品在西方更容易使人读懂。除另有说明外，《历史绪论》的所有引文均摘自 Dawood 的节略版 (Princeton, NJ: Princeton University Press, 1989)，并在文中附带引用了相关的页面参考资料。值得注意的是，尽管 Rosenthal 的翻译非常出色，但他偶尔会使用在现代用法中听起来不正确的词语。例如，当他大概是指"经济"或"商业"活动时，却使用了"文化"这个词。

4. 亚里士多德称之为"自然的"活动，是指那些有助于达到某种适当目的的活动。伊本·赫勒敦遵循这种做法。例如，他认为朝廷的力量是社会繁荣的象征，而强大的商业活动也有助于实现这一目标。参见 Aristotle, *Politics,* trans. C. D. C. Reeve (Indianapolis: Hackett, 1998), 1252b28–1253a40。

5. "同行业的人很少聚在一起，即使是为了取乐和消遣，谈话的结果也会是一场反对公众的阴谋，或者是某种哄抬物价的阴谋。" Adam Smith, *An Inquiry into the Nature and Causes of the Wealth of Nations,* ed. R.H. Campbell, A. S. Skinner, and W. B. Todd (Indianapolis: Liberty Fund, 1981), l.x.c.27, p. 145.

6. 引用中括号的使用，是忠实于 Rosenthal 的译本，并在 Dawood 的删节版译本中予以保留，表明译者在这里添加了一个术语（在原文阿拉伯文本中没有相同的词语）或以其他方式试图清晰表述文本。

7. 这本简短的传记的资料来源有 Allen J. Fromherz, *Ibn Khaldun: Life and Times* (Edinburgh: Edinburgh University Press, 2011), and Bruce B. Lawrence, introduction to *The Muqaddimah: An Introduction to History,* trans. Rosenthal, ed. Dawood, vii–xxv; 还可参见 Alfred Gierer, "lbn Khaldun on Solidarity ('Asabiyah')-Modern Science on Cooperativeness and Empathy: A Comparison, " *Philosophia NaturaLis* 38, no. 1 (2001): 93。

8. 从伊本·赫勒敦的著作可以看出，他非常熟悉亚里士多德和其他希腊哲学家的作品。比如，在《历史绪论》中，他参考了亚里士多德的《政治学》（第 41 页）和《工具论》（第 39 页）。

9. 对于这一著名的会面地点的第一手描述，参见 Ibn Khaldun's memoirs (in Arabic), *Al-Ta'rifbi-Ibn KhaLdun wa-rihlatuhu gharban wa-sharqan,* ed. Muhammad Ibn-Tawit al-Tanji (Cairo, 1951), 366–377。Fromherz, *Ibn Khaldun,* 戏剧性地叙述了这次会面，但这是一次历史性的会议。

10. "理性的方式，分析的方法，百科全书式的细节，它几乎完全背离了传统的史学，抛弃了传统的概念和陈词滥调，超越事件的编年史，寻求对历史的解释——因此也是一种哲学。" Dawood, introduction to *The Muqaddimah* (1989), ix.

11. Arnold J. Toynbee, *A Study of History,* 2nd ed. (London: Oxford University Press, 1935), 322.

12. Fromherz 写道："伊本·赫勒敦的理论在东西方知识分子中都引起了轰动，而这些知识分子远远超出了中世纪和东方主义者的范畴。厄内斯特·盖尔纳（Ernest Gellner）是

20 世纪最有影响力的知识分子和人类学家之一，他把伊本·赫勒敦的思想作为他的主要灵感来源之一。"Fromherz, *Ibn Khaldun,* 4.

13. Fromherz 解释了尽管具有科学倾向（赫勒敦告诉帖木儿，"我是一个科学家"），但伊本·赫勒敦的分析和预测有时更多地基于"圣人或神秘主义者的预言"，而不是基于逻辑和科学考虑。Fromherz, *Ibn Khaldun,* 4 and 5, respectively.

14. 例如，参见 Spengler, "Economic Thought of Islam"; Oweiss, "Ibn Khaldun"; Adil H. Mouhammed, "On Ibn Khaldun's Critique of the Market Economy with Some Lessons to the Arab World," *Journal of Third World Studies* 25, no. 2 (2008): 207–226; and Ghazanfar, *Medieval Islamic Economic Thought*。

15. 关于讨论利己行为是如何带来普遍利益的，可参 Ibn Khaldun, *The Muqaddimah* (1989), 238;关于劳动力（人力资本）的意义，见第 274 页。

16. 由于没有一个关于"Asabiyah"这一词的一致拼写，本章采用 Lawrence《历史绪论》（2005，xiv）的导言中的拼写。

17. 关于衰败过程的详细描述，参见 L. Haddad, "A Fourteenth Century Theory of Economic Growth," *Kyklos* 30, no. 2 (1977): 203。

18. 根据伊本·赫勒敦的说法，"［一个文明］有物质生活，就像任何个体都有物质生活一样……因为有一个不能逾越的界限。当奢侈和繁荣降临到文明人的身上时，文明人自然会遵循已成习惯的方式，并接受其习俗"（285 页）。

19. 翻译中使用了"目标"一词，尽管用"目的"或"限制"这样的词会更好一些："文明的目标是定居的文化和奢侈。当文明达到这一目标时，它就会转向腐败，开始衰老，就像在生物的自然生活中发生的那样。事实上可以说，定居的文化和奢侈同时塑造了性格品质，也滋生了腐败。"（第 288 页）

20. Spengler, "Economic Thought of Islam," 269.

21. 奥马尔·查普拉（Umar Chapra）引用了第四哈里发和一位重要的伊斯兰思想家阿里（Ali）的话："真主让富人有义务为穷人提供他们所需要的东西；如果穷人饥饿或裸体或陷入困境，这是因为富人夺走了他们（的权利），真主让他们负责这个贫困和惩罚他们是适合的。" Chapra, "The Islamic Welfare State and Its Role in the Economy," in *Studies in Islamic Economics,* ed. Khurshid Ahmad (Markfield, Leicestershire, UK: Islamic Foundation, 1981), 157.

22. Ibn Khaldun, *Muqaddimah* (1958), 2:352, emphasis added.

23. 相比之下，在《国富论》中，亚当·斯密将建立在商业基础上的城市与主要建立在赞助基础上的城市区分开来。参见 Smith, *Wealth of Nations,* II.iii, "Of the accumulation of Capital, or of produltive and produitioe Labour"。

24. 在提到贝都因人（Bedouins）的做法时，伊本·赫勒敦写道，"他们经常通过对财产的罚款来惩罚犯罪，他们希望增加税收并获得一些（金钱上的）优势。这是没有威慑力的"（第 121 页）。

25. "社会凝聚力"的标准词典释义为狂热的党派偏见、偏执、狂热、党派或团队精神、军队精神、部落团结和民族主义；与社会相关的词可能有"联盟""军队""联邦""团体""小组""部队""乐队""帮派""小集团"等；与凝聚相关的词有"父系关系""关系"等。参见 J. M. Cowan, ed., *Arabic-English Dictionary: The Hans Wehr Dictionary of Modrn Written Arabic* (Ithaca, NY: Snowball, 2011), 615-616。

26. Ernest Gellner, *Muslim Society* (Cambridge: Cambridge University Press, 1981) 41. Johann P. Amason and Georg Stauth 认为，社会凝聚力是"一种集体意志的形成和对持续行动的承诺的能力，而不仅仅是高度的社会凝聚力"；Amason and Stauth, "Civilization and State Formation in the Islamic Context: Re-reading lbn Khaldun," *Thesis Eleven* 76, no. 1 (2004): 34；也可参见 Gierer, "lbn Khaldun on Solidarity," 其中讨论了是什么产生和加强了社会凝聚力——共同的血统与共同的社会化。吉雷尔认为这更多的是一个社会学的概念，而不是生物学的概念。

27. Fromherz *(Ibn Khaldun,* 128) 认为伊本·赫勒敦受到亚里士多德的影响，尽管他注意到二者的观点有所不同。例如，与亚里士多德不同，伊本·赫勒敦不相信人类文明是线性发展的，而是周期性的。

28. Fromherz, *Ibn Khaldun,* 128.

29. 同上，33 n. 5。

30. 弗朗西斯·福山（Francis Fukuyama）认为，更高层次的信任对社会来说，既有经济上的好处，也有非经济上的好处，包括商业组织更容易适应市场和技术的变化，工作场所更灵活，员工被赋予更高层次的责任，以及组织内部更大的权力分散。Fukuyama, *Trust: The Social Virtues and the Creation of Prosperity* (New York: Free Press, 1996), 30-32.

31. Fukuyama, *Trust,* 29.

32. 因此，一些资本理论家强调"道德教育"将增强社会现有的竞争优势。相对于其他社会而言，某些社会将取得一些道德优势，相关讨论参见 Thomas Donaldson, "The Ethical Wealth of Nations," *Journal of Business Ethics* 31, no. 1 (2001): 25-36。

33. 伊本·赫勒敦试图将权力和美德等同起来，这导致他的叙述中出现了一些矛盾。例如，如果考察历史上的伟大征服者，如成吉思汗或帖木儿的生平，就很难看出他们的性格中有多少善良之处。

34. 有趣的是，尽管他讨论了诸如服务（仆人）之类的职业，但他没有将"服务"作为生产活动的一个单独类别来处理。

35. 有人认为，囤积粮食虽然对商人来说有风险，但实际上是有成效的（亚当·斯密后来传播了这种观点），这是伊本·赫勒敦对市场和经济运行见解的又一个例子。根据现代经济学，所有的交易都是在不完全信息的情况下做出的决定，因此都是投机性的。伊本·赫勒敦还指出，"城市里有头脑、有经验的人都知道囤积粮食是不吉利的"（311页），因为粮食储备可能会变质。尽管囤积粮食对商人来说是有风险的，但伊本·赫勒敦并不认为这种行为是非生产性的（123 页）。

36. 例如，Arist., *Pol.* 1252b28-1253a40。 Fromherz 认为伊本·赫勒敦是"亚里士多德的间接学生"*(Ibn Khaldun,* 122)，"浸透于……理性哲学和系统神学的传统之中"（123 页）。

37. 奴役的职业也是如此："仆人不是一种自然的谋生方式。"（300 页）

38. Bernard Mandeville, *The Fable of the Bees: or Private Vices, Public Benefits,* ed. F. B. Kaye (Indianapolis: Liberty Fund, 1988). 也可参阅尤金·希思（Eugene Heath）关于伯纳德·曼德维尔的文章。

39. Ralph Benko, "Ronald Reagan, Ibn Khaldun, Mahathir Mohamad: Back to Capitalist Basics," *Forbes,* March 5, 2012, http://www.forbes.com/sites/ralphbenko/2012/03/05 /ronald-reagan-ibn-khaldun-mahathir-mohamad-back-to-capitalist-basics/.

40. Jonathan Lyons, *The House of Wisdom: How the Arabs Transformed Western Civilization* (New York: Bloomsbury Press, 2009)，此书描述了大约从 12 世纪开始，诸如巴斯的阿德拉德（Adelard）这样的欧洲学者是如何发现并受益于包括希腊在内的巨大知识宝库（"埋藏了 6 个世纪"）的，这些知识宝库在过去的几个世纪中，由阿拉伯人予以保存和极大的完善。

41. 参见 G. Rice, "Islamic Ethics and the Implications for Business," *Journal of Business Ethics* 18, no. 4 (1999): 345−358; and Munir Quddus, Henri Bailey, and Larry R. White, "Business Ethics: Perspectives from Judaic, Christian, and Islamic Scriptures," *Journal of Management, Spirituality, and Religion* 6, no. 4 (2009): 323−334。

第七章　托马斯·霍布斯关于自由个体
在社会中道德行为的看法

蒂莫西·富勒（Timothy Fuller）

本章旨在探讨托马斯·霍布斯的《利维坦》（*Leviathan*），作为一部现代道德想象的杰作，[1]对当今商业伦理研究中的问题能够提供哪些启示。霍布斯被大多数人知道或听闻，是他消极的将人生总结为"孤独、贫困、污秽、野蛮又短暂的"（XIII，76），或者是认为"全人类的普遍倾向是，得其一思其二，死而后已，永无休止的权势欲"（XI，58）。第一个观点指的是在没有政府的"纯粹的自然状态"下，所有人都只能依靠自己。第二段引文意为，人们必须不断地寻求那些能够让欲望获得满足的手段，这是一项与生活息息相关的活动。以上观点及其他类似的言论，为霍布斯建立更大的理论体系奠定基础，而这一理论体系实际上提供了一个充满希望的构想。

霍布斯描述了那些能够在一定的法律规则下，建立可靠的文明关系的人，从而既能保护他们的工作成果，又能保障其进行创造性和反思性思考的机会，并能接受一种与把自己当作自由个体看待的想法相一致的秩序。霍布斯不仅为这样的社会提出了理性行为的训诫，而且展示了这些每个人都可以共享的训诫是如何促进文明生活的。即使人们的利益不同，甚至可能发生冲突，但理性对所有人来说都是共同的。

目前关于商业伦理的研究，包括在商学院中对商业伦理必修课程进行整合在内，已经认识到需要仔细思考商业道德，思考在相互理解的行为准则的氛围中，通过理性地追求个人利益来促成商业交易。在这种氛围中，交易的方式和信任的必要性，是追求成功的关键因素。[2]虽然案例研究法在商业伦理教学中占据主导地位，但有相当一部分观点认为，对道德哲学传统的更大背景的认识是对案例研究的重要补充。霍布斯尤其重视这一方法。

在这种背景下，霍布斯的《利维坦》之所以特别重要，至少有两个原因。首先，他是现代国家的主要理论家之一。现代国家是一种政治形式，它已经在西方世界占主导地位，取代了希腊城市、罗马帝国和天主教会，成为人类组织的模式。其次，霍布斯意识到商业的发展是公民生活的一个重要方面；《利维坦》是对新兴政治形式与不断扩大的公民社会之间关系的实质性研究。简而言之，霍布斯提出了一种全面的政治理论，体现了经济学与伦理学的兼容性，既提出了对人类行为之源的现实主义评价，也提出了不可忽视或逃避现实生活行为的伦理学解释。他预见到了今天的问题。例如，商业伦理学家 R. 爱德华·弗里曼（R. Edward Freeman）写道："在某些公平分配社会中的商品和服务、权利和义务的框架之外，人们无法评估资本主义的价值。同样，如果没有对各种经济制度的特点进行真正的讨论，公平的哲学理论也不会引起兴趣。经济与政治、社会和哲学的分离导致了无聊枯燥的伪科学或不切实际的政治意识形态。"[3]

当然，霍布斯没有写过"商业伦理"。然而，他确实阐述了一种人类行为的概念，来适应一个日益以商业交易为特征的社会，从而为社会存在的假设提供一种哲学上的解释。[4]霍布斯的意图是展示如何克服"羞怯"——用他的话说，就是对别人"缺乏信心或信仰"——以建立有利于信任的条件（XIII，75）。他对理性行为进行了全面的阐述，这在很大程度上预示了商业伦理的研究重点。在提出一个精心设计的法治理念来保护自愿交易的过程中，霍布斯将他对不断发展的商业生活的认识与公平的概念联系起来。因此，霍布斯阐明了一个具有更宏大历史背景的假设，以处理现代商业生活中存在的某些实际的道德问题。

霍布斯讨论了自然法则，或者更准确地说，是理性行为的格言或戒律。只要人们能够反思自己与他人进行互动的过程，所有人都可以理解这些戒律。在一个日益发展的强调商业活动的公民社会中，现代道德的概念得以具体化，而霍布斯对这一概念的相关阐述，需要引起重视。[5]霍布斯观察到，自我保护的本能伴随着促进自我约束的理性能力。人们可以调和自我提升和自我约束之间的紧张，使这种张力以开明的利己主义形式得到控制和产生。

因此，追求自己所希望的满足意味着要仔细考虑如何一直保持持续性的成功，而不仅仅是眼前的满足。这描述了自由市场经济的一个基本特征，也是亚当·斯密所说的自然自由体系中的重要部分。以下是在霍布斯之后一个世纪的亚当·斯密的观点：

> 一个人几乎总是有机会求助于他的同伴们，而指望他们只因仁慈而施以援手，这对于他来说是徒劳的。如果能使他们明白他的利己其实对他们自己是有利的，并向他们表明做他所要求的是为了他们自己的利益，他就更有可能获得帮助。无论谁向别人提出任何形式的讨价还价，都打算这样做……正如通过缔结条约、物物交换和直接购买的方式，人们在所需要的相互斡旋中，从别人那里获得更大的好处。[6]

斯密看到，对于一个自称独立自主的人来说，并不想依赖于他人的施舍："除了乞丐，没有人选择主要依靠同伴的仁慈过活。即使是乞丐也不能完全依靠别人。"[7]出于同情而行善是完全可能的，但在新兴的道德想象中，需要这种善行的想法是不可取的——相互依赖是一回事，依赖又是另一回事。霍布斯对这一思想也有自己的阐述。约翰·亨德利（John Hendry）在描述人们生活在一个"双重的道德社会"时，就提出了这一观点的当代版本："很少有人会否认，传统的义务道德不仅在社会上是合法的，而且是绝对必要的……同时……今天很少有人会否认，个人私利也是相当正常的和可以接受的。"[8]亨德利还建议人们需要协调这些趋势。他所描述的，正是霍布斯已经开始讨论并分析的内容。

然而，正如霍布斯所主张的那样，这种紧张局势的持续存在，激发了一个现代生产性社会的活力。解决或超越这种紧张局势的想法虽然抽象，但却意味着人们所知道的社会生活的结束。亨德利似乎最终意识到了这一点："人们没有必要通过纪律治理来限制商业发展和削弱企业力量。然而，人们确实需要信任企业，让它们对自己的利益和活动保持开放和诚实，也确实需要它们围绕广义上利益与整个社会利益之间的关系进行建设性对话。"[9]

虽然人类拥有共同的理性，但霍布斯观察了欧洲社会，尤其是英国，所经历的经济、政治和宗教上的转变，在这一背景下分析了这一能力。霍布斯关注的是，他所生活的世界所呈现的变化特点，以及人们在其他自我面前，如何将自己理解为自我的，还有他们的道德想象力是如何发展的。本章将更加详细地分析这种道德想象的特点。在第二节中，将重点转移到对自由、权威和公民美德的思考。第三节将讨论法律的性质，包括自然法和民约法，以及契约的概念。第四节主要论述的是，代议制政府为何对需要共同生活在和平之中的自由人来说是合适的。最后一节将重述一个观点，即道德洞察力的想法源于自我反省和想象力，因此商业实践和商业伦理一般不需要专业知识、启示或特别的洞察力。

道德想象力

笔者所说的"道德想象力"，是指随着时间的推移，通过相互作用，人们会在诸多方面对他们的组织进行想象，如在寻求和解的过程中对对方的期待，在正常情况下根据商定的程序来运作，假设他们合理地相信他们分享和指望其认可的事情，对一种可被普遍接受的行为的共同理解，什么是值得怀疑的等等。下面是霍布斯对这一概念的表述方式：

> 研究这些自然法的科学是唯一真正的道德哲学，因为道德哲学就是研究人类相互谈论和交往中的善与恶的科学。（XV，100）

霍布斯在《利维坦》的《引言》一节中指出：

> 但另有一句近来尚未为人所懂得的俗话则是他们正应该照它来真正学会互相了解……那就是认识你自己……是教导我们，由于一个人的思想感情与别人的相似，所以每个人对自己进行反省时，要考虑当他在"思考"、"构思"、"推理"、"希望"和"害怕"等等的时候，他是在做什么和他是根据什么而这样做的，从而他就可以在类似的情况下了解和知道别人的思想感情。……要统治整个国家的人就必须从自己的内心进行了解而不是去了解这个或那个个别的人，而是要了解全人类。这样做起来虽然有困难，难度胜过学任何语言或学科学；但是当我明晰地系统

论述了我自己的了解办法后，留下的另一个困难，只需考虑他自己内心是否还不是那么一回事。（引言，p. 4-5）

后又谈道：

> 这儿所谓的品行指的不是行为端正有礼，如怎样对人行礼、在旁人面前怎样漱口、怎样剔牙等等细枝末节。而是指有关在团结与和平中共同生活的人类品质。（XI，7）。

霍布斯要告诉人们什么？（1）人与人之间的理性和激情基本上是相似的。（2）通过对自身经历的反思，可以想象出普遍存在的推理和情感的基本模式，从而推断出其他人在类似情况下可能会如何反应。（3）在治理一个国家的层面上，这一知识至关重要，因为治理的任务远远超出个人关系。事实上，治理需要客观的、非个人化的关系，这种关系通过法律体现在一个国家的所有臣民身上。（4）与此同时，由于统治者和臣民在这些模式上没有根本的区别，所以（5）无论地位如何，人类都具有共同的洞察力。（6）区分一个人与另一个人的能力，是相对准确地把握人类行为的基本结构的能力，这种能力是通过概括一个人的特质、弱点，尤其是特定目标来实现的；一个人在生活中所占据的职位或地位不会改变他的首要任务。（7）《利维坦》详细地介绍了基本的相似性是什么，而对这一论点的检验则是让读者通过自我反省，来思考霍布斯是否"科学地"阐述了人际关系的基本特征，即脱离个人的偏好、兴趣和目标。

霍布斯并没有把物质财富的增长视为目的本身。这样的目标只能揭示情感战胜理智的胜利。霍布斯认识到，有些人的野心远远超过了他们的安全所需的，他们可以强迫那些性格更温和的人出于善良而满足他们的野心（XIII，75）。相反，他最关心的是理解那些认为自己是自由个体的人是如何实践理性行为的，而对他们来说，首先要做的就是保持为自己做事的能力。

霍布斯提出了一种道德想象的观点，这种道德想象不仅强调自我利益——这是霍布斯思想和现代商业社会中经常被讨论的一个方面，而且强调通过从人类行为的普遍特征中推断出他人观点的能力；人们有必要对他人感兴趣（即使对那些认为这是"必要之恶"的人也是如此）。无论是隐性的还是显性的，人们都会抓住开明或理性的个人利益、意识，以及自律地追求个人利益，由此可以接受不得避免的对别人生活的影响，而别人也会同样追求自我利益，并用同样的方式来约束这种追求。通过反思经验，人们得知如果不学会在道德上约束自己的行为，而是期待把自己与他人分离开，或将自己凌驾于他人之上，就会遭受挫折。道德的方式是一种通过反思经验而获得一种开明自利的自律方式，通过这种方式我们学会了自我调节。

霍布斯为现代道德想象的进一步发展奠定了基础。后世的作家，如亚当·斯密，强调同情的本能，这是一种能在看到他人痛苦时激发同情或怜悯的同感的能力，以及对自身利益的本能追求。[10] 道德想象力可以让人们了解他人的想法，即便他是且必须是"为自己"的个体。人们可以想象拥有或多或少自发联合的经验，包括无数自愿的交易，由一个主权者制定和执行的法律来管理。这种自发的联合既允许财富的增长，也允许不受干扰的思想和思考的自由，以及哲学和艺术的培养。霍布斯可以想象这样一种秩序，因为在他的时代，这种秩序的经验已经存在并开始发展。到亚当·斯密时代，人们已经能够以强有力的系统来将它的特征理论化，并评估相对于抵制商业发展而言，商业社会所拥有的优势。

霍布斯关于人类社会的可能性和局限性的现实主义观点，是他对人类行为的基础科学的概述的先决条件，这将使人们有可能设想由道德想象的变化所激发的政治制度的改革。洛克、康德和黑格尔在建立现代国家理论时，正是这样做的。这些思想家阐述了信心的基础，即在宪法限制的政府和法治的支持下，或多或少自发的商业秩序需要依赖的，不仅仅是强制权力。所需要的是比高压政治本身所能提供的更为持久的稳定，这种稳定的基础是接受主权者权利的必要性，但在考虑到越来越多的人倾向于坚持个人自由的情况下，对主权者权利的范围或程度仍然没有定论。在这一想象中，个人的道德能力同当权者的道德能力一样重要。

即使人们通过共享的道德想象享有相当大的稳定性，作为社会成员的商业伦理专业的学生，如何才能更充分地理解不同程度的推断所隐含的意思呢？难道他们不应该把特定的案例研究，以及一些相当明显的道德准则，放到一个更大的反思语境中吗？他们需要的是"文化或公民素养和道德素养，或有效使用道德语言的能力……识字激发想象力，给人们一种新的观察方式……可以培养学生的道德想象力"。[11] 这是霍布斯在《利维坦》中的一个研究目标。事实上，他关于权威和代表的看法，揭示了他的道德想象观念。

自由与权威

在《利维坦》的引言和第 16 章（"论人、授权人和由人代表的事物"）中，霍布斯区分了"自然人"和"虚拟人"。"虚拟人"是模仿神创造自然人的人类造物，允许人们在广泛的范围内，把自己看作是自我创造的存在，也就是说，人们是被再造的"物质"。人类的诡计无法取代自然人，因为"物质"的存在与否首先取决于神是否创造了它或我们。相反，它意味着人们可以用自然本身不产生也不排除的方式塑造自己。理性使人们认为自己是一项正在进行的工作。人们所做的一切，其本质上的基础并不妨碍其从创造性的想象中增加自然（强加于我们自己的）工艺。用更熟悉的话来说，这意味着我们必须在其他人面前选择自己的行为。

人们可以用不同的方式想象自己，可以采取措施使自己符合想象中的想要成为的样子。作为神的艺术作品，自然提供了物质，但人类的物质也必须由自己提供。人既是自己的资源，又是自己作为资源的创造者："大自然，也就是上帝用以创造和治理世界的艺术，也像在许多其他事物上一样，被人的艺术模仿，从而能够制造出人造的动物。"（引言，3）

对霍布斯来说，自由（除了意味着人们的行为没有外部障碍之外）可以被理解为，根据人们自身的想法来改变自己，这种想法主要围绕什么对自己有利，什么对自己不利。"因为行走、说话等自觉运动始终要取决于事先出现的有关'往哪里去'、'走哪条路'和'讲什么话'等的想法，所以想象是所有自觉运动的首要内在开端。"（VI，27）

因此，人们将不可避免地问自己，由于每个人都可以进行想象，那么在缺乏最初的一致意见，以及缺乏独立指导的情况下，自由的正确或最佳用途可能是什么：

因此，如果发生争论，有关双方就必须自动把一个仲裁人或裁定人的推理当作正当理性。此人的裁决双方都要遵从，否则为了找到一种天然的正当理性，争论最后一定会诉诸武力或一直悬而未决。其他的各种争论也符合这种情况。有时一些人认为自己比所有其他人都聪明，喧嚷着要用正当理性来进行裁定；但他们所追求的却只是不能根据别人的推理来决定事情，而只能根据他们自己的推理来决定。这在人类社会上，就像打桥牌时定了王牌之后，每一回都把他们手里最长的那一副牌来当王牌一样，令人不能容忍。（V，23）

人们有"正当理性"的概念，但对理性的正确使用却没有达成共识。这既是一种优势，也是一种劣势：如果没有正确使用自然自由的意识，人们可能就没有创造秩序或寻求和平国家的动机；同时，人们观点中的自然个性既是和平的动力，也是冲突的根源。在纯粹自然的条件下，人类对自己生存和繁荣的自然本能做出反应。然而，人们也通过理性，去反思那些不可避免的有他人存在或参与的情况，促使人们制订行为准则，遵守这些准则将缓解他们在追求期待的满足时所遇到的敌对和潜在的战争局面。

对所有人来说，理性既是人们困境的根源，也是对它的补救；前者是因为人们会将自己与他人区分开来，后者是由于可以设想补救方法是什么。反思的能力和人们对激情欲望的追求一样，都是人类自身的一部分；内部的动机之争必须得到解决。根据《利维坦》第十四章可以看出，"自然权利"是一种人们必须根据自己的判断，做任何事都不会受到外部障碍阻止的自由，有一个相应的"理性所发现"的"自然律"，告诉人们不要自我毁灭（XIV，79）。个人必须调解情感与理性之间的冲突；人们对自己有利用情感去实现自我愿望的义务。人们为自己定义这种义务，在没有法律体系的情况下，我们根据自己来解释它的要求，从自己的角度判断他人的反应。个人的道义责任还不是一种法律义务，这种义务只能从共同协商、彼此立约的法治中产生，交给权威来为人们制定法律，这意味着愿意遵守这样制定的规则。把建立法治想象成摆脱相互毁灭的一种途径，这种想象能力得出了这一结论，并且鼓励了实现这一结论的意愿。

人类是充满激情的生物，尽管他们追求的欲望可能不同，但也有着共同的理性。尽管如此，霍布斯断言，旧道德哲学家所说的"最高的善"

（summum bonum）根本不存在，而存在"最高的善"即意味着暴力死亡。（XI，57）死亡的命运不是一个观点的问题；人们都是平等的，最终都会死亡。无论一个人是否相信"最高的善"，我们必须考虑对于什么是"最高的善"缺乏共识，原因是无法避免个人根据自身经历对其做出解释。要想在这种情况下实现和平秩序，人们委托的权威部门必须制定法律，并确保法律适用于所有人。尽管大家都觉得自己是天性自由的，但他们也要接受一种符合每个人利益的义务规则，以满足公民和平的需要。这些法律原则上不偏袒任何一个人或任何特殊利益，以服务于所有受其管辖的人。

人们最终都会死亡，每个人在这一决定性的问题上是平等的，但有些人对财富、命令或感官愉悦有着强烈的欲望，渴望独立或成为第一，所有这些都会让人们忘记自己终将死亡（XI，58）。霍布斯并不推崇这些动机。无论"最高的善"是什么，无论是否存在"最高的善"，人们都不能依赖于旧道德哲学家所构想的理论。当人们真正需要关于重大结论进行对话和做出警告时，对"最高的善"的追求却引发了争论、辩论和暴力。死亡不会等人们同意之后才会降临。但是，人们对善的追求却需要保持清醒，并对那些已经宣称发现善的人持怀疑态度，包括我们自己。最坏的情况是自欺或骄傲，补救的方法是自律。人们可能有坚定的信念，但不能期望得到别人的同意或默许。

"自然法则"并不是真正意义上的法律（XV，100），而是每个人都能接触到的格言或戒律，每个人都能对其进行解释。"自然法则"表明，在行使人们的自由时，人们不可避免地想知道自己应该如何利用这种自由。人们必须正视正确使用自然自由的这一问题。道德责任感（首先是对自己的）是自然的。至少对霍布斯而言，考虑到人类关系的历史，包括过去和现在，对如何使用这种自由持怀疑态度。他引用《圣经》中的形象，指出当亚当和夏娃违背神的命令时，他们没有首先获得正确判断的智慧，就把自己当成了判断善恶的权威（XX，134）。这就好像上帝在人们的承认下离开，让人们去为自己创造的困境寻找出路。

如果有办法摆脱这种困境，或者有办法减轻其后果，那么人类将不得不更仔细地思考如何正确地利用自己的自由。因为这是人类共同的困境，需要一种所有人通过努力学习都能理解的原则。霍布斯认为所有人都可以学习。

新秩序将是透明的，每个人都能看到；人们会因为符合他们的利益而接受新秩序，并能因为符合人们的利益而理智地服从这一秩序：

> 我们看见天生爱好自由和统治他人的人类生活在国家之中，使自己受到束缚，他们的终极动机、目的或企图是预想通过这样的方式保全自己并因此而得到更为满意的生活。（XVII，106）

反过来说，即使主权是"绝对的"，主权的拥有者也受到所谓适当的法律应采取何种形式的共同理解的限制。他们还知道，主权国家的目的不是无限扩大其权力的范围，而是为一群天生热爱自由的人做必要的事情，也就是维护国内和平。那些天生热爱自由的人的"最终事业"——所有人都能认同的一份事业或一个目标——是国内和平；除非在私下思考或谈话中，否则宣称超越这一境界的智慧，都是对安全和卓有成效的自由实践的持续威胁。

当局的权威来源于"正确"掌控政府的权利，因为政府官员是被那些自然自由爱好者认可的，尽管后者认为自己是天生的自由个人，却有充足的理性服从于政府的管理，原因是这样可以让自己在追求所需要的满足时，从所有人对所有人的战争中得到解脱。作为臣民的人和作为统治者的人之间的区别，不是不同类型的人之间的区别，而是不同职位或地位之间的区别。

政体的正式秩序（对霍布斯来说，政体的形式可以是民主的、贵族的或君主的）并没有消除人类固有的自然自由。人类从自身经验的角度来解释世界，因此从原则上来看，共同的理解最终取决于每个人使用的观点和词汇。霍布斯将政治论述更加精确，也说明了这一点。

要实现这样的统一，需要经过设计的、理解透彻的办法。当然，那些拥有巨大权力的人可能会一步一步明显地强加信仰的统一性；但这只是表面上的，当这种权力动摇时，这种统一性就会瓦解：

> 因为一个人虽然可以像这样订立信约："除非我做某某事，否则杀我"；他却不能订立这样的信约："除非我做某某事，否则你来杀我的时候我不抵抗你。"因为进行抵抗而死的危险是小害，不进行抵抗目前就肯

定要死则是大害，人类根据天性会"两害相权，取其轻者"。（XIV，87）

霍布斯有一句名言："不带剑的契约不过是一纸空文。"这是很有道理的，意为对惩罚的恐惧是不可缺少的。但他明白，一个和平的国内秩序不能仅仅建立在主权者强制执行的权力之上。必须有一种"权威"，这种权威不仅仅是行使武力，而是来自臣民承认其在维持秩序方面的价值，这超越了仅靠武力所能实现的价值。承认这一价值后，授权一个主权者就不再是消极的了；还有利于提高私人交易的能力。简而言之，必须有一种公民美德的观念，其本身不同于遵守法律框架，后者使人们能够预见保护自己选择的追求的可能性，同时其他人也可享有同样的可能性。这意味着，即使在威胁人们的主权并未立刻出现的时候，人们也有意愿维护公民人格，反对独断的自然人性。只要公民关系的想象是通过人们自身的反思产生的，而不是之前强加于自己的，这种情况就是可能的。

霍布斯重点强调法律规则的必要性，以促进臣民内部的交易。事实上，尽管自由在"主权者未以条令规定的地方"（XXI，143）占统治地位，但法律的沉默并不是重新激发所有人对所有人的战争的许可证，因为国家缓和了有利于形成敌对局面的条件。对人们来说，自由的正确使用的准则是自然的，在可以限制战争爆发条件的国家之中是可以看到的，即使个人虽然具有公民性质，但仍然是自然存在的。国家的目的不是要取代人们的自然自由，而是要使其最大化使用或合理使用权利。

的确，如果自然的第一法则是寻求和平，那么生活在一种文明秩序中就增加了生活在和平中的机会，并享受由此获得的成果，这可以激励人们按照和平的准则来行事。持久的秩序需要对公民的要求有广泛的了解，以便让公民学会自治。人们不仅坚定自信，也会遵守法律，无论守法的动机因恐惧害怕或是因道德高尚，它都能促进所期望的结果。服从的一种"帮助"或动机——一种对自我克制的荣誉感和自豪感——是令人钦佩的，但这种"帮助"或动机太过罕见，以至于不能指望它来排除对后果的恐惧，包括对个人利益的理性追求（第16章，第87节）。高尚的动机和低级的动机都有助于达到所追求的目的，但低级的动机——指对结果的恐惧和害怕——更为可靠。人们无法看透彼此的心；对于同样守法的臣民来说，无论他们是否拥有内心的高贵或勇敢，在观察行为上都是令人满意的。现在的高贵不在于装腔作势或炫耀，而在于对公共荣耀的贵族式不屑，这种不屑表现在一种独立的自尊上。自给自足是一种高尚的态度，不需要外界的强化或奉承。

如何实现这一切？首先，人们必须在承认人的自然个性的同时，确立一种稳定与和平的文明秩序的基本准则。人们需要一种秩序，一种严格意义上的人为秩序，一种通过人类对其共同自然条件的创造性而想象出来的艺术作品。作为被创造出来的物质，人类必须使自己成为主体，因为这样做符合人们的利益。

通过彼此之间的契约（根据人们道德想象力的发展，这可能会成为一种不断演变的期望），人们通过约束其自然人性的意志行为，表达对公民生活的承诺。商业是一种体验性的来源，它使人们认识到和解的必要性，从而使和平行为的准则切实可行。约束必须是自我强加的，这样它才能在非偶然性的基础上发挥作用。这些规则必须来自一个公认的权威，并具有规则的适当性质：（1）没有官职的自然人无权将规则强加于他人；（2）人们谁也不能选择自己的义务；（3）每一项义务都是经过自己同意的。没有自然的权威，没有自然的人的等级制度，也没有神权的权威。

霍布斯将《利维坦》第 14 章命名为"论第一与第二自然律以及契约法"，其意义重大。自然律和契约关系是紧密联系在一起的。人们通常在契约中实施这些自然法则，根据自然法则订立契约；要想理解每一个契约，都应该在另一个的上下文环境中进行衡量。霍布斯探讨的是道德想象，因为它可以通知到社会中的每个人，而这些人定期参与自愿交易。契约涉及权利的相互转让，即：

> 在契约中，权利不但在所用语词为现在时或过去时的地方可转让，而且在用未来时语词的地方也可转让。因为所有的契约都是权利的相互转让或交换。因此，仅由于已经得到了允诺所交换的利益而做出允诺的人，应理解为打算转让权利。因为除非他原先甘愿让他的语词作这种理解，否则对方就不会首先履行他的义务。出于这一原因，在交易以及其他契约行为中，允诺就相当于信约，因之便是有约束力的。（XIV，83）

对霍布斯来说，承诺可以将理性行为准则中隐含的道德责任转化为义务。在国家中，有一种强制执行的权力来确保契约的承诺得到遵守。但在此之前，人们倾向于与他人建立契约关系，这体现了新兴的现代道德想象，并合法化了强制权力的使用，这种强制的权力在实际上强化了道德想象。主权者没有创造道德想象；主权者是道德想象的逻辑结果，是强化道德想象必不可少的。

主权者的概念意味着统治者和被统治者双方的责任。霍布斯从一开始论述主权概念的时候就明确表示［见《使徒书信》(the Dedicatory Epistle)］，这一概念并不是针对一个或几个特定的人。所有反思自己处境的个人都能理解主权的概念及其目的。其中，包括维持秩序、建立信任和促进生产性交易的责任。下面是在商业背景下的相关现代表述：

> 考虑到道德越轨可以发生在无数的层面上……想想你的道德失误会如何影响到员工、同事和上级、供应商、客户、内部监管机构（律师、审计人员、董事会）、外部监管机构（政府、利益集团等）、股东，或者你所在社区的公众……有这么多可以跨越道德底线的机会和民众，试图定义或立法支持每一种行为是不可能的。一些法律的绝对性是可以界定的。但是真正的道德行为和理解只有在组织的领导者分享和内化正确的规范和例子的时候才能产生。[12]

霍布斯并没有像描述的那样，声称自己创造了道德想象；相反，他是把那些已经存在于经验之中的动机进行理论化。正如在《利维坦》的引言中所说的，他打算为我们每个人的内省提供指导。他希望能明晰地论述那些他认为存在于人们的经验中的东西。

法律：自然法、民约法与契约的含义

一些行为准则指导着法律的制定，使理性规则作为国家的强制性法律而生效，通过契约使关系变得融洽，那么这些普遍可理解的行为准则到底是什么？

第一法则是寻求和平，把和平作为使人的自然自由具有意义和生产力的手段。第二个是：

> 会自愿放弃这种对一切事物的权利；而在对他人的自由权方面满足于相当于自己让他人对自己所具有的自由权利。（XIV，80）

霍布斯认为"黄金法则"（Golden Rule）是一种自然可得的，普遍可知的理性法则。只要它仍然是"责任"的规则，那它就不是完全意义上的"法律"。当一个主权者通过个人之间的契约得到承认时，而这些个体正寻求从纯粹本性的状态中逃脱，那么所有人都可以在实践中理解道德责任。

这些背景因素决定了需要建立一个适当的所谓法律制度。一个主权者所制定法律的具体内容并不重要，重要的是这些法律是否符合作为法律需要具备的特性和准则。[13] 对于霍布斯来说，民约法是付诸实践的自然法："自然法与民约法是相互包容而范围相同的。"（XXVI，174）合理制定的土地法就是自然法的实施。民约法同样适用于国家的所有成员，也是起源于国家的（也就是说，它既不是来源于神，也不是来自国家内部的特殊利益）。规则可以通过不同的方式来制定，但是存在一定的标准来判断它们是否符合或接近和平准则，而和平准则可以指导法律的制定。即使从严格意义上来讲，主权者并不受法律约束（因为主权者是"绝对的"），法律也是理性可知的；主权者并没有创造法律的特征，只是制定特定的法律来使"法律"生效。主权者的"绝对性"也不建议或要求通过法律进行广泛而微小的监管。相反，法律是为了实现公民的和平，这是每一个个体国民根据其理性的自我利益所提出的要求。

其他的"自然法则"或规则可以总结如下。霍布斯认为，人们必须履行自己所订立的契约，法律是"正义的源泉"（XV，89）。霍布斯接着描述了遵循第一法则而制定的法律：感恩，顺从（愿意容纳他人），宽恕原谅，抑制复仇的冲动，避免表达仇恨和蔑视，克服骄傲并认可别人与自己平等，避免傲慢，公正地裁决纠纷，承认对共同事务的平等获取，观察识别优先占有的权利而尽可能平均分配，维护那些负责调解纠纷的人，接受仲裁员的决定，不是要求自己成为法官，而是要求法官公正，从而在确定事实时寻求有能力的、公正的证人。他总结给那些需要一个简单公式的人——"己所不欲，勿施于人"（XV，99），以及：

> 自然法是不变的、永恒的，因为不正义、忘恩、傲慢、不公正、偏袒等从来不能与自然法相一致。因为这是从来都不可能的：战争可以保全人的生命，而和平反倒毁灭生命。（XV，100）

霍布斯在这里为法治的"概念"奠定了基础，而法治并不重点依赖于律师的技术知识：

> 我所谓的民约法指的是成为一个国家的成员就有义务要服从的法律，而不是成为某一个国家的成员才有义务要服从的那种法律。因为关于特殊法律的知识，属于以研究各该国法律为业的人的范围，但关于一般民约法的知识则是大家共同的。（XXVI，172-173）

霍布斯通过参考法律的理念和目的，提供了一个独立的标准来评估人们所拥有的实际法律，同时坚持尊重立法权威，以适合当地情况的方式通过列举法规来阐明法律的概念。权威的有效性是在统治者与被统治者的相互理解中形成的。对于权威和服从权威的人来说，认可权威的理由是同样可知的。

即使人们怀疑，这样的秩序可能已经以霍布斯所描述的方式在历史上出现过（正如我们说，通过一个"社会契约"），仍然可以看到如何评判所有的现有秩序，以及随着时间的推移，如何改变成符合霍布斯想象的那类秩序，就好像这一秩序就是在一个原始契约中形成的一样。即使像马基雅维利（如《君主论》第6章）所主张的那样，历史上所有的政治秩序都是通过武力或欺诈产生的，霍布斯的论点也因其前瞻性而获得了肯定，而不是因其对起源的历史解释。霍布斯之所以持怀疑态度，目的是对其观点的革命潜力持乐观态度。

由于人是自我创造的存在，虽然是国家的臣民，但并不会停止追求自我。人们不会放弃指导自己的动机，这最好是在人们认为对自身安全必要的限制内。指导自己意味着在共享道德想象的框架内，为自己决定如何与他人互动；通过这种方式，人们可以发展和维护与他人的关系，这种关系不是由主权者或政府机构所设计的。在背景约束下，那些自发的、非集中的交易仍然有扩展的空间。每个人都能理解的理性行为准则规定了生产互动的基本要求，契约通过民约法赋予君主责任，使人们可以具有按照这些准则行事的能力。安全的基本结构使人们能够以自己选择的方式来分配精力，尽管可能涉及各种风险，但这比具体的政策重要得多。霍布斯认为，现代国家的基本结构是一种永恒的洞察力。他当然知道，人们不能处理好自我发展和自我克制之间的矛盾关系；惩罚的权力不能放弃。然而，所有人对所有人的战争所带来的恐惧，以及民间社会中商业的积极优势，这二者相结合可以减少对惩罚的依赖。

人们应该把注意力转向维持和利用契约及其法律制度所能为自己提供的各种可能性。对契约的忠诚是向彼此发出的信号，表明人们有能力理性地去理解，在服从主权者权威的情况下，人们如何获得在其他情况下无法享有的自我发展的优势。虽然人们是自私的个体，但理性是人类的共同财产。人们不仅可以掌握特定的法律或规则，而且可以掌握义务本身的概念，从而解决共同利益与人们特定利益之间的紧张关系。在处理这一区别的过程中，人们将道德带入了彼此之间的交易。

霍布斯的论点阐明了自我理性行为的基础，在同样的困境中，他将自己理解为其他自我中的自我。主权者不会取代人们的选择所带来的互动，主权者鼓励交易。因此，主权者的职能和价值，不在于保证任何特定的个人或团体的事业取得成功。如果主权者事先偏袒任何特殊利益，那么契约就值得怀疑。主权者当局提供背景条件，让法律上的冒险行为变得合理，但却让人们遭受失败。将人们的交易所依赖的法律执行不力归咎于主权者，是一回事；把人们自主选择的企业的失败归罪于主权者，则是另一回事。在霍布斯所说的国家中，在追求自身利益时受到理性约束的创业精神可能会蓬勃发展。霍布斯知道人类的野心和冒险意愿程度是不同的。许多人可能会满足于自给自足。只要雄心勃勃的人遵守契约和法律，那么他们就可以和那些野心不强的人和平且有效地共存。国家的法律本身既不迎合也不压制任何一种倾向。

代理人、授权人和代议制政府

代议制政府是现代政治的伟大发明。代议制政府是一种适当的政治秩序形式，通过这一形式，人民认识到自己在本质上是自由的，同时又需要彼此和平相处，组成一个可运转的整体。霍布斯是这个发明的主要贡献者，就像他对权威这一现代概念的贡献一样。

在《利维坦》第16章中，霍布斯讨论了什么是"人"。"人"是指一个人的外表或面具，即人们如何向他人展示自己。当人们想让别人看到他们的时候，他们就会试图揭示自己的内在性格。一个人就像舞台上的演员。一个人的想法和他向世界所展示的东西之间，可能存在矛盾，但为了平衡自己的自信和与他人和平相处的愿望，生活在这种矛盾中是必要的。自我肯定必须与自我控制相平衡。舞台上的演员（代理人）说着剧作家写的台词，他不是演讲稿的"作者"（授权人）。代理人的行为实际上是承认授权人的"权威"。代理人也是受授权人的委托有做某事或说某事的权利。代理人被"授权"扮演他的角色。在解释他的角色时，代理人认同、诠释和适应授权人的指导。作为一个人，代理人不能简单地与他被授权执行的思想和行动相一致；他的内心可能会，也可能不会认同这些观点。但从整体上看，这部戏剧取决于代理人是否愿意按照授权人的要求行事，即，是否承认授权人的权威。剧本取决于演员是否承认剧作家的权威。作为个体，每个人都在写各自的剧本，并予以实施。作为国家的臣民，个人是主权者创作的戏剧中的代理人。臣民的私人思想是不受管制的，正如他们的公共言行不受管制一样。立约者是权威的缔造者，因为主权者成为法律的缔造者。就像剧作家可以写剧本，但演员必须来表演一样，演员需要弄清楚如何将写在纸上的文字活灵活现地展示出来，因此臣民必须在实践中制定法律；主权者不能代表臣民进行无数的互动，也不能只是抽象地遵循法律。

当代理人扮演他们的角色时，也同时约束了授权人，因为人们知道授权人要对展示的东西负责，但人们也知道自己要对行使权威的主权者负责。授权人和代理人都要接受评价和批评。人们彼此是各自的旁观者，也是主权者的旁观者，主权者是所有人的旁观者。作为旁观者，人们知道剧本的授权人要为故事负责，但也知道旁观者对授权人负责。

权威若被分裂或存在争议，会威胁或破坏组织的整体性。当个人或团体进行抵制时，他们可能会被敌对的权威或不明确的权威吸引。这是有可能发生的，其原因要么是代理人相信，主权者希望他们违背自然法则，如果他们这么选择的话，可以随时诉诸自然法则；要么是因为代理人认为主权者暗中破坏了契约，而这一契约的最初目的是消除暴力和提升人们享受工作成果的能力。随后，代理人就会主张个人权威，反对他已经授权的那个权威，或求助于其他权威来取代主权者的权威。霍布斯称之为逻辑上的荒谬，但他知道这并不能阻止它的发生。维持契约的义务，与契约希望主权者做到的义务的不同解释，这两者之间可能存在冲突。霍布斯表示：

> 因此，如果一个人在和代理人或代表签订契约之时并不知道对方有多大授权的话，那么这个人只能自担风险。因为任何人本人不是授权人，或在违背或偏离他的授权范围而签订契约，那么他可以不受这一契约的约束。（XVI，102）

谁有权威？当这个问题的答案不明确或有争议时，混乱的种子就会发芽。由于臣民是主权者权威的源泉，主权者的任务就是以一种对所有臣民或大多数臣民都有效的方式，来保证臣民的团结。在霍布斯看来，作为法律的源泉，主权者权力是"绝对的"；其原因是，既然主权者是法律的源泉，那么主权者高于法律。但是，行使权力的范围在原则上要受到臣民或大多数臣民普遍同意的限制。敬畏臣民的能力是必要的，但仅这一点还不够。"义务"的先决条件是"承认"，而不仅仅是"强迫"；"承认"需要人们承认自己的局限性，尽管在任何情况下，未经一致同意没有人需要承担义务：

> 因此，对于被征服者的管辖权便不是由战胜而来的，乃是由他自己的信约而来的。他之所以被拘束，也不是由于被征服；也就是说，他并不因为被打败、被抓住或被打得溃败逃窜就负有义务，而只是因为他迁就并服从了战胜者……唯有当战胜者给他人身自由之时，他的生命才得到了保障，他的服役也才成了分内之事……总之，宗法和专制的管辖权的权利与必然结果和按约建立的主权者的这一切完全相同，而且所根据

的理由也相同。（XX，131）

统治者最终需要信任居民，并赋予其身体上的自由。人为的统一并没有终结个体臣民的自然多样性；这种统一性取决于臣民是否愿意保持人为的统一性。没有自然的统一或理想的秩序，可以完善人为的统一。公民秩序的基础在于个人主体的意志，而不在于集体身份的建构：

> 因为这人格之所以成为单一，是由于代表者的统一性而不是被代表者的统一性。承当这一人格而且是唯一人格的是代表者，在一群人中，统一性没法作其他理解。（XVI，104）

当国家

> 不是由于外界的暴力，而是由于内部失调以致解体时，毛病便不在于作为质料（matter）的人身上，而在于作为建造者（maker）与安排者的人身上。（XXIX，210）

建造者（maker）所犯的错误，是对好的秩序的潜在威胁。这些错误包括：主权者的权力不够强大，对法律和政策的私人判断成为公共意见，相信一个人的良知能够战胜法律，相信个人拥有超自然的启示，野心勃勃地培养追随者，相信主权者应该服从民约法，主权者没有权力征税以支持政府职能，主权的竞争者要求对主权进行分割，相信古希腊和古罗马的秩序比霍布斯所提出的现代意义上的秩序更为合适（XXIX）。

统一必须是多种多样的。霍布斯因此既捍卫了绝对主权，又对其进行了神话化和非人格化。臣民的任务不是放弃其个人的想法和信仰，而是磨炼他们的希望，这些想法和信仰能够获得普遍优势，并因别人也拒绝这一想法而心怀安慰。霍布斯在《利维坦》的第三章和第四章中表示，个人宗教信仰只要是私人的，就不会构成威胁。霍布斯认为，只要臣民的思想是私人的，主权者就不需要侵犯臣民的思想。霍布斯对更高的真理持怀疑态度，除了"自然法则"——有利于和平的理性准则，这些准则是可以理解的，但在性质上并非目的性的；这些准则为交易提供了指导原则，但并没有规定这种交易应该超越公民秩序本身。霍布斯所说的国家承认最大的思想自由，但不允许无限度的公共表达。如何在公众和私人之间划清界限，这个问题没有确切的答案。在多样性中寻求统一，这是需要深思熟虑和判断的问题，主权者必须决定这一点。

因此，私人生活应该受到保护，而对于臣民来说，公共生活只是背景。生活的戏剧发生在个人的内心生活中，在追求个人的自我选择的满足时得以通过外在表现出来。最高尚的人会关心自己的事，同时关心自己在别人的想法和信仰中的印象，寻求与别人的互惠互利关系。霍布斯是个政治怀疑论者。对强大的主权者的需要，并不意味着需要一个行使微小控制的广泛主权者。主权者的承诺越广泛，就越有可能产生抵制权威的诱惑的情况，包括通过与主权者建立特权关系来保护特定利益。霍布斯对人类自我调节的能力既持怀疑态度，又持乐观态度，他认为人类有能力在共同的社会中，通过自我调节来追求自己想要的满足感，而这种满足感是在国家内部得到充分保护的。他为人类行为的深刻反思提供了基础，其中商业行为的道德规范是一个重要的部分。

结　语

正如本章所述，霍布斯的思想体系为不同类型的商业伦理提供了丰富的基础。这是一种始于道德想象的商业伦理，其第一步是内省或自我意识。通过这种活动，每个人都认识到人类的普遍本性，其核心是利己主义和自我克制之间的矛盾。理性提高了自我约束的能力，调解了自我利益追求和自我约束之间的矛盾，从而使这种矛盾以推动商业生活的利己主义的形式变得可控且富有成效。理性的调解也扩展到政治团体，并产生为社会和商业行为提供信息的契约关系。但是，社会交往和商业交流的稳定不仅是通过主权者的制裁而获得的，而且是通过公民的美德和一种既理性又热情地与其他人交往的倾向而获得的。

在霍布斯的论述中，人们可以看出一种商业伦理，这一商业伦理并非完全根植于道德思想中，而是建立在一个更广阔的基础上，这个基础将哲学、伦理、道德心理和政治联系起来，并将它们与行为联系起来，包括霍布斯所指的关于商业行为的重要案例。

因此，霍布斯在《利维坦》的引言部分就提出，理性行为不仅要求我们"阅读"（理解）自己，而且要求我们理解"人类"。通过内省，人们可以把自己的个人和特殊偏爱，与普遍行为的源泉区分开来，并认识到人类的困境是普遍的，即使我们会首先和立即知道自己的个人经历。从个人的角度去判断是一个不可避免的起点，但这并不是人们自我认识的不可逾越的限制。霍布斯对自我意识的规范进行了广泛的研究。伦理学和商业伦理学研究鼓励扩大自我意识，这必然意味着扩大对他人的认识和理解。

《利维坦》的英文版是为聪明的读者准备的。霍布斯希望这本书能在大学里被讲授，能在讲坛上布道。此外，霍布斯告诉人们，如果我们看到他所看到的（他说，没有其他方式来展现），那么支持他观点的证据，取决于我们每个人思考《利维坦》中所提出的分析并自己做出判断。因此，有一种扩大自我意识的方法，其重要性不亚于该方法所产生的具体结论。这种方法就是强烈的内省。霍布斯并不依赖于道德上的艺术大师，那毕竟是哲学上的极少数人，他们能看到其他人所看不到的东西。所有必要的基本道德都可以通过持续地内省和观察我们周围的事物来获得。我们每个人都是人类的个体和实例。霍布斯的书并不是作为自我反省的替代品，而是作为其进步的辅助。霍布斯的观点针对的是统治者和臣民，统治者和被统治者，管理者和雇员，领导者和追随者——针对我们所有人。

关于道德行为准则，没有秘密的知识，没有只有少数人知道的准则，也不需要接受法律或神学方面的专门训练。霍布斯希望在行为准则上达成共识，这将有助于人们彼此之间的行为——"现代道德想象"。通过经验表明，这些准则与人们所有的交往有关，适用于人们的经济交易及其他形式。霍布斯所说的"国民的整体"，或者我们所说的现代国家，强化了自然发生的道德想象。

每个人都根据自己的愿望来定义自己满意的生活。商业是一种手段，根据这些人的追求而将他们联系在一起，又不妨碍他们持续探索新的可能性——它提供了一种有序的追求方式，来寻找那些尚未被命令或发明的东西。道德行为的要求与个人对自身利益的追求并不是对立的。当然，在利己主义和对他人的尊重之间存在着矛盾，但正如霍布斯所看到的那样，这种矛盾的可控性在很大程度上是在人类自我理解的范围之内的。政体所拥有的强大的外部组织，与具有相当自我调节能力的个人之间是相容的。商业道德是一个特例，是人们不需要深奥的见解或启示就能知道的一般行为准则。道德哲学促进人们认识到自己内心已经存在的东西，它只不过是关于人类社会善与恶的对话。

尾注注释

1. Thomas Hobbes, *Leviathan* (1651), ed. Edwin Curley (Indianapolis: Hackett, 1994). 文中所有的相关参考文献都采用这一版本。在文中引用时，按章节和页码并加括号。

2. 参见 Francis Fukuyama, *Trust: The Social Virtues and the Creation of Prosperity* (New York: Free Press, 1996)。

3. R. Edward Freeman, introduction to *Business Ethics: The State of the Art,* ed. Freeman (New York: Oxford University Press, 1991), 5.

4. 商业伦理问题的答案"不能只靠管理伦理或商业伦理来发现。这些问题还需要更为基本的学科，如伦理学和政治哲学。适当管理行为的标准，不能独立于决定人类应该如何生活的伦理原则，以及必须根据这些伦理原则而生活的政治原则而得出，这些伦理一个法律问题。" Douglas B. Rasmussen, "Managerial Ethics," in *Commerce and Morality,* ed. Tibor Machan (Totowa, NJ: Rowman & Littlefield, 1988), 25–26.

5. "从 12 世纪开始，西欧经历了商业机构和关系对其经济结构的逐渐渗透，这还伴随着城市人口、城市制度和城市生产者的出现，他们的经济角色严重依赖于商业。" Nathan Rosenberg and L. E. Birdzell, Jr., *How the West Grew Rich: The Economic Transformation of the Industrial World* (New York: Basic Books, 1986), 79. "英国的政治制度……在 13 世纪到 18 世纪之间，通过控制纷争、减少税收、统一司法、强化管理，得以确保平稳。这提供了一个发展竞争个人主义的框架，笔者也试着在其他地方分析竞争个人主义的后期历史。" Alan Macfarlane, *The Culture of Capitalism* (Oxford: Basil Blackwell, 1987), 189. 也见 Macfarlane, *The Origins of English Individualism* (Oxford: Wiley-Blackwell, 1991)。

6. Adam Smith, *An Inquiry into the Nature and Causes of the Wealth of Nations,* ed. R.H. Campbell and A. S. Skinner (Indianapolis: Liberty Fund, 1981), I.ii, pp. 26–27.

7. 同上，I.ii, p. 27。

8. John Hendry, *Between Enterprise and Ethics: Business and Management in a Bimoral Society* (Oxford: Oxford University Press, 2004), 231.

9. 同上，260。"双道德"一词是有问题的：它可能意味着两种不同的道德思维领域，而不是同一道德观的两个维度之间的矛盾关系。

10. Adam Smith, *The Theory of Moral Sentiments* (1759), ed. D. D. Raphael and A. L. Macfie (Indianapolis: Liberty Fund, 1982).

11. Joanne B. Ciulla, "Business Ethics as Moral Imagination," in *Business Ethics: The State of the Art,* ed. R. Edward Freeman (New York: Oxford University Press, 1991), 212. 笔者很高兴地看到 Ciulla 使用"道德想象"这个词。Ciulla 认为:"商学院的学生对'对'和'错'有着基本的判断,⋯⋯他们拥有正确的道德观念或语言工具,但尚未在商业环境和特定组织的文化中掌握它们⋯⋯可以说,经验可以丰富我们对概念的理解,如'诚实',而概念本身则保持不变。"(214 页)

12. Noel M. Tichy and Andrew R. McGill, introduction to *The Ethical Challenge: How to Lead with Unyielding Integrity,* ed. Tichy and McGill (San Francisco: Jossey-Bass/Wiley, 2003), 3, 同时引用了沃伦·巴菲特(Warren Buffett)的话:"在招聘员工时,你需要寻找三种品质:正直、智慧和精力。如果他们没有正直,另外两个品质会杀了你。你想想看,这是真的。如果你雇的人不正直,那你真的希望让他们变得愚蠢和懒惰⋯⋯在考虑任何一种商业行为时,员工都应该问问自己,是否愿意看到一名见多识广、持批评态度的记者立即在当地报纸的头版对其进行描述,供他的配偶、子女和朋友阅读⋯⋯我们只是不想参与任何通过法律测试的活动,但作为公民,我们会觉得冒犯⋯⋯建立声誉需要 20 年,而毁掉它只需要 5 分钟。如果你仔细想想,你会做得不一样的。"(9 页)这是道德想象力在起作用。

13. "在商业中,道德可以被视为'隐性契约',它意味着你是谁,你代表着什么。即使他们没有在书面契约中明确说明,这些都是你的选民希望依靠的东西。隐性契约反映了你的道德核心。法律和道德之间的分水岭是不断变动的⋯⋯经济学家认为,道德无非是尊敬隐性契约,这一契约由投资者、债权人、雇员、高管和其他组成部分构成。而且,长期地(不一定是短期)履行这些隐性契约具有良好的商业意义。"Anjan Thakor, "Competence without Credibility Won't Win in the Long Run," in Tichy and McGill, *The Ethical Challenge,* 127. 这就是霍布斯所说的,自然法和民约法在实践中相互包含的意思。

第八章　约翰·洛克对商业社会的辩护：
个人权利、自愿合作和互惠互利

埃里克·麦克（Eric Mack）

约翰·洛克对社会和政治理论以及人类福祉的巨大贡献，实质上在于他是自由个人主义的创始人，也是现代自由商业社会的重要哲学捍卫者。事实上，他对个人自由主义的阐述和对商业社会的支持是紧密相连的。[1]洛克的自由个人主义的理论核心是他支持每个人都追求现世的和永恒的幸福，并在追求幸福的过程中具有免受干预的道德权利——特别是财产和契约的道德权利，以及他通过颁布和执行"自由的法律"以从根本上限制政府的权威，这一法律"保护和鼓励人类的正当勤劳"（《政府论》下篇，第42段）。洛克自由个人主义的核心特征保障支持了他对商业社会的支持，可以理解为一种社会经济秩序，其中许多成员在获取和行使私有财产和契约权利的基础上，参与广泛的市场经济互动。洛克自由主义所确立的道德权利和保护性法律框架，为商业社会提供了道德和制度框架。本章所关注的洛克的理论线索，从对自由个人主义的支持，一直发展到对商业社会的支持。

然而，洛克的观点也将自由个人主义的基本准则、商业社会的制度和宗教宽容联系起来。商业社会背后的自由个人主义的基本准则，也为宗教宽容提供了关键的理由。此外，商业社会的核心制度——私有产权和契约——为宗教宽容的实际执行提供了制度结构。如果要使宗教宽容合理化并得以实行，商业社会及其核心制度所依据的准则必须得到确认和尊重。事实上，在他的第一篇论文《论宽容》（"An Essay on Toleration"）中，洛克认为所有个人在其"私人民事关系"和"对其私人利益的起诉"中都应受到保护，以免受到侵犯和伤害，即为"完全宽容"原则。[2]

在本章中，笔者将对洛克的自由个人主义提出批判性的——尽管是同情的——观点，追溯洛克的自由主义和他对商业社会的支持之间的联系，并描述洛克对商业社会的支持和他对宗教自由的倡导之间的关联。然而，首先需要澄清的是，笔者把洛克描述为商业社会的哲学捍卫者，这一观点涵盖哪些内容，不涵盖哪些内容。

第一，笔者所说的"商业社会"并不是指对每个人（或几乎每个人）来说，生活中最重要的方面是以市场为导向的经济活动。在商业社会中，许多人生活的一个显著特征是市场经济活动和相互关联。然而，这与人们生活中其他重要方面的多样性是共存的，也与商业在某些人的生活中几乎或根本不起作用是兼容的。然而，在商业社会中，人们生活中非商业方面的道德空间，是由他们的财产和契约权利来界定和保障的。例如，家庭自治在道义上和法律上，受到家庭成员的财产和契约权利的保护，教会自治在道义上和法律上，受到其与信众自愿交往过程中所得财产权利的保护。此外，在商业社会中，一些代理人的市场经济活动提供了大部分物质资源，哪怕这些资源被用在人们生活的非商业性方面。受保护的自由领域让商业产生大量资源，允许个人、家庭、教会和其他民间团体以他们自己选择的方式，来追求他们自己选择的非商业目的。

第二，洛克的自由主义不要求个人行使，甚至不要求个人获得商业社会秩序所特有的财产和契约权利。个人在道义上有单独或共同的自由，可以避免或放弃这些权利，并退回到自己选择的非商业飞地。尽管如此，洛克仍认为，欢迎人们行使其进入和参与商业活动的权利，是有道德原因的。原因之一是，商业社会日益复杂的生产和贸易形式参与，增进了所有（或几乎所有）参与者的物质繁荣，从而增长了他们自我保存（self-preservation）和世俗幸福的前景。个人参与商业社会的另一个原因是，商业社会需要并奖励两种特征，即谨慎和自我责任，洛克也将其视为核心美德。个人（或家庭）应该能识别出自己的幸福，并努力增加这种幸福。每个行为主体都应该有一种意识，即实现他的（世俗的和超脱世俗的）福祉是他自己的责任。当然，洛克赞扬经济上的谨慎和自我责任，并不是号召人们像《鲁滨孙漂流记》中的鲁滨孙·克鲁索（Robinson Crusoe）那样生活，而是号召人们自愿地、合作地、勤奋地与其他权利维护者进行互动。

第三，笔者把洛克描述为商业社会的捍卫者，并不是说他的作品主要是为了达到这个目的。也许洛克捍卫强大的私有财产权的主要自我意识目的，是从根本上限制君主权力的范围。这种权威是由独立的道德权利（包括财产权利）来保护的，这些权利都是君主所宣称的权威。然而，在捍卫财产权的过程中，洛克为商业社会的优势提出了强有力的论据，也就是对这些权利的尊重所产生的一种社会类型。笔者也不能断言洛克是否已经完全认识到他捍卫自由商业社会的含义。作为 17 世纪英国商业社会的突出特征，洛克似乎从未明确谴责政府认可的经济垄断以及类似的限制贸易，虽然这些垄断和限制的实施，侵犯了道德权利这一洛克自由主义的核心观点。[3]

在以下四个部分中，笔者将阐述洛克的自由个人主义的原则，解释洛克的私有产权理论，论述他的一种重要观点——随着商业社会的发展，每个人都要给其他人留下"足够的、同样好的"（"enough, and as good"）资源，这一道德约束条件不能被违反。同时，本章还将重新解读洛克对于公平价格和市场价格之间的关系，以及救济穷人的观点，并探讨洛克对商业社会的支持和他对宗教宽容的倡导之间的关系。

基本道德和政治原则

在他的哲学著作中，洛克提出了两种截然不同且似乎互不相容的方案，以确定规范人类交往的基本道德规范。一个方案是神命论的一种。上帝的宣告决定什么是必需的，什么是允许的，什么是不允许的。这是因为洛克说，所有的法律都必须从立法者的意愿出发，而相关的立法机构必须是上帝。例如，洛克在他的《论自然法则》（*Essays on the Law of Nature*）中宣称"没有立法者，就没有法律；没有惩罚，法律就没有目的"（第 113 页）。[4]笔者将其称为"神命方案"。

然而，洛克也认为关于人性有一些至关重要且容易理解的事实，即人们与生俱来的组织结构，以及对这些事实的深刻理解，支持了对某些基本道德原则的信仰。虽然人们的存在与人们所拥有的组织结构可能是由于上帝的意志，但这种与生俱来的组织结构保障了人们进行互动的最基本规范。洛克解释说："既然人已经如其所是地被创造，具备理性以及其他能力，注定以此种方式生活，就必定从他天生的组织结构中为他产生出某些明确的义务，除此之外，别无可能。"（《论自然法则》，第 125 页）同样地，洛克认为自然法是一种"永恒的道德法则"，因为它"牢固地扎根于人性的土壤中"（第 125 页）。由于人的自然法义务"来自人的本性"，洛克断言"自然法如其现存所是那样，与人的本性同生同灭"（第 126 页）。笔者称之为"天生的组织结构方案"。

本章并不讨论"神命方案"和"天生的组织结构方案"之间是否会有任何重大的调和。然而，有两个事实可以证明，集中精力研究洛克的"天生的组织结构方案"是合理的。[5] 首先，一个人要想执行神的命令，就必须掌握上帝的意志和意图，而洛克（尤其是在他后来的著作中）否认了这一点。[6] 其次，在《政府论》（下篇）（ the Second Treatise of Government ）的开头，洛克尝试解释为什么自然状态有自然法则来进行管理，他追求"天生的组织结构方案"。

在洛克撰写和修改《政府论》下篇时，他已经对人与生俱来的组织结构持有这样一种观点，那就是每个人都在追求幸福，每个人追求自己的幸福是合理且恰当的。在 17 世纪 70 年代末的一篇文章中，洛克认为：

> 道德是人类获得幸福的行为准则……因为所有人最终目的都是获得自己的幸福，对他们来说，不存在一种规则或法律，观察它不能带来幸福，违背它也不能带来痛苦。[7]

在《政府论》下篇出版前不久的另一篇文章中，洛克写道：

> 一个人应该追求幸福，避免痛苦……因此，我的任务就是寻求满足和快乐，避免不安和焦虑，尽可能多地享受前者，尽可能少地遭遇后者。但这里我必须小心，因为如果我宁愿短暂快乐也不愿持久快乐，那我显然是在糟蹋自己的幸福。[8]

《人类理解论》（ An Essay Concerning Human Understanding ）[9] 与《政府

论两篇》（*Two Treatises of Government*）同年发表，洛克在前者中对幸福进行了探讨。他在文中断言，尽管所有的幸福都是"一般欲望的适当对象"，但并不是每一种幸福都能打动每一个特定的主体。更确切地说，每个行为主体只被那些幸福的部分打动，而这"构成其幸福的必要组成部分"。

> 可是一切不存在的好事不能常常形成当下幸福的一个必然部分，而且幸福的不存在亦不能常常形成我们苦难的一部分。倘或不然，则我们将有无限的恒常的苦难，因为有无数等级的幸福，都是我们所不曾享有的。因此，一切不快消除以后，当下只有一种中度的好事就可以使我们满足；而且在日常的一连串享受中，稍有几度快乐，则可以使人安心自足那种幸福。（《人类理解论》，vol.1, bk.II, 341）[1]

由于自我保存的重要前提是幸福，而对自我保存的渴望，以及自我保存的合理性是 17 世纪自然状态理论的标志性起点。当洛克转向政治哲学研究时，他的注意力从追求个人幸福的推动力和合理性，转向了追求自我保存的推动力和合理性。不过，洛克提醒人们幸福和自我保存之间的联系，认为自我保存权利是一种"平等权利"，也是亚当·斯密的支持者所提倡的"舒适的保存自己"（《论宽容》，第 88 节，重点强调）。

事实上，洛克的政治理论确实有了进一步的转变，其关注焦点从追求过程的自我保存和合理性，变成追求过程中的自由和合理性。这种转变有两个相互重叠的原因。第一个明确的原因是，任何人（舒适的）自我保存的主要危险是，这个人服从于另一个人的意志。这种从属关系（几乎总是）会降低一个人获得物质幸福的前景；任何企图夺走一个人的自由的人，很可能会继续夺走这个人的生命。"免受这种强制的压力，是自我保存的唯一保障，而理性促使我把那想要夺去我的作为自保屏藩的自由的人，当作危害我的生存的敌人看待。"（《政府论》下篇，第 17 段）关注自由的第二个隐含原因是，人类大体上相当有能力去处理个人以外的现实；对人们世俗成功的真正威胁来自其他人。总的来说，如果人类遭受痛苦，他们同时又是理性和勤奋的

---

[1]　译文参考自《人类理解论》的中译本，商务印书馆 1959 年版。——译者注

话，那么他们可以以一种有利于实现自我保存和幸福的自然方式，来改变这种"浪费"[10]——除非他们被阻止这样做，或者被其他人剥夺其努力的成果。

因此，与政治理论化相关的关于人性的第一个深层事实，就是所有理性的人都寻求不受他人干涉的自由。关于人们与生俱来的组织结构的第二个深层事实是，人们内在的道德平等。因为"同种和同等的人们毫无差别地生来就享有自然的一切同样的有利条件"，没有明显的迹象表明，上帝给特定的个人赋予特殊权利，由此可以推测，"应该人人平等，不存在从属或受制关系"（《政府论》下篇，第 4 段）。这两个关于人们天生的组织结构的深层事实发挥共同作用，意味着一种不容怀疑的统辖权和主权（《政府论》下篇，第 4 段）。

洛克认为，由于人们在道德上是自然平等的，"就不能设想我们之间有任何从属关系，可使我们有权彼此毁灭，好像我们生来是为彼此利用的"（《政府论》下篇，第 6 段）。洛克不仅认为，一个从属的政党没有权力去支配另一个政党，更加强力反对一个从属的政党诽谤另一个被从属的政党。为什么洛克认为这种从属关系是错误的？这是因为人们被理性地引导到他们自己独特的目的——他们自己暂时的（和永恒的）幸福；正如洛克所言，每个人的存在都是为了实现他或她自己的目的。使他人服从于自己的目的，这种做法错误地假定了他人没有理性地以自己的目的为导向。这种从属的行为实际上违背了这样一个事实，即从属的一方有自己的幸福（和舒适的自我保存）作为其神圣的目的。

此外，考虑到促进个人幸福的合理性，自我保存以获得幸福的必要性，以及追求自我保存的自由的必要性，每个人都有理由要求自己拥有不被他人剥夺自由的权利。然而，由于人们在道德上是平等的，其他所有人都必须拥有同样的基本原始权利。因此，如果一个人合理要求自己拥有不被他人剥夺自由的权利，那么这也是人们需要理性承认的、其他所有人都拥有的一种权利（《政府论》下篇，第 5 段）。

一个人认识到，每个人将有自己的幸福和舒适的自我保存作为最终目的，这不是扩大自己的目的，包括对方的幸福和舒适的自我保存，而是不颠覆别人所追求的不同的目的。保护其余人类的自然责任，不是一种促进他们幸福或自我保存的积极责任，而是一种"不夺去或损害另一个人的生命以及一切有助于保存另一个人的生命、自由、健康、肢体或物品的事物"的责任（《政府论》下篇，第 6 段）。[11] 这种相关的消极责任，不妨碍他人以自己选择的方式实现其目标，这是所有人都具备的基本道德要求，即不受干扰地追求各自的幸福和（舒适的）自我保存。

人们常说，洛克所强调的最基本的道德主张或权利，是自我拥有的权利。[12] 然而更准确地说，洛克认为这种权利是对自由这一更加基本的道德主张的部分合理表述。事实上，洛克在《政府论》下篇的第 2 章"论自然状态"（"of the State of Nature"）中并没有提到自我拥有。在这一章中，他阐述了自然状态由自然法则来进行管理。他表明，自然法则的一部分是每个人都拥有的自然权利，别人需要遵守与他人订立的契约（《政府论》下篇，第 14 段）。作为原始道德要求的一部分，直到洛克在"财产"一章中谈到个人财产权的正当性时，才出现关于自我拥有的相关讨论。

对洛克来说，进一步表达每个人对自由的原始要求是一种自然的财产权。[13] 这种权利不排除使用或取得（在外在物体中）财产，也不反对任意控制这一财产。这一权利的存在原因是，使用或获得外在物体，以及对外在物体的持续自由控制，对于个人获得幸福和自我保存而言，通常是必不可少的。因为每个人都有权利在不受他人干扰的情况下，追求自己的幸福和自我保存，所以他们有权利将自然的一部分变成自己的，并对自己的财产进行自由支配。洛克将自然权利和某些既得权利区分开来，前者是指非既得的权利，使用天然材料进行制作，将其视为自己的东西，后者是为了获得某种特殊的财产。（《论宽容》，第 86—88 节）

产权和互惠互利

在《政府论》下篇的"财产"一章中，洛克给出了他著名的关于最初"获得"的私有财产权利的描述。由于每个人都拥有道德上的私有权，所以每个人都有权支配自己的劳动——这被广泛地理解为勤奋的活动。当一个人出于某种预期的目的而改变了材料的原来状态时，这个人就把他的劳动和原材料"结合"起来。他把自己应有的勤勉和努力，投资于改造后的物品。由于这种投资的投入，在不剥夺其所投入的劳动的情况下，未经个人同意就不能索取其所改造的物品。因为任何的索取行为都会损害投资者的权利，劳动投资者有权拥有改造后的物品。(《政府论》下篇，第 27 段）。

此外，洛克认为，当合法持有的物品——包括代理人的劳动——被自愿交换时，这些物品的权利就会随着自愿契约而转移。因此，对于最近罗伯特·诺齐克（Robert Nozick）所说持有的正义的"历史性权利"概念，洛克的观点与之相符。[14] 每个人都对这些物品（并且只有这些物品）拥有权利，如果他（1）通过部分改造而让物品拥有了某些原本没有的性质，或（2）通过与合法持有人自愿交换（或合法持有人捐赠）而获得物品，或（3）添加为权利的最终组成部分，由于被剥夺其正当持有物品的权利，就能从代理人那里获得一种公正的补偿。

不过，洛克认为，即使通过完全和平的手段，关于个人应该正当地获得多少，也应该有一个理论上的限制（《政府论》下篇，第 31 段，第 33 段）。根据一项限制，即"损坏条款"，如果易腐物品会在一个人的财产中被损坏的话，那么这个人将无权获得他通过劳动投资或自愿交换（或只是赔偿）的易腐物品。然而，这种条件几乎没有实际意义，因为（1）在尚未创建货币的世界里，个人没有动力生产或交换那些超出他们消费和交换数量的易腐物品，（2）在货币的世界中（货币以不易损坏的硬币形式存在），个人会强烈希望获得不易损坏的货币，从而进行任何增加财产的交换活动。同时，洛克认为，一个人可以正当获得的非易腐商品的数量是没有限制的。

根据对私人获取的另一种更有趣的限制，"至少在还留有足够的、同样好的东西给其他人所共有的情况下"（《政治论》下篇，第 27 节），个人有权参加劳动。"足够的同样好的"限制条件明确表示，公共领域中那些足够多的、好的自然材料，可以留给个人使用或转换为他们自己的私有财产。[15] 想象一下，其他人从自然中获得了如此之多的东西，又不从事将自然材料转化为他们的财产的活动的话，那么部分个体没有足够的自然材料可以使用或获得。根据"足够的同样好的"这一限制条件，如果其他人没有将自然材料转化为财产，部分个体要想使用或获取这些自然资源就没有那么容易了，那么这些获得者将无权拥有这些财产。[16] 相比之下，假设有五个人，每人都从水资源丰富的河流中舀一勺水，并分别将其加工成为自己使用的水，那么这种做法就不会与上述的限制条件相冲突，因为这五个人并不是获得者，他们留下了可供第六个人使用（或获得）的水资源。这里要注意的是，"足够的"和"同样好的"限制条件，并不要求为他人保留同等数量的资源。它只要求一个人的获取不应该损害别人使用自然材料的权利，因为如果所有这些材料都保留在公共领域，其他人应该可以获得更好的权利。[17]

在讨论为什么"足够的、同样好的"的限制条件（几乎总是）会得到满足时，洛克认为，如果获取这一行为符合他所提倡的公平原始获得和公平转让的原则，那么人们必须再次考虑货币出现之前和之后的世界。对洛克来说，土地从无主的（即它是一个公用开放的物品）到本质上被转化为私有财产，这一转变过程对应着人类从狩猎-采集的生存阶段向农业阶段的转变。洛克的设想是，农业以狩猎-采集的家庭定居形式为起点，再转向农业耕作，让耕地成为人们合法的私有财产。在洛克看来，在货币出现之前的土地私有化进程，为什么没有违反"足够的、同样好的"限制条件呢？

洛克的回答有两个基础：(1) 在货币被创造出来之前，个人（或家庭）耕种的土地，只相当于他们自己能够消费或在当地以物易物换取其他家庭生产的消费品的土地；而且 (2) 一个家庭通过私有制和耕作来生产这些可消费作物所需的土地数量，将远远少于一个家庭作为狩猎-采集者所需要保留的宽裕的土地数量。假设一开始有 100 户以狩猎-采集为生的家庭，生活在 50000 英亩的土地上。实际上，平均每个家庭使用 500 英亩土地。当第一户人家开始耕种时，比如说，他们自己种了 20 英亩。这样一来，这个家庭增加了剩余 99 个狩猎-采集家庭可用的土地。平均而言，这 99 个家庭现在实际每人拥有近 505 英亩的土地。随着越来越多的家庭安顿下来，把 20 英亩土地视为己有，就会有更多开放共享的土地可供剩余的狩猎-采集者使用（《政府论》下篇，第 37 段）。[18] 因此，在使用货币之前，"足够的、同样好的"限制条件是很容易满足的。

洛克认为，至关重要的是要弄明白，为什么拥有并耕种 20 英亩土地的家庭，会比狩猎-采集家庭做得更好。其原因是，耕作（以及更多的与耕作相关的生产设备的发明和使用）为家庭的辛勤劳动开辟了渠道，并强化这一劳动的成果。与其说这个家庭付出了更多的劳动，不如说这个家庭的劳动效率更高，产出更多。土地本身是基本物质幸福的来源，如果这个家庭只限制在这 20 英亩上耕作，那么这个家庭就会从根本上恶化，唯一可以真正提高物质生活水平、超过狩猎－采集家庭现状的方法是，杀死或驱逐那些同样生活在这 50000 英亩土地上的其他家庭。洛克反复强调，正是因为财富几乎完全来自劳动（《政府论》下篇，第 42-44 段），也就是说，来自对人力资本的勤劳使用，使得一个经济代理人的收益不需要以其他代理人的损失为代价。这就是为什么对于一个以互利为特征的物质繁荣的制度来说，其关键是承认和执行那些鼓励个人发展和使用其人力资本的准则。

然而，货币出现之后，一切就变得复杂多了。货币，即白银和黄金铸币，既是一种价值储存手段，也是贸易的一大促进因素。货币的出现大大增加了人们生产越来越多的商品和服务进行交换的动机。因为生产和销售更广泛和多样的商品和服务，可以使生产者和经销商为自己获得一些别人所生产和销售的更广泛和多样的商品和服务，以更好地获取这些生产商和经销商所创造和交换的更为广泛和多样的商品和服务。在这种相互强化的循环中，货币的引入对商业社会的崛起而言至关重要，它从根本上提高了市场的强度和加快了地域的扩张。

可以完全理解的是，货币的引入，大大鼓励了人们将更大面积的地产占为己有，其中包括可耕种的土地、矿藏、流动的水（《政府论》下篇，第49 段）。人们按照这些动机行事的结果之一，将是加剧经济的不平等。虽然"不同程度的勤劳"就会产生不平等的财富，这些差异在货币出现后持续扩大（《政府论》下篇，第 48 段）。另一个结果是，如果所有土地都没有人去占有，那么留给人去获取或使用的自然物质就会减少。因此，似乎在货币出现后，"足够的、同样好的"限制条件将被违反。然而洛克对此却予以否认。洛克有什么根据可以坚持认为，在先进的商业社会中这一限制条件并没有被违反呢？

在一个层面上，洛克的否认是源自他表示货币的价值"只是从人们的同意而来"（《政府论》下篇，第 50 段）。洛克认为，如果一个人认可某种实践或制度，那么从这种实践或制度所产生的明显结果，这个人也会同样认可。同理，引入货币的明显后果是更大程度的经济不平等，以及留给别人更少的自然物质，但人们在接受货币的过程中已经接受了这些后果。根据这一观点，在更先进的商业社会中，"足够的、同样好的"限制条件与其说是令人满意，不如说是（经一致同意后）被搁置一边。然而，基于许多原因，这一观点并不太具有说服力。其中存在的两个问题是，货币并不是真正得到人们的同意而产生的；即使它是通过同意产生的，它也不会让每个人都同意。

重要的不是同意与否，而是对于为什么每个理性的人都会同意货币的存在的这一问题，洛克所给出的理由。这是因为每个理性的人都希望通过货币的引入，获得所有的物质机会。每一个理性的代理人都不会期望从那些不曾拥有的自然资源中获得利益。然而，每一个理性的代理人（或几乎每一个人，见下文）都希望获得机会，通过自身的勤奋来追求自我保存和幸福。因为每一个理性的人都会看到，货币的引入将极大地刺激个人的发展动力，调配人力资本，以实现更为广泛和多样化的生产活动和交换；与没有货币相比，这些更为广泛和多样化的富有成效的生产和交换，将为所有人（或几乎所有人）带来更多的物质机会。

当然，如果所有的机会都是原材料获取的问题，那么由货币引起的动态活动将会减少一些人的机会。但是洛克强调，相对于人力资本的开发和应用，原材料不太重要，这使他打破了所有（或几乎所有）机会都是从原材料获取的这一假设。洛克关于增加人类勤奋动力的可能性的重要见解，促进了其理论的进一步发展，即发达的商业社会通过被极大强化，且持续不断的生产活动，为个人提供了机会，而这种生产活动是社会规范和奖励所提倡的。以财产为基础、市场为导向的商业社会，为所有（或几乎所有）个人提供了一种经济环境，这种环境至少与货币出现前开放的公共环境一样，通过提供就业机会及租赁或购买日益提高的生产劳动成果的机会，接受人们的勤奋努力。[19]由于商业形式日益复杂，对于一个缺少商业的国王来说，尽管可能拥有广大肥沃的土地，但在衣食住方面还不如英国的一个粗工（《政府论》下篇，第41段）。[20]

洛克对第二个限制条件的最终观点是，任何个人在他使用自己的人力资本、通过与他人的经济活动来追求其目的时，都是"受限制的"（《政府论》下篇，第36段）。如果人们把对机会的理解限制在使用（或获取）自然原料上，那么一个人不限制另一个人的要求，就等于要求给别人留下"足够的、同样好的"自然原料。然而，如果人们承认洛克的观点，即经智慧改造的材料比"浪费"的材料具有更大的价值，而这种额外的价值完全是由劳动创造的，那么人们就应该放弃这种对机会的狭隘理解。如果人们想要适当拓宽其对机会的理解，洛克对限制的担忧就在于，相较于一个没有财产的世界，或在一个以财产为基础、市场为导向，但没有货币的世界，一个以财产为基础、市场为导向的商业社会是否让人们拥有更少的机会——那些运用人力资本去追求个人目的机会。洛克认为，货币商业世界满足了"足够的、同样好的"限制条件，这一论断建立在他的主张之上，即在更为广义的机会意义上，世界的发展增加了所有人的经济机会。

洛克对商业社会看法的绝对核心，是他反对经济活动中的零和观点。当洛克还是一个与世隔绝的学者时，在其1663—1664年关于自然法则的演讲中提到：

> 当一个人尽其所能为自己攫取财富时，他就从别人那儿拿走了钱放入自己的口袋里。一个人是不可能在不牺牲他人利益的前提下增加财富的……因为你所得到的，必定是别人损失的。（《论自然法则》，第131节）

洛克在其成熟的思想中，通过对劳动成果的关注，彻底地突破了零和观点。价值是由劳动创造的，劳动应该被广泛地理解为对人力资本的有目的的运用。因此，收获不需要通过掠夺来实现。[21]一个人可以不通过夺取别人的财物而增加自己的财物。

此外，一些人创造的价值往往会增加其他人参与创造价值的劳动的机会，这对他们是有益的。承认和执行人们的个人权利——最明显的是他们的财产权和契约权——可以鼓励人们创造价值的能力的发展和运用，并阻止通过掠夺来追求财富。

当出现"自由的法律"（《政府论》下篇，第42段）时，其他人寻找自我利益的行为，会增加（而非减少）个人的机会。因此，洛克认为，制造财富的关键因素和经济机会不是"领土广阔"，而是"人口众多"（《政府论》下篇，第42段）。正如朱利安·西蒙（Julian Simon）所言，人才是最终的资源。[22]根据洛克的观点，"使一个国家致富的是人的数量"，[23]他反对向英国移民设置障碍。如果移民不能指望靠游手好闲来维持生计的话，"他们只能依靠他们带来的东西，要么是他们的财产，要么是他们的勤勉，这两者对王国都有同等的利益"（GN 324）。这些移民本不打算增加国家的财富；但是，如果自由的法律得以实施，他们就会这样做。[24]

公平价格和对贫困者的援助

洛克支持财产权和交易权，坚持赋予动态市场的秩序广泛的好处，这种观点自然会让人联想到他将果断打破"公平价格"这一传统概念，后者认为市场自身之外的一些标准，决定了公平价格需要通过交易特定商品来确定。毕竟，如果双方都是市场货物的完全所有者，似乎双方都可能拒绝接受对方提供的任何交换条件。没有任何交换条件可以要求双方以公平的名义达成一致。因此，似乎公平交易的条件实际上是来自交易双方自由达成的条件，而并不是来自遵守某种外部既定的公平价格。

在 1695 年发表的一篇题为"Vendito"（译者注：拉丁文，意为"出售""售卖"）的文章中，[25] 洛克似乎首先赞同公平价格与新兴市场价格之间的关系。关于以什么价格出售才能"保持平等和公正"，其回答是"以商品出售所在地的市场价格"（V 340）。此外，市场因时间和地点的不同而各异。去年在英国萨默塞特郡（Somerset），小麦每蒲式耳（bushel，为测量谷物的单位——译者注）售价为 5 先令，但这并不意味着小麦今年在萨默塞特的市场价格（即公平价格）还是 5 先令。洛克告诉人们，小麦的市场价格和公平价格"取决于小麦的数量与当地货币的比例，以及两者之间的需求"（V 340）。

假设萨默塞特小麦的市场价格涨到了每蒲式耳 10 先令，一个穷人想买 1 蒲式耳。如果卖家坚持 10 先令的市场价格，那这是公平的吗？洛克提出了一个并不完全有说服力但很有趣的观点，认为以市场价格卖给穷人并不是不公平的："如果以 10 先令每蒲式耳的价格卖给穷人似乎不公平的，那么以相同的价格卖给富人也是不公平的，因为公平对所有人只有一个衡量标准。"既然以当前市场价格卖给富人不是不公平的，那么以相同的价格卖给穷人也并非不公。[26] 此外，洛克认为，令人难以置信的是出于公平，要求卖家以低于市场价格的价格同样卖给穷人和富人，因为如果卖家这样做了，富有的顾客很可能以市场价格转售小麦，从而为他／她自己获得了卖家放弃的利益（V 340）。

　　然而，洛克似乎又回到了一种公平价格理论，认为市场上建立的一种商品的价格决定了该商品在其他市场上的公平价格。假设一个叫 P 的人有一匹马，他不愿以 20 英镑出售这匹马，但 20 英镑是在当地的公平价格。但是另外一个叫 Q 的人非常渴望购买那匹马。他来到 P 的住处，让 P 给出价格。P 诚实地表示，他想以 40 英镑把这匹马卖给 Q；但是 Q 并没有那么急切，他拒绝了这个价格。洛克表示，P 给出 40 英镑的价格，并没有对 Q 做出不公平的行为。洛克坚持认为，之所以当地集市的价格不是衡量 P 和 Q 之间交换的公平价格，是因为存在两个不同的市场——一个在集市上，另一个在 P 的家里。第二天，R 出现在 P 家。他甚至比 Q 更渴望购买这匹马——因为 R 的生意能否生存取决于他能否买下这匹马。感受到了他的需要，P 坚持需要 R 支付 50 英镑来买这匹马。根据洛克的观点，P 向 R 额外收取的这 10 英镑是不公平的；P 向 R 收取额外的 10 英镑，是对 R 的压迫，对 R 的敲诈，对 R 的掠夺（V 341）。马在市场上的价格并不是公平衡量 Q 购买马的价格的方法；但是根据洛克的说法，P 愿意把马卖给 Q 的价格，是公平衡量 R 从 P 那里买马的价格的方法。

　　为什么洛克没有说 P 和 R 之间的谈判不同于 P 和 Q 之间的谈判，就像他说 P 和 Q 之间的谈判不同于 P 把马带到市场上的谈判一样？如果洛克认识到这三种情况的不同之处，他可以说有三种不同的市场价格，在其他两种市场交易中没有一种是衡量公平价格的标准。洛克并没有这样说，因为在其关于卖马的讨论中，他坚持市场必须按地域区分，P 和 Q 谈判与 P 和 R 谈判之间没有地域的区别。[27] 因此，如果马在 P 的住处被出售，就只有一个市场价格决定了马的公平价格，这个价格就是 Q 接受 P 的报价后的价格。

　　很难确切地说洛克在这个问题上哪里出了错。让我们再看一看其观点的几个内部问题。[28] 第一，P 愿意以 40 英镑的价格把马卖给 Q，并不意味着如果 Q 愿意支付 50 英镑（R 愿意支付的价格）买马，P 卖 50 英镑就是不公平的价格。（毕竟，我们不能假设，P 以 38 英镑的价格把马卖给了 Q，那再卖 40 英镑的价格就是不公平的。）如果 P 以 50 英镑的价格把马出售给 Q，那么 P 以同样的价格出售给 R 就是公平的。正如洛克所说，"公平对所有人只有一种衡量标准"（V 340）。

　　假设经过了更久的谈判，P 和 Q 同意以 38 英镑达成这匹马的交易。这样推测来看，双方都将从中获益。如果这笔交易没有成功，那么第二天，P和R会以50英镑的价格成交吗？这样推测P会获得比上一笔交易更多的收益。然而，考虑到马对于R来说具有很高的价值，R很可能获得与Q相同或更多的收益。那么，第二笔交易的不公平体现在哪里呢？

假设Q接受了P提出的40英镑的价格，之后R来了。如果Q以50英镑的价格把马卖给了R，是不公平的吗？（这是否取决于转售的地点，例如，R是否刚好在P的房子旁边，还是在一两英里外的路上遇到Q？）如果Q真的进行了这个转卖交易，是Q对R的压迫、敲诈或掠夺吗？公平是否要求双方放弃互利的交易？假设洛克对这些回答是否定的。然而，如果Q以50英镑把马卖R并不是不公平的行为，那么按照洛克自己的理论——"公平对所有人只有一种衡量标准"，那么P以50英镑的价格把马卖给R也不是不公平的（假设他还没有把它卖给Q）。如果P知道R会来，那么P在知道Q会把马转卖给R的情况下，还要求P以不高于40英镑的价格卖给Q，这是否公平？

笔者认为，在这里应该学到的是，关于贸易前景如何通过大量地增加勤奋劳动而使每个人受益，尽管洛克对这个问题形成了一套深刻的理论，但他没有解释为什么贸易行为本身是互利的。他缺乏这种理解，是因为他没有预料到经济学在19世纪70年代经历了一次"主观主义"革命。这次革命让人们认识到马对P的价值可能远低于50英镑对P的价值，与此同时，马对R的价值可能远远大于50英镑对R的价值。因此，每一方会以对他/她价值较低的东西来交换对他/她价值更高的东西。

接下来重点关注的是，洛克在他那个时代的商业社会中对穷人的处理——当时商业社会中普遍生活水平才刚刚开始有显著的提高。人们已经看到，适当拓宽"足够的、同样好的"限制条件后，要求私人财产的增加不应该使任何人成为经济机会的彻底输家。在某些方面，洛克的后期作品《论济贫法》（*An Essay on the Poor Law*, 1697）可以被解读为对这一限制条件的应用。[29]如果有人发现自己没有机会通过劳动获得自我保存和提高生活水平，那么就必须向他提供就业机会，以免此人沦为彻底的输家。

换句话说，洛克在《论济贫法》中指出，如果个人因私有财产和商业社会发展而在实际中受到限制，那么工作福利的影响就会体现出来。[30]其中一些工作机会是由私人雇主提供的。"因为不应该拒绝任何一个人被他的邻居雇用"——尽管这种雇佣的报酬可能比市场工资略低（PL 188）。经济拮据的个人被尽可能地纳入商业社会，而不是成为国家的监视者。然而，在洛克的文章中也有强烈的反自由主义和重商主义的成分。洛克建议强迫贫困人口接受各种各样的就业机会。不允许流浪汉自由闲逛（PL 185），在沿海郡发现的流浪者将会被纳入海军。[31] 洛克对"纪律的放松和行为的腐化"存有忧虑（PL 184），同时他对为了国家财富而使劳动就业最大化的政策（PL 189）较为担心。失业的穷人被迫劳动，因为否则"他们的劳动力就完全丧失：这对公众是很大的损失"（PL 189）。穷人必须要维持生活；但是国家不能养活穷人，除非他们为自己的救济做出尽可能多的贡献（PL 189）。

商业社会和宽容

在 17 世纪的英国，政治权威和宗教权威是紧密结合的。君主是英格兰国教会的领袖，保持着教会的高度特权地位。反过来，教会为君主权威提供了重要的意识形态和制度支持。因此，宗教异议意味着对现有政治权威的反对。宗教异见者中的知识分子经常呼吁（或多或少）宗教信仰、实践和结盟的普遍自由，也就是说，对国家在宗教事务中的权威进行根本限制。要求限制国家在宗教事务上的权威，很容易概括为要求在个人选择的所有事务上对国家权力进行根本的限制。个人应该对自己的救赎负责，因此，应该有选择自己宗教道路的自由。"每个人的灵魂都是属于自己的，最终也将会留给自己。"（《论宽容》，第 35 节）如果是这样，人们当然也应该对自己的商业（以及家庭和医疗健康）努力负责，因此，应该可以自由选择自己的商业（以及家庭和医疗健康）道路。

如果一个人在救赎或商业成功（或家庭幸福健康）上选择了错误的道路，但本身并不会对其他人造成伤害，那么没人具有道德权利或政治权威，去阻止这条道路："一个人不可能因为他自己的错误见解和不恰当的礼拜方式而侵犯另一个人的权利，也不可能因为他自己的毁灭而给他人的事务造成危害。"（《论宽容》，第 47 节）任何其他个人或官员都没有道德权利或政治权威，根据其基本判断认为别人以一种错误的方式处置个人的人身和财产，就去压制别人的无害行为。没有人拥有将自己的判断强加于其他爱好和平的人的自然权力；没有一个理性的人会同意将这种权力授予任何政治领袖。授予这样的权力就是放弃自己的责任，这就要求人们错误地假定，被授权的代理人不仅更在意一个人的成功，而且比自己更清楚地知道通向成功的道路。"对于那条通往天国的唯一小路，官长并不比其他人更熟悉，因此我不能放心地让他来充当我的向导。因为对这条道路他可能同我一样的无知，而且他肯定不像我自己那样关心我的灵魂得救。"（《论宽容》，第 37 节）

因此，洛克对个人自由的全面辩护，对国家权力的极端限制，以及将自由视为商业社会的核心，这些观点很容易被当作其对宗教自由和宽容理论的概括和推论。［回想一下，洛克的第一次明确打破思想权威模式是在他 1667 年发表的《论宽容》（"An Essay on Toleration"）一文中。］然而，在洛克的观点中，也有与之相反的方面——从综合自由和反独裁政治学说到宗教宽容，从他对财产权和商业自由的更具体支持到宗教宽容。所有这些观点之间的互相支持关系，都与洛克的理论紧密相连，他认为宗教自由本身就是对财产权和契约权利的尊重，而这些权利对于商业社会的存在是至关重要的。

在《论宽容》中，洛克也从他对世俗法律适当范围的普遍和高度限制性的观点，转向了对君主宗教权威的否定：

> 法律充其量只保障公民的财产和健康不受他人的欺诈和暴力的侵害，而不能保障所有者自己不会对财产漫不经心或管理不善。一个人不论其愿意与否，谁都无法强迫他一定要发财致富或身体健康。不，上帝自己也不会违反人们的意愿来拯救人。（《论宽容》，第 35 节）

人们进入政治社会，是为了"通过互相支持和协同力量，在那些有助于今生安适和幸福的事情上，能够互相保障各自的财产安全"。"把实现永生的事，留归每个人自己去照应。"（《论宽容》，第 47 节）引导公民获得永生，这并"不属于官长职权范围以内"（《论宽容》，第 48 节）。

无论是在他早期的《论宽容》（"An Essay on Toleration"）一文，还是在《论宗教宽容》（A Letter Concerning Toleration）一书中，洛克都从商业社会的经济自由讨论到了宗教自由。宗教自由只不过是商业社会中显而易见的适当自由的自然延伸。承认商业自由——当然，任何理性的人都承认——而不承认宗教自由是不协调的：

> 在家务私事、财产管理、健康保护方面，人人都可考虑自己的方便，按自己最合意的方式去做。谁都不会因为别人在种田或出嫁自己女儿问题上的过失而愤愤不平；谁都不屑于管教在酒吧里挥霍家业的浪荡子弟；谁想拆房、建房或花掉多少钱，都听其所欲，无人窃窃私语，无人加以控制。关于这些，他都有自己的自由。可是，如果有谁不经常到教堂去做礼拜，不按习俗礼仪约束自己的行为，或者不领自己的子女到这个或那个礼拜堂去接受神圣秘典，马上就会引起一场风波。左邻右舍立即会发出一片喧嚣和吵闹。每个人都准备惩罚如此的大罪。(《论宽容》，第34节)

一个人的宗教错误不会侵犯另一个人的权利，就像一个人在管理自己财产上的错误不会侵犯另一个人的权利一样。既然地方长官对个人不当管理其商业事务的判断，显然不能成为其干预这些商业事务的正当理由，那么同理，任何地方长官对个人不当管理其精神事务的判断，也不能成为其干预这些精神事务的正当理由。商业社会的基本准则是，每个人都应该被允许管好自己的事，因此，每个人都必须允许其他人管好各自的事（《论宽容》，第34节）。因此，宗教宽容仅仅是商业社会基本规范对宗教信仰和宗教实践的延伸。

此外，商业社会的关键制度——私有产权和自愿契约——是宗教宽容制度的必要成分。在洛克所倡导的自由政体中，宗教目的的从属关系——与"哲学家们为了交流学问"和"商人们为了做生意"的从属关系一样（《论宽容》，第28节）——必须经过个人的自愿同意："任何人都不是生来就属于某一教会的。"（第28节）每一个教会团体都必须有权排除那些不遵守条款的人，这些条款是其成员为被纳入该团体而规定的。否则，该教会的成员将被剥夺自愿结社的权利。

然而，人们如何确定一个愿意参加某一教堂的仪式，却被排除在外的人，是否是被冤枉的？答案取决于相关产权的认定。如果且仅当在教会圣餐礼上消费的面包和葡萄酒是用被排斥人的钱，而不是由那些未被排除在外的参与者购买的，那么排除在外的人就是被冤枉了（《论宽容》，第 31 节）。更广泛地说，任何教会的合法经营范围，如同任何商业活动一样，必须通过探究该教会公正获得的财产和合同权利来确定。

假设一个教会的成员相信献祭牛犊会取悦上帝；然而，其他教会的成员也同样确信，献祭牛犊会冒犯上帝。洛克问，这种情况下，如何决定是否允许献祭。他的回答是，人们只需要确定"这是谁的牛"（《论宽容》，第 42 节）。每一个人或宗教团体可以出于宗教目的，以非宗教目的所允许的任何方式处置其合法财产。饮酒协会的会员，可以在自己的建筑物内集会，唱饮酒歌；圣会的成员，可以在自己的建筑物内集会，吟唱自己选择的诗篇。相反，如果某种行为在"日常生活当中"（《论宽容》，第 42 章）是不被允许的——例如杀害婴儿——那么无论这种行为的宗教目的有多么强烈，它都可能不会发生。[32]

绝对关键的一点是，私有产权是一种分权（和非政治化）决策的手段。否则，关于那些在宗教上（或商业上、婚姻上、医学上）如何最好地利用外部资源的棘手争端，可以通过承认某些个人（或团体）是这些资源的各自合法拥有者，并因此承认个人（或团体）具有决定其特定用途的独特权力，这两种方式得以回避。产权要求每一个人都承认他人合法的自由裁量权领域，而不必批准他人在这些领域内所选择采取的行动。尊重私有财产是宽容的本质；正是这些权利的保障——通过颁布和实施"自由的法律"——使所有（或几乎所有）个人都能参与到商业社会中，以获取他们的共同利益。

结　语

在洛克对商业社会的辩护中，笔者主要关注三个相关要素。第一个要素是，他对每个人的生命、自由、财产和履行契约的道德权利的肯定。尊重这些权利使个人能够和平地追求其物质和精神目标；这些权利为自愿的经济、职业和宗教交往和结社制度提供了道德框架。第二个要素是，洛克探讨为什么人们在"自由的法律"下，对经济目的的和平追求强烈地倾向于互惠互利；参与到商业世界之中，是一个正和游戏。对洛克来说，这主要是因为商业世界的道德和法律框架呼唤人力资本的发展和运用，通过自己的辛勤活动获得收益，不以牺牲他人为代价。事实上，一个人经济上的成功往往会增加其他人成功的机会。第三个要素是，洛克的私有财产与市场经济互动和宗教宽容之间的多层次联系。一方面，宗教宽容只是商业社会基本准则的一种应用，即管好自己的事。而另一方面，商业社会的经济自由是自我责任伦理的简单应用，其中最突出的例子是每个人都有责任拯救自己。在经济和宗教领域，个人和社团以其自己选择的方式、追求其和平目的的关键制度性条件，是尊重私人财产和自愿契约。

尾注注释

1. 洛克的核心理论集中在 1689 年出版的《政府论（第二篇）》(*Second Treatise of Government*) 之中，这本书后来被编为《政府论》(下篇)(*Two Treatises of Government*)；参见 Peter Laslett 对《政府论》(下篇) 的翻译版本 (Cambridge: Cambridge University Press, 1960)。文中《政府论（第一篇）》简称 FT，《政府论（第二篇）》简称 ST。洛克的第二本重量级政治理论著作是《论宗教宽容》(*A Letter Concerning Toleration*)(Indianapolis: Hackett, 1983)，也发于 1689 年，文中简称 LCT。

2. John Locke, "An Essay on Toleration" (1667), in *Locke: Political Essays,* ed. Mark Goldie (Cambridge: Cambridge University Press, 1997), 138.

3. 参见 D. Acemoglu and J. A Robinson, *Why Nations Fail* (New York: Crown Publishing, 2012), 187–202，讨论了 17 世纪英国经济垄断的卓越发展和逐渐衰落。作者举了一个很好的例子来说明对经济选择的限制，这种限制虽然不是完全的垄断，但却违反了洛克的原则，即禁止人们穿非羊毛服装或禁止穿非羊毛服装下葬，从而为羊毛行业提供了特权经济保护。

4. 这些文章在 1663 至 1664 年被编成演讲稿，于 1954 年首次出版。参见 Goldie, *Locke: Political Essays,* 81–133。这些文章在文中简称 ELN。

5. 关于这两个方案之间为什么不能被协调，可参见 Eric Mack, *John Locke* (London: Continuum Publishing, 2009), 28–35。许多研究洛克的评论家们认为，对道德和政治哲学的神学承诺，是洛克的理论中心。例如，参见 John Dunn, *The Political Thought of John Locke* (Cambridge: Cambridge University Press, 1965); Jeremy Waldron, *God, Locke, and Equality* (Cambridge: Cambridge University Press, 2002)。

6. 参见洛克关于宽容的第二封和第三封信，被收录于《洛克文集》(*The Collected Works of John Locke*) 第六卷 (London: printed for Thomas Tegg et. al., 1823)。

7. "Morality," in Goldie, *Locke: Political Essays,* 267.

8. "Thus I Think," in Goldie, *Locke: Political Essays,* 296.

9. John Locke, *An Essay Concerning Human Understanding,* ed. A. C. Fraser (New York: Dover, 1959); 文中简称 *ECHU*。

10. 土地（包括任何潜在有用的自然原料），因未被使用，是一种浪费。对洛克来说，这种未被利用的土地，因（几乎）没有价值，是一种浪费；因浪费机会，也是一种浪费。未被使用的土地（几乎）是没有价值的，因为经济价值（几乎）完全来自人类劳动的应用，它是被一种浪费的机会，因为道德要求人们将这些浪费用于生产用途。如，参见《政府论（第二篇）》第 42 节："我们甚至把完全听其自然而未经放牧、耕种或栽培的土地名副其实地叫作荒地，并且我们会发现它的好处几乎是等于零。"（*ST* § 42）

11. 在《政府论》（下篇）第 7 段中，可见关于自我保存责任的类似消极分析。为了"保全全人类"，"自然法"要求"约束所有的人不侵犯他人的权利、不互相伤害"。

12. 洛克的支持者和反对者都认为他认为自我拥有是最基本的权利。支持者的观点可参见 Murray Rothbard, *The Ethics of Liberty* (Atlantic Highlands, NJ: Humanities Press, 1982)；反对者的态度可参考 G. A. Cohen, *Self-Ownership, Freedom, and Equality* (Cambridge: Cambridge University Press, 1995)。

13. Eric Mack, "The Natural Right of Property," *Social Philosophy and Policy* 27, no. 1 (Winter 2010): 53−79.

14. 参见 Robert Nozick, *Anarchy, State, and Utopia* (New York: Basic Books, 1974), 150−160.

15. 笔者的讨论延续了 Nozick 的 *Anarchy, State, and Utopia,* 174−182; 以及 Mack 的 "The Self-Ownership Proviso: A New and Improved Lockean Proviso," *Social Philosophy and Policy* 12, no. 1 (Winter 1995): 186−218。

16. 它不可能是在重量或体积上更少的自然原料。它是一种不那么自然的物质，因为它为个人提供了机会，让人们发挥自己的能力，来促进自我保存和幸福。

17. 许多评论家错误地将这种平等主义解读为"足够的、同样好的"限制条件。例如，在《论权利》（*An Essay on Rights*）（Oxford: Blackwell Publishers, 1994）一书中，希勒尔·施泰纳（Hillel Steiner）将洛克的"足够的、同样好的"限制条件等同于一种自然权利，即"平等地对待（自然的）事物"（235）。

18. 事实上，耕种者会产生盈余，与剩下的采猎者的物品进行交易，这对双方都有利。在货币政策实施之前的阶段，家庭财产的增加将抵消这一限制条件被满足的趋势。

19. 将数百万中国香港现有居民的机会水平，与极少数人有机会享受的机会水平相比，香港仍然是一个开放的公共区域。

20. 这种说法比洛克需要的更为有力。商业社会中的每个成员，都比在财产或货币出现之前的世界中的人过得更好，这就足够满足洛克的目标了。

21. 洛克对劳动价值创造能力的强调，不应被理解为对劳动经济价值理论的支持。

22. Julian Simon, *The Ultimate Resource 2* (Princeton, NJ: Princeton University Press, 1998).

23. "For a General Naturalisation," in Goldie, *Locke: Political Essays,* 322; 文中简称 *GN.*

24. 对洛克的经济思想的评论，参见 Karen Vaughn, *John Locke: Economist and Social Scientist* (Chicago: University of Chicago Press, 1980)。

25. In Goldie, *Locke: Political Essays,* 339–343; 文中简称 *V*。

26. 然而，如果不以低于市场价格的价格出售给穷人，这可能是无情的。但是洛克通常认为慈善事业不应该受到法律的强制执行。见《论宽容》第 44 节："贪欲、不仁、懒惰，还有其他种种，都是众所公认的罪恶。但是，谁都从未说过非要由官长给予惩罚不可。"

27. 在这里，洛克排除了时间差——这在小麦的故事中有可能会发生——在 Q 询问之后的第二天，R 出现了。

28. 若要进行更为全面的分析，还需考虑洛克围绕海上轮船对稀缺锚进行讨价还价的有趣讨论。参见 *V* 341–343。

29. In Goldie, *Locke: Political Essays,* 182–198; 文中简称 *PL*。

30. 让贫困的人无条件地获得生计，就等于"白占人家劳动的便宜，而他并无权利这样做"［政府论（下篇），第 34 段］。

31. 相反，参见注释 26 中所引用的《论宽容》中的一段话，其中洛克将懒惰视为地方长官可能不会惩罚的罪恶。

32. 洛克否认对天主教徒和无神论者的宽容，理由分别是他们在政治和道德上不可靠，而不是由于他们信仰的内容。

第九章 为了橡子与诚实的自由：
曼德维尔的商业伦理准则

尤金·希思（Eugene Heath）

伯纳德·曼德维尔（Bernard Mandeville）似乎不太可能成为商业伦理方面的权威。作为《蜜蜂的寓言：私人的恶德，公众的利益》（*The Fable of the Bees: or Private Vices, Public Benefits*，以下简称《寓言》）一书的撰写者，曼德维尔在他那个时代被认为是利己主义的鼓吹者和道德的敌人。他的讽刺诗《抱怨的蜂巢：骗子变作老实人》（*The Grumbling Hive: or, Knaves Turned Honest*）于1705年首次出版，然后被收入1714年出版的《寓言》之中，他描绘了一个蜂巢中熙熙攘攘的蜜蜂，通过利己主义的相互作用产生一个大型的、繁荣的商业社会："因此每个部分虽都被恶充满，然而整个蜂国却是一个乐园。"[1]（《寓言》，第1卷，第24页）蜜蜂抱怨恶德的盛行，以致朱庇特主神（god Jove）变得疲惫不堪，清理了蜂巢中的恶德。伴随美德而来的是满足，也伴随着商业的衰落和繁荣的丧失。曼德维尔认为，他的诗歌故事不是在为罪恶辩护，而是在描述两种道德选择的截然不同的后果："倘若我面前有达到现世伟大之路，我总是会毫不犹豫地选择通向美德之路。"[2]（第1卷，第231页）

如果恶德带来的是繁荣和伟大，而美德则是满足和贫穷，那么任何支持商业的行为似乎要么需要对恶德的认可，要么需要完全虚伪的生活。当然，曼德维尔十分乐于指责"上流社会"（第2卷，第11页）的虚伪，他们享受商业社会中的产品和乐趣，但他们谴责商业社会中可能产生的邪恶欲望。然而，如果恶德和商业繁荣之间有本质的联系，那么伦理学家可能得出的唯一结论就是遵循美德，心满意足地生活在一个小型的非商业社会中。也许曼德维尔的《寓言》可以解释为什么很少有商业伦理学家注意他的作品。[3]

考虑到曼德维尔作品的多样性，[4]人们可能会认为，曼德维尔并未讨论人在商业活动中的行为。然而，他的总体观点提供了一个视角，人们可以将商业伦理当作一门理论学科，获得与之相关的启发式准则。因此，当代商业伦理学家可能会追随18世纪思想家的脚步，这些思想家承认曼德维尔"思想框架"的重要性，甚至否认曼德维尔的错误。[5]在《寓言》的前两卷出版约三百年后，曼德维尔的作品仍然是对商业的重要检验，以及更为普遍的社会互动的总结和缩影。曼德维尔的思想提供了一个值得重新审视的视角。

本章从总结曼德维尔作品（主要指《寓言》）的重要主题开始讨论，并将其置于其历史背景中。随后是曼德维尔对商业的理解的概述，包括他对奢侈和多元化的辩护，以及他对商业的整体看法。在最后一部分，文章重点转向从曼德维尔的思想中总结的三条准则，它们都与商业伦理的研究相关。第一条准则区分了个人意图和社会结果，第二条准则关注实践知识或专门技能的力量，第三条则阐述了理想与经验现实相兼容的重要性。

诗歌及其背景

1705年，当《抱怨的蜂巢》这首诗问世时，并没有引起多少关注。然而，它的主题使曼德维尔后来的许多作品生动起来，其中《寓言》第一卷（1714年）以这首诗开始，接着是《美德之起源》（An Enquiry into the Origin of Moral Virtue）一文，以及一系列在这首诗中引用的各种概念的"评论"。后来的版本进一步扩充了"评论"，增加了另外两篇文章，分别是《论慈善与慈善学校》（An Essay on Charity and Charity Schools）以及《社会本质之探究》（A Search into the Nature of Society）。第二卷由六段对话组成，于1728年出版。[6]

在诗歌中，一个强大繁荣的蜂房象征着当时处于商业社会中的英国。尽管蜜蜂的"私人恶德"能带来"公共利益"，但他们对欺诈和不诚实却满腹牢骚，抱怨个不停，以至朱庇特主神铲除了他们罪恶的巢穴。当蜜蜂拥有美德时，他们的欲望和需求就会减少："各行与各业无不弃绝扯谎；满足，毁灭了勤勉。"（第1卷，第34页）善良的蜜蜂数量越来越少，几乎没有什么事可做，所以"他们纷纷飞进一个空树洞里；以便去安享满足与诚实无欺"（第1卷，第35页）。在他的诗歌中，曼德维尔还将"道德"加入其中，相关的诗句如下：

> 只要经过了正义的
> 修建约束，恶德亦可带来益处；
> ……
> 纯粹的美德无法将各国变得
> 繁荣昌盛；各国若是希望复活
> 黄金时代，就必须同样地悦纳
> 正直诚实和坚硬苦涩的橡果。（第1卷，第37页）

曼德维尔认为放纵欲望是"恶德"，它与真正的美德形成对比——出于"行善的理性抱负"，为了造福他人而拒绝欲望。[7]人类主要是由激情或欲望驱动的，这些激情或欲望建立在自爱（或自我保护）或自我悦纳（对自我的喜爱和高估）的基础上。[8]因此，任何源于欲望的行为都是邪恶的，不管这种行为是否具有商业性质。尽管如此，曼德维尔将恶德与商业贸易的利益联系起来。如果法律禁止某些恶德（推断这些恶德会干扰或过度影响他人生活），并在其他方面为商业活动提供条件，那么对欲望的培养以及持续的互动与交换就会产生公共利益。然而，如果人们坚持真正的美德，那么结果将是自我约束、满足和相对贫穷。考虑到动机和社会后果，曼德维尔认为，与其说他是在为恶德辩护，不如说他是在分析和比较两种品质所产生的不同后果。从这个意义上说，曼德维尔的分析暗示了人类对于所追求的目标有一种道德上的选择。

曼德维尔不仅向他的读者阐述了这一决定，而且用他的智慧谴责那些虚伪地享受繁荣，却同时谴责繁荣的动机基础的人。曼德维尔的观点反映了他那个时代的一些道德矛盾心理。到17世纪中叶，商业企业已经渗透到英国社会的大部分领域。到18世纪初，英国约有三分之一的人口从事"工业、建筑和商业"，这一比例高于欧洲平均水平。[9]由农民、工匠、商人和专业人士组成的新兴阶层，渴望获得以前他们得不到的商品（"奢侈品"），包括茶、咖啡、亚麻制品和图画等。[10] 作为一直被劝告拥有节俭生活和简单愿望的普通公民，现在将这些商品当作其雄心壮志的重要特征。[11] 1726 年，当伏尔泰到达伦敦时，他注意到商业不仅使英国人富有和强大，而且使他们自由和自豪，他说：毕竟英国的商人，与法国商人不同，不会被"蔑视"。[12]

贸易和交换经济的出现使许多人感到不安，他们担心良好的治理模式和强大的道德会被不断上升的利己主义浪潮削弱。受到古典精神和基督教的启发，出现了一些团体（如习俗改良协会），致力于道德的提升和公共精神的培养，减少私人贸易和致富的低级动机。放纵欲望，或饮酒、赌博和奢侈放纵，也会削弱工作的意愿。[13] 宣传公民道德（或被视为公民人文主义或共和主义），节俭和约束被认为是良好的社会所必需的，而不是放纵对地位或金钱的欲望和野心。[14] 伍斯特（Worcester）主教爱德华·斯蒂林弗利特（Edward Stillingfleet）在一篇题为《改良习俗是尊敬上帝的正途》（"Reformation of Manners the True Way of Honouring God"）的布道中，就阐述了这种普遍担心：

> 谁能否认，奢侈和放荡以及各种各样的放纵，不仅会败坏一个民族的名声，而且会使人们变得软弱和毫无气概，使这个民族变得粗心和懒散。除了关心那些能使他们自己变得安逸和淫荡之外的事情，其他的都不闻不问。[15]

斯蒂林弗利特主教是习俗改良协会的支持者 [16]，这一协会所提出的观点在理查德·斯蒂尔（Richard Steele）1709 年出版的《闲谈者》（The Tatler）杂志中得到了明确支持。这本杂志引起了许多模仿，包括《女性闲谈者》（Female Tatler），曼德维尔在其中以露辛达（Lucinda）和阿特西亚（Artesia）两位女士的名义发表文章。曼德维尔所提倡的一个睿智人物是类似于"大不列颠检察官"艾萨克·比克斯塔夫（Isaac Bickerstaff）的角色，后者以改良协会会员的身份出现在《闲谈者》杂志上，倡导公共的善，而非私人的善。[17]

出现在后续《寓言》版本的观点，有的首先发表在《女性闲谈者》杂志上。其中，曼德维尔挑战了人们一直被劝诫的说法，即一个人必须出于为公众利益服务的善良愿望行事。他揭示道，事实上大多数人的行为并非出于真正的美德，而是出于更为低级的社交标准，其真正的动机在于某种形式的自爱（或自我悦纳）。在他描述这种较为低级的行为形式时，采用了一种敏锐而重要的社会理论：通过渴望获得他人的认可，自我悦纳被重新定向，从而培养和维持社交合作的规范。为了更全面地理解曼德维尔对这个问题（和其他问题）的分析，有必要探讨其对商业的观念。如此才能明白他对奢侈的辩护，以及对多元主义的阐述，是如何清晰地用一种与公共美德的捍卫者相反的视角来予以表达的。

曼德维尔的商业观念

曼德维尔很少探讨经济生产或交换的要素或运作，但他理解经济学的基本问题：如何让个人以自愿、互利和合作的方式进行互动。曼德维尔在《寓言》第二卷的第六段对话中对这种互动进行了描述。在对话中，经常代表曼德维尔的角色克列奥门尼斯（Cleomenes）断言，金钱对于社会的"生存"至关重要，而社会本身就是建立在人们的"需求"之上的：

> 所以，这个基础上的整个建筑都是由人们彼此提供的服务构成的。需要别人的服务时，如何去获得它们？这是每一个人在生活中最关心的问题，也是几乎时时都在考虑的问题。期望别人会白白为我们服务，这是没有道理的。因此，人们之间的一起交易都必定是连续不断的物物交换。卖主转让一件东西的所有权时，也像购买哪个所有权的买主一样，心中想的是自己的利益。你若需要或喜欢一件东西，无论其所有者储存了多少件同样的东西，无论你多么急需它，其所有者都会首先考虑他更喜欢的回报，而不会考虑满足你的需要，然后才会把它提供给你。（第2卷，第349页）

这段对话在交换的基础上预见了亚当·斯密的观点，[18] 指出人们不能仅仅依靠别人"白白为我们服务"；相互交换提供了一种合作的方法，从而成为人类之间持续互动的一种手段。

上面的这段节选很容易使人得出结论，曼德维尔是自由放任主义的倡导者。然而，似乎更合理的看法是，尽管他关注了视野更为广泛、提倡更少干涉的经济学，但曼德维尔仍在重商主义的一些运作概念中发挥着作用。[19] 事实上，如果重商主义措施之一是整个国家在多大程度上被视为一个"股份公司"[20]，曼德维尔重申并提出了多样化和不可通约目标——引用《抱怨的蜂巢》最后的一部分，"各国若是希望复活 / 黄金时代，就必须同样地悦纳 / 正直诚实和坚硬苦涩的橡果"（第 1 卷，第 37 页）——表明他脱离了一致的重商主义观点。

曼德维尔的另一个经济学观点是他对奢侈品的辩护。奢侈品的增长令那些不习惯看到普通公民享受商品的贵族们感到恼火。曼德维尔在他的一篇《评论》中对这种明显的放纵做出了定义，他将"奢侈品"定义为"一切并不直接满足人的生存需要的东西"（第 1 卷，第 107 页）。从这个意义上说，任何超出物质生活的东西实际上都是奢侈的。当然，这意味着曼德维尔对奢侈品的定义，比人们所承认的概念更具变化性和相对性（第 1 卷，第 108 页）。[21] 事实上，奢侈并不会对社会造成破坏，节俭也不是必需的。荷兰人通过节约以及精打细算获得财富的观念，遭到了曼德维尔的抨击（第 1 卷，第 187-191 页）。人们普遍认为，奢侈会使民众孱弱，失去活力，这一假设也被证明是不可靠的，其原因是只要人的胃口未改，恶德便会一直存在（第 1 卷，第 118-119 页）。曼德维尔也不认为奢侈会影响军队士气，尤其是因为总有"一些放荡、懒散、浪费之辈，其开销足够养活一支军队"（第 1 卷，第 120 页）。

即使曼德维尔没有对市场经济的统一理论进行描述，他仍然主张商业活动是一个有价值的目标。在《女性闲谈者》中，作为对以艾萨克·比克斯塔夫为代表的习俗改良者的回应，曼德维尔捍卫了目的多元主义的观点，其中包括商业。阿特西亚首先陈述了习俗改良者的观点，后者认为人类的进步是靠那些着眼于公众利益的人的努力来实现的。在这一点上，"她"遵循了比克斯塔夫的建议，认为只有那些拒绝"所有私人利益和个人乐趣"的人"才算活着"。[22] 一位"牛津绅士"随后加入讨论，并给出相反的回应："人类社会的大恩人"是那些"只关心取悦自己"的人，是那些寻求创造和满足新欲望的人（《女性闲谈者》，第 99 页）。按照他的说法，那些"让金钱流通"的人被证明是"每一门有用的艺术和科学的真正促进者"（《女性闲谈者》，第 105 页）。在后来的一期《女性闲谈者》中，曼德维尔介绍了一位名叫拉博里奥（Laborio）的富裕老者，他的主要工作就是赚钱。拉博里奥沉浸于这种工作，早早起床经商："对于以赚钱为乐的人来说，打理生意是一种消遣。"（《女性闲谈者》，第 225 页）[23]

虽然做生意可能是一种消遣，但就一种令人愉快的活动而言，"牛津绅士"和拉博里奥都没有断言，追求金钱应该是每个人的目标。事实上，"牛津绅士"表示，社会不需要每个企业或组织都有相同的目标："社会的建筑不需要在所有部分都是一样的"，这是因为"刺耳的不和反而会使整体和谐"（《女性闲谈者》，第 105 页）。"牛津绅士"引用了古罗马诗人维吉尔（Virgil）的话（"每个人都被自己的快乐吸引"——《牧歌集》;《女性闲谈者》，第 105 页），认为不同的快乐指向不同的善的概念。事实上，这位绅士说，享受商业活动的商人，甚至可能在不懂拉丁语的情况下，过上好日子（《女性闲谈者》，第 110 页）！[24] 在第二年出版的《女性闲谈者》期刊中，曼德维尔明确指出，个人所寻求的善可能是享受的具体东西，也可能是要进行的活动（《女性闲谈者》，第 224 页）。

不同的价值源于个人的欲望。因此，人们可以推断，曼德维尔支持霍布斯的价值观，这不仅仅是因为托马斯·霍布斯反对"至善"的概念，还因为《利维坦》的作者认为善是欲望的功能。[25] 对于曼德维尔来说，多元主义是建立在这样一种观念之上的：欲望的目的——无论是被理解为快乐或善良，还是被理解为事物或活动——本质上是人与人之间的不可通约性。在这些方面不存在争议，因此个人应该"是自由的 / 为了橡子，为了诚实"（第 1 卷，第 37 页）。曼德维尔将拉博里奥描绘成一个"为了挣钱而非常勤奋和勤劳"（《女性闲谈者》，第 223 页）的形象，这为个人特定的追求（"赚钱"）给予了支持，但这个支持是在一个多元的前提下，对不同个体的快乐不能一概而论（"我们对于他人的快乐都有着不公正的判断"；第 223 页）。这种多元价值的观点——包括商业和非商业目的——在《寓言》第一卷中再次得以阐述。在《社会本质之探究》一文中，在对沙夫茨伯里伯爵三世（the third Earl of Shaftesbury）的观点进行批判时，曼德维尔反对"将美德与恶德看作永远存在的现实，一切国家，一切时代，必定都是如此"这一观点（第 1 卷，第 324 页）。正如习俗可能不同，道德也可能不同一样："人那些美好的、善良的品质，并不能使人比其他动物更具有社会性。"（第 1 卷，第 331 页）

如果商业是一种正当的追求，那么曼德维尔又是如何理解商业的呢？即使没有关于商业的理论或概括性描述，曼德维尔也思考了它的影响和制度条件。他的观点之一是，贸易是一种互利的行为，是一种正和的交易："那直接对立的党派 / 实为互助，虽然表面上似有敌意与怨怒。"（第 1 卷，第 25 页）贸易不仅使参与者受益，而且产生了一个更普遍的后果：公共利益。这些造就了商品或奢侈品，现在无数公民可以享受"快乐、舒适与安然"（第 1 卷，第 26 页），但也包括更普遍的好处：在"各种生产环境下"（第 1 卷，第 184 页）促进就业（第 1 卷，第 197 页），以及鼓励工业的特点，即允许维护家庭和缴纳赋税（第 1 卷，第 85 页）。此外，商业提供了有利于寻求和实现改进的条件（第 1 卷，第 130 页）。最终的结果是，一个社会变得更加繁荣强大，且人口众多，这是仅凭道德动机无法实现的。

当个体遵循曼德维尔所认为的邪恶动机时，这些好处就会显现出来。在法律的框架内，这些人有充分的动机进行互动，而法律定义了财产，允许个人之间自愿的互动。尽管曼德维尔经常从交换的角度来看待商业社会，但他也认识到制度的重要性，尽管只是笼统地认识到这一点：财产必须得到保障，必须保证公平，法律必须谨慎地制定和始终如一地执行（第 1 卷，第 116 页；第 184-185 页）。法律因其"修剪和约束"欲望而不利于人们追求多元目标，但它提供了个人可以根据其激情或愿望行事的自由空间。制定这些法律不是一项纯粹理性的事业，而是需要个人和集体的经验（第 2 卷，第 321-323 页）。法律的框架、欲望的动机，以及改善个人境况的内在愿望，也会促进劳动分工的出现：人们会发现，专门从事某些由商业协调的特定活动是有利的，这些活动是为了生产和分配具体的产品和服务。正如曼德维尔所解释的那样："在世界的一些地方，需要多少忙碌、多少行业的能工巧匠才能做出一块上好的大红或深红的布料！"（第 1 卷，第 356 页）。

曼德维尔对商业互动的描述十分独特。在《抱怨的蜂巢》中，蜜蜂的动力来自由欺骗和谎言设计的欲望："一切行当和地方都存在欺骗 / 没有一种行业里不包含谎言。"（第 1 卷，第 20 页）例如，医生追求"名利"不是通过提高他们的医疗技能或关注病人的健康，而是通过显得"严肃"和"勤勉"（第 1 卷，第 20 页）。牧师也好不到哪里去，因为他们试图"掩藏 / 其怠惰、淫欲、贪财和傲慢"（第 1 卷，第 21 页），这些都是大罪。国王的大臣们通过欺骗政府而变得富有（第 1 卷，第 22 页），而正义也因此失去了它的公正性，以至于"这位女神的利剑 / 只用来对付绝望者与贫穷汉"（第 1 卷，第 23 页）。

在《抱怨的蜂巢》诗歌的结尾处，曼德维尔使用的讽刺性插图与"道德"之间产生了冲突。他最后的建议是恶德不应该是随心所欲的许可证，而应该是一种"修剪和约束"。然而，他的犀利描述表明，人们的互动不仅受到传统恶德（贪婪、骄傲，以及被称为"奢侈"的欲望）的驱动，还受到欺诈和谎言的驱动，这些品质使得行为变得不公平。因此，即使其他形式的贪婪、骄傲、淫欲和暴食可以继续激励工商业，法律也应该禁止这些和相关的类似恶德。即便如此，曼德维尔还是想要说明两点：一个繁荣昌盛的社会依赖于欲望的激活，而不是欲望的最小化；而如果没有法律的约束，激情和欲望就会无节制地膨胀。[26]人们怀有的那些欲望——根据曼德维尔的标准推测都是邪恶的——反映了一套多元的价值体系，其总体追求和实现会建立一种普遍的繁荣。从这个意义上说，曼德维尔可以在其诗歌故事的寓意中得出这样的结论：

> 享受世界上最多的便利，既赢得
>
> 战争的荣誉，且要生活得安逸，
>
> 不存在重大的恶德；但这不过
>
> 是他们头脑里的一个理想国。（第 1 卷，第 36 页）

除了诗歌之外，曼德维尔提出了交换的特点，即没有欺诈或谎言。他列举了一些例子，其中商业仍然是出于邪恶的欲望，说明了曼德维尔在商业上的优势。[27]在《寓言》的《评论 B》中，曼德维尔声称商人有"无数诡计"（第 1 卷，第 61 页）试图战胜对方，或者通过夸大商品的品质，或者通过掩盖缺陷。为了说明这一点，曼德维尔列举了两个人物，分别是想买白糖的迪西奥（Decio），以及西印度白糖商人阿尔坎特（Alcander）。迪西奥想以便宜的价格买到白糖，而阿尔坎特希望以贵的价格出售白糖。在设定了比迪西奥希望的更高价格后，阿尔坎特了解到，比预期更多的白糖正在运往英国。供应增加会导致价格下降，因此阿尔坎特决定在白糖供应量增加的消息公布于众之前，以迪西奥希望的价格出售白糖。为了不显得急于以更低的价格出售，阿尔坎特邀请迪西奥到他的乡间别墅做客。第二天，在散步时，迪西奥从一个熟人那里得知，从印度群岛出发的舰队被一场风暴摧毁了。舰队的损失和装载的白糖会减少白糖的整体供应量，并至少抬高 25% 的价格，迪西奥匆忙返回阿尔坎特的别墅，并同意以阿尔坎特原来的出价购买白糖！这样下来，阿尔坎特是以他心仪的价格出售了白糖；然而，到了第二天，迪西奥就可以转售这种白糖，获利约 500 英镑。曼德维尔说，这种互动是"公平的交易"，但他仍然承认，"我敢肯定，这两个人谁都不愿对方用自己施于对方的手段来对付自己"（第 1 卷，第 63 页）。

在这个例子中，每一方都是由为自己争取最佳价格的欲望驱动的。曼德维尔记录下了这样的商业交易是如何不符合"黄金法则"（己所不欲，勿施于人）的。然而，与曼德维尔在《抱怨的蜂巢》中描写的贸易不同，阿尔坎特和迪西奥都没有积极尝试去欺骗对方或说谎，从这个意义上说，如果认为该法则规定的是交易行为的话，他们都在遵循"黄金法则"。[28] 在这个意义上，阿尔坎特和迪西奥之间所进行的是互惠行为，双方的行为都不违反最低限度的公平交易，至少在商业交易允许不披露与交易有关的事实这一情况下是如此。这些事实不应涉及产品本身的质量或特性，而应涉及贸易范围内的情况，包括预期价格将在不久的将来下降等等。[29] 在自愿交易中，人们假定一般代理人是理性的，对产品有了解，并以非强制性的方式进入交易，那么可以看出白糖的销售显然是非强制性的，双方都对产品的性质和质量有了解。由此产生的一个问题是，一个人是否能够在不知道有关其价格的各种可能性的情况下，做出完全理性的购买决定。然而，曼德维尔的例子说明买卖双方在过程中是如何做出这些决定的。其次，有关（或未来）价格的知识，如果可以获得的话，需要通过个人的努力获得，正因如此，这并不是没有成本的。即便如此，迪西奥的知识来自财富，而不是努力。然而，人们很难得出这样的结论，一个人若不揭露未来价格的预期，就会违反理性，尤其是因为许多贸易正是因为买卖双方对价格的预期不同而得以进行的。从曼德维尔的例子中，可以得出这样的结论：在类似阿尔坎特和迪西奥的贸易中，不披露信息并不等同于故意误导。

诸如此类对商业的描绘，从基础、影响和日常生活的角度，让人们对曼德维尔的态度有了一定的了解。但是，在当代对商业伦理和商业道德的探究中，是否还有更多曼德维尔式的见解？为了研究这个问题，下文将转向曼德维尔对社会的描述性分析，从中得出与当代商业行为思考相关的三条准则。

曼德维尔的商业伦理准则

曼德维尔声称自己所写的不是指示，而是描述（例如，第 1 卷，第 407 页），这是他在剖析人性时经常要做的努力和尝试（第 1 卷，第 145 页；第 2 卷，第 93 页）。他宣称，他将审视"被忽视的，或者……在世俗眼光中不足取的事物"（第 1 卷，第 3 页），指出这样的审视可能产生意外的结果（第 1 卷，第 4 页）。这样的剖析可以让人们透过表面外观去揭示"人无形的一面"（第 1 卷，第 145 页），去发现隐藏的行为动机，以及人性的普遍元素，而这些元素个人可能忽略不见，或者不愿意看到。曼德维尔从观察开始（第 2 卷，第 128 页），对人类行为和互动进行因果上的剖析。[30]曼德维尔对剖析的呼吁以及对人性的理论阐述，在诸如对社会互动的本质、熟练知识（或"专门技能"）的重要性，以及道德理想与经验现实之间的矛盾关系等方面提供了有价值的判断。这些见解巩固了曼德维尔的整体观点，但它们之所以有价值，并不是因为它们决定了有关商业行为或更普遍的市场道德的任何特定结论，而是因为它们阐明了经常被忽视的社会和商业互动的相关特征。从曼德维尔的整体视角出发，这些见解可以理解为学术研究的商业伦理准则及启发式指南。

有益的社会秩序可能会在无意中出现

长期以来，《寓言》的副标题一直与一种观点联系在一起，即社会结果可能是既意想不到的又有益的，至少当产生结果的初始条件具有某种特性时是这样的。在《女性闲谈者》中，对于公众所坚持的那种观念，即人类应该感谢那些为公众利益而行动的人，阿特西亚的态度与之相反（《女性闲谈者》，第 98 页）。[31] 在《寓言》第二卷中也有同样的观点："一切个人私利难道不应当服从这种整体利益吗？……个人难道不应该竭尽全力，使自己成为自己所属的那个整体的、能为公众服务的有用成员吗？"（第 2 卷，第 46 页；第 49 页）曼德维尔提出这种观点是为了反驳公众，换句话说，他试图挑战这样一种观点，即在社会中产生利益的唯一途径是善意的行为者有意为之。例如，他有时会指出独立个体的行为是如何无意中产生有益结果的，但更有趣的是，他也会分析，行为的系统性积累或聚合，是如何随着时间的推移而产生有益结果的。

在第一个例子中，曼德维尔指出了邪恶的意图是如何导致有益的结果的："人的骄傲及虚荣心愈是得到展现，人的所有欲望愈是扩大，人们就愈可能不得不组成数量繁多的大型社会。"（第 1 卷，第 261 页）在特定的情况下，自我悦纳以及对掌声和认可的渴望，可能会被赞扬和奉承引导：获得掌声可能会引导一个人去造福他人，而不仅仅是服务于自己。曼德维尔认为不同的个人追求欲望，将被证明比所有人都为某一被指定为公共利益的目的而行动更有益处。

从更系统的分析来看，曼德维尔的伟大见解之一，是秩序、模式、规范和制度如何在一段时间内无意地出现。这样的社会理论可以被认为是自然史或推测史的一个例子，这在后来的思想家中也有所涉及，包括让·雅克·卢梭、大卫·休谟、亚当·弗格森和亚当·斯密等。例如，人们可以在《寓言》第二卷中找到规范性的推测历史以及语言进化理论的结构线索。曼德维尔在对规范性起源的解释中指出，规范行为标准的系统协调有一种明确的机制（奉承）。旁观者用赞美和奉承来哄骗他人的合作行为（礼貌、习惯以及关心他人的行为），否则合作行为可能不会出现；随着赞美在各种各样的环境中被复制，对于什么可接受、什么不可接受的期望也随之出现。通过这种方式，赞扬和奉承从独立的行为中聚集和协调出一种关心他人行为的判断和行为标准。这些涌现出来的标准在本质上与产生的原因存在本质上的不同，具体而言，行为者的"邪恶"欲望是想获得赞扬，而旁观者的（类似的）"邪恶"欲望是想从行为者那里获得一种更为合作的行为模式。符合由此产生的标准行为可能不等于真正的（自我否定的）美德，但它构成了一种文明和合作互动的形式。[32] 如此就可以说，"最美丽的上层建筑也可能建立在腐朽恶劣的基础上"（第 2 卷，第 64 页）。这种渐进的解释表明曼德维尔坚持认为，各种各样的规范可能在社会中自发产生，而不受神或政治权威的强制。

对于商业伦理学家来说，这种社会理论提供了一个启发性的视角。如果行为规范可以通过社会互动而产生，那么商业贸易就可以获得自己的规范期望和标准。曼德维尔通过一个扩展例子说明，买卖行为可以通过法律以外的社交礼仪规范得到补充，甚至改善。在他描述的"绸缎商与一位年轻女顾客"的故事中（第 1 卷，第 349 页），绸缎商试图以他"认为合理的价格"出售丝绸，而这位年轻的女士则希望以更低的价格购买。这位年轻的女士举止优雅、嗓音甜美，"拼命表现得和蔼可亲，美惠贤淑，一切举止皆合乎高雅礼节"（第 1 卷，第 350 页）。绸缎商似乎愿意满足她的每一个愿望，所以这位年轻的女士"面对的始终是一张愉快的脸，那上面，愉快、尊敬仿佛与好脾气混在了一处"（第 1 卷，第 351 页）。在女士做决定的过程中，绸缎商行为谨慎，但当她做出决定的那一刻，"他便马上主动起来"，并补充说，"愈是看那料子，便愈是弄不懂自己以前为什么没发现店里居然有那么好的东西"（第 1 卷，第 351 页）。绸缎商用这种恭维来赞美这位年轻女士的聪明才智，以便从她那里榨取尽可能高的价钱。但是，这种礼貌和奉承互动的结果是，"她买丝绸花的钱与其他任何顾客花的分毫不差"（第 1 卷，第 352 页）。在这种以自我为中心的欲望的重新定向中，社交规范应运而生。

在商业伦理中，会出现一些问题，比如，当商人没有表现出负责任或体面的行为时应该怎么办。在这种情况下，人们可以通过法律或法规要求个人自律，或求助于政府的外部干预。然而，曼德维尔提出，除了自我监管之外，人们还可以考虑另一种途径：行为规范（足以解决问题）能否在市场内部自行形成，或者或许只需要改变基本的监管和法律框架？对这种可能性的探索都需要对框架互动的条件进行研究，因为潜在的环境可能会影响正在进行的互动产生解决问题的可能性。考虑到结构互动的条件的重要性（"只要经过了正义的修剪约束，恶德亦可带来益处"），规范交易的司法和监管框架是一个重要的道德关注方面，它不同于在道德上分析一个特定的事件或某类事件，也不同于考虑商业规范、社会责任理论或利益相关者。这对商业伦理学家来说意味着，考虑互动的基本条件（以及它们为行为提供的激励）与研究实际行为及其后果同样重要。伦理问题可以通过创造激励条件而不是制定额外的法律、法规或政策建议来解决。

道德行为包含一种非反思特征（专门技能的重要性）

曼德维尔可能并不是唯一一个认为商业社会依赖于利己动机的人。许多商业伦理学家似乎持有一种公认的观点，即未经训练的商业活动往往是不道德的。[33] 因此，他们认为，要把商业作为一种道德努力来维持下去，即使不彻底改革它，也有必要在经理、行政人员和董事会成员中反复灌输一种商业伦理。无论这种对商业评估的通用方法是否可靠，也不管曼德维尔的利己主义观点（以邪恶欲望的形式）是否正确或是否对其从内心予以认同，相信行为可以通过忠告、教育或辩论而改变这一观点，这与曼德维尔的另一个观点背道而驰，即独立于任何对利己主义的诉求。本章认为知识根植于实践活动，即专门技能。这样的话，且不说伦理辩论，理论忠告或教育的效果可能不如人们普遍认为的那么有效。

对于曼德维尔来说，广义而言，知识是根据经验得来的。他淡化了先验知识的可能性，甚至没有证据表明人类可能会拥有它（如第 2 卷，第 261 页，第 186 页）。更相关的是命题性（知道是什么）和实践性（知道如何做）这两种知识之间的区别。曼德维尔在《寓言》的第二卷中，谈及勒瑙（Reneau）勋爵写过一本书，指出舰船和航海的最初发明者们也好，后来对舰船任何部分做出改进的人们也好，对船只运作及驾驶方面的数学原理并不了解，就连可以操纵和驾驶舰船的水手们也不清楚这些理论（第 2 卷，第 143 页）。数学命题可以解释舵的位置与船的方向之间的关系，但对于一个水手而言，知道这些命题的知识并不是必需的，知道如何驾驶舰船更为必要。[34] 知道如何驾驶，是独立于那些描述成功驾驶的命题知识的。[35]

曼德维尔的独特观点不仅应用于技术技能，还应用于日常行为，包括个人调整其欲望的方式，以发展或符合社交行为的标准。在描述个人如何以社交方式行事时，他宣称，"依靠经验与模仿，他们在交谈中能学会多少精明、手段和计谋，简直令人难以置信，而他们却丝毫没有意识到那个迫使他们去行动的天然原因，那就是人们内心的种种激情，他们支配着人们的意志，指导着人们的行为，却不为人们所知"（第 2 卷，第 139 页，第 141 页）。这样一来，规范性行为与其说是基于对或错的原则，不如说是基于对如何做的认识。

如果专门技能是一种非命题性的知识，那么行为通常既不是由命题所激发的，也不是由命题所引导的。无论是对个人还是对社会，命题的表述可能在事实之后出现，来描述和总结行为，但命题本身不一定是主要的或唯一的激励因素。曼德维尔认为人类的行为包含了专门技能的基本要素，这表明行为在很大程度上是非反思的。若想让明确的原则影响行为，可能会通过依附于欲望、汲取代理人的实际专门技能的方式来实现。这些原则，就像航海规则一样，必须从实践中产生；人们并不会依照这些理由去行动，也不会有意识、有计划地把它们当作动机，去引导自己的行为（第 2 卷，第 140-144 页）。例如，当一个人在特定的环境中行动时，他从先前的技能、实践、习惯中汲取经验；如果对特定环境有一定的理解，一个人要么按照自己的习惯行事，要么做出改变和改进——在特定环境中通过反复试验和犯错的过程来逐渐适应，也许就像曼德维尔所说的，这是对赞扬和奉承的回应。当行为在整个社会被模仿并产生了预期的效果时，它们就会形成清晰的公式（《女性闲谈者》，第 100 页；第 2 卷，第 144 页，第 186-186 页，第 267 页，第 318-319 页）。

对于渴望产生实际影响的学科来说，专门技能都会带来两个平行的问题。一个挑战就是企业伦理教育，无论是在企业还是在大学。这种教育的吸引力是显而易见的，但理论指导与商业实践之间的关系却不那么清晰。当然，如上所述，曼德维尔给出的解决方案是，认为道德教育的问题可能会随着社交规范的产生而逐渐消失。社交规范源自买卖活动：通过一个无意识的社会化过程，合作互动的规范就会出现并限制人们的自我悦纳。然而，许多人认为这种解决方案可能过于乐观。因此，可能需要另一种教育来补充或鼓励道德行为。如果这种教育具有理论性质的话，无论是理论探索、案例研究，还是对问题的思考，那么曼德维尔对专门技能这一基本特性的诉求都是一种挑战。鉴于专门技术的重要性，除非商人已经拥有道德经验，否则仍不清楚在大学课堂中（或执行研讨会）会如何讲授象征概念、命题、理论或案例研究是怎样为道德行为提供习惯经验的，尤其是这些课堂并未将其与激励的热情联系起来。[36] 理论教育本身似乎无法改变行为。事实上，这种教育要想被证明是有效的，在实际操作上，似乎需要由它所声称的反复灌输的经验。

　　类似的问题也出现在企业和公司为指导和激励员工、经理和高管的决策和行动而制定的行为准则上。这些准则，如果不含糊的话（可能是有目的性的），一般而言也是通用的；它们经常自然地反映周围社会的道德风气。要使这些准则有效，人们不仅要认识到需要道德行为（或不要表现出某些行为）的情况，而且要知道如何应用这些准则的特定部分。如果没有这些实际知识，这些规范的原则将是毫无用处的。从这个意义上说，这些准则应该预设其规定的行为类型。全球或国际公司所面临的一项更困难的挑战是：如果其准则符合母国的标准，那么对于公司中具有不同实践知识形式、具有其他文化背景的个人来说，该准则与自己没有多少关联。如果准则要保持二者的相关性，就必须反映并明确表述在员工道德专门技能的理念之中。

并非所有的道德理想都是相互兼容或与经验现实相兼容的

　　最后一条准则与曼德维尔的整体理论相关。曼德维尔声称他不提倡邪恶的行为（第 1 卷，第 95 页），相较于一个小规模的美德社会而言，只罗列出形成一个繁华的商业社会所需要的条件。[37] 他不仅谴责那些一边享受着恶德所创造的权力和财富、一边批判恶德的伪君子（第 2 卷，第 102 页），也阐明了道德理想可能与现实经验并不相符。对这一观点的明确表述可参见其"辩护"部分（尤其是第 1 卷，第 405-407 页），以及其诗歌《抱怨的蜂巢》的序言中："这个寓言的主要意图……是要表明：既享受一个勤勉、富裕、强大的民族所拥有的一切最优雅舒适的生活，同时又具备一个黄金时代所能希望的一切美德与清白，此二者不可兼得。"（第 1 卷，第 6-7 页）无论曼德维尔在表述他更喜欢真正的美德而非邪恶这一观点时，是否真正发自内心，他更深层次的思考都旨在呼吁人们仔细审视那些在其他方面似乎兼容的愿望。特别是，道德理想（一种美德的概念）可能与经验现实（人类的本性和繁荣的条件）互相冲突。把一种理想付诸实践，如一种严格意义上的美德概念，可能会妨碍其他理想的实现，如繁荣。对于其他理想而言，虽然人们同样心怀渴望，但是它的实现依赖于一系列被其他愿望有效排除的经验环境。

　　从曼德维尔的观点可以推断，政治和道德理论家必须考虑概念的意义和逻辑以外的东西；同时，他们还必须考虑这些概念如何结合在一起，或适用于特定的经验和历史环境。因此，商业伦理学家必须谨慎使用（专门技能）来确定原则、概念或规范是否适用于某些环境、实践或制度，以及以何种代价适用。这一任务与商业伦理的重要主题有何关联？在商业伦理领域，人们的共识是，企业应该以对社会负责的方式行事（或者说，兼顾利益相关者，而不应仅仅考虑股东自身）。在这里，人们将道德理想（社会责任）与经验现实（企业的本质）结合起来。然而，即使社会责任的诉求有其自身的正当性，它也与营利性企业的经营实践并不完全相容。[38] 社会责任理论认为（a）有些社会目标值得追求，（b）商界人士（或至少是企业人士）应努力实现这些目标。事实上，有人可能会补充说，应该追求社会责任，因为（c）商业组织谋求利润。[39] 因此，具有社会责任感的企业管理者应该致力于经营企业，并确保企业对社会发展做出贡献。综上所述，营利性组织的社会责任管理者必须关注营利性交易之外的事情。

这里有与曼德维尔的观点相矛盾的地方吗？管理者不仅要追求利润，而且要追求对社会负责的目标。当然，这两种追求是有可能由同一个管理者来完成的！然而，对社会责任的追求不同于对利润的追求：这种不兼容现象的产生正是因为商业伦理学家将前者视为后者的伦理要求。[40] 可是，对社会责任的追求与营利性企业的目标毫无关系。如果有道德的企业被认定为有社会责任的企业，那么只有当管理者从事商业以外的活动时，企业才会成为有道德的企业。这就好像商业伦理学家断言，从事营利性企业的人在道德上必须追求与追求利润相反的目标。如果呼吁社会责任符合商业伦理的普遍观点，那么人们必须解释，那些本身不属于营利活动的社会责任行为，是如何为商业生产或商业交换提供伦理辩护的。（也许这一建议可以通过功利主义进行辩护。然而，并不能明显看出社会责任的倡导者将其建议建立在功利主义的基础之上，也不清楚功利主义在计算利益时是否会站在社会责任活动的一边，而非纯粹追求利润的一边。）

如果一个人同时支持社会责任和目的的多元主义，就可能会出现另一种矛盾。要求承担社会责任的行为，是否与多元主义之间互不兼容？曼德维尔不仅反对一元论的社会目标观，他还驳斥了这样一种假设，即任何不顾公众而追求私利的行为都是错误的（如第 2 卷，第 46 页）。当然，如果一个人拒绝这种多元化的形式，那就无须担心任何问题。然而，如果一个社会接受关于个人和组织目标的多元化，那么为什么一些组织或个人必须追求特定的社会目标？一些最早倡导社会责任的人呼吁"我们社会的目标和价值"或"需要和目标"；其他人则要求"社会的经济和人力资源……［被］用于广泛的社会目的"。[41] 后来的倡导者们提出了各种各样看似复杂的诉求，并提出"企业责任不是单一的"这种观点。[42] 但是，社会责任同样需要考虑"公司经营与社会愿景之间的平衡"。[43] 多元主义的观点对社会责任的概念而言具有特别的力量，后者的内容不仅仅是遵守日常道德义务或避免在商业行为中侵犯权利。一个公司可以接受，也可以拒绝社会责任的相关活动，就像一个人可以从事商业或非营利活动一样。要坚持这一点，企业必须（始终）对社会负责，就意味着除了遵守个人的道德和法律义务外，企业还有一系列社会认可的目标。如果把社会责任只看作是企业的众多目标之一，一种规范性义务，一项常态性的任务，那么这似乎很难与多元主义的观点相容。[44]

结　语

上文提及的准则并没有完全囊括曼德维尔理论中的优势，但通过这些准则可以看出，这一位被忽视的思想家能够解读社会进程的范围、个人选择的必要性、道德实践的力量，以及道德需求（社会责任）、商业公司的本质和多元主义价值观之间的兼容性。这些准则不需要给出商业伦理中的任何特定结论，但它们确实为探究商业伦理和商业伦理实践的可能性提供了重要的参考。

在曼德维尔的特殊主张中，他的恶德（激情或欲望）的概念是通过自我悦纳和高估的形式来表现的。这种描述使他推断出自相矛盾的主张并挑战伪善。即使经济社会需要活跃的、有生产力和有抱负的个人，但他对个人及其欲望的态度并不明确。曼德维尔的观点提供了一些重要而有价值的东西——对现代社会有启发性的观点，以及个人之间持续的互动如何产生有益且非预期的结果。这是一个值得深思的见解。同时，商业伦理学家最好反思一下，法治以及社会和商业互动的活力，如何能够不仅创造和维持繁荣，而且还可以确保少量的合作和体面行为。

致 谢

笔者非常感谢瑞娃·沃尔夫（Reva Wolf）和拜伦·卡尔迪斯（Byron Kaldis）对本章初稿的富有洞见的点评和有益意见。

尾注注释

1. *The Fable of the Bees: or Private Vices, Public Benefits,* ed. F. B. Kaye, 2 vols. (Indianapolis: Liberty Fund, 1988). 文中《寓言》的圆括号内是指 Kaye 版本的卷号和页码。译者注：文中所用中译本参考 肖聿译，《蜜蜂的寓言：私人的恶德，公众的利益》，中国社会科学出版社，2002 年。

2. 曼德维尔经常重复强调美德而非恶德所带来的不同后果，例如："无论是谁，若说全民的节制、简朴和公正无私就是国家的福分，都是几乎不懂得自己在说什么。"（第 2 卷，第 335 页）曼德维尔对美德的定义是严格的：真正的美德包含对激情（欲望）的否定和对善的理性导向。

3. 在商业伦理的相关文献中，提及曼德维尔通常是用简短的旁白，来强调他对自身利益的诉求，或他在个人私心和公共利益之间的联系。这种模式的一个显著例外是 George Bragues, "Business Is One Thing, Ethics Is Another: Revisiting Bernard Mandeville's *Fable of the Bees," Business Ethics Quarterly* 15, no. 2 (April 2005): 179–203。乔治·布莱格斯（George Bragues）认为，曼德维尔坚持个人美德的严格概念，同时也接受公共政策的效用标准。

4. 曼德维尔的作品除了《寓言》之外，还包括 *The Virgin Unmasked: Or Female Dialogues Betwixt an Elderly Maiden Lady and her Niece* (London, 1709), *A Treatise of the Hypochondriack and Hysterick Passions,* 2nd ed. (1711; London: Tonson, 1730), *An Enquiry into the Origin of Honour and the Usefulness of Christianity in War* (London, 1732), 以及下文论及的 *Female Tatler* (1709–1710)。

5. 欧文·普莱米尔 (Irwin Primer) 讲述了亚当·斯密和其他"严肃的思想家"是如何给人留下"曼德维尔式思想框架不可磨灭的印象"的。参见普莱米尔著作的导言部分：*Mandeville Studies: New Explorations in the Art and Thought of Dr. Bernard Mandeville (1670—1733),* ed. Primer (The Hague: Martinus Nijhoff, 1975), x。

6. 米科·特洛农（Mikko Tolonen）认为，第二卷的内容和出版的历史使人有理由认为"第二卷"实际上不是第一卷的延续，而是一部独特的作品。参见 Tolonen, *Mandeville and Hume: Anatomists of Civil Society* (Oxford: Voltaire Foundation, 2013), esp. chap. 2。

7. 在《美德之起源》一章中（被收入 1714 年版的《寓言》），曼德维尔表示："若要将人对抗自身天然冲动的表现都称作美德，那就应当极力造福他人，或者出于为善的理性抱负去战胜自己的激情。"（第 1 卷，第 48-49 页）。曼德维尔的美德观念结合了禁欲主义和理性主义，被凯耶称为是"严格的"（参见 Kaye, introduction to *The Fable of the Bees*, xlviii）。这种观念在很大程度上要归功于法国的道德家（如 Pierre Bayle, La Rochefoucauld 和 Pierre Nicole），也要归功于加尔文主义的学说。随着曼德维尔在荷兰逐渐走向成熟，他肯定熟悉加尔文主义的理论学说。关于他与法国思想家的关系，参见 Kaye, introduction to *The Fable of the Bees,* Jxxvii-xciv; E. J. Hundert, *The Enlightenment's Fable: Bernard Mandeville and the Discovery of Society* (Cambridge: Cambridge University Press, 1994), 30–37; 以及尤其是 Laurence Dickey, "Pride, Hypocrisy, and Civility in Mandeville's Social and Historical Theory," *Critical Review* 4, no. 3 (Summer 1990): 387–431。

8. 从《寓言》的第一卷到第二卷，曼德维尔经历了对自爱和自我悦纳观念发生转变的过程。在第一卷中，他使用"自爱"来指代对自我的喜爱，但在第二卷中，他将两者区分开来，认为"自爱"是一种自我保护的形式，而"自恋"是一种对自我的喜爱，会产生自豪感、高估，并不断试图向他人证明自己并获得他们的认可。

9. John Rule, "Manufacturing and Commerce," in *A Companion to Eighteenth-Century Britain,* ed. H. T. Dickinson (Oxford: Blackwell, 2002), 127.

10. 参见 Joel Mokyr, *The Enlightened Economy: An Economic History of Britain, 1700—1850* (New Haven, CT: Yale University Press, 2009), 15; Joyce Appelby, "Consumption in Early Modern Social Thought," in *Consumption and the World of Goods,* ed. John Brewer and Roy Porter (London: Routledge, 1993), 167。

11. Neil McKendrick, introduction to McKendrick, John Brewer, and J. H. Plumb, *The Birth of a Consumer Society: The Commercialization of Eighteenth-Century England* (Bloomington: Indiana University Press, 1982), 1.

12. 伏尔泰用曼德维尔的口吻补充道："但我想知道，对一个国家而言，哪一种人更为有用，一个抹着厚厚的粉，知道国王何时起床何时睡觉的贵族……还是一个使国家富裕的商人。" Voltaire, "On Commerce," in *Letters on England,* trans. Leonard Tancock (Harmondsworth, UK: Penguin, 1980), 52.

13. Maurice Goldsmith, *Private Vices, Public Benefits: Bernard Mandeville's Social and Political Thought* (Cambridge: Cambridge University Press, 1985), 27–29. 还可参见 Thomas A. Horne, *The Social Thought of Bernard Mandeville: Virtue and Commerce in Early Eighteenth Century England* (New York: Columbia University Press, 1978), chap. 1。

14. 严格地说，一个人欲望的目的并不一定以物质的形式呈现（比如奢侈品，甚至是高级的社会地位），尽管这似乎是那些提倡公共精神而非个人欲望的人的言论中假定的。关于公民美德的诉求，尤其可参考 Hundert, *Enlightenment's Fable,* 8–13, 177–180; Appelby, "Consumption in Early Modern Social Thought," esp. 165–167。

15. 这篇布道的演讲时间大约是 1700 年。这段节选自 W. A. Speck, "Mandeville and the Eutopia Seated in the Brain," in Primer, *Mandeville Studies,* 69。

16. Speck, "Mandeville and the Eutopia Seated in the Brain," 69.

17. 参见 Maurice Goldsmith's introduction to *By a Society of Ladies: Essays in the "Female Tatler"*

(Bristol: Thoemmes Press, 1999), esp. 33–41。

18. "不论是谁，如果他要与旁人做买卖，他首先就要这样提议。请给我以我所要的东西吧，同时，你也可以获得你所要的东西——这句话是交易的通义。我们所需要的相互帮忙，大部分是依照这个方法取得的。我们每天所需的食料和饮料，不是出自屠户、酿酒家或烙面师的恩惠，而是出于他们自利的打算。我们不说唤起他们利他心的话，而说唤起他们利己心的话。我们不说自己有需要，而说对他们有利。"Adam Smith, *An Inquiry into the Nature and Causes of the Wealth of Nations,* ed. R.H. Campbell, R. S. Skinner, and W. B. Todd (Indianapolis: Liberty Fund, 1981), l.ii.2, pp. 26–27.

19. 曼德维尔呼吁国家的伟大和对贸易进行政治管理，这反映了重商主义的观念。然而，内森·罗森伯格（Nathan Rosenberg）的判断依然正确：曼德维尔证明了对外贸易中的经济干预主义，但在国内，他提倡法治和渐进的改革方式。参见 Rosenberg, "Mandeville and Laissez-Faire," *Journal of the History of Ideas* 24 (April-June 1963): 183–196。F. B. Kaye 曾暗示曼德维尔是自由放任主义的明确倡导者（参见 his introduction to *The Fable of the Bees,* cxxxix）。然而，霍恩（Horne）认为曼德维尔总体来说是一个重商主义者（参见 Horne, *Social Thought of Bernard Mandeville,* esp. 51–75）。最近，学界在探讨曼德维尔是否将奥古斯丁和享乐主义学派的观点融合为重商主义的元素，参见 Benjamin Dew, "'Damn'd to Sythes and Spades': Labour and Wealth Creation in the Writing of Bernard Mandeville," *Intellectual History Review* 23, no. 2 (2013): 187–205。

20. Joyce Appleby, *Liberalism and Republicanism in the Historical Imagination* (Cambridge, MA: Harvard University Press, 1992), 37.

21. 参见 Christopher J. Berry, *The Idea of Luxury: A Conceptual and Historical Investigation* (Cambridge: Cambridge University Press, 1994), esp. 126–134 (his discussion of Mandeville)。在这本书中，Berry 讨论了休谟对奢侈的辩护。

22. *By a Society of Ladies: Essays in the 'Female Tatler,''* 98 (《女性闲谈者》的后续引用，是指这一版本的页码，表述形式是 *FT*:98)。注意，阿特西亚将"私人利益"和"个人快乐"联系在一起，这种联系与公共利益形成对比，而公共利益显然不是个人的快乐。然而，在曼德维尔成熟的思想中，一个自爱的人可以从为公众服务中获得快乐，只要这种以公众为导向的行为能得到他人积极和愉快的接受。

23. 随后，阿特西亚自己为多元性观点进行辩护："一个人无论是想挣钱还是想花钱，是想从事忙碌的商业或是在安静的乡村生活，似乎他总是高兴的，可以在他的领域炫耀，那个人肯定是幸福的。" *(FT 232)* 关于罗杰斯作品中的多元主义，参见本卷中 Matt Zwolinski 的论文；关于多元主义与米尔顿·弗里德曼，参见 Alexei Marcoux 的论文。

24. 这使人想起莫里哀笔下的"资产阶级绅士"茹尔丹先生（Monsieur Jourdain），他第一次见到这位"哲学家"时就肯定地说："我最需要的是知识。"当哲学家引用一个拉丁短语并补充说："你当然懂拉丁语。"茹尔丹先生回答说："当然，但我们假装我不懂。" *The Bourgeois Gentleman* (1670), translated and adapted by Bernard Sahlins (Chicago: Ivan R. Dee, 2000), 26.

25. 关于"至善"，参见 *Leviathan,* ed. Edwin Curley (Indianapolis: Hackett, 1994), chap. XI;

关于欲望和价值，参见 VI, 7。

26. Hundert 认为，曼德维尔认识到，如果他不想失去更多重要观点的话，那么包括《抱怨的蜂巢：骗子变作老实人》在内的第一卷中所使用的论证法则需要修改，参见 Hundert, *The Enlightenment's Fable,* 189。

27. Goldsmith 认为曼德维尔对商业的描述，尤其是在《女性闲谈者》中，暗示了对"资本主义精神"的早期看法 (*Private Vices, Public Benefits,* 120)。对这一观点的批评，可参见 Dario Castiglione, "Excess, Frugality, and the Spirit of Capitalism: Readings of Mandeville on Commercial Society," in *Culture in History: Production, Consumption, and Values in Historical Perspective,* ed. Joseph Melling and Jonathan Barry (Exeter: University of Exeter Press, 1992), esp. 167–170。

28. 他们都不参与说谎的勾当，即使他们都不愿意说出全部的真相。笔者认为，在这种情况下，不披露全部真相并不等于欺骗或撒谎。在其他情况下，无论是否出于商业目的，保密都可能具有欺骗性。

29. 尽管 Goldsmith 做出了这一判断，但这一情景并没有体现出"买者自负"（*caveat emptor*）的传统原则，至少如果这一原则指的是产品本身，而不是更普遍的销售条件的话（*Private Vices, Public Benefits,* 140)

30. 曼德维尔提及"解剖"，反映了他的医学训练以及他对先验理论的排斥（第 1 卷，第 170–171 页），认为要想认识和检验一个人的假设是十分困难的，并由此呼吁人们引起重视。人体结构中最明显的部分——"坚硬的骨骼、强壮的肌肉及神经"——可能并不是激发行动的要素："那些微不足道的薄膜和导管"，"他们被普通人忽略，或被视为无关紧要"（第 1 卷，第 3 页）。

31. 正如阿特西亚所感叹的那样："我无法克制地去想，我们是多么感激那些为了公众利益而发明任何东西的人：实际上是他们改善了自己的同类。" *(FT* 98).

32. 关于推测历史，参见 H. M. Höpfl, "From Savage to Scotsman: Conjectural History in the Scottish Enlightenment," *Journal of British Studies* 17, no. 2 (1978): 19–40; 更新的研究如 Frank Palmeri, *State of Nature, Stages of Society: Enlightenment Conjectural History and Modem Social Discourse* (New York: Columbia University Press, 2016)。 关于曼德维尔的规范进化论，参见 Hundert, *Enlightenment's Fable,* 62–86; 以及 Eugene Heath, "Mandeville's Bewitching Engine of Praise," *History of Philosophy Quarterly* 15, no 2 (April 1998): 205–226。曼德维尔对语言的描述可参见 Heath, "Carrying Matters too Far? Mandeville and the Eighteenth-Century Scots on the Evolution of Morals," *Journal of Scottish Philosophy* 12, no. 1 (2014): 95–118。 曼德维尔对社会推测的评论可以按照字面意思、用政治家的行动来理解（如第 1 卷），也可以用进化的过程来反映，如"许多世代的人们共同劳动"（《寓言》第 2 卷，第 322 页）。

33. 这种观点可能会被贴上"消极的民间模型"的标签，根据这种模型，市场被理解为一个非道德或利己主义的领域，在这个领域中，贪婪的参与者不仅会欺骗，而且会以阻碍物质以外任何目的的实现的方式行事。以下是当代商业伦理学者的相关陈述。"但对于进入商界的人来说，宣称自己的抱负是赚钱，被认为是理所当然的；这就是生活本身所期待和要求的。"(Robert Solomon, *Above the Bottom Line*〔Fort Worth, TX: Harcourt Brace Jovanovich, 1994〕, 35)"商业活动"的一个特点是"似乎坚持不懈地需要贬低他人"(Jennifer Jackson, *An Introduction to Business Ethics*〔Oxford: Basil Blackwell, 1996〕, 80)。乔安妮·B. 丘拉在（Joanne B. Ciulla）在同一篇文章中以一种更微妙的视角来描述人性的变幻莫测，她补充道，"商业总是有能力揭露人们最坏的一面"(Ciulla, "Is Business Ethics Getting Better? A Historical Perspective," *Business Ethics Quarterly* 21, no. 2〔April 2011〕: 338)。

34. 曼德维尔在另一篇文章中也重复了类似的区别："你见到一把小提琴时知道它是小提琴，这与你知道如何演奏它可大不相同。"（第 2 卷，第 171 页）这句话暗示了第三种知识——通过了解获得的知识。

35. 关于二者区别的重要解决办法，参见 Gilbert Ryle's chapter "Knowing How and Knowing That," in *The Concept of Mind* (Chicago: University of Chicago Press, 1949)。关于当代的解决办法，参见 John Bengson and Marc A. Moffett, eds., *Knowing How: Essays on Knowledge, Mind, and Action* (Oxford: Oxford University Press, 2012)。

36. "向一个懦夫宣讲和证明他的恐惧毫无道理，你并不能将他变得勇敢无畏，这就如同你不能通过命令他长到十英尺而使他长得更高一样。"（第 1 卷，第 333 页）

37. "如同忠诚一样，节俭也是一种迫人挨饿的寒酸美德，仅适用于一些由善良平和者组成的小型社会，此类人安于贫穷，因为贫穷可能使他们过得轻松。然而，在一个始终躁动不安的大国里，你很快便会厌腻贫穷。人人都无所事事，这是闲散者所梦想的一种美德，而在一个注重商业的国度中，这种美德却百无一用，因为在那样的国度里，大多数人都必须从事这样或那样的工作。"（第 1 卷，第 104-105 页；第 124 页）

38. 利益相关者理论也存在类似的现象，它规定公司管理者有义务为所有利益相关者的利益服务。参见 Eugene Heath, "The Qualities of Virtue and Its Rivals: Business, Entrepreneurship, and Business Ethics," in *Virtues in Entrepreneurship,* ed. Nils Karlson, Mikolaj Norek, and Karl Wennberg (Stockholm: Ratio, 2015), 58–80。

39. 第三个条件的推理基于这样一个事实：许多不被认为是追求利润的努力——艺术家的作品或非营利组织的活动——通常被视为不受社会责任的约束。

40. 关于既追求利润，又追求与利润不同的目的所存在的一些困难，参见 Michael C. Jensen, "Value, Maximization, Stakeholder Theory, and the Corporate Objective Function," *European Financial Management* 7, no. 3 (2001): 297–317。

41. 这些术语分别引自 Howard R. Bowen, *Social Responsibilities of the Businessman* (New York: Harper & Row, 1953), 6; Richard Eells and Clarence Walton, *Conceptual Foundations of Business,* 3rd ed. (Homewood, IL: Richard D. Irwin, 1974), 247; William C. Frederick, "The Growing Concern over Business Responsibility," *California Management Review* 2 (1960): 60; 全部引自 Archie B. Carroll 的文章 "A History of Corporate Social Responsibility: Concepts and Practices," in *The Oxford Handbook of Corporate Social Responsibility,* ed. Andrew Crane et al. (Oxford: Oxford University Press, 2008), 25, 30, 27。

42. Archie B. Carroll et al., *Corporate Responsibility The American Experience,* d. Kenneth E.

Goodpaster (New York: Cambridge University Press, 2012), 6.

43. William C. Frederick, "Corporate Social Responsibility: Deep Roots, Flourishing Growth, Promising Future," in Crane et al., *Oxford Hand Book of Corporate Social Responsibility,* 523.

44. 有人可能会说，"社会责任"不是单一的、具有统一目的的，而是多种多样的、具有多种目的的。但这一概念本身就呼吁社会责任的多元化。为什么这种多元主义不应该得到更广泛的推广，这是它的倡导者需要面对的一个问题。

第十章 "贸易能够治愈破坏性的偏见"：孟德斯鸠 与商业社会精神

亨利·C. 克拉克（Henry C. Clark）

　　夏尔·德·塞孔达，孟德斯鸠男爵（Charles-Louis de Secondat, Baron de La Brède et de Montesquieu, 1689—1755），通常被认为是符合宪法精神而非商业伦理的。然而，在美国建国期间，他的观点比任何人都被更频繁地引用，[1] 所提出的三权分立和制衡已经成为世界各国规范政府有限权力的现代实践，同时也成为那个时代贸易和金融领域中非常有影响力的评论家。据统计，在他1748年的经典著作《论法的精神》（The Spirit of the Laws）中，足足有六分之一的内容涉及对财富诸多层面的研究。[2] 虽然当时贸易增长已经成为欧洲最重要的治国之道，但孟德斯鸠出版其著作却是在政治经济学第一个真正"学派"形成之前［即弗朗斯瓦·魁奈（Francois Quesnay）在18世纪50年代后期所领导的重农学派］。孟德斯鸠花费了大量的精力，为后世开创了公开讨论经济和金融政策这一先例。

　　使他的时代成为过渡时期的表现之一是，孟德斯鸠仍然从古典文学和哲学传统中探讨商业生活的主题，这一传统包括很多其他的特征，其中一个就是美德突出地位——同时分析个人行为和社会习俗。在20世纪，除了哲学托马斯主义的孤立堡垒之外，道德伦理在所有领域都受到了系统性的忽视，直到最近十几年，对道德伦理的研究才逐渐复兴起来。像阿拉斯代尔·麦金泰尔（Alasdair MacIntyre）这样的哲学家和黛尔德拉·迈克洛斯基（Deirdre McCloskey）这样的经济学家，成功地将美德当作理解我们自己和过去几代人经验的可行选择之一。[3] 事实证明，广义上折中的美德伦理学说是有益处的，也是必要的棱镜，可以通过它来看待孟德斯鸠对商业生活的思考。

在衡量这种思想时，可以先从词法的区别上开展讨论。自 20 世纪 70 年代以来，商业伦理就已经出现并被人们理解。在一个由客观企业所主导的世界里，如果商业伦理本质上是专业人士的一种规范性框架，那么我们需要另外一些术语，来进行更广泛的比较和历史范畴的分析，以便更生动地阐述孟德斯鸠的企业理念。一方面，首先，与中世纪经院哲学家或早期现代诡辩家不同，孟德斯鸠从未就高利贷等特定商业行为的道德或宗教含义进行过持续的讨论。另一方面，他当然是在现代公司兴起之前就提出了自己的理论体系。孟德斯鸠有时也提到"贸易精神"（spirit of commerce），笔者在文中提出的另一个术语是"商业道德"（commercial morality）。

在接下来的讨论中，笔者将勾勒出这种商业道德的轮廓。首先，文章将探讨人们从孟德斯鸠的著作中所发现的，关于道德影响和贸易含义的历史研究法。他的许多思想都是通过对不同时期、不同民族的风俗习惯的调查研究而得出的，并用道德的语言清晰地进行阐述。笔者将考察他的历史发展的分期理论的意义，以及其思想中至关重要的成对的类别，如古代与现代的对比，贸易与征服的对比。然后，笔者将把孟德斯鸠的商业道德置于伯纳德·曼德维尔那部富有争议的划时代著作——《蜜蜂的寓言》（1732）所提供的历史背景中。从这一分析中可以得出的结论是，尽管孟德斯鸠对曼德维尔的著名公式"私人的恶德，公共的利益"提出了引人注目的新颖改变，但他最终还是同意了一种商业道德的观点，即商业道德主要建立在两种密切相关的美德之上——人性和公平。在本章的最后，将指出这种美德伦理方法对商业伦理的一些启示。

历史视角下的商业道德

孟德斯鸠研究商业道德的方式，就像他研究其他所有事物的方式一样，应该被视为一项持续进展的工作。因此，人们只能通过识别和整理他在其著作中运用的多种概念工具，来近似和零碎地理解他的观点。大多数的工具都具有历史意义。大多数的工具都具有历史意义。自 17 世纪胡果·格劳秀斯（Hugo Grotius）和塞缪尔·普芬道夫（Samuel Pufendorf）的伟大著作后，法律成为大学课程和欧洲精神生活的一部分。对于同时代的人来说，他的伟大著作《论法的精神》，将理性、全面而非静态的法律分析，置于历史进程之中。法律现在变成了更广泛背景下的特定部分，包括礼仪、风俗、地形、气候、宗教，以及任何可能有助于形成孟德斯鸠所说的特定民族的"普遍精神"的因素。因此，当他提到"贸易精神"时，意为贸易是一种与人类存在的其他方面动态相关的活动。在很大程度上，正是这种方法的活力、开放性和敏感性，才让当约翰·米勒（John Millar）在描述新兴的"公民社会"发展史时，将孟德斯鸠比作人类新科学中的"培根"，而亚当·斯密（米勒自己的老师）则是"牛顿"。[4]

对于不同类型的历史，孟德斯鸠的处理方式可以分为三种比较类型。第一种是周期化的概念。虽然有时会被遗忘，但一种分期理论（stadial theory，即著名的四阶段理论）是由孟德斯鸠首先提出，安·罗伯特·雅克·杜尔哥（Anne-Robert-Jacques Turgot）和亚当·斯密（Adam Smith）在几年之后才提出并加以论述的（杜尔哥于 1750 年提出，斯密于 1753 年提出）。[5] 孟德斯鸠写道："一个从事商务和航海的民族比一个仅限于耕种土地的民族需要更广泛的法律知识。从事农业的民族比那些以放牧为生的民族需要更多的法律知识。从事放牧的民族需要的法律知识要比以狩猎为生的民族多得多。"[6]

尽管孟德斯鸠并没有详细阐述这四种生存模式的概念，但他似乎对它们之间的相互关系有更为深刻的认识，这比其他共时性的著作，如亚里士多德《政治学》（Politics）第一卷，所涵盖的见解更为丰富。[7]无论如何，有一件事情是很清楚的：人们可以预见，与商业社会之前相比，商业社会中的法律规范更为密集，这只是因为在这样的社会中，财产关系更为复杂——然而与此相关的道德意义将在下文中进行深入讨论。

孟德斯鸠偶尔会使用的第二种历史框架，是古代和现代的对比。在他成为文化精英的一员时，关于古代与现代的文学的著名争论正如火如荼地进行，而他的思想日记中包含了对这场争论的诸多思辨。[8]事实证明，贸易对于他自己理解这两个时代之间的差异至关重要。孟德斯鸠当然知道贸易在古代就已经存在，而且实际上是相当广泛的。但是他不同意那些现代商业社会的捍卫者，试图把罗马作为一个商业文明来看待。[9]对他来说，罗马是美德、宗教、爱国主义和野蛮征服文化的集合，最终淹没了当地的道德、习俗和贸易路线，取而代之的是对罗马性（Romanitas）的崇拜，而其中最让孟德斯鸠哀叹的是其完全势不可当的统一。

在《罗马盛衰原因论》（*Considerations on the Romans*, 1734 年）中，孟德斯鸠对古代和现代治国之道进行了广泛的对比，这对我们的研究很有意义。他写道："在我们今天，要想实现伟大的事业是比古人更困难了。"[10] 他解释说，原因在于现代通信，尤其是印刷术、版画（对制图很重要）、报纸和邮政服务的发明，意味着"公家可以控制一切私人秘密"。

对于孟德斯鸠和其他 18 世纪的评论家来说，商业和通信密切相关，有时几乎是同义词。例如，有一次，他断言"贸易的历史就是一部各民族的交往史"[11]。因此，在同样讨论古代与现代治国之道时，他写道："伟大的事业没有钱就无法实现，而在发明了汇票之后，这些大事情又不得不完全依赖于商人，结果商人的业务常常就同国家的机密联系在一起；而他们也不惜用一切办法参与到这些事情里面来。"正如人们所看到的，孟德斯鸠在这里引用的特殊设备，即中世纪晚期发明的汇票，在他对现代社会商业进行道德重估的解释中占有重要地位。就目前而言，孟德斯鸠的总体观点十分明确：至少在治国方略上，古代和现代的对比，被这两个时代中的商业、通信和商人角色的鲜明对比覆盖了。

如果继续看孟德斯鸠所进行的第三类比较，那么本章的主题就会更加突出，这种比较贯穿了前两种比较，是由两种占主导地位的活动——征服和贸易——来定义的，这两种活动似乎把文明的全部模式带到了各自的轨道上。在孟德斯鸠的笔下，这种比较成为对道德生活进行具有提示性的广泛观察的工具——不仅观察人性和正义这种关键美德，也同时观察历史背景下的诸多罪恶，如骄傲、野心、荣誉、虚荣、傲慢、严肃和懒惰等等，所有这些，作者都以真正原本的方式对待。

征服和贸易的这种比喻，可以看作是古代的士兵与政治家进行比较的现代变体。[12] 这一比较得到重视，是由于资源匮乏的小国荷兰在 17 世纪意外出现，不知为何能迅速崛起，其全球实力可以与西班牙哈布斯堡王朝和法国波旁王朝的绝对君主政体相匹敌。

一些爱国的荷兰作家，比如商业共和党约翰兄弟（brothers Johan）和彼得·德拉·考特（Pieter De la Court），曾辩称，荷兰的安全乃至扩张，是通过贸易自由的和平方式实现的。[13]

英国辉格党也将征服和贸易作为国家发展的两种方式进行了鲜明的区分，他们以英国人对贸易的偏爱而自豪，而法国国王路易十四则对征服更有兴趣。[14] 即使在法国，特别是在 1715 年路易十四去世之后，也有越来越多的法国人接受英国和荷兰的发展模式，将其视为现代世界的一个特点，而不是某些政权的怪癖。广受欢迎的詹森主义历史学家查尔斯·罗林（Charles Rollin）明确表示，"征服精神"和"贸易精神"会"在同一个国家内相互排斥"，这是由于一个带来"骚动、混乱、荒芜和麻烦"，而另一个"只有和平与安宁"。[15]

孟德斯鸠自己关于征服与贸易的思考具有探索性和实验性，而且随着时间的推移呈现出多种形式。然而，在每一次迭代中，他都坚持一个不变的假设，即贸易，而非征服，是现代世界的一个典型的必要条件。在一份未被发表的笔记中，孟德斯鸠将这两种活动的"精神"进行了对比："每个时代都有其独特的特点：无序独立的精神是由欧洲的哥特式政府所创造的；修道精神感染了查理曼大帝后继者的时代；接下来是骑士统治时代；征服时代出现了有序的军队；再之后就是今天占主导地位的贸易精神。"[16] 在这里，孟德斯鸠所尝试的历史周期似乎包含了三个中世纪阶段——一个是在人们所称的中世纪早期，两个在中世纪晚期——"征服"是在文艺复兴君主政体和 17 世纪专制主义统治下，随着国家的发展所具备的功能；而"贸易"则是 18 世纪现代性后专制主义的象征。

在另一篇关于英雄的日记中，孟德斯鸠探讨了英雄主义可能经历的不同历史阶段，分别是：仁慈阶段（大力神和忒修斯）、勇敢阶段（阿喀琉斯）、征服阶段（菲利普和亚历山大）、谈情说爱阶段（现代浪漫小说）。在这种分期下，征服是英雄主义发展的一个古老阶段，与现代国家及其常备军的出现无关。但他在结语中承认，"目前，我不知道他们（及英雄）是什么"。无论如何，他将英雄主义的所有形式与"金钱"进行了对比，再次强调了商业现代化的概念。[17]

为了表达征服和贸易之间的对比，孟德斯鸠发现了一个重要的比喻，即单一大陆国家和全球国家或民族之间的对比。在这其中，商业独特的现代性表现得淋漓尽致。他所描述的比喻实体有时被称为"民族"（nation），有时被称为"国家"（state）——前者通常指的是人们的集体道德、社会和经济资源，后者指的是政府本身，这一事实突显了他对企业思考所进行的探索。让情况变得更为复杂的是，孟德斯鸠甚至在对"国家"（state）进行更为宽泛的定义过程中，背离了当代词典的用法，比如他引用了罗马法专家乔瓦尼·格拉维纳（Giovanni Gravina）的一句话"一切个人力量的联合就形成了我们所谓的'政治国家'"。[18] 记住这些细微差别有助于下文所进行的分析。

在很多情景中，孟德斯鸠都将单一社会的形象作为描述整个现代世界的一种方式。在相关的情景段落里，他既回顾了斯多葛派的世界主义，也展望了理论家们所说的"全球化"。他第一次使用这个形象，是在一篇可能写于18世纪20年代关于西班牙财富的文章手稿中。文章中强调的是交流，在意思上是贸易的同义词，正如上面所讨论的："如今，交流使得世界实际上是由一个国家组成的。每个民族都在互相交流自己的优势，提供多余的商品，并接受其他民族的商品。由于一个民族的富裕程度取决于它所拥有的，因此每个民族所能得到的也取决于它是否有必要给予。"当稍后对这篇手稿进行修改时，他将重点从"交流"巧妙地转移到"知识"，同时继续强调全球的经济联系而不是政治联系："现在世界实际上是由一个国家组成的，而且每个人知道它盈余什么，缺乏什么，并试图掌握获取稀缺物品的方法。金银从地下被挖掘出来，这些金属被运往世界各地，人们彼此交流，没有一个国家的金银资本不是每年都在增长的（尽管有些国家的增长速度比其他国家更快）。"[19] 孟德斯鸠在这篇文章中，重点揭露了西班牙金银本位主义政策的系统性谬误，即认为国家财富在于贵金属积累的这一假设。

在他1734年写的《思索欧洲普世君主制》（"Reflections on Universal Monarchy in Europe"）一文中，孟德斯鸠同样使用了"单一国家"这一比喻，但效果不同。这篇论文探讨的主题不是金银本位主义，而是贸易作为国家竞争的普遍工具，研究主体是欧洲而非整个世界。他写道，欧洲"只是一个由许多省份组成的单一国家"。法国和英国需要波兰和俄国的富裕，就像它们的一个省份需要其他省份一样。想要毁灭对自己有威胁的国家来增强自身实力的那些国家，通常也会削弱自身的实力。[20] 文中的对比——源自孟德斯鸠在《我的思想》（Mes Pensées）中所进行的单一国家－多个省份的比喻——并不完全是关于贸易和征服的对比；相反，孟德斯鸠认为，国际贸易的道德逻辑是正和的、相互依存的，若将其视为地位或权力之间进行零和竞争的武器，则是一种扭曲的看法。在这些方面，这段话还包含了一个由国际贸易形成的"国家"与两个或两个以上陷入重商主义战争的"国家"之间的微妙但明显的对比，揭示了政府（国家）和人民（民族）之间的差异。因此，他在这里的意图是呼吁反对"贸易的嫉妒"（jealousy of trade）的论点，这种论点曾在18世纪的战略思想中占据如此重要的位置。[21] 同样的主题在《我的思想》中以一种更加全球化和明确的方式被提出，孟德斯鸠在书中引用了斯多葛派古罗马皇帝马可·奥勒留（Marcus Aurelius）的名言"不符合蜂群利益的东西，也就不会符合单独每一只蜜蜂的利益"，以此来论证"所有的国家都以一条锁链连在一起"。[22]

最后，在《论法的精神》中，单一国家的比喻出现在了区分地产和动产的语境中。土地是每个国家的一部分，但不是可移动的财产，他写道："然而动产，如货币、票证、汇票、公司股份、船舶、商品等均为全世界所有。在这种关系上，全世界仿佛就是一个国家，各个民族就是它的成员。"[23] 这里，尽管金融部门与国家关系如此密切，以至于它与商业和征服的关联性仍然很强，但另一个真正的全球性比喻似乎只适用于现代经济中的金融部门。因此，对国家和个人来说都很重要的是，鉴于在贸易不太集中的罗马帝国统治下，黄金在欧洲每天都在枯竭，那么现在世界上有了一种永久性的供应，这种供应不断地从一个国家交易到另一个国家，在任何地方都能充实贸易。[24] 贸易取代征服，成为现代世界范式的一个关键原因是其无法抑制的流动性，正如孟德斯鸠一度用哀悼的语气所阐述的那样："贸易有时候遭受到来自征服者的破坏，有时候又会遇到君主的干扰。但是贸易却避开遭受压迫的地方，环游全球，来到允许它存在的地方繁衍生息。"[25]

孟德斯鸠强化贸易和征服之间对比的一种方式，是重新划分他所谓的"奢侈贸易"和"经济贸易"之间的传统区别。[26] 亚里士多德和经院哲学家也作过类似的区分，但对他们来说，以维持生计为目的的家庭零售贸易才是唯一适当的"经济贸易"（或如他们所称的"必需品"）。另外，孟德斯鸠接受一个相互联系的现代世界这一事实，以此来扩展经济贸易的定义。纵观历史，他写道："当人们因暴政所迫不得不逃入沼泽、海滩、荒郊和野岛时……为了生存他们不得不从外界获得生活资料。于是贸易产生了。"[27] 更令人吃惊的是，经济贸易似乎也适用于高级金融领域，特别是犹太人在中世纪欧洲所扮演的角色。因此，孟德斯鸠抨击当时的政府和神学家试图禁止放贷，认为他们曲解了亚里士多德对有息贷款的看法。由于这种误解，"原来仅仅是'卑贱的人'从事的商业，则变成了'奸诈的人'从事的行当"。原因很清楚："当一件原本有必要进行的事情被禁止的话，那么只能是促使那些'奸诈的人'去干这件事了。"[28]

但最终，这一努力失败了。几个世纪以来，犹太人因为从事这些"原本有必要进行的"活动而遭到欧洲统治者的掠夺和迫害，而当他们最终以"发明汇票"作为回应时，他们将大量财富置于政府无法触及的范围之外。这就是历史上商业社会崛起的关键时刻。孟德斯鸠的理论与亚当·斯密不同，后者更为人熟知的理论是中世纪那种华而不实的观点，即诱使封建领主用货币关系来取代个人关系，从而为现代性奠定了基础。[29]然而，孟德斯鸠也有自己版本的商业化道德讽刺，可分为两个部分。他首先指出："神学家们不得不限制一下他们自己的原则了。于是曾被粗暴地同没有信义连接在一起的贸易，又重新回到了诚实的怀抱。"但对贸易进行道德重估之所以成为可能，主要是因为在中世纪晚期，主权领土国家的出现限制了教皇的司法权，就对教会和国家之间的利益关系进行了一次政治重估。由此，孟德斯鸠看到了双重的讽刺："我们也应该感谢经院哲学家们的空论和国王们的贪婪。正是这些一直伴随着贸易被破坏的不幸，使得一种新的事物产生。它使贸易多多少少脱离了这些人的权利的羁绊。"[30]孟德斯鸠在这里颠覆了一种标准的关系：哲学常被当作激情的一种补救措施；但在这种情况下，贪婪的激情抵消了经院哲学家（被误导的）哲学思维所造成的伤害。即使在涉及复杂的金融和长距离借贷的情况下，贸易的必要性最终也会成为一种道德的行为，而这在本质上可能只是一种务实的行为。

曼德维尔和商业社会的不完美设想

如果现在从一种历史和比较的视角，转向一种更为公开和规范的视角的话，人们会发现解读孟德斯鸠关于商业伦理理论的最好方法，是将他放在他那个时代中最为激烈的辩论主题中，即围绕伯纳德·曼德维尔的《蜜蜂的寓言：私人的恶德，公众的利益》（*The Fable of the Bees: or Private Vices, Public Benefits*）所产生的争论。正如副标题所预言的那样，曼德维尔彻底改变了关于道德的辩论。他认为，在现代商业社会中，为了促进公众利益，接受甚至鼓励恶德是必要的。曼德维尔采用了普遍激情和自我利益的霍布斯式心理，他宣称建立一个道德共同体是不可能的，如果存在这样的共同体，那么社会将受到严重的伤害。特别是现代社会，尽管它们致力于成为富裕和强大的国家，但它们需要为实现公共目标而调动这些激情和利益。

孟德斯鸠读过曼德维尔的作品，他对曼德维尔所面临的挑战的看法是复杂而微妙的。[31] 一方面，孟德斯鸠对这一富有争议的新理论，从多个层面上做出大量让步。曼德维尔提及英国和荷兰热情接受现代化，与孟德斯鸠自身认为现代优于古代、贸易优于征服的观点，二者在很大程度上是重叠的。但另一方面，孟德斯鸠却不太愿意嘲讽自己所在社会的传统道德类别。正如人们看到的，他相信美德和恶德是同时存在的，它们在过去和现在中都占有一席之地。本章的部分任务将包括确定这两个观点之间的关系。

在《波斯人信札》（*The Persian Letters*, 1721 年）中，主人公郁斯贝克（Usbek）已经说出了一句自相矛盾的话，可以代表曼德维尔的观点："一个君主要想强大，就必须设法让臣民享有各种各样的奢侈品。"这里的矛盾之处在于，按照当代君主的皇家意识形态，君主应该生活在奢华之中，这样才能更好地彰显他们的荣耀。这个悖论提出后，曼德维尔马上又提出了一个相反的观点——"利益是世上最大的君主，"这种发财狂热从一个阶层传到另一个阶层，从工匠到王公大人都是如此。[32] 在他的思想日记中，孟德斯鸠更明确地表达了对曼德维尔理论体系的支持："很高兴看到我的观点与《蜜蜂的寓言》作者的观点相契合，我会要求大家铭记，任何国家的公民与上层人士一样，都为商业国家做出了同等贡献。"[33] 在《我的思想》中，他还为其历史著作《真实的历史》（*True History*，去世后得以出版）写了一篇序言，详细叙述了他对这个前途无量的社会群体的赞扬："在这里我将说明自己终其一生特别尊敬我们年轻的宫廷上层人士的真正原因……尽管他们促进了我们贸易的主要分支机构的发展……他们为国家服务，却不要求一点感激。"诚然，他们的头脑"有点轻率"，但这并不会减少他们在法国民族魅力、社交能力、活力，甚至对王位和国家的忠诚服务方面所应得的荣誉。[34] 通过奢侈品消费的这一媒介，他们的虚荣心为祖国带来了社会和经济利益，即使是曼德维尔也无法做得更好。

关于自我关注的种类及其在塑造商业道德中所起的作用，孟德斯鸠的相关想法再一次经历了演变的过程。例如，《我的思想》中表明他在"骄傲"（orgueil）和"自大"（arrogance）之间尝试进行比较。作为一个同源词，后者是一种明确的恶德，但是前者，最好翻译成"骄傲"，是人类普遍的弱点——七种致命的罪之一，在孟德斯鸠看来，它对整个社会可能是积极的，也可能是消极的。自大总是使人们分裂；矛盾的是，骄傲有时能使人们团结起来。当它以虚荣心的形式出现时确实会这样，而上层人士又是这种转变的社会催化剂。因为他们"表现出来的不是自大……在一些民族中，他们能以多种方式，将我们的骄傲变成一种令人愉悦的鲁莽"。正是这些上层人士，带着他们一贯的虚荣心，以一种典型的曼德维尔式的方式，"在人们之间创造出一种幸福的和谐，而这在过去的习俗中是不相容的"。[35] 对于出生和财富的诉求，在"旧风俗"的规则下常常陷入激烈的搏斗，却在时尚精英们心照不宣的商业道德中变得和谐，这种道德允许甚至鼓励其他人表达他们的虚荣心，就像我们表达自己的虚荣心一样。

到了孟德斯鸠写下他的巨著《论法的精神》时，他显然已经改变了自己此前的想法：关于自大与骄傲的对比，现在看来应该是"虚荣"（vanity）和"骄傲"（pride，法文为orgueil）之间更广泛的区别。在明确地引出曼德维尔对琐碎的风尚和贸易之间的积极联系之后，[36] 孟德斯鸠又花了一节的篇幅来比较这两种恶德。一方面，以讨论民族性格为背景，孟德斯鸠认为，骄傲是复杂性格的一部分——包括严肃和懒惰——导致一些民族，尤其是西班牙人，选择征服甚至毁灭其他民族，而不是选择劳动。另一方面，他引用了"虚荣心所产生的无数好处：豪华、技巧、艺术、时尚、礼貌、情趣"。通过观察，孟德斯鸠阐述了更明显的对比，"一个西班牙人的骄傲使他不去劳动；一个法国人的虚荣使他劳动得比别人更好"。[37] 因此这一次，对于孟德斯鸠来说，骄傲不再是一个普遍的范畴，而是一种特殊的、引起严重分歧的恶德。在《我的思想》中，它几乎与傲慢是同义词。

在这一节的结尾，他特地警告读者不要过度解读他的框架，并提醒读者环境和比较在人类所有的历史中所扮演的无可逃避的角色："不必说道德品质与其他思想结合产生不同的效果。因此，骄傲与狂妄的野心以及高贵的意念相结合便在罗马人那里产生人们所知晓的影响。"[38] 然而，尽管他区别了古罗马人和现代西班牙人，他的总体概念与曼德维尔的观点是一致的，至少两人都认为一些私人恶德可以通过商品和服务的交换来促进公共利益。相反地，这里暗示着贸易与征服的二元性所产生的作用，因为骄傲会导致征服，而虚荣却带来贸易。

孟德斯鸠对虚荣的看法是其思想中更具分量的部分。他最具争议的理论之一是在政治宪法类型学中对"荣誉"的重新定义。"荣誉"在许多同时代人看来相当于"美德"，荣誉是当代社会贵族的核心功能，但是孟德斯鸠提出了一些使读者震惊的论点，认为"君主精神"不是舍弃自我的品德，而法律和"荣誉"则被当作个人的一种地位和认可。[39] 按照孟德斯鸠的定义，由于君主政体是建立在等级和秩序的明显层级之上的，因此对于贵族和准贵族来说，为了让自己在这个可见的层级中获得自认为合适的地位，他们的一生都在为此而奋斗，这种做法是有益的，而非有害的。由此产生的人们对荣誉的争夺，在很大程度上激发了君主政体的活力，这就像虚荣激发了贸易的活力一样：利用人们的个人利益，以及他们无法抑制的被他人欣赏的欲望。野心在共和国里是危险的，但对君主政体"并无危险，因为它在这种政体中能够受到不断的压制"。[40]

令人吃惊的是，孟德斯鸠认为骄傲是"危险的"，而非对荣誉的"偏见"。40 年之后，随着国民议会首先废除了封建主义（1789 年 8 月 11 日），接着废除了世袭贵族头衔（1790 年 6 月 19 日），许多法国革命者强烈反对这一观点。[41] 一种解释是，荣誉除了具有压制性之外，像虚荣一样，也具有互动性；至少在某种程度上，它使受其影响的个人带着同情心参与他人的计划和愿望，如果前者想为自己自私的目的而得到承认的话。另一方面，骄傲，在后面的论点中并不具有互动性；它轻蔑地、高傲地、超脱地俯视着别人。正如亚当·斯密会让他的读者发现，其晚餐不是出自屠户或烙面师的"恩惠"或"人道"，而是出于他们"自利"的打算，[42] 法国人也认为，自私自利的人之间的动态互动恰恰有利于文明的社会生活。

孟德斯鸠解释这一互动原理的方法，直接来源于现代物理学。他写道："你或许会说，这就如同宇宙的体系一样，具有某种离心力，这种力量不断地使众多的天体远离中心，同时又有某种向心力，将它们吸向中心。荣誉推动着政治肌体的各个部分，它用自身的作用力将各部分连接起来。这样当每个人认为向个人利益迈进时，已经走向了公共利益。"[43] 荣誉促使君主政体运转的过程，类似于"略为轻率"的上层人士通过因虚荣所激发的活跃贸易和社会交换，刺激并产生和谐的社会行为这一过程。而这两种曼德维尔式现象都与亚当·斯密的"看不见的手"有着同根相似性。在亚当·斯密的"看不见的手"理论中，公共经济通过个人的利己行为得到保障。[44]

走向商业社会的道德伦理：人道与正义

由上文可以看出，从根本上说，孟德斯鸠的商业道德观念并不是真正曼德维尔式的。他接受了这样一个悖论，即个人偏见和利益（荣誉和虚荣）可以为公共利益做出贡献，但他从未像曼德维尔那样，全面抨击主流基督教文化的道德认识论。相反，孟德斯鸠似乎一直持有斯多葛派世界主义的观点，他认为美德是真实的，社会美德将人类联系在不断扩大的同心圆关系之中。它们开始于一个人与朋友和家人的联系（道德美德），通过一个人对政治的依恋（政治美德），最终形成一个人对全人类的密切关系（人类的美德）。

《论法的精神》这部巨著的序言本身，就突显了世界性美德的重要性。孟德斯鸠这样解释他的写作意图："我们在力图教育人类的进程中，方可实践这个包括'热爱一切人'在内的一般性品德。"[45] 在同一本书的修订版中，他补充了一个他称为"政治美德"的新章节，主要是为了使他的著作摆脱一种错误的观点，即上文所述的非正统的荣誉学说是为了否认君主政体中存在美德的可能性。他把政治美德定义为对国家和公共利益的爱，尽管他仍然认为这种倾向在以法庭为基础的社会中是不可能出现的。他与曼德维尔的观点分道扬镳，认为在那些确实存在这种美德的地方，这种美德是一种真正的"舍弃自我"。[46]

在政治美德和世界主义美德的基础上，人们更重要的目标是个人的道德美德。这种美德在穴居人的故事中表现得淋漓尽致。这个故事，早在《波斯人信札》中就有记载，讲述了一个民族凭借两种特殊的道德美德——人性和正义，获得了繁荣和权力。他们的沙夫茨伯里式的自然美德，最初是由两位诺亚式的重建者教给他们的，战胜了之前占主导地位的霍布斯利己主义，这种利己主义曾导致他们濒临灭绝。[47]但是在获得了这些财富和权力之后，人们想要选举一位国王。在《旧约》的《撒母耳记上》第8章（1 Samuel 8）中，他们推选了一位可敬的老者——这让人想起以色列人对国王的要求——这位老者警告他们，他们将会犯下悲剧性的错误。而在《旧约》的故事中，这一错误在于拒绝了主（《旧约·撒母耳记上》第8章，第7行），穴居人的错误在于拒绝了他们所过的自然美德的生活。"你们开始感到道德是个沉重的负担了。"老者含着苦涩的泪水向他们抱怨道。[48]

对于这种"美德"的剖析，孟德斯鸠非常清楚地指出，它包含着两种人类天性的实现：对人性和正义的追求。例如，在《波斯人信札》第11封信中，一名医生曾治愈穴居人的身体疾病，但是后者却没有遵守支付诊金的承诺，医生指责他们"毫无人道，不知道什么是公理准则"。在第12封信中，在穴居人社区被其相互的利己主义毁灭之后，出现了两个诺亚式的重建者，他们"爱民惜物，深明大义，崇尚道德"。[49]

因此，人性和正义可以被视为理解孟德斯鸠理论的观念概念，这种理论既包括普遍隐含的"美德伦理"，也包括其商业道德的具体轮廓。虽然它们是自然的性情，但形成了孟德斯鸠独特的现代模式。他写道："罗马人习惯于像对自己的孩子和奴隶那样处理人类的本性，因而他们根本不能认识到我们称为人道的那种美德。"[50]在古代，正义是普遍的，但人性不是；事实上，人性被认为是最近才出现的现象。其主要原因是，商业在现代世界比在古代更具范例性。

商业是人性与正义的学校

行文至此，可以更好地理解孟德斯鸠最为重要的观点，即笔者所说的"商业伦理"，以及他所概括的"贸易精神"。这一观点详述和阐明了孟德斯鸠对人性与正义的长期配对，它们出现在《论法的精神》中探讨关于商业与货币三章（第20-22章）中的第一章。在第一章中，作者对未来进行了展望。他写道："贸易可以治愈破坏性的偏见，这几乎是一条普遍规律：哪里有典雅的风俗，哪里就有贸易；哪里有贸易，哪里就会有典雅的风俗。"[51]自20世纪 70 年代以来，法语短组 "典雅的贸易"（法语为 *le doux commerce*，英语为 mild commerce）实际上已经被纳入英语的用法。[52] 有鉴于此，重要的是这些典雅风俗的互动起源，正如作者立即补充的那样："贸易交往使得人们能够了解其他国家的风俗。人们对各自的风俗进行比较。各种风俗习惯的相互渗透使得人们获益匪浅。"[53] 尽管与商业生活有关的 "典雅的风俗" 并没有被明确地定义为与现代社会的主要美德 "人性" 完全相同，但它们显然是这种美德自然生长的土壤——即使这种美德的大部分肥料是由虚荣这一具有社会生产力的恶德提供的。

这里还值得注意的是，虽然人性在早期是作为一种自然和自发的性格而出现的，但现在看来，人性是由重复的文化互动所孕育的知识而产生的一种功能，是这种互动所产生的反思。因此，人性已经从一种自然倾向变成了一种成熟美德，人们应该期望通过扩展的商业秩序来培养这种美德。[54] 孟德斯鸠在谈到罗马人缺乏 "我们称之为人性的美德" 时，无疑想到的就是这种更为成熟的美德。

从历史的角度来看，孟德斯鸠对贸易在道德层面上的正面看法，无疑是最为重要的；这一新颖的观点得到了许多评论家的重视。然而，人道和正义有助于将这种对待商业的方式置于恰当的环境中。事实证明，在商业社会中，这两种重要的美德并不会自动形成一种和谐的关系。事实上，人们发现孟德斯鸠的 "贸易等同于典雅的风俗" 这一公式具有双重限制。第一个条件是，虽然贸易 "使野蛮的风俗变得文雅、敦厚"，但它也 "可以败坏淳朴的风俗"。[55] 在这里，孟德斯鸠并没有解决卢梭为后来的启蒙运动所强调的基本问题：自然人的道德品质。尽管孟德斯鸠关于古代和现代、贸易和征服的对比，并不支持卢梭所主张的简单的人具有 "纯粹道德" 上的优越感这一说法，但孟德斯鸠所列举的穴居人的故事——认为美德至少通过财富和权力被部分损坏——以及贸易对 "纯粹道德" 的腐蚀，都在提醒人们，对孟德斯鸠而言：文明不是单一层面的过程；在商业交换的发展过程中，有得也有失。

对 "典雅的贸易" 的第二个限定条件是，孟德斯鸠区分了贸易对国家关系的影响和对人际关系的影响。他写道："贸易的自然结局导致和平。"[56] 这可以看作是他对近一个世纪以来盛行的贸易－征服比喻的最终表述。但这种安抚效果只适用于国家之间的关系。贸易不一定对个人的道德生活产生同样的影响。他这样说："我们看到在受贸易精神影响的国家里，所有人的行为和道德品质都变成了交易品，就连做一些人道主义精神所要求的最细小的事情也都是为了赚取金钱。"[57]在接下来的陈述中，他用不同的方式表达了相同的观点："贸易精神在人们的思想中产生了一种十分精确的、十分公道的观念。这种观念一方面同掠夺式的观念水火不相容，另一方面也完全同某些道德观念格格不入，这些道德观念认为人们大可不必为了个人的得失斤斤计较，人们尽可以为了他人的利益而忽略自己的利益。"[58]

这种对商业道德的温和认可，多少让人想起亚当·斯密关于谨慎这种美德的著名讨论。斯密断言，谨慎"受到某种轻微的尊敬，而似乎没有资格得到任何非常热烈的爱戴或赞美"。[59]斯密也对"正义"的概念进行界定，但与苏格拉底对话的崇高境界相去甚远，他把正义主要定义为一种"消极的美德"，"没有真正的积极意义"，而是"仅仅阻止我们去伤害周围的邻人"。[60]因此，对孟德斯鸠来说，正义似乎是一种基本美德，但如果正义的唯一功能是为毫无节制地追求个人的物质利益服务，它就可能被歪曲。如果它在某种程度上与"人性"或其他"道德美德"相平衡，那就更好了。

孟德斯鸠在描述那些被贸易精神单独支配的国家时，他单独在旁边做了简单而明确的脚注——"荷兰"。他在一本18世纪20年代前往荷兰旅行的回忆录（在他死后得以出版）中抱怨道："关于荷兰人的贪婪、欺骗和无赖行为，并非编造的；这都是纯粹的事实……普通人也会因为帮你拎手提箱而索要你钱包里的所有钱。"[61]这些贪婪的习惯部分应归咎于政府的政策。荷兰人无论到哪里都要面对"荒谬"和"毁灭性"的税收，而且由于这些税收中有许多必须当场以现金支付，因此有必要随身携带现金以备不时之需。但无论其原因是什么，孟德斯鸠显然相信——这当然与亚当·斯密不同——一种纯粹的贸易精神会使正义和人性的美德失去平衡。

一方面对于荣誉和虚荣的利己主义激情，以及另一方面对正义和人性的道德美德，孟德斯鸠从来没有对这两方面的关系进行过系统的理论化。但即便是他对贪婪的荷兰人所进行的批评中也强烈暗示，典雅的习俗以及商业社会崛起，应该让正义和人性的美德变得更加普遍，而不是更加罕见。事实上，这一观点可以继续延伸下去。在他著名的表述"贸易能够治愈破坏性的偏见"中，法语版本的动词是 guérit，意为对疾病的治疗。很明显，治疗本身是现代美德以及繁荣的最重要先决条件。尽管孟德斯鸠和斯密都将采用曼德维尔的道德革命元素——在法国人的例子中，肯定了虚荣和荣誉在某些经济和政治情况下的积极作用——然而，两位思想家均以令人吃惊的类似方式，尝试平衡真正的品德与现代商业社会的实际需求，这已经超越了曼德维尔的思想。

结语：从商业道德到商业伦理？

很明显，关于孟德斯鸠普遍的商业道德（commercial morality）和具体的商业伦理（business ethics）的独特理论，道德伦理是理解这一理论的有效途径。他坚信曼德维尔的观点，罪恶是任何人类社会不可避免的特征。他还认为，某些迄今为止被人唾骂的恶德，在推动那个时代繁荣的商业社会中，是不可或缺的。事实上，他将这种曼德维尔式的观点广泛应用于他对商业中的虚荣，以及君主制政府的荣誉的讨论之中。

另一方面，与此前的英国或荷兰哲学家们相比，孟德斯鸠对"恶德"的态度并未敬而远之。相反，他煞费苦心地将行为科学家今天可能称为"亲社会"（pro-social）和"反社会"（anti-social）的恶德加以区分。认为虚荣和荣誉等亲社会的恶德不仅可以接受，而且是必要的，因为它们服务于公共利益，无论这种利益是扩大贸易网络还是维护社会法律等级制度。骄傲和自大等反社会的恶德需要受到谴责，因为它们使人们彼此分离，使公共利益处于危险之中。

一个商业社会的最终评判标准不是它所认可和引导的恶德，而是它对美德的影响，尤其是对孟德斯鸠理论中两个基本美德——正义和人性——的影响。当贸易能够治愈具有破坏性的偏见时，它会让习俗变得文雅，这明显有利于人性的美德，它还会使财产关系的网络变得更加严密，而这种严密本身就会改善人们对正义的自然倾向。商业伦理正是在这两种普遍美德的庇护下展开的。它包括实现更广泛的人道和正义的美德所必需的所有附属美德。孟德斯鸠给了我们一些暗示。他曾简要地指出："贸易的精神自身蕴含着节俭、节约、节制、勤奋、谨慎、安分、秩序和纪律的精神。"[62] 这些道德是孟德斯鸠所认为的维持商业社会日常生活的一系列美德的公正写照。此外，法国人相信，只要他们积极行动，就会使其能够避免那种严重的财富不平等给古代各大共和国所带来的系统性腐败，而正是这种腐败导致了这些共和国的垮台。一个成功的商业社会，会让商人所进行的商业活动符合人性和正义的美德，会促使前文提及的附属美德的形成，同时会尽可能避免对定义现代的"贸易精神"的曲解。

尾注注释

1. 参见 Donald S. Lutz, "The Relative Importance of European Writers in Late Eighteenth Century American Political Thought," *American Political Science Review* 189 (1984): 189–197。

2. 参见 Claude Morilhat, *Montesquieu: Politique et richesses* (Paris: Presses universitaires de France, 1996), 6; 又见 Henry C. Clark, *Compass of Society: Commerce and Absolutism in Old Regime France* (Lanham, MD: Lexington Books, 2007), 114。

3. Alasdair MacIntyre, *After Virtue: A Study in Moral Theory* (Notre Dame, IN: University of Notre Dame Press, 1981); and Deirdre McCloskey, *The Bourgeois Virtues: Ethics for an Age of Commerce* (Chicago: University of Chicago Press, 2006).

4. John Millar, *An Historical View of the English Government* (London: Mawman, 1803), 2:429–430n.

5. 参见 Ronald Meek, "Smith, Turgot, and the 'Four-Stages' Theory," *History of Political Economy* 3, no. 1 (Spring 1971): 9–27。又见 Henry C. Clark, "Montesquieu in Smith's Method of 'Theory and History,'" *Adam Smith Review* 4 (2008): 132–157。Istvan Hont, *Jealousy of Trade: International Competition and the Nation-State in Historical Perspective* (Cambridge, MA: Harvard University Press, 2005), 102, 这表明孟德斯鸠的观点可能源自他的朋友 Jean-Francois Melon 的著作 *Essai politique sur le commerce* (*1734*)。

6. Montesquieu, *The Spirit of the Laws,* ed. and trans. Anne Cohler, Basia Miller, and Harold Stone (Cambridge: Cambridge University Press, 1989), 18.8, p. 289. 本章中，笔者使用了最易获得的英文译本，以便读者参考。当然，有时笔者会对部分译文进行修改。

7. 参见 Aristotle, *Politics* I.8.1256a.31–1256b.8。

8. 参见，例如 Montesquieu, *My Thoughts,* ed. and trans. Henry C. Clark (Indianapolis: Liberty Fund, 2012), *Pensees* 111, 118–122, 894–895, 1315, 1424, 2181。关于这一话题，还可参考 Dan Edelstein, *The Enlightenment: A Genealogy* (Chicago: University of Chicago Press, 2010), esp. chap. 5。

9. 举例请参见 Abbe Gabriel-Francois Coyer, *La noblesse commercante* (London: Duchesne, 1756), 引用自 Henry C. Clark, ed., *Commerce, Culture, and Liberty: Readings on Capitalism*

before Adam Smith (Indianapolis: Liberty Fund, 2003), 418–423。关于孟德斯鸠对这一观点的明确批判，参见 *The Spirit of the Laws,* 21.14。

10. 本书的全称是 *Considerations on the Causes of the Greatness of the Romans and Their Decline,* ed. and trans. David Lowenthal (New York: The Free Press, 1965; repr., Indianapolis: Hackett, 1999), XXI, 198。

11. Montesquieu, *The Spirit of the Laws,* 21.5, p. 357.

12. 一个典型案例，即为西塞罗（Cicero）对海军英雄（Themistocles）和立法者梭伦之间的对比，参见 *De officiis* I.22。

13. 参见 Arthur Weststeijn, *Commercial Republicanism in the Dutch Golden Age: The Political Thought of Johan and Pieter De la Court* (Leiden: Brill, 2012), esp. 219–225。

14. 关于征服与贸易这一现代国家的目标，参见 John Trenchard and Thomas Gordon, *Cato's Letters: Or, Essays on Liberty, Civil and Religious, And other Important Subjects,* ed. Ronald Hamowy, 4 vols. in 2 (Indianapolis: Liberty Fund, 1995), nos. 74, 87, 93, and 103, in 2:544–550, 626–631, 661–669, and 727–733。还可参考 Steve Pincus, *1688: The First Modrn Revolution* (New Haven, CT: Yale University Press, 2009), 347, 354, 以及注释。

15. Charles Rollin, *Histoire ancienne* (Paris: Estienne, 1740), 5:557; 参见 Clark, *Compass of Society,* 106 n. 69。

16. Montesquieu, *My Thoughts, Pensee* 810, p. 236.

17. 同上，*Pensee* 1602。

18. Montesquieu, *The Spirit of the Laws,* 1.3, p. 8.

19. "Richesses de l'Espagne," in Montesquieu, *Oeuvres completes,* ed. Andre Masson (Paris: Nagel, 1950–1955), 3:142–143 and 143 note a. 以下引用简称为 Montesquieu, *Oeuvres completes*。

20. "Reflexions sur la monarchie universelle en Europe," XVIII, in Montesquieu, *Oeuvres completes,* 3:378.

21. 参见 Hont, introduction to *Jealousy of Trade,* 1–156。

22. 有趣的是，他给这篇日记起名为"THAT IN ESSENCE, EVERYTHING IS EXCHANGE."参见 *My Thoughts, Pensee* 1694。这篇文章源自 Marcus Aurelius, *Meditations* VI.49。

23. Montesquieu, *The Spirit of the Laws,* 20.23, p. 352. 法语中 "societies" (societes) 一词在商业或金融企业中，还意味着"公司"。

24. 参见 "Richesses de l'Espagne," in *Oeuvres completes,* 3:142–143。关于他对波兰的评价，参见 *The Spirit of the Laws,* 20.23, p. 352。

25. Montesquieu, *The Spirit of the Laws,* 21.5, p. 356. 类似的拟人化表述方式，在此前的著作中亦有使用，例如 *Cato's Letters,* no. 64, 1:448："的确，有时候贸易就像一个幽灵，在一个专制的法庭上出现过，但在晨曦初现之时又消失了：她是自由国家中的一部分，嫁给了自由，永远不受暴君邪恶肮脏的拥抱。"然而，在这里，商业是英国人的特征；对孟德斯鸠来说，这在另一方面则是现代世界的特征。

26. 关于这一区别，参见 Clark, *Compass of Society,* 117–119。还可参见 Aristotle, *Politics* 1.8–9; and Thomas Aquinas, *Summa theologiae,* II–II, q. 77, a. 4, obj. 3。

27. Montesquieu, *The Spirit of the Laws,* 20.5, p. 341.

28. 同上，21.20, p. 388。

29. Adam Smith, *An Inquiry into the Nature and Causes of the Wealth of Nations,* ed. R. H. Campbell, A. S. Skinner, and W. B. Todd (Indianapolis: Liberty Fund, 1981), III.iv.10–11, pp. 418–419.

30. Montesquieu, *The Spirit of the Laws,* 21.20, p. 389.

31. 关于孟德斯鸠的曼德维尔式解读，最为充分的论证可参考 Celine Spector, *Montesquieu et l'emergence de l'économie politique* (Paris: Champion, 2006)。

32. Montesquieu, *The Persian Letters,* ed. and trans. George Healy (1964; Indianapolis: Hackett, 1999), CVI, pp. 178–179.

33. Montesquieu, *My Thoughts, Pensee* 1553.

34. 同上，*Pensee* 1439。

35. 同上。

36. Montesquieu, *The Spirit of the Laws,* 19.8, p. 312. 这是《论法的精神》中对曼德维尔的两处明确引用之一；另一处是关于奢侈的讨论，出现于 7.1, p. 97。

37. Montesquieu, *The Spirit of the Laws,* 19.9, p. 312.

38. 同上。

39. 同上，3.5–3.7。

40. 同上，3.7, p. 27。

41. 关于这一主题，参见 Johnson Kent Wright, "A Rhetoric of Aristocratic Reaction? Nobility in *De l'esprit des lois,"* in *The French Nobility in the Eighteenth Century,* ed. Jay Smith (University Park: Pennsylvania State University Press, 2006), 227–251。

42. Smith, *Wealth of Nations,* l.ii.2, pp. 26–27.

43. Montesquieu, *The Spirit of the Laws,* 3.7, p. 27.

44. 参见 Smith, *Wealth of Nations,* IV.ii.9, p. 456; and Smith, *The Theory of Moral Sentiments,* ed. D. D. Raphael and A. L. Macfie (Indianapolis: Liberty Fund, 1982), IV.i.10, pp. 184–185, 为了这一有正当影响力的形象。

45. Montesquieu, *The Spirit of the Laws,* Preface, xliv.

46. 同上，4.5, p. 35。

47. 关于"道德观念"理论，参见 in Anthony Ashley Cooper (1671—1713), third Earl of Shaftesbury, *Characteristics of Men, Manners, Opinions, Times* (1711), 3 vols. (Indianapolis: Liberty Fund, 2001), 此文回答了霍布斯在《利维坦》（1651）中所提及的利己主义 [*Leviathan* (1651), ed. Edwin Curley (Indianapolis: Hackett, 1994)]。

48. Montesquieu, *The Persian Letters,* XIV, p. 30.

49. 同上，XI, XII, p. 25。

50. Montesquieu, *Considerations on the Romans,* XV, p. 136.

51. Montesquieu, *The Spirit of the Laws,* 20.1, p. 338.

52. 可在谷歌上检索 1970 年至当下的关于 *doux commerce* 的英文著作，网址是：http://

books.google.com/ngrams/graph?content=doux+commerce&year_start=1970&year_end=2012&corpus=0&smoothing=3. Albert Hirschman 的 *The Passions and the Interests: Political Arguments for Capitalism before Its Triumph* (Princeton, NJ: Princeton University Press, 1977), esp. 56–63, 此书为这一术语的流行贡献颇多。值得注意的是，孟德斯鸠采用了一个广为流传的词来描述人与人之间的关系，尤其是两性关系。

53. Montesquieu, *The Spirit of the Laws,* 20.1, p. 338.

54. 与此相关的是，在一篇名为《商业史》（*History of Commerce*）的日记中，孟德斯鸠写到："（现在）所有民族都被紧密地联系在一起，一个民族的历史总是能够说明其他民族的历史。"参见 Montesquieu, *My Thoughts, Pensee* 1887。

55. Montesquieu, *The Spirit of the Laws,* 20.1, p. 338. 孟德斯鸠引用古代高卢人的例子，清楚地表明他正在使用一种人们所熟悉的塔西佗文风（即简洁且多警句——译者注），把未受破坏的部落民族与奢侈堕落的文明民族对立起来。

56. Montesquieu, *The Spirit of the Laws,* 20.2, p. 338.

57. 同上，20.2, pp. 338–339, emphasis added。

58. 同上，20.2, p. 339。

59. 参见 Smith, *Theory of Moral Sentiments,* VI.i.14, p. 216。

60. 参见 Smith, *Theory of Moral Sentiments,* 11.ii.i.9, p. 82。

61. Montesquieu, "Voyage en Hollande," in *Oeuvres completes,* 2:1290.

62. Montesquieu, *The Spirit of the Laws,* 5.6, p. 48; 又见 Hirschman, *The Passions and the Interests,* 71.

第十一章　休谟论商业、社会和道德

克里斯多夫·贝瑞（Christopher Berry）

大卫·休谟（1711—1776）终其一生，主要是以（激进的）历史学家和散文家为人们所熟知。尽管他所撰写的《人性论》(*A Treatise of Human Nature*, 1739—1740)、部分改写的《人类理解研究》(*An Enquiry concerning Human Understanding*, 1748)，以及《道德原则研究》(*An Enquiry concerning the Principles of Morals*, 1751)三本著作，奠定了休谟作为一位在历史上具有世界性重要意义的哲学家的地位，成为学术界关注并评论的焦点，但是最近一些基金会已经开始重新审视他同时期的其他著作，本章也是其中的一个部分。通过本章，笔者希望探究休谟对新兴经济秩序的坚定捍卫是如何促使他否定并推翻一些长期存在的关于美好生活和经济活动的假设，并为追求商业而积极地推行（尽管是指示性的）一套新的道德基础。[1]

在此过程中，笔者首先大致梳理历史上对商业的憎恶态度，以及休谟与那些对憎恶商业持质疑态度的观点之间的联系，文章的主体内容在于追溯休谟如何推翻人们对商业的偏见。在笔者看来，休谟推翻了对于奢侈品的批评，这是人们憎恶商业行为的重要方面，同时他还建设性地确立了现代商业社会在道德上的优越性，具体体现为其可以在法律规范下为所有人提供自由，提供更好的物质生活标准和更加文明的个人关系。

经典传承／古典遗风

1752年，通过一些辩护性的方法论观察，休谟发表了《政治讲义》

（*Political Discourses*），是其第一篇具有影响力的文章。他在文中表示，其目标是寻找一些具有普遍意义的话题，这些话题可以不仅在咖啡馆闲聊时被探讨。他将"辨别事物一般过程"的这种能力视为"哲学家的主要任务"，哲学家能够在"普遍命题"中采取"扩大"的方式来包含"无限的个体"。[2] 整体而言，这些观察为休谟此后纠正关于金钱和利率的错误观点，形成关于税收、人口和信用的观点，并捍卫商业和奢侈品奠定了基础。这也是笔者稍后将在本章中所讨论的一个方面。

在休谟的两篇文章《论商业》（"Of Commerce"）和《论艺术的精益求精》["Of Refinement in the Arts"，后者最初名为《论奢侈品》（"Of Luxury"），于 1760 年重新命名] 中，休谟捍卫好友亚当·斯密关于"商业社会"的论点。简要来说，他所捍卫的不仅是一个繁荣的社会，也是一个传播繁荣的社会；所有的市场参与者，即使是相对贫穷的人，也比其他任何时期都要富裕得多。商业社会的共同利益是根据是否能促进多数人而非少数人的物质财富来判断的，而一些禁奢令则试图忽略这一点。一旦被"触动"，现代商业的繁荣就会与法治规则和严格的司法体系相互支持、共同发展，而这种公平的制度化则再度违背了禁奢令和奴隶制在法律上强制实行的等级制度。只有通过一个安全公平的法律体系的运作，以及这一运作的长期稳定和可预测性，人们才能拥有以未来为导向的市场行为所需的信心。

商业社会中的生活本质上涉及与很多人的互动。这些互动中的大多数行为是间接而匿名的，即使有直接性的互动，主要也都是与陌生人之间的行为。因此，商业社会中的互动模式大多是客观和分散的，而不是个人行为或是为了自己的利益而参与其中。生活在推行法治的社会中为自由提供了一种特殊的现代方式：以自己的方式追求自身利益的自由。接受这些不同方式的追求的社会必将是一个多元化的社会。无论这些追求是否商业化，都将在和平的环境中进行，或者至少不会是在一个无法无天的环境中进行。[3]

由于人们依旧在社会上和道德上抵触"贸易"和商人以及他们所代表的思想，因此休谟式的商业捍卫是非常必要的。概括而言，商人们代表他们的私人利益，除非因其可能破坏公共利益而被约束。这种可能性在于商人对商品具有天然的无休止的欲望，这些商品（不同于当地主要的农产品）通常由贸易来提供，而这种贸易能够带来享受，尤其是物质或肉体的享受。由于公

共 / 政治和私人 / 经济之间的区别被扩大，这种肆无忌惮的欲望构成了一种威胁。前者包括在集市（agora）或市场（forum）中进行的、内在而有价值的活动，其在质量上不同于那些在作坊（oikos）或家（familia）中从事的工具性私人任务。这种威胁的一般表现是，当特定的私人利益超出了公共利益时，这种工具性角色本身就事与愿违地终结了。

这套假设和偏见被囊括进了对奢侈品的负面观点中。李维提出了一个至关重要而极具影响力的观点，他在《罗马史》（Ab urbe condita）极具分量的序言中声明：

> 没有一个国家比罗马帝国更伟大、更纯粹（更神圣，sanctior）或更富有，没有一个国家里的奢侈品和贪婪进入得如此之晚，也没有一个国家中贫穷和节俭是如此光荣。确实，哪里的财富越少，哪里的欲望（贪婪，cupiditatis）就越少。最近，随着人们渴望追求奢侈及追求自我毁灭和其他事情的通行证（渴望随身携带的放纵和堕落，desiderium per luxum atque libidinem），财富带来了贪婪和过度的享乐（乐趣，voluptates）。[4]

李维的观点并不是孤立的。正如我们即将看到的那样，作为休谟对这一传承的明确批评对象，萨鲁斯特宣称公共道德已经被奢侈品和贪婪的邪恶腐蚀，其结果会使人们变得柔弱。像李维一样，他将这种腐败的现状与罗马历史上的较早时期进行对比，早期的罗马公民节俭、公正而勇敢。[5]最后，笔者将引用西塞罗作为例证。作为可能是 18 世纪罗马思想家中最有影响力的人物，西塞罗在其《论义务》（De officiis）中声称，沉溺于奢侈和享受的生活是不光彩的（丑陋的，turpe），相比之下，节俭的、简单的、清醒的并自我克制的生活是光荣的（可取的，honestum）。[6]

在继续探讨休谟如何系统地瓦解上述观点之前，我们还需考虑为什么对奢侈品的负面评价这一观点会在 17 世纪，特别是 18 世纪普遍引起共鸣，因此需要再次进行全面的总结。越来越快的商业化步伐产生了诸多焦虑，即，商业正在破坏社会秩序的稳定，这一趋势明显可见于如玻璃、瓷器和银餐具等消费品的供应逐渐流入越来越多的人口手里（特别是在英格兰）。[7]这些作为教育主题的拉丁文本[8]成为回应商业批评的现成资源。其中，最令人震惊的一个回应是约翰·布朗的《预测》（*Estimate*, 1758）。这本书在当时广受欢迎，布朗在书中特别声明，一旦商业发展到并超越其提供的便利性，它"就会引起巨额过剩的财富，[并且]滋生贪婪，大量的奢侈品或柔弱的精致"。[9]

休谟的回复

这是休谟理论体系的核心部分，正如他最初在《人性论》的介绍中所阐明的那样，他将哲学置于"新的立足点"，同时拒绝这一系列偏见。[10]当然，他并非先驱者，也并非他一人持有类似观点。我们可以（再次彻底地）审视他所继承并发展的两个观点。第一个观点是，早期现代思潮的广泛运动，取代了亚里士多德的目的论框架。虽然伽利略对物理学的发展做出了根本性的贡献，但其发展伴随着对认识论和伦理学的重新评估。理性的激励力量被否定，取而代之的是感性和欲望扮演着激励的角色。休谟基本同意约翰·洛克对这一重新评估的实证主义观点，他（休谟）一方面反对笛卡尔式的现代理性主义，另一方面也背离托马斯·霍布斯在作品中所展现出的利己个人主义。然而，休谟并不质疑霍布斯的基本论点，即人类受激情（他们的喜好和厌恶）的激励，因此理性起次要的作用。因此，休谟最著名，也是最臭名昭著的观点之一就是："理性，是而且应该只是激情的奴隶，除了服务和服从于激情，永远不能假装成其他任何身份或角色。"[11]

休谟所形成的第二个观点，也是本篇文章讨论的重点，即对商业的捍卫。这一传统是自 17 世纪以来捍卫"贸易"的小册子开始的。这些著作显然是旧作（例如，保护东印度公司的私有运营），但采用了保护国家或公共利益的托词。这些托词背叛了对商业的捍卫，如托马斯·孟的《英国得自对外贸易的财富》（于 1664 年出版，但完稿可能更早）一书即可证明这一观点。书中，托马斯·孟努力捍卫商人的"崇高职业"，认为他们的私人努力如能在适当的时候得以发挥，将创造公共利益。然而，孟还认为，仍有必要批评"笛声、盆栽、筵席、时尚"，这"已然让我们变得柔弱……英勇之气也逐渐衰落"。也就是说，休谟继承了李维的观点。[12]但这种观点的认可程度在逐渐降低，比如，1690 年，尼古拉斯·巴邦在回避使用仍然被认为是可耻的"奢侈品”一词时，却出现了对“时尚”和“心灵的需要”此类词语的辩护。关于后者，巴邦意指任何能够满足欲望的东西，如那些“可以满足人类感官、装饰人类身体、促进人体轻松愉悦和生命蓬勃”的商品。[13] 正是这种渐进式的转变，伯纳德·曼德维尔开始在《蜜蜂的寓言》（*The Fable of the Bees*，1721—1732）一书中更加公开，且重复阐述其对奢侈品的捍卫态度，当然这一做法也备受诟病。

休谟的辩护

关于休谟对奢侈品的辩护，笔者打算先从休谟对于商业的辩护开始分析。[14] 在其著作《论艺术的精益求精》中，他表面上简单纠正那些一方面谴责，另一方面却赞扬奢侈品的极端立场。实际上，对于前者（即谴责奢侈品的人），他称之为“严格的道德主义者”（如萨鲁斯特），是休谟的主要批判对象，而非后者（代表人物是曼德维尔，虽然他未被直接点名）。虽然承认“奢侈”是一个“含糊的定义”，但休谟仍将其定义为“对感官满足的极大改进”。[15] 这远非对“严峻”立场的认可，因为他发现“精致时代”是“最快乐也是最有道德的”。[16] 这种关联体现在两个方面：一方面，奢侈品代表了本身就具有内在价值的快乐或享受的源泉 [17]；另一方面，由于人们参与商业活动会对一般优势或公共利益产生积极影响，因此奢侈品的工具性利益源自其作为消费品而被生产的过程。

在商业社会中，个人是“快乐和富裕的”。[18] 休谟通过三个相互关联的组成部分——休息、乐趣和行动，来诠释快乐。[19] 其中，后两者更为重要。第一部分，即休息，只是作为一个恢复体力的必要插曲，但如果将它延长，人就会消沉成嗜睡，事实上，它将“摧毁所有享受”。更有说服力的是，休谟将第二部分（乐趣）与能够满足感官和食欲的物质享受联系起来。[20] 根据他的定义，这些商品就是用于生命的装饰和享乐的“奢侈品”。[21] 因此，它们是欲望的对象，同时鉴于休谟的现代主义心理学，人类有动力去实现它们。更加确切且更为重要的是，正是“现代人类追求一种比前几代人更为富足的生活”这一愿望才足以唤醒懒惰的人们，[22] 这便是幸福的第三部分。休谟认为从活动本身得到的快乐同从结果得到的快乐一样多。他断言，“相较于人类对思想的追求和需求，人们对于运动和就业的追求往往更为持久且贪得无厌"；因此，这种"欲望"似乎是"我们大多数激情和追求的基础"。[23]

在这里，休谟明显反驳了传统意义上对商业的贬低。美好生活不是靠理性去约束不羁的欲望，尤其是将肉体享受体现在奢侈生活中，恰恰相反，他认为欲望是动力的源泉。关于美好生活的看法，休谟通过对社会的观察，得出不同于传统看法的哲学观，即对人来说，有效的动力是"贪婪与产业，艺术与享受"。[24]

贪婪受到古典道德主义者及其继承者的一致谴责。例如弗朗西斯·哈奇森（休谟在年轻时曾非常赞同其在《人性论》的观点），尽管他的认识论里充斥着后洛克主义，仍将贪婪判定为"最恶毒和最令人不安的恶习"。[25] 在此背景下，休谟对贪婪的无意识引用是值得注意的。上文从《论商业》中所引用的观点绝不是孤立的存在。在其他地方，贪婪被描述为"主要治理原则"之一（与野心和竞争并存）；[26] 贪婪确实是无处不在的，"它始终在所有时期对所有人都有影响"。[27] 在休谟的《道德原则研究》（An Enquiry Concerning the Principles of Morals）（常常与野心有关）中有零散的参考，[28] 同时，在其《人性论》（Essays，1741 年）卷一中曾涵盖了这一主题的短文，但后来将其撤回（1770 年）。这篇文章并没有质疑贪婪是种恶习的这一判断，并承认它一直以来受道德主义者的批评，但同时休谟发现这也是不可避免的，表示欣赏那些以"机智和幽默"而不是以严肃口吻来对待它的人。[29] "文学"主题贯穿整个文集（《人性论》的原始标题为《道德、政治和文学》），我认为这种幻想相对于他的其他著作来说不够严谨。

更重要的是，作为一种无处不在的激情，贪婪如何与休谟的人类科学观念联系起来。这一观念的核心是他对自然一致性的承诺，其中必然包括人性。由于"人性的恒定和普遍性"，人类的行为以及随之衍生的人际关系都是可以被认知的。在此基础上，"道德哲学家"与"自然哲学家"完全一样，可以理解"人性的科学原理"。这些"原理"包括人类行为的"常规动力"。这些"动力"是人类的激情，在《人类理解研究》（An Enquiry concerning Human Understanding）中休谟共列出七种类型。其中之一是贪婪（另一个是野心），还包括正直的友谊（与霍布斯的钩心斗角相反）、慷慨和公共精神。这些行为都没有特定的社会场景。[30] 休谟认为，如果一个旅行者的记录中所描述的是一个没有欲望或野心的人类社会，那么他的报告会立即被认为是假的，而旅行者则将被视为骗子，就像在旅行记录中描述半人马和龙一样荒谬。[31]

休谟坚持认为，鉴于贪婪是人性的一个固定组成部分，那么就像所有其他组成部分一样，人们不能要求它在道德层面上消失。在一个社会中，每个人都追求公共利益（他指的是斯巴达）是与"人性的自然倾向"背道而驰的。[32]事实上，若要按照斯巴达的方式统治人类，人类需要进行奇迹般的变革。[33]然而人类科学家并没有按照这一方式进行变革，而是从经验中得到启发，或"在世界的共同历程中，从对人类生活的谨慎观察中获得变革的方式"。[34]在此基础上，对于高效且平凡的人类来说，人类发展的动机是"贪婪、产业、艺术与奢侈品"。这与人性的本质相伴前行，而反对"人性的自然倾向"对双方都具有破坏性。

首先，"暴力"是违反人性本质的，就像劳动者被迫劳作，为了从土地上收获比家庭日常需要更多的粮食。相反，如果劳动者具备"商品和材料"，那么根据人性的特点，他将自愿提高生产盈余。[35]休谟还认为，由于符合"最自然的事物"这一属性，因此"产业、艺术和贸易能够增强国家的力量以及人类的幸福感"。[36]如此一来，符合人性本质的政策将使国家更为强大。由此可见，适当的"经济政策"（如自由贸易、产权等）是现代国家享有更高权力的关键。其次，反人性本质的做法会产生适得其反的效果。例如，由于奢侈品是"产业的刺激"的结果，[37]如果奢侈品被禁止，那么在经济发展的下一个阶段，原有的激励效果将会消失，懒惰也会随之产生。[38]也就是说，如果解决一个可能存在的弊端，那么另一个（或许更糟的）弊端可能又会随之出现。商业或贸易中的道德问题是一种制衡措施，而不仅仅是一种解决方法。此外，若想打破这种制衡关系，要看哪种政策能够促进个人幸福（物质福祉）。基于这些依据，严格的道德主义者（无论过去还是现在）所实施的禁奢法令都是毫无根据的，也丝毫不起作用。正如有些法律所提倡的那样，休谟认为禁止消费不仅无效，而且也不利于人类的幸福和物质享受。[39]

按照休谟的观点，严格的道德主义者强调贪婪将带来有害的社会后果（如追求奢侈品等），但不应该对此予以彻底的谴责和否定。相反，休谟肯定了贪婪的积极作用。笔者希望通过贪婪能够刺激"产业"来深化和发展这一观点。作为休谟理论体系中的重要概念，"产业"与"勤奋"在绝大多数情况下是同义词。正如我们所提到的，产业是"行动"的主要表现形式，而行动是人类幸福的关键组成部分。采取这种模式的部分产业具有消极意义。与产业相关的行动与西塞罗所谓的公务行动（negotiis publicis），如参与公共或政治事务，二者之间具有一定的区别。休谟所指的产业是一种个人的努力，具有更深的含义。西塞罗的观点反映了一种特殊的李维式（公民的，civic）共和自由主义，而西塞罗本人则认为这种自由权优于另一种古典自由观，后者指的是那些退出社交圈和享受"悠闲"（失业，otium）的人（如爱比克泰德），这些人追求一种表面上无动于衷（平静、沉思）的生活。[40]

尽管并非刻意，休谟通常将产业与节俭联系在一起，[41]这种关联反映了一种转变。在古典（和新古典主义）传统中，节俭意味着生活简单，满足自然需求的要求。[42]节俭、朴素和贫困是休谟"严格"道德主义的组成部分。[43]这一系列思想的特点体现在两种古代自由主义之中（在文艺复兴后的思想中各有代表）。西塞罗明确地将节俭（frugalitas）与适度（sophrosune）联系在一起，适度是满足自身需求的美德，从而捕捉了二者共同之处的核心特征，都是通过控制（身体）食欲和（精神，libidini）欲望来实现的。[44]那些能够控制这些欲望的人不会觉得自己是贫困的，相反只有那些受欲望支配的人才会在他们无法获得满足时，觉得自己是穷人。同样，富人从来都不觉得自己足够富裕；追求享受奢侈品的人永远都无法得到满足。[45]正如李维所认为的那样，罗马帝国的衰落是由脱离贫困并投入奢侈的怀抱造成的，而罪魁祸首则是来自"东方"的进口产品。据18世纪的道德家所称，罗马的衰落给他们的时代留下了深刻的教训，而这个故事如今仍然适用。

休谟对节俭的解释包含了对这一系列思想的含蓄否定。这一观点的提出，是基于封建主义的崩塌促进了商业的出现（见下文）这一事实。如果除了"土地利益"之外什么好处都没有，那自然就没有"节俭"的情况发生，因为地主都是"挥霍的浪子"。[46]但随着商业的发展，产业也有所进步。休谟之所以认为这一现象促进了"节俭"是因为商人的出现。与"古典"商业偏见形成鲜明对比的是，休谟毫无谴责之意地将商人描述为"人类最有用的群体之一"。商人们狂热地追求收益，也不会因自私的个人享受而丧失这一激情。事实上，在从古典社会开始反转对商人的态度的过程中，商人的活动有益于所有的人。对这一现象的解释是，商人在对整个社会进行资源分配时，同时"促成了产业的诞生"。这使得贸易商之间的竞争降低了利润，从而导致人们愿意接受低利润率，这让商品更加便宜，从而鼓励消费，促进产业的发展。[47]这标志着农业和以作坊（oikos）为基础的"经济"取得了明显进步。

可采取的措施之一，是改善穷人的状况。休谟对亚里士多德目的论的现代主义反驳使他能够改变贫穷的道德伦理，这使得选择、意志或理性在面对贫穷或必需品时能够起到作用，即别无选择。在商业社会中，"穷人"不仅拥有必需品，而且还拥有生活中的"许多便利"，[48]这绝对是一个积极的发展趋势。休谟认为，"促使生活享受并提高生活便利，不会产生暴力和腐败的自然倾向"。[49]这对萨鲁斯特来说是一个相当明显的暗示，这种倾向是他对凯蒂利进行控诉的重要原因，因为后者滥用财富筹谋行动，破坏了共和国的完整性。对于休谟来说，否定这种倾向意味着任何不允许"穷人"享受生活质量的观点，都是错误的。因此，任何禁奢令的立法理由也都是无效的。同时，休谟的观点还有一个方面，也使其与曼德维尔的观点不一致。曼德维尔以一种典型的巧妙方式提倡穷人应该"被好好管理"，认为尽管穷人不应该挨饿，他们也"不应该接受任何值得节约的东西"。相较而言，休谟直接宣称，即使高昂的劳动力价格不利于对外贸易的发展，然而当面对"数百万人的幸福"时，这种顾虑仍然微不足道。[50]在这个精致的时代，"许多人"可以合情合理地好好"享受""精致的艺术"；这种享受并不是（少数）富人的特权。休谟并非平等主义者，但他清楚地知道，在享受生活的物质财富这一问题上，穷人拥有与其他任何人同样的物质感官基础。[51]

从道德层面来看，休谟的观点是具有颠覆性意义的。具体而言，最重要的是，休谟反驳了这样一个观点，此观点认为一个商业社会的军事力量较为薄弱。在这个商业社会中，正如亚当·斯密所言，"每个人在某种程度上都是商人"，[52]是一个生产私人财富的社会。在休谟的"弓"上有两条"绳"，他首先强调证据（曼德维尔也采用了这种策略）。[53]在柔弱的奢侈品生活和薄弱的军事力量之间，二者所假设的因果关系并未得到事实的不断验证，正如法国和英国，这是两个最强大、最优雅，也是最为商业化的国家。[54]正如我们上面提到的，后一种因果关系依赖于另一种因素，即"产业、艺术与贸易"

能够增强国家的力量而不会同时使人民变得贫穷。[55]

第二条"绳"为这种因果关系提供了一种解释。在追求奢侈品生产过程中所产生的大量"剩余"，使得武力与产业的结合成为可能。在和平时期，这种"剩余"会被用作维持生产制造者和"自由艺术的改良者"（文明的标志）的费用，但如果需要一支军队，当权者就会征税，其结果就是减少奢侈品的消费。对军队来说，这可以解放那些以前被雇用生产奢侈品的工人；他们成为一种储备劳动力的"仓库"。[56]然而接下来，他们也不会成为较差的军人，情况恰巧相反。休谟对此的解释是，产业是与知识和人性这一"不可分割的链条"中的环节之一。[57]虽然战争现在更为人性化（如更好地对待囚犯等），[58]但与知识的联系程度既标志着商业社会中所拥有的强大军事力量，也代表着整体上更高的智力水平。那些野蛮国家中"无知又笨拙"的士兵只能实现"暂时性的暴力征服"。[59]在这一点上，有一个更为普遍的观点，即，如果一个享受奢侈的国家没有削弱自身的军事力量，那么军事力量（如勇气）的社会重要性也就消失了。然而，这在休谟看来是一种积极的发展。他在《道德原则研究》中明确指出，对于那些"未开化的国家"，勇气是一种"突出的优势"，这些国家往往缺乏相对的"仁慈、正义和社会美德"。[60]生活在一个仁慈公正的社会比生活在战争流行的国家更好。一旦勇气和其他刚性的美德被柔化，那么对柔弱的谴责和针对商人只顾谋求私利（而不是公众利益）的指责就不再相关。在一种较为完善的联系中，商业有利于和平；如果有任何东西是商业道德的核心，那就是禁止武力。[61]

精致化

前文提及，人类欲望的一种表现是追求"比前几代人更为富足的生活方式"，这也是一个关键的激励因素。追求富足是"精致化"的本质，我们可以将其视为对质量差异的认识。"严格"的道德伦理观点认为，所有偏离实际功能的东西都是多余的。不仅如此，它还是一种道德上的堕落，正如塞内卡所指出的那样，由于食物的"功能"是缓解饥饿（并为身体提供热量），那么即使发霉的面包也具有如同新鲜面包一样的功能，因此，优先追求新鲜面包就是屈服于享受的诱惑。[62]正如精致既可以体现在存在质量差异化的商品，也可以体现在有能力欣赏精致膳食或精美服装的技巧和美感，提倡精致化就不应沉溺于过剩。过剩，如未开化的"贪婪的鞑靼国"[63]一样，仅仅是超过固定限制的数量增加，在概念上却不同于质量的精细化。

因此，对于精细化的价值认识，休谟也称之为"精致"，是产业所体现的内在优势。举一个恰当的比喻，休谟曾提过一个"勤劳和文明"的国家。这种社会的特点是其居民追求"每一件商品都是完美的"，[64]这里有一种隐含的动力。和之前的梅隆和曼德维尔一样[65]，休谟也认识到，曾经的奢侈品已成为必需品，这意味着它们之间是互相关联的。没有特定的内在的自然 / 理性标准（如"需要"）来区分它们，正如古典主义和新古典主义斯多葛派较为类似一样。[66]当缺少某些不可改变或既定的规定时，至于应该建立哪些适当的限制，人类对"任何特殊的乐趣"的"价值"判断取决于比较和经验。[67]

对于一个通过追求消费品刺激来满足人类欲望，促进就业、产业和人口，以及提升综合国力和促进相对富裕的商业社会，并以此改善穷人的生活条件，总体上会过着优于亚里士多德及他的传承者们所提倡的那种生活。在谈论另一个积极因素之前，我们可以注意到，休谟的论证能够让奢侈品变得"恶毒"，也可以使其变得无辜（善良）。这里所谓的"恶毒"是指奢侈品是无益的，或者说是对公众无益的。[68]由此，他可以将曼德维尔的观点斥为诡辩——他没有必要否认（使用萨鲁斯特图像论）有害的奢侈品具有"毒害"作用。[69]实际上，在休谟看来，"恶毒的奢侈品"描述了一类人，他们为了满足自己的欲望，无法承担与他的社会身份和财富相匹配的"社会责任和慷慨行为"。即便在这里，这些行为的驱动力是解救穷人的美德可以将个人满足感更广泛地分散给公众。这是一种功利主义的计算，也是一种权衡。如果没有奢侈品提供给产业的刺激，个人（以及他们的社会）将陷入懒惰和闲散，并变得贫穷。这种结果需要社会和个人所付出的代价，超过了可以想象的禁止奢侈品所带来的任何好处——这是被历史证实的情况。[70]

司法，法律和自由

商业社会的一个主要优势是它所列举的"艺术进步"是"有利于自由的"。[71]这既是历史性的观点，也是概念性的论证。前者只是在休谟的《人性论》中曾被简单勾勒，休谟最终在他的《大不列颠史》(*History of England*) 中又进行了详细阐述。他提到"政府的秘密革命"，其关键在于法治制度，或正如他所说的那样，是"一般性和常规性法律执行"的出现。[72] 这是在一个由两个阶段构成的发展过程中偶然出现的。[73] 在第一阶段中，贵族因为失去了他们的地方权力基础，从而消除了中央集权的主要障碍。[74] 在封建时期，这些贵族将他们的物质盈余用于"好客的古老传统"，留用了许多依赖他们的"家臣"。然而，这些贵族开始"逐渐地"在住房和服饰中尝到了"优雅和奢华"。他们的物质盈余现在用于为获得这些商品以获得个人满足，这使他们遣散了暂时对他们来说无用的"家臣"，从而剥夺了他们的权力。第二阶段可分为两个时期。最初，在贵族衰落之后，君主趁机拥有了"几乎绝对的权威"，但在英格兰，这种自由裁量权也开始被"定期执行的法律"限制。这种随之产生的法律限制源自下议院的崛起，下议院是由中产阶层构成的，这些现已独立的中产阶层就是前面提到的"家臣"。随着中产阶层财富的不断积累，以及最初由奢侈品推动的商业（和城市）的增长，金融的力量得以强化。这些商人"试图享有平等的法律"，同时也为公众自由奠定了"最好最坚实的基础"。这是因为商人所进行的贸易往来，需要由法律执行的一致性和可预测（常规性）所带来的安全保护，否则"市场"将无法运作。[75]

正如卡尔·温纳林德所说，[76] 这一"现代化进程"现在引入了概念论证，将商业、产业，包括以最终的"平等法律"这一现代形式（新的自由计划）[77] 所体现出的商人和自由，这些新事物的出现普遍联系起来。制造商只会专注于生产某种特定产品，期望其他人会需要它，这一期望本身是以其他人生产不同产品的信念为前提的。为了使市场发挥作用，参与者必须立即采取行动，并期待未来的收益。休谟节选了以下内容：

> 对于一个独自工作的最为贫穷的技工来说，他至少期待地方法官对其的保护，以确保他能享受自己的劳动成果。同时，他还希望，当他把货物运到市场并以合理的价格出售时，能够找到购买者；他还可以通过换得的钱币，从其他人那里购买到维持生计所必需的商品。人类不断开拓贸易，与其他人的交往变得更加复杂，但总能在生活中理解他们期望的各种自愿行动，包括从正确的动机，到与他们自己的合作。总而言

之，他们根据过去的经验来采取行动。[78]

虽然休谟在上述观点的陈述中，引用了"人类在所有社会中的相互依赖性都很高"这一说法，但很明显的是，他事先假定的是一个商业背景。支持这种相互依赖性需要可预测性或自信。这依赖于社会稳定和安全，其源头是"地方法官的保护"以及政府的行政管理，"这些必须按照已被大众普遍接受的一般法律来行事"。[79] 当获得相互依赖时，国家是自由的。一个在规则上反复无常（是绝对统治的标志）的社会，不仅会威胁自由，而且会让其他人的行为也变得不可预测，因此最好要保持独立和自给自足。[80] 当然，由于这个是归纳推演而出的结论，实际上没有适合的市场，因此正如斯密阐明的那样，如果所有意图和目的都没有劳动分工，那么贫穷是注定的。[81] 鉴于司法在休谟的政治哲学体系中所起到的核心作用，正是这一套概念之间的联系，才得以为此提供关键解释；他声称：没有"严格"的司法运作，"社会必然会立即解散"。[82]

在休谟的整个社会和政治哲学理论体系中，其对司法的分析是最受争议（和批评）的部分，而笔者所能做的就是呈现其与"商业道德"有最明显关联的部分。司法是由规则构成的，这些规则必须以严格的方式执行，否则专业化所需的背景确定性就不会存在。司法的核心主题是所有权。在休谟的三个司法规则中，第一个规则用于使私人财产稳定化，使其成为"所有权"；第二个规则是，通过一致同意原则进行财产转让；第三个规则用于处理口头承诺或合同。[83] 在此，笔者不从辩论层面上去解释这一"狭隘"的司法构架，[84] 但其对司法的特殊强调是休谟理论体系中最为接近"商业道德"的观点。从商品交易的角度来看，贸易受到司法的严格约束，这可以从休谟对吝啬鬼的讨论中推断出来。具体而言，如果吝啬鬼获得一笔正当的巨额财富，他既不值得这样的恩惠（他没有为此做任何努力），同时，既然假定为吝啬鬼，则必然反感肆意挥霍，由此他也不需要这笔财富。在这种情况下，这意味着吝啬鬼有足够资源来满足他因任何自我限制而产生的需求。相较而言，其他人的需求更大，也会在某些方面更好地利用这笔财富。然而，吝啬鬼确实正当地得到了这笔钱，若进行"干涉"就是侵犯其财产权。休谟承认，这种司法上的"单一行为"可能"本身就是对社会不利的"，但更重要的是"整个规则和体系"。[85] 如果"规则"失去其完整性，如果司法变得灵活，那么财产权的安全性就会受到威胁，正如休谟在《人性论》中讨论公约出现的著名论述：依附经验产生的期望将被摧毁，同时破坏构建社会秩序的整个基础。[86]

因此，这一理论将司法与其他美德区分开来。根据法学惯例，进行区分的一种标准是司法问题是可强制执行的，而履行（比如）慈善或怜悯的义务则不那么严格。其后果是，任何更广泛的"公司责任"都不能成为强制性的；相比之下，违反司法的欺诈行为是可以审理的，如违反合同。与司法不同，仁慈或其他社会美德是自然产生的，并非休谟不愿承认它们，而是由于人类在物质相对匮乏的情况下，所表现出的有限慷慨程度会十分灵活，因此无法维持社会规则。[87] 对于一个社会来说，尤其是并不只有唯一商业属性的社会，如果将仁慈作为其最主要的动力，那将违背人性的本质；正如休谟在《人性论》中所阐述的那样，"因为了解人的本性，我们知道一切皆有可能"。[88] 休谟随后建议，我们在做道德判断时应该"将我们的眼光局限于当事人所处的那个狭窄圈子"。反过来说，对经济参与者而言，无论是个人还是企业，我们应当在其"业务"的运行环境下进行评估。在休谟看来，强加"社会责任"的行为就可被判为"暴力"，同理，强加不合理的慈善义务也是如此。

由此，休谟的这一观点又呼应了其对自由的态度，他支持采取积极行动消除对经济自由的阻碍。在他看来，政府"除了分配正义，没有其他的服务对象或目的可言"。[89] 因此，与此"目的"偏离的行为会受到适当的批评。因此，休谟认为，公司和工厂的商人或投机者对产业的限制、服装行业的七年学徒制以及法规规定的固定工资等，都是"荒谬的"。同样地，他认为有关高利贷的法规[90]也"不公正合理"，授予商人专利垄断权的后果也是"有害"的。[91] 除了倡议消除贸易障碍之外，休谟还建议实行非专制的稳定税收政策，开展自由贸易，强烈反对那些"片面且有害的"政策禁令。[92]

结　语

休谟对财富和商业基本伦理的哲学贡献存在积极和消极两个方面。从消极作用来看，他为奢侈品的"去道德化"[93]提供了最有力的论证之一。这一重大影响可以体现在两个方面。一方面，他质疑了长期以来存在的权威观点，这一观点认为奢侈品释放了欲望的无限性并试图尽力迎合，因此谴责奢侈品是个人和社会腐败的来源和表现。另一方面，这种传统观念在18世纪的激烈辩论中依然具有权威性。之所以产生激烈的辩论，是因为当时社会出现了一种以商业和产业而不是土地为基础的新经济形式，这种形式不仅对文物感兴趣，还支持建立新兴的商业秩序，而有助于这场社会辩论。

休谟的积极贡献是勾勒出商业秩序的概念和道德基础。商业社会的稳固性在于表达观点的安全性（所有权威观点都最终依赖于此），在于社会主体（多数人）必须相信（少数人）统治的正当性。[94] 这种安全反过来依赖于法治的稳定运作（严格的司法执行），而且这种运作本身最终都依赖于人类行为的规律性。正如休谟在《人性论》中所说的那样，在"政治、战争、商业、经济"[95] 中，这种规律性有一个证据作为基础，因此可以进行科学调查。这种调查的结果（他有信心）会将所有知识都放在"新的立足点"上。人类科学也以这种方式将道德包含在内。休谟很清楚，从规范和标准的角度来看，现代社会优于亚里士多德、爱比克泰德、阿奎那，或马基雅维利及其现代追随者们所提倡的社会。随着越来越多的人合法地享受更好的食物、房屋和服饰，获得更大程度的物质满足，这种优势变得更为明显。人们在目前群居的城市和乡镇中可以文明而得体地相处，他们也就拥有了更加"文明"的关系。[96] 也许最重要的是，那些生活在商业社会中的人享有一定程度的自主权和个人自由，而这在早期社会中并不存在。当然，休谟并不会忽视那些不利因素，如公共债务的快速增长等，但至少在他看来，我们现在比以前更加快乐和自由，基于这些理由，商业道德值得被赞扬。

尾注注释

1. 在此文讨论中，笔者主要指的是"商业"。在休谟时代，"买卖"通常表达为"忙碌"，而不是特定的贸易或职业的含义，更未能达到"社会"这个领域。偶然提及似乎预示着后面的关于"商业"的一词的使用情况；参见，如 "Of Commerce" in David Hume, *Essays: Moral, Political, and Literary,* ed. Eugene Miller (Indianapolis: Liberty Fund, 1985), 254；或是参见 Hume's reference to war as the "business of soldiers" in "Of Refinement in the Arts," in *Essays,* 275。

2. Hume, "Of Commerce," in *Essays,* 253−254.

3. 其完整解释可参见 Christopher J, Berry, *The Idea of Commercial Society in the Scottish Enlightenment* (Edinburgh: Edinburgh University Press, 2013)。此处解释引用了本书第七章的描述。

4. Livy, *From the Founding of the City,* Loeb Classical Library (London: Heinemann, 1919), 1.11−12; translation modified,

5. Sallust, *The War with Catiline,* Loeb Classical Library (London: Heinemann, 1921), paras. 5, 9.

6. Cicero, *The Offices,* Loeb Classical Library (London: Heinemann, 1913), I.30.

7. 例如，参见 M. Berg, *Luxury and Pleasure in Eighteenth-Century Britain* (Oxford: Oxford University Press, 2005); N. McKendrick, J. Brewer, and J. H. Plumb, eds., *The Birth of a Consumer Society* (London: Hutchinson, 1983)。

8. Hume, "Of Refinement in the Arts," 275，是指"我们在幼年时期仔细阅读的所有拉丁经典"。

9. John Brown, *An Estimate of the Manners and Principles of the Times,* 7th ed. (London, 1758), 1:153. 布朗还以一种有说服力的形象描述了由商业进步引起的对不稳定的恐惧，他认为"一串个人私利并不比一条沙绳更好：部件之间没有水泥和凝聚力"（第一卷，第111 页）。

10. Hume, *A Treatise of Human Nature,* ed. L. A. Selby-Bigge, 2nd ed., rev. P.H. Nidditch (Oxford: Clarendon Press, 1978), xvi.

11. Hume, *Treatise,* 415.

12. Thomas Mun, *England's Treasure by Forraign Trade,* in *Early English Tracts on Commerce,* ed. J. McCulloch (Cambridge: Economic History Society, 1952), 122, 193.

13. Nicholas Barban, *A Discourse of Trade,* ed. J. Hollander (Baltimore: Johns Hopkins University Press, 1905), 14.

14. 完整版本可参见，Christopher J. Berry, *The Idea of Luxury* (Cambridge: Cambridge University Press, 1994); and Berry, "Hume and Superfluous Value (or What's Wrong with Epictetus' Slippers)," in *David Hume's Political Economy,* ed. Carl Wennerlind and Margaret Schabas (London: Routledge, 2008), 49−64. 笔者从中借鉴了部分材料，用于下文。

15. Hume, "Of Refinement in the Arts," 268.

16. 同上，269。

17. Hume, "Of Commerce," 264.

18. Hume, "Of Refinement in the Arts," 272.

19. 同上，269−270。

20. Hume, "Of Commerce," 263.

21. Hume, "Of Refinement in the Arts," 272.

22. Hume, "Of Commerce," 264.

23. Hume, "Of Interest," in *Essays,* 300.

24. Hume, "Of Commerce," 263.

25. Francis Hutcheson, *A Short Introduction to Moral Philosophy* (1747), ed. Luigi Turco (Indianapolis: Liberty Fund, 2007), 92.

26. Hume, "Of Some Remarkable Customs," in *Essays,* 371.

27. Hume, "Of the Rise of the Arts and Sciences," in *Essays,* 113.

28. Hume, *Enquiries Concerning Human Understanding and Concerning the Principles of Morals,*ed. L. A. Selby-Bigge, 3rd ed., rev. P. H. Nidditch (Oxford: Clarendon Press, 1975), 189, 271, 282. 译者注：这里有两本书，分别是《人类理解研究》（*An Equiry concerning Human Understanding,* 1748 ）、《道德原则研究》（*An Equiry Concerning Concerning the Principles of Morals, 1751* ），正文所说 Second Enquiriy 是指后者。

29. Hume, "Of Avarice," in *Essays,* 571.

30. 在其他地方笔者将其称之为"非语境论"；Christopher J. Berry, *Hume, Hegel, and Human Nature* (The Hague: Nihoff, 1982)。

31. Hume, *Enquiries,* 84.

32. Hume, "Of Commerce," 262–263. Compare James Moore, "Burne's Political Science and the Classical Republican Tradition," *Canadian Journal of Political Science* 10 (1977): 809–839.

33. Hume, "Of Refinement in the Arts," 280. 与当下英国所看到的堕落情况相反，斯巴达是一个不腐败社会的标准"模范"。详见 Peter N. Miller, *Defining the Common Good* (Cambridge: Cambridge University Press, 1994), 113–120。

34. Hume, *Treatise,* xix.

35. Hume, "Of Commerce," 262.

36. 同上，260。

37. Hume, "Of Civil Liberty," in *Essays,* 93.

38. Hume, "Of Refinement in the Arts," 280.

39. Hume, *History of England* (London: George Routledge, 1894), 1:535; 2:231, 602. 现存有大量欧洲各地颁布的关于禁奢令立法的文献。关于最近的调查，参见 Maria Giuseppina Muzzarelli, "Reconciling the Privilege of the Few with the Common Good: Sumptuary Laws in Medieval and Early Modern Europe," *Journal of Medieval and Early Modern Studies* 39 (2009): 587–617。尽管这一立法在英国比其他地方早些逐渐消失，但它仍然在十八世纪拥有拥护者，例如 George Berkeley, "Essay toward preventing the ruin of Great Britain" (1727), in *The Works of George Berkeley, Bishop of Cloyne,* ed. A. A. Luce and T. E. Jessop (Edinburgh: Nelson, 1953), VI, 77。

40. Cicero, *Offices,* 1.20–21.

41. Hume, *Enquiries,* 242, 277, 313.

42. 例如，对于塞内卡来说，只有那些超出自然极限的人才会经历贫困（*De consolatione ad Helviam, in his Moral Essays,* Loeb Classical Library［London: Heinemann, 1932］, 11. 3 ），而乔治·麦肯齐爵士于 1691 年，谴责"我们应该拥抱古老的节俭，在其影响下帝国劣势被遏制并取得巨大成功，并通过将我们从贫穷中解放出来，使我们能够抵抗它所造成的所有陷阱"（*Moral History of Frugality*［London, 1711］, 292 ）。同样，共和党人阿尔杰农·西德尼在 1698 年宣称贫穷是"美德的母亲和护士"（*Discourses concerning Government*［1698］, ed. Thomas G. West［Indianapolis: Liberty Press, 1990］, 254）。节俭的支持者通常也要求实行禁奢令立法。参见 Charles Davenant, "Foreign Trade Beneficial" 和 "Essays on Peace and War,", 将录于 *The Political and Commercial Works of Charles Davenant* (London, 1771), 1:390–392, 4:424。

43. Hume, "Of Refinement in the Arts," 269. 参见西塞罗在其文中引用上述内容。

44. Cicero, *Tusculan Disputations,* Loeb Classical Library (London: Heinemann, 1927), 3.8.

45. 参见 Epictetus, *The Manual and Discourse,* Loeb Classical Library (London: Heinemann, 1928), I, 483。

46. Hume, "Of Interest," 298–299.

47. 同上，302–303。

48. Hume, "Of Commerce," 266.

49. Hume, "Of Refinement in the Arts," 276.

50. Bernard Mandeville, *The Fable of the Bees* (1732), ed. F. B. Kaye (Indianapolis: Liberty Fund, 1988), I, 193; Hume "Of Commerce," 265.

51. 亨得特肯定了休谟对"心理平等主义"的贡献；Hundert, "The Achievement Motive in Hume's Political Economy," *Journal of the History of Ideas* 35 (1974): 139–143。

52. Adam Smith, *An Inquiry into the Nature and Causes of the Wealth of Nations,* ed. R.H. Campbell, A. S. Skinner, and W. B. Todd (Indianapolis: Liberty Fund, 1982), I.iv.1, p. 37.

53. Mandeville, *Fable,* I, 122–123.

54. Hume, "Of Refinement in the Arts," 275; *History of England,* II, 598–599.

55. Hume, "Of Commerce," 260.

56. 同上，261–62; "Of Refinement in the Arts," 272。

57. Hume, "Of Refinement in the Arts," 271.

58. 在休谟的《大不列颠史》（第一册，第 498 页）中，当他观察到"虽然其是为人类的毁灭而制造的"，然而它"使得战争并不那么血腥并使公民的社会更加稳定"时，休谟隐含地将炮火的发展与人性联系起来。

59. Hume, "Of Commerce" 261; *History of England,* I, 627.

60. Hume, *Enquiries,* 255. Compare *History of England,* I, 115; II, 81.

61. 孟德斯鸠最有影响力地提出了甜蜜商业的理论；参见 Montesquieu, *De l'esprit des lois* (1748) (Paris: Garnier, 1989), 20.2。

62. Seneca, *Moral Letters,* Loeb Classical Library (London: Heinemann, 1917), no. 119.

63. Hume, "Of Refinement in the Arts," 272.

64. Hume, "Of the Jealousy of Trade," in *Essays,* 329.

65. *J-F.* Melon, *Essai politique sur le commerce* (Amsterdam, 1735), 123; Mandeville, *Fable,* I, 169–172.

66. 费内隆，18 世纪早期法国最有影响力的奢侈品批评家，将多余的艺术与真实的需求（由人的本质赋予）进行了对比；参见 Francois Fenelon, *Les aventures de Telemaque*

(1699), ed. J. Gore (Florence: Sansoni, 1962), 454。关于对费内隆的讨论，参见 P. Bonolas, "Fenelon et le luxe dans le Telemaque," *Voltaire Studies* 24. (1987): 81–90；关于他的影响，参见 Istvan Hont, "The Early Enlightenment Debate on Commerce and Luxury," in *The Cambridge History of Eighteenth-Century Political Thought,* ed. M. Goldie and R. Wokler (Cambridge: Cambridge University Press, 2006), 371–418。休谟的速译《政治讲义》为法国辩论做出了显著贡献；参见 L. Charles, "French 'New Politics' and the Dissemination of David Hume's *Political Discourses* on the Continent," in Wennerlind and Schabas, *David Hume's Political Economy,* 181–202。

67. Hume, "Of Refinement in the Arts," 276; *Treatise,* 290.

68. Hume, "Of Refinement in the Arts," 269, 278.

69. 同上，279。参见 Sallust, *Catiline,* para. 11。

70. 根据休谟在伊丽莎白统治时期对英格兰的描述，当时"贵族们逐渐尝到了对优雅奢华的享受"；虽然这导致了"光荣好客"的衰败，但"人们有理由认为这种新型开支的变化促进了艺术和工业的发展，而古老的好客之道则是恶习、混乱、暴动和懒散的根源"（*History of England,* II, 601）。

71. Hume, "Of Refinement in the Arts," 277.

72. Hume, *History of England,* 11, 603.

73. 这是斯密的著名描述，但他承认休谟在《道德和政治论文集》中的解释；参见 Smith, *Wealth of Nations,* III.iv.4, p. 412。

74. Hume, *History of England,* II, 602–603.

75. Hume, "Of Refinement in the Arts," 277–278.

76. Carl Wennerlind, "David Hume's Political Philosophy: A Theory of Commercial Modernization," *Hume Studies* 28 (2002): 247–270. 还可参见 John Danford, *David Hume and the Problem of Reason* (New Haven, CT: Yale University Press, 1990), chap. 7。

77. Hume, *History of England,* II, 602.

78. Hume, *Enquiries,* 89, emphasis added.

79. Hume, "Of the Origin of Government," in *Essays,* 41.

80. Hume, "Of Civil Liberty," 92.

81. Smith, *Wealth of Nations,* Introduction.4, p. 10. 休谟声称（"Of Commerce," 265）如果不是绝对君主制的必然结果，那么普通人的贫穷是自然的。

82. Hume, *Treatise,* 494, 532; compare *Enquiries,* 199.

83. Hume, *Treatise,* 526.

84. 关于此说法最谨慎的解释，参见 Jonathan Harrison, *Hume's Theory of Justice* (Oxford: Clarendon Press, 1981)。笔者已经在 Christopher J. Berry, *David Hume* (New York: Continuum, 2009) 为公认的狭隘思想做出了解释，并在 Berry, *Idea of Commercial Society,* chap. 5 中给出了更广泛的解释。

85. Hume, *Treatise,* 497, 579.

86. 同上，490。休谟将其解释用于分析疗法：更有力的解释请参见 Russell Hardin, *Hume's*

Moral and Political Theory (Oxford: Oxford University Press, 2007), chap. 6；还可参见 William Charron, "Convention, Games of Strategy, and Hume's Philosophy of Law and Government," *American Philosophical Quarterly* 17 (1980): 327–34; and P. Vanderschraaf, "Hume's Game Theoretic Business Ethics," *Business Ethics Quarterly* 9 (1999): 47–67。

87. Hume, *Treatise,* 484–85.

88. 同上，602。

89. Hume, "Of the Origin of Government," 37.

90. Hume, *History of England,* II, 56–57, 323, 231, 573, 595; III, 83–84n.

91. Hume, "Of Taxation," in *Essays,* 345.

92. Hume, "Of the Jealousy of Trade," 328；又见《道德和政治论文集》里的"论贸易平衡"。休谟作为一个"自由主义者"可体现在 John B. Stewart, *Opinion and Reform in Hume's Political Philosophy* (Princeton, NJ: Princeton University Press, 1992)，以及 Neil McArthur, *David Hume's Political Theory: Law, Commerce, and the Constitution of Government* (Toronto: University of Toronto Press, 2007)。这些作品反对将休谟视为"守旧者"；笔者在 Christopher J. Berry, "Science and Superstition: Hume and Conservatism," *European Journal of Political Theory* 10 (2011): 141–155 中讨论了这个问题及其促生的相关文学作品。

93. 笔者根据 Berry, *Idea of Luxury,* pt.3 的内容杜撰了这个词语，以此归纳从古典 / 基督教的道德化观点到早期现代思维发展观的转变。它已成为的文学作品中普遍参照。

94. Hume, "Of First Principles of Government," in *Essays,* 322–323. 参见 also "Of the Origin of Government," 40; and *History of England,* III, 395。

95. Hume, *Treatise,* 405.

96. Hume, "Of Refinement of the Arts," 271.

第十二章　他人的命运：亚当·斯密和商业之美

道格拉斯·J. 登厄伊尔（Douglas J. Den Uyl）

　　笔者认识一位经济学教授，他曾告诉自己的学生，如果能够在亚当·斯密的《国富论》中找到任何关于商人的积极陈述，就会给他们一千美元。这一挑战无疑是有风险的，但其中观点值得人们关注。亚当·斯密通常被视为企业利益和利益至上制度的辩护人。而历史上，在一些学者看来，尽管著有一本伦理学的长篇著作——《道德情操论》[1]，但亚当·斯密在撰写《国富论》时，实际上已经摒弃了伦理问题。在这一方面，两种看待斯密的观点都普遍具有明显的误导或错误。以下内容中，将分别进行讨论，并尝试改变这些固有印象。

　　由于商业问题通常对诠释斯密的整个社会理论来说至关重要，因此若想充分解决这个问题，则需要对他的所有论著进行全方位的解释。显然，这个任务仅在本章中是无法完成的。[2]相反，我们应聚焦于商业行为者的主要特征以及可能管控其行为的规范。在这个过程中，我们首先要澄清对斯密的一些误解，继而在其《道德情操论》的基础上理解商业行为的特征。其中前文提及的一个主要误解是：斯密只是商业和自由市场的辩护人。正如笔者的一位经济学家朋友所言，当人们从事贸易，或至少将注意力转向公共事务时，斯密对于他们的看法并不过分乐观，也不经常赞许。在《国富论》中，下文所引用的这段著名论述，并非唯一且具有代表性：

　　　　同一行业的人很少会聚在一起，即使是为了寻乐和消遣，但谈话都以针对公众或是提高价格的计谋而终。（WN I.x.c.27）[3]

当然，虽然斯密可能对商人持批判态度，但并不意味着他批判那种鼓励商业行为的制度。实际上，像前面这样的批判性评论，涉及的是商业行为者这一群体，而不是商业行为本身。在现代社会中，几乎每个普通公民都是商业行为者，这表明斯密批判的是商业行为中的胡作非为，而不是对其本质的描述。

其中的最后一点，是否意味着斯密是自由放任主义的倡导者和商业利益的辩护人？笔者认为，这些结论本身就是对斯密思想的误解。近年来，出现了一批被称为"左派斯密主义"的学者，认为斯密是当代拥护左倾社会和意识形态观的先驱。在很大程度上，斯密对某些问题的关切，诸如希望缓解下层阶级的困境[4]、允许国家干预[5]，以及对商人的上述评论等，都促使了人们对斯密的这种解读。[6]

相比之下，"右派斯密主义"着眼于强调斯密对商业文化的普遍支持，对"自然自由制度"的倡导，[7]认为公共利益可能通过私人行为在无意之间产生（WN IV.i.1.10），以及对国家干预经济的大力推崇（V.i.f.16）。然而，本章的目的不是，也不应该是，对斯密的两种意识形态上的解读进行裁决。相反，文章的目的是明确商业行为的显著特征，[8]并得出如斯密所观的那些明智适当行为所遵循的特定原则。因此，与斯密的研究一样，本章的焦点不仅局限于管理者、劳动者或雇主等商业行为者的某些特定群体，而是广泛的商业行为者——如此将看到个体或群体行为违背一般社会规范的适当性。在探讨适当性时，本章将对斯密进行"美学"上的解读。换句话说，文中将论证商业行为的一个重要方面是商业行为者的"设想"，既包括他们认为自己适应社会，又包括他们对自己的各种生活要素进行想象。"设想"是指一种想象行为，即行为者将各种要素进行组合，使得要素之间相互作用，形成既诱人而又具有规范性的结果，以此来决定适当与否。这种适应性是下文所谓"美"的基础。本章的整体论点是，商业就斯密而言更多的是一种美，而不仅是个体和社会层面上的效用。此外，商业之美是建立管理商业的适当性规范的基础。

第一部分集中论述斯密所期望的商业行为者在商业秩序中应有的特性。通过检验特定的品质特性（尤其是审慎），我们会发现，在个体层面上商业之美凌驾于其效用之上。在第二部分中，将个体更为直接地置于社会环境中。这一环境本身符合人的天性，其特征在于某种适应性，这种适应性在商业环境中定义了美。第三部分将探讨一个人如何通过探索聪明与实践智慧之间的区别，来实现这种适应性行为。最后的部分重点讨论在全球性企业环境中，怎样使用斯密主义去理解适当的商业行为，同时解决在这一环境中所面临的主要问题。

商业行为者——审慎者

本章的标题和主旨来自斯密的《道德情操论》开头语：

> 人不管被认为多么自私，在人性中显然还存在着这样一些本性，这些本性使他关心别人的命运，把别人的幸福看成是自己的事情，虽然他除了看到别人幸福而感到高兴以外，一无所得。（TMS I.i.1，重点补充）

正如本章认为的那样，人类对"他人的命运"有着天生的兴趣，那么我们就会以一种悖论开启探究：商业行为的精髓似乎不在于关心他人的命运，而在于关心自己的命运。或者更准确地说，当我们是商业行为者时，对他人命运的兴趣完全取决于他人如何有助于我们自己的命运，他们的价值完全取决于我们获得帮助的程度。然而，斯密的文字传达了不同的观点，即，无论他人为我们做了什么，我们都对他们的命运感兴趣。上述文字还表明，我们在商业关系中的关注点经常置于他人身上，并且这种关注是在商业背景下做出正确成功之举的一个重要因素。

为了帮助我们理解商业行为者的本质，首先需要注意的当然是斯密在《道德情操论》中对审慎者的论述。这是因为，一般文章认为审慎是商业中的最高美德，然而在斯密的书中，将审慎从狭隘的自我专注的倾向演变为由上述适应性概念所支配的倾向。

在《道德情操论》第六章中，斯密仅用普通措辞来谈论审慎者的特征，实际上并没有直接将审慎者与商业联系起来。然而，他确实提及了审慎者的节俭和勤勉，描述的明显是在商业社会中谋生和行事的人。[9] 书中这一部分主要探讨个人的性格是如何影响其自身的幸福。要达到幸福的目的，一个必要的品质就是审慎，斯密对其对进行如下定义：

> 注意个人的健康、财富、地位与名望，这些据说是人在今生的舒适与幸福主要仰赖的对象，被认为是那个通常被称为"审慎"的美德应尽的职责。（TMS VI.i.5）

尽管审慎是一种以自己的幸福为导向的美德，但这种取向意味着缺乏对他人的考虑。实际上，斯密明确指出了这一点：

> 渴望成为我们同辈尊敬的适当对象，或者说，渴望在我们同辈中值得并享有一定的名望与地位，也许是我们所有欲望中最为强烈的那一种，因此，我们之所以想要得到财富想到心焦，多半是被这种欲望刺激引起的，而比较不是为了供应我们身体各种必需品与便利品，因为要供应那些东西总是很容易。（VI.i.3）

如此一来，我们自身的幸福与他人密不可分。事实上，我们对获得这种尊重的"焦虑"无疑会作用于我们选择影响自己命运的方式。无论如何，这种对尊重的渴望也是约束我们行为的一个核心特征，也是指导该行为的规范的重要来源：

> 一个有地位和财富的人，从其身份来看，是一个伟大社会的杰出成员。他时刻关注自己的每一个行为。他的权威和地位在很大程度上取决于这个社会对他的尊重。（WN V.i.g. 12）

通过对审慎的理解，我们了解到斯密认为审慎行为的首要及主要目标是安全。安全最初意味着将风险最小化，甚至不将自己暴露其中，虽然这种风险会对我们的健康、财富或社会地位造成不利影响，但也有积极的一面，即，逐渐使我们变得"在本行业或专业上，努力学得真正的知识与技巧并勤勉刻苦地练习和使用，在一切开销上厉行节俭，乃至一定程度的吝啬"（VI.

i.6）。因此，审慎者不是简单地避免风险，而是谋求通过知识和技能的发展来改善自己的状况。拥有这些品质的结果就是："审慎的人总是会得到公正的旁观者的全力支持和赞扬。"（VI.i.11）

安全包含了一种有助于改进的特别推动力，这意味着我们不能把安全简单地理解为实现一种幸福的状态。斯密的安全观也指的是有助于发起和指导改进行动的心智素质：

> 对我们本身最有用的那些心性，首先当推优越的治理和理解力，我们根据这种能力，可以辨别我们一切行为的未来影响，并且预见这些影响可能导致的各种利弊得失；其次是自我克制力，这种能力使我们得以戒绝目前的欢乐或忍受目前的痛苦，以便在未来某个时候享受更大的欢乐或避免更大的痛苦。这两种心性结合起来，就是所谓审慎的美德，在一切美德当中，就是这种美德，对我们个人最为有用。（TMS IV.2.6）[10]

因此，"卓越的理性和理解力"的培养，标志着审慎者的基本智力素质。如果单凭这一段话，就会倾向于从务实的结果论者的角度来解读"卓越的理性和理解力"。然而，卓越的理性和理解力得到了认可，这并不是因为其结果对个人有益。恰恰相反的是，由于卓越的理性和理解力本身被认为是有吸引力和价值的，因此它们所造就的结果也得到了这样的肯定（IV.2.7）。在这一方面，正是努力使理性变得实用，而不是某种理性的固有实用性，这是斯密主义中所认定的审慎的标志。[11]

正如上文所言，斯密将实践智慧概念扩展到实用主义之外，与自我控制的品质相结合。在这种情况下，自我控制使人们得以"节俭，甚至在一定程度上吝啬"地使用所掌握的资源。然而，在相同情况下，自我控制的有趣特点之一是，它建立在公正旁观者无法区分现在和未来欲望的基础之上："旁观者并未感觉到目前的欲望正在诱惑着我们。对旁观者来说，我们在一个礼拜或一年后将享受的那份快乐，和我们在这一刻所享受的一样有趣。"[12]（TMS IV.2.8）的确，当我们为了未来的快乐而牺牲了现在的快乐时，"我们的行为在旁观者看来是荒谬的，他无法体会对我们的行为产生影响的那些原则"（IV.2.8）。

然而，斯密提出了相反的观点，并不是提出动摇尊重自我控制的理由。

斯密认为，由于似乎没有理由因未来的快乐而放弃当下的快乐，旁观者对能够做出如此行为的人感到惊讶，这是因为旁观者意识到大多数行为者都会发现这种权衡太难以执行。然而，就这种能力而言，"对于坚定不移地厉行节约、兢兢业业与专心致志的人，每个人都会自然萌生那种崇高的敬意，即使这样的行为只是为了发财，没有别的目的。一个这样的人……必然会博得我们的赞许"（TMS IV.2.8）。给旁观者留下深刻印象的不是收益的多少，而是这种品质。的确，因为我们赞许这种行为，"唯一能够支持行为者坚守这种行为方针的，也正是这种值得赞扬与尊敬的意识"（IV.2.8）。我们从审慎的行为中所求得的安全感，说到底，与其说是一种身体和舒适的安全感，不如说是一种以"值得赞许"的形式被社会接受的安全感。最后这一点标志着一个有趣的结论：如果上述关于商业是审慎行为的见解是正确的，那么对商业的评价将更多地取决于品质而非预期效用。本节随后将进一步明确该观点的正确性，及其商业之美置于效用之上的含义。

作用于审慎个体的不同效力——尤其是使自己受益的愿望以及获得他人的认可和尊重的愿望——代表了迥然不同但可能互为补充的监督者。这两种效力共同发力使人们适应社会，应给予第二种效力与第一种效力同等的（或不亚于）注意力（TMS III.2.6）。因此，个人通过取悦他人来取悦自己。然而，这一过程并非偶然或被动的。我们积极寻求这样的肯定，并相应地调节我们自己的利益（II.ii.2.1）。对自己有利的欲望和获得他人尊重的欲望从本质上来看是天生的。虽然这两种倾向都是审慎性质的因素，但只有在第三个考虑因素存在的情况下才能实现审慎，即为公正旁观者的认可。正如我们已经注意到的，第三方"监督者"似乎对利益没有任何兴趣。公正的旁观者似乎只受到品格的影响。

因此，人们节制自己的欲望和利益，以实现斯密所谓的自己和他人之间的"情感对应"（TMS I.i.3.3）。如此一来，融入社会"符合我们的利益"，尽管斯密很清楚这不是"自私"（VII.iii.1.4）。通过引入"公正的旁观者"来加强我们自己适应他人（以及他们对我们的适应）所做出的努力，"公正的旁观者"帮助监督我们的适应性：

　　　　因此，自然不仅赋予他一种愿望，使他想要被赞许，而且也赋予他另一种愿望，使他想要当一个应该被赞许的人，或者说，使他想要成为在他人心中所赞许的那种人。第一种愿望只会使他希望自己看起来适应社会。若要使他渴望自己真正适应社会，则非有第二种愿望不可。（III.2.7）

因此，我们不仅寻求赞许，而且寻求出于正当理由的赞许。公正的旁观者给出的赞许更多是出于"正当理由"，而不是诸如赞同、仁慈或同情等情感的表达，尽管"正当理由"概念所暗示的社会适应性当然包含所有上述情感。[13]

以这种方式理解审慎，有助于我们调和斯密在《道德情操论》第四章第一节第 8 至 10 段中一个关于"穷小子"著名例证所明显存在的矛盾倾向。在这个例子中，一个穷小子在"老天在动怒时被赋予了野心"，痴迷于获得富人所拥有的各种物品。这个穷小子在追求财富的过程中所经历的漫长艰辛和不幸，斯密的相关描述似乎与人们对这位著名的商业生活捍卫者的期望相悖，这是由于斯密对于追求财富过程的描绘肯定不那么引人入胜。这个穷小子被富人的生活景象诱惑，"便会觉得那些乐趣是某种宏伟、美丽与高贵的东西，十分值得人们为之倾注一切辛劳和焦虑"（IV.1.9）。然而，现实与想象迥然不同，因为穷人和富人实际上都没有达到想象中的幸福程度。然而，我们都在某一程度上被这种想象诱惑。

在《道德情操论》这一节中，斯密要表明的是，文中提到的那种"美"在激励平等的商业行为方面优于效用。[14] 换句话说，我们更容易被未来生活的憧憬打动，而不是现实的生活。这种期望对促进商业发展非常重要：

> 幸好自然是如此这般哄骗了我们。正是这样的哄骗，激起了人类的勤勉，并使之永久不懈；正是这样的哄骗，最初鼓舞了人类耕种土地，构筑房屋，建立城市与国家，并且发明与改进了各门学问与技艺，以荣耀和润饰人类的生命。（IV.1.10）[15]

人们早就注意到，正如文章所述的这样，如果商业建立在谎言的基础上，那么作为一种完全的道德追求，商业似乎是站不住脚的。然而，尽管想象中的生活比真实的生活更吸引人，其中可能包含一些欺骗成分，但并不一定是个谎言。

虽然这个穷小子表面上获得了他所追求的财富，我们有充分的理由认为正是这种审慎帮助他获得了财富，但在斯密的叙述之中并没有流露出对男孩的审慎的赞赏。他认为审慎并不是在这种情况下产生的，而是产生于想象生活与追求中所获得的实际快乐和安宁程度之间的距离。然而，这个穷小子是否真的体验到了他所渴望的那种平静和快乐的生活状态，本质上与旁观者无关，这是由于，正如我们前面谈到的，旁观者对当前和未来的快乐漠不关心，且评判的是性格而不是效用。[16] 也许因为效用是如此特殊，这个穷小子的经历在很大程度上与旁观者无关。[17] 这个穷小子可能被骗了，他不知道生活究竟会拥有多少幸福，但如果他始终坚持公正的旁观者的判断，他的"社会适应能力"最终将服务于社会本身。因此，商业没有欺骗任何人。它所承诺的只有适应性和进步性，而不是个人幸福。[18] 通过这种方式，斯密可以合理断言，一个人可以对一个商业环境中的许多行为者持批判的态度，同时通常仍然对商业持积极的态度。[19]

这个穷小子和我们其他人一样，虽然可能有更大的抱负，但他渴望改善自己的处境，使自己受益。然而，在他对某种生活形式的设想中，特定的事务将被导向这样一个目标，即这个穷小子会依照设想中的所有细节努力追求。想象模式创建了一种"适应性"的形式，在任何一个次要的时刻，都呈现出贸易的特定效用。这不仅仅是一个人愿意放弃当前的快乐而去接受未来更多的快乐——这还是从一个与预期效用相结合的视角来解释这个穷小子的牺牲。相反，人们需要一个更宏大的设想，一个确定能带来更大效用的设想，但它以自身的吸引力来吸引人们，而不需要我们去计算其效用和功能，或去猜测设想何时才会实现。此外，这一设想需要在任何时间不论事态好坏都得以保持。[20] 具有讽刺意味的是，也许，一个成功的、审慎的商业行为者不仅擅长节约资源，而且被容易一个"美妙"的设想打动——这是一个适应性的概念。

人们或许会忍不住将穷小子视为典型的商业行为者，就像他所效仿的那群富人一样，总是被美好生活的虚假设想欺骗。然而，本章的观点恰恰相反。笔者的立场是，商业生活如此适合人们的本性，即使有所欺骗也符合人们的利益，而不是把这个穷小子作为核心商业行为者去研究。这个穷小子是一个连续体的极端，在这个连续体中，一个人对生活的理想设想与实际得到的效用是不同的，但是不管最终得到的效用水平如何，没有某种类型的设想，就没有提高的动力。商业秩序为人们培养协调自己生活元素的适应性，以及为协调与他人关系的需要提供了一个良好的环境。所有这些反过来可以比我们预期的效用更有力地吸引我们的行动。商业秩序遵循正义的规则，反之则会让人们自由地追求自己的目标，出于这个原因，在人们制定个人计划和社会普遍计划时，商业秩序成为协调二者关系的重要调和力量。[21]事实上，斯密的"自然自由体系"——他用于描述商业秩序的术语——在这个意义上是自然的，也就是说，它鼓励人们通过适应、相互影响和有序的行动计划，从多样性中创造统一。这种对"自然"的理解不同于在通常或大部分情况下，凭借简单的经验主义所解释的"自然"。[22]大多数社会或个人的实际行为往往不那么重要，重要的是，如果他们恰当地结合在一起，他们将如何行事。

野兽之美

前文对商业文化中有关审慎的个体所进行的讨论，描绘了一幅普通人类在"自然"状态下生活的画面——也就是说，如果人们能够成功地在可能的环境中调和人类本性中存在的各种倾向，就"注定"要享受这种状态。上文已经描述或提及诸如获得应得的社会尊重的愿望、使用资源时的谨慎态度、改善生存条件的愿望、彼此交换的倾向，以及知识的增长等，这些都是自然产生或已经形成的倾向，确保了这种"自然"状态。也许只需再次提及斯密的"人天生就要有所作为"（TMS 11.3.3）这一观点，就可以表明我们积极地管理和整合这些不同的倾向是人类生活中的基本事务。因此，在这一方面，人类"自然"状态的特点可以称为"广义审慎"。与狭义上的舒适和安全以及斯密所谓的"优越"形式不同，广义审慎包含了各种形式的自我控制：

> 节制、端庄、审慎与稳健，总是和蔼可亲的，并且很少可能被导向任何不好的目的。可亲的贞节之德，以及可敬的勤劳节俭之德，正是从稳健不懈地发挥那些比较温和的克己功夫中，得到所有属于它们的那种

沉稳的光泽。所有那些满足于走在平民卑微的人生道路上，平静朴素地过活的人，他们的品行也是从同一原则中得到大部分属于它的那种美丽与优雅。这种美丽与优雅，和战争英雄、政治家或立法者那些比较了不起的行动所散发出来的那种美丽与优雅相比，虽然不那样光彩夺目，却未必不如它们讨人喜爱。（VI.iii.13）

就狭义审慎而言，主要涉及勤勉、节俭，以及"温和的克己功夫"，这将形成广义审慎生活所具备的"美丽和优雅"的特点。对于那些不限定于成为一个英雄、政治家或立法委员的人，斯密描述了"自然"生活的核心。值得注意的是，这种生活的吸引力再次被理解为"美丽和优雅"施加于我们的"推动力"，而不是利益和成就所带来的动力，尽管后者肯定会随之产生。前文的描述中缺少的是影响其他人（例如家人、朋友和同胞）幸福的品质，斯密在此之前曾描述过这种品质，并且是除了审慎之外他所关注的其他主要美德之一——仁慈（正义是第三大美德）。

笔者认为，上述段落描述了商业社会中审慎行事者的理想状态。这种解读与卢梭主义学者的观点不尽相同，后者认为商业秩序在根本上是有缺陷的，需要通过各种美德加以纠正。[23] 在另一种解读中，这些美德只能缓和商业生活中非人性化的力量。相反，笔者认为商业本质上是民事的，而在斯密看来，商业行为者的问题偏离了这种"自然"状态，代表了商界中相互作用的总体趋势。

上文所描绘的生活实际上是令人愉悦的，旁观者对此也有一致的认可。对于旁观者而言，他们最容易与"或多或少符合主要当事者"的感觉"产生共鸣"（TMS VI.iii.14）。如果旁观者确实是我们评价适当生活方式的标准，那么我们不费吹灰之力就会意识到，上文所描述的生活远远比那个穷小子的设想更具吸引力。穷小子的生活设想，跟他的实际经历之间有些出入，这在前文中并未提及。此外，这不仅仅是因为上文的描述比解读穷小子的生活更让我们感到愉快。实际上，我们认为文章中的人们比那个穷小子更适应社会。尽管这个穷小子从不完全缺乏社交能力，但他有限的维度却让我们感到不安。

毫无疑问，我们许多行为的"推动力"是预期的效用，但这种推动力就是笔者所说的"美"。美在这里意味着一种适应的形式，其元素在我们的想象中以我们认为应该的方式进行整合。正如斯密所说，"这种适应性……往往比它预定要产生的那个目的更受珍视。也就是说，为了获得某种方便或欢乐而在手段上做出的精确装备与安排，竟然时常比这方便或欢乐本身更受重视"（TMS IV.1.3）。结果证明，这种推动力往往比效用的推动更有作用。斯密曾用一个穷小子的例子说明了这一点：有人走进了他的房间，那里的家具摆放得很乱。由于他具备如何布置房间以获得最大"便利"的相关概念，因此他被调动起来整理家具，尽管"为了获得这种便利，他宁愿给自己添麻烦，而这麻烦又比没有这种便利时他可能面对的一切麻烦还要大；没有什么比他一进门就往其中一把椅子坐下更轻松容易的了，而当他大费周章地忙完椅子的事情后，他很可能也不过是同样一屁股往其中一把椅子坐下"（IV.1.4）。就像穷小子在追求其对秩序的看法那样，总的来说，付出的努力可能比他得到的快乐要多。

从前面的讨论中已经看到，很多方面可以证明，成功可能取决于美，即行动者受到设想的激励，在这种设想中他们看到生活的各个方面可以而且应该以何种方式组合在一起。[24]忽略这一点，商业活动可被简单地理解为贸易，因为交换需要达到某种目的，才能将单纯的利益转化为进步。就个人事业及与其他社会事业相协调而言，人们的设想越广泛、越完整，其行动就越有可能获得成功。从这个意义上说，美是效率的一种形式：一个整合良好的设想可确保行动不会被白费，因为它们是根据这些行为如何符合或表达定义其适合性的设想来衡量的。

斯密确实把狭义审慎与"高级审慎"进行了对比："当贤明的行为，被导向一些比照顾个人的健康、财富、地位和名誉更伟大更崇高的目的时，通常被称为，也非常恰当地称为审慎。"（TMS VI.i.15）然而，当斯密谈到这些问题时，他已经远远超出了一般适用范围。广义审慎当然是高级审慎的一个版本，是一种最适合普通人在商业秩序中生活和行动的审慎类型。[25]

很明显，关于各种过度的种类，广义审慎包含一些经验主义的观点。根据它们相互适配的概念，这种分散的、通常是对立的力量经过一定程度的协调，似乎达到了平衡状态；正如设想中的那样，这些力量共同构成了一种美。过度是这种状态的偏离。商业社会不允许"制度下的人"把个人当作一种社会秩序的组成部分，从而纵容他们对社会秩序进行想象（TMS VI.ii.17）。但是商业社会允许个人在他们对认可、接受和得体的需求所限制的范围内追求他们各自的设想。的确，通过强调个人责任，商业社会鼓励这种设想的发展，因为个人在社会中的作用必须是创造出来的，而不是界定出来的，就像个人在生活中的地位也是如此。

根据本章现有的讨论可以清楚得知，商业秩序中的成功并不一定等同于人们往往认为的那种商业成功。这二者并不对立，也"注定"需要调和，而斯密用来衡量成功的标准，更多的是一个人的幸福和公正旁观者的赞赏，而不是效用或财富的积累。正如我们所看到的，这是由于美比效用更有吸引力。人们会更多地被那些了解如何融合生活的人吸引，而不是那些仅懂得积累财富的人。然而，如果"商业成功"可以与"商业社会的成功"区分开来，那么它们之间的联系是什么？它们最终将如何整合？下文将重点探讨这一问题。

实践智慧的问题

在这样一个世界里，行为规范不是由权威部门和等级制度所提供，而是人与人相互作用和适应的结果，因此在很大程度上是社会环境的功能，尽管如此，我们还是有可能用到亚里士多德首先提出的实践智慧和聪明之间的区别。聪明是这样一种能力："以我们为自己设定的目标为导向进行行动，并达到目标。"[26] 实践智慧依赖于这种达到目的的能力——没有这种能力，一个人的行动将是徒劳无功的。但是，达到目的的能力并不能说明这些目标的价值或适当性，也不能说明一个人的所作所为不仅是在满足自己的欲望。相比之下，亚里士多德的"实用智者"则根据对善的本质的洞察来组织自己的欲望，从而知道什么是合适的。尽管斯密的实用理性观是以依赖公正的旁观者，而非对善的本质的洞察为基础的，但具有实用品格的人还是会关心自己的欲望与适当性是否一致。仅有能力达到目的，与适当地达到目的，两者之间是截然不同的。

聪明和实践智慧之间的区别对于我们的全局观至关重要，因为在商业领域很容易将两者混为一谈。从通俗文学到公众舆论，获得自己想要的东西的这种能力被认为是商业成功的标志，也是商业行为的精髓。但例如，斯密就不赞同富人"天生自私和贪婪"，认为他们"只图自己的方便"和"满足自己的虚荣和贪得无厌的欲望"（TMS IV.1.10）。一个人可能擅长满足这些欲望，但这并不能动摇斯密的判断。他清楚地区分了满足欲望的能力和在适当限制下或以某些适当方式满足欲望的能力。[27] 对斯密来说，成功总是意味着以适当的方式达到目的，而不仅仅是达到目的的。

然而，在思绪被任何对适当性的追求带偏之前，我们不得不为论点加上一个斯密个人所强调的限定条件——成功很重要。（在这方面，聪明或许还有更多值得称道的地方。）在斯密讨论所谓的"道德情操的不规律性"时，他指出，无论我们的行为多么恰当或得体，无论我们的行为多么符合旁观者所认可的规范，如果这些行为未能成功，它们就失去了许多令人叹服的特性。此外，出于不良动机的行动可能仅仅会因为其成功而获得尊重：

> 每个人都同意这一则一般性的处世格言，即：由于结果并非取决于行为人，所以，它不应该影响我们对行为的功与过或合宜与否的感觉。但是，当我们遇上个别具体的事例时，我们却发现，我们的感觉很少在任何一个事例中完全服从这一则公正的处世格言。行为所引起的后果幸运与否，不仅往往决定我们对行为审慎与否会有怎样的感觉，而且也几乎总是会激起我们的感激或怨恨，左右我们对其意图的功过判断。（TMS II.iii.3.1）

因此，意图的美和它的价值本身就受到成功的影响。我们可能会原谅成功行为背后的意图或目的中的某些缺陷，就像我们可能会削弱对失败行为背后的纯粹动机的尊重一样。为什么会这样呢？斯密解释如下：

> 人，天生就是要有所作为……一个从未有过任何重要事功的人纵使他的言谈举止无处不在展现他有最公正、最高尚与最慷慨恢宏的情感，纵使他之所以没有事功只不过是由于他没有机会效劳，他也仍然没有资格要求很高的奖赏。（II.iii.3.3）

如果商业活动可以被描述为在适当条件下与其他人共同利用资源，那么成功的商业活动总是包括一些对结果的衡量。因此，斯密的最终目标似乎是让性格与结果相匹配：

> 人们的性格，和各种机巧的设计装置，以及公民政府的各种制度设施一样，或许适合达到，也或许适合阻挡个人以及社会整体的幸福。审慎、公正、积极、果敢坚决和酒色不沾的性格，不仅会使具有这种性格的人，而且也会使每一个和他有关系的人，有希望获得成功与满足。相反，鲁莽、自大、懒惰、优柔寡断和贪恋酒色的性格，不仅很可能使个人遭到毁灭，也很可能殃及所有和他有所关联的人。前述第一种性向，至少拥有一切可能属于为了达到最愉快的目的而被发明出来的，最完善的机器设备的那种美丽；而第二种性向则拥有一切属于最笨拙不当的设计装置的那种丑陋。（IV.2.1）

商业之美确实通过某些类型的性格的形成在成功中产生。其中的"智慧"在本质上是属于经验主义式的，大致上，斯密式的审慎也寻求通过整合性格和成功，将美德和幸福统一起来。

最后这几句话引出了这一节的最后一个问题，即，我们在斯密之后所称的"伟大社会"对广义审慎的威胁。伟大的社会既允许审慎的缺乏，又可能会出现扭曲的"过度"。对于前一种情况，斯密举例说明了现代经济是如何通过大量使用劳动分工和匿名的可能性来切断一个人的社会联系。这主要通过两种方式来实现。一种是鉴于一个人的教育情况，劳动分工会使其过于狭窄（WN V.i.f.50）。另一种是，一个人的社会关系圈变得如此有限，以至于他的判断会带有偏见（V.i.g.12）。商业是社会融合的产物，这两种病态的方式都是对商业自然状态的偏离；然而，它们也是商业秩序的进步所带来的偏差。在讨论解决方案时，斯密允许国家介入来解决上述两种情况。[28] 然而重点是，在斯密的"伟大社会"中，社会知名度在塑造斯密所认为的有价值的人物类型方面是至关重要的，这种经济中可能存在一些特殊的危险，值得我们深思。[29] 综上所述，斯密之所以对这些问题表示关注，正是因为它们玷污了商业秩序的美，而且是"反常的"。

由于审慎是一种美德，因此过度审慎是不正确的，但"伟大社会"会导致过度沉迷于审慎的一个方面——设想秩序的倾向，这种说法并不具有误导性。在这种情况下，人们会认为自己对整体秩序的设想是可取的，因为人们可以很容易去想象，而不必考虑成本或约束（WN V.i.f.51）。斯密"制度之下的人"中的例子就说明了这种思想：立法者将个人视为按照某种宏伟设想进行改造社会的棋子。但商业行为者也不能幸免于这种趋势。扩展的经济为商业精英提供了无数的机会，让他们通过牺牲他人利益的特殊优待和特权，来放纵自己对"更好"秩序的构想。因为我们很容易受到关于事务之间应该如何适应的自身想象所影响，都有可能成为"制度之下的人"，[30] 而忽略这样一个事实：我们想象中的某些部分可能有它们自己的"运作原理"（TMS VI.Ii17）。

一般而言，随着经济增长的不断扩大，限制和塑造行为和性格的各种压力可能变得过于专业化或没那么强烈。尽管斯密在当时见证了国内和国际经济的扩张，但很难得知他对当今全球经济秩序有何看法。[31] 在商业之美方面可能作何评论呢？这即是下一节将讨论的主题。

全球环境下的规范性挑战

在本章开头所引用的段落中，斯密对同行业中那些聚集在一起并密谋反对公众的人表示怀疑：

> 虽然法律不能禁止从事同一行业的人时常聚集在一起，但它不应该为这种集会提供任何便利；必要时必须减少这种集会……对商人而言真实有效的纪律，不是来自他的公司［行业］，而是他的客户。（WN l.x.c.27，31）

根据这一文本，我们首先要认识到的是"自由和正义"至高无上。在这里，笔者不打算替斯密解释这些术语的确切性质，它们显然是社会秩序的重要原则，不能因其他社会利益而被推翻。出于许多原因，冒着共谋的风险，总比限制集会的自由要好。因此，在任何社会秩序中都有"游戏规则"，所有人都必须在其中行事。在斯密的论述中，规范倾向于强烈支持选择的自由以及约束对邻人造成伤害。[32] 这些是所有商业行为所必需的准则。

正如本章的论证所表明的那样，在这种规范框架内，并不是效用最大化赋予了市场体系最强烈的吸引力，也不是效用最大化捕获了市场参与者最强烈的动机。相反，从整体上考虑，商业秩序通过相互适应对参与者的行为和特征施加限制，这些约束可有助于定义什么是适合该秩序的，以及该秩序的结果是什么。这就是斯密在文章中提到如此重视"客户"的原因之一。这种相互适应通常被认为是亚当·斯密提出的"看不见的手"概念。在这个概念中，市场秩序似乎是由一只看不见的手引导的。[33] 这里的美妙之处在于，人们想象着将无数的特定行为融合成一个有序的整体。[34]

然而，上文的焦点仍然是行为者和商业之美的意义。在这里，适当性的美有两个维度：（1）根据他们"适当"倾向的某种设想来使用资源，以及（2）当行为者试图融入周围社会时道德品质的形成。这又是一种有序的多元调和。美的两个维度都是基于一个人的特定行为，并且比效用更为强大。

同时，这两个维度也取决于在与他人的互动中受社会控制的行为者主体。就个人而言，个人形象是他/她对尊重的渴望。在社会上，个人的商业活动受到各种社会机构和规范的监督。正如前文所述，斯密本人至少提出了问题的一部分，即"伟大社会"是否会对努力融入社会的商业行为者的两个维度造成一些压力。大众社会的匿名性可能会放松他人对行为者的约束，甚至可能会降低行为者识别这些约束的能力。这种限制的放松可能会削弱行为者对资源使用秩序设想的需求，其结果可能有利于聪明的（无远见及视野狭隘的）人而非审慎的人。如果社会约束的放松模糊了聪明与审慎之间的界限，降低了社会尊重的重要性，那么斯密赖以确保商业之美的机制就会出现问题。[35]

当今商业世界的全球化趋势可能使人们完全有理由相信，监督企业行为的社会机制是不存在的。近期的金融危机和"资本主义的失败"可能表明，全球化确实使企业脱离了斯密所设想的小型社会框架的约束机制。这种担忧可能是合理的。然而，在匆忙做出判断之前，重要的是提醒我们自己，大多数公司确实是在本地化的环境中运营的。大型国际公司可能会吸引大多数媒体的注意，但大多数商业企业仍然服从我们所确立的许多约束。即使是大型跨国公司，除了正常的市场供求关系之外，它们的行为也受到特定的检查。除了政府法规和法律之外，对公司施加压力的还包括外部投资公司、信用评级机构、高管薪酬市场、公司控制机制、消费者信心和行业声望。

在这方面，笔者将追随乔纳森·梅西（Jonathan Macy）的观点，坚持认为应该避免"一种离经叛道的亚文化，其成员可以自由地炫耀主导社区的准则"。[36]正如梅西所说：

> 规范是其他公司治理机制的低成本替代品……更重要的是，从公司治理的角度来看，除非非正式规范产生了足够的社会资本，否则合同和法律根本不可能存在。没有社会资本，人们在不符合个人利益的情况下就不会遵守法律或合同。没有足够的社会资本，投资所必需的信托就不会存在。[37]

以一种坚定的斯密式风格，梅西的目标是找到对名誉敏感的管理者，从而"对与社会地位相关的激励做出回应，比如对声望的渴望和羞辱的恐惧，（两者都）是公司治理的重要来源"。[38]梅西指出，区分越轨者与名誉敏感的管理者并不总是一件简单的事情，因为农民的聪明部分在于表现出对名誉的敏感。无视社会规范，同时仍显得"体面"的最简单方法是，通过关注短期和整个商业环境的特定方面来缩小视野。例如，近期一个将关注焦点进行缩小的趋势，可能是不再用关于企业的多元价值观来衡量企业是否成功，如产品质量、员工待遇、社会贡献、投资回报、前瞻性企业策略、一个全面且明确的企业形象，而是通过某一特定的方面来加以衡量，如股东权益。，如股东权益。在这一方面，约翰·凯（John Kay）在其研究中进行评论并认为：

> 股东权益模型背后的一系列假设，导致管理层只关注短期财务业绩，不利于创造真正的经济价值……经验证据表明，自上世纪 90 年代中期以来认同这一模式的公司实际上在中期损害了股东价值。[39]

当然，从斯密的角度来看，这样的结论一点也不令人惊讶，因为商业的美在于它外在的综合视野，而不是狭隘地聚焦于积累。

名誉敏感性也是广义审慎性格的一个关键诱因。其原因是，为了做到对名誉敏感，一个人必须放眼于他所处的社会环境，以便有效地形成一个如何融入其中的概念。因此，斯密认为，从资源管理、个人发展、产品开发和诚信的角度来看，将自己定位于一个综合设想是一种有效的商业形式。正如哈佛商学院教授克莱顿·克里斯滕森所指出的那样，在商业秩序中，一个总体的设想是个人通往成功的道路，这与狭义的商业成功是一致的。[40]

结　语

本章认为斯密为商业带来了"美学视角"，这一观点对个人和企业都有影响。在这两方面，商业之美涉及可视化融入社会的适当方式，以及实现这一目标的手段。就个人而言，这需要个性的发展，但对企业而言，可以用"商业"一词来充分概括，因为"商业"一词意味着合作、互利和多种社会联系。在个人和企业中，与他人的联系，以及保护他们所需的配置，以一种同时促进双方福祉的方式结合在一起。因此，正如本章自始至终所主张的那样，人们有着一种对正常运作的商业秩序的强烈适应力和恰当性。斯密认为这种对和谐的想象既自然又恰当，特别是当设想受到自身能力范围的限制时：

> 设计出人类情感系统，以及其他每一部分天性系统的那个智慧似乎认为，要增进全人类社会的利益，最好的办法是把每一个人的主要注意力导向全人类社会中的某一特定部分，这部分不仅最在他的能力范围内，也最在他的理解范围内。（TMS VI.ii.2.4）

在"伟大社会"中，美学的首要地位可能会为个人和商业设想提供无穷无尽的动机和可能性，然而，管理好个人的资源意味着将任何设想保持在自己的能力和理解力之内。从错误的投资到补贴要求，商业创造的财富往往会诱使我们超出自己的掌控范围。但是，商业的主要好处在于，当商业行为者及其所经营的企业保持在其"特定部分"之内时，其利益就会变得如此明显。

致　谢

感谢查尔斯·格里斯沃尔德（Charles Griswold）和道格拉斯·拉斯穆森（Douglas Rasmussen）对本章初稿的有益建议。在此，还要特别感谢2012年11月在中国广州举行的"实践智慧与全球化实践"大会的组织者和与会者，感谢他们对本章的长篇讲稿所做的重要评论。同时，感谢本册的编辑们提供了深刻而有价值的评论和更正。

尾注注释

1.《国富论》（WN）和《道德情操论》（TMS）的参考文献见下文，并在文中加了括号，引用了以下版本的相关章节编号和页码：Adam Smith, *An Inquiry into the Nature and Causes of the Wealth of Nations,* ed. R.H. Campbell, A. S. Skinner, and W. B. Todd (Indianapolis: Liberty Fund, 1981); Smith, *The Theory of Moral Sentiments,* ed. D. D. Raphael and A. L. Macfie (Indianapolis: Liberty Fund, 1982)。

2. 近几十年来，关于斯密的研究呈指数级增长，其中包括以下书籍：Charles L. Griswold, Jr., *Adam Smith and the Virtues of Enlightenment* (Cambridge: Cambridge University Press, 1999); Emma Rothschild, *Economic Sentiments: Adam Smith, Condorcet, and the Enlightenment* (Cambridge, MA: Harvard University Press, 2001); James Otteson, *Adam Smith's Marketplace of Life* (Cambridge: Cambridge University Press, 2002); Samuel Fleischacker, *On Adam Smith's "Wealth of Nations"* (Princeton, NJ: Princeton University Press, 2004); Dennis C. Rasmussen, *The Problems and Promise of Commercial Society: Adam Smith's Response to Rousseau* (University Park: Pennsylvania State University Press, 2008); Ryan Hanley, *Adam Smith and the Character of Virtue* (Cambridge: Cambridge University Press, 2009); Fonna Forman-Barzilai, *Adam Smith and the Circles of Sympathy* (Cambridge: Cambridge University Press, 2010)。

3. 也见 *WN* l.xi.10，其他例子。

4. 参见 *WN* l.viii.36 and l.x.c.44–47。

5. 这些"干扰"包括教育、救济穷人、征收关税、公共工程等，详见《国富论》的第五篇。

6. 对当时普遍认为斯密提倡利己主义和自由放任主义这一观点的早期挑战，可参考 Patricia Werhane, *Adam Smith and His Legacy for Modern Capitalism* (New York: Oxford University Press, 1991)。 近期，塞缪尔·弗莱施哈克尔（Samuel Fleischacker）的《论亚当·斯密的国富论：一个哲学的伙伴》一书是质疑其观点的重要著作，其中涵盖威亨

（Werhane）的研究目标。弗莱施哈克尔和艾玛·罗斯柴尔德（《经济情操论》）或许是"左派斯密主义"解读理念的主要倡导者。

7. 例如，《国富论》第四篇第九章第 51 页（*WN* IV.ix.SI）认为："一切特惠或限制的制度，一经完全废除，最明白最单纯的合乎自然的自由的制度就会树立起来。每一个人，在他不违反正义的法律时，都应听其完全自由，让他采用自己的方法，追求自己的利益，以其劳动及资本和任何其他人或其他阶级相竞争。"

8. 这里的"商业行为"，本章指在商业文化中产生的行为。正如斯密所指出的，"在商业国家中……法律的权威总能完美地保护国家中最卑鄙的人"（*TMS* VI.ii.1.13）。因此，我们所说的"商业文化"是指一种法治盛行、人们普遍自由追求自己目标的文化。由于人们有一种强烈的互通有无、物物交换和互相交易的倾向（*WN* I.ii.1），因此在这样一个社会中，绝大多数人的可能活动将以商业为中心。

9. 审慎是一个比商业行为更为广泛使用的术语。在斯密的《国富论》中可以看到，审慎的基本特征始终如一，并主要具有商业应用价值（例如，II.iii.29, II.iv.2, V.i.a.14）。此外，唐纳德·温奇（Donald Winch）将《道德情操论》中的审慎者比作商业社会中的典型行动者，参见 Winch, "Adam Smith: Scottish Moral Philosopher and Political Economist," in *Adam Smith: International Perspectives,* ed. Hiroshi Mizuta and Chuhei Sugiyama (New York: St. Martin Press, 1993), 98。根据 Douglas J. Den Uyl, *The Virtue of Prudence* (Bern: Peter Lang, 1991), 292，笔者已经注意到，审慎的美德可能是斯密两本著作之间的核心联系。有趣的是，尽管弗莱施哈克尔（Fleischacker）在其他很多地方都提到了类似观点，但在其成名作《论亚当·斯密的国富论：一个哲学的伙伴》里并没有关于审慎的引用索引。

10. 关于审慎的深入讨论，参见 Otteson, *Adam Smith's Marketplace of Life,* 138-140。

11. 然而，在第四篇和第六篇中关于审慎的描述仍存在一些矛盾。

12. 也见 *TMS* VI.i.11。

13. 尤其可参见 *TMS* III.3.4。

14. 本章所给的阅读材料不同于瑞安·汉利（Ryan Hanley）在其开创性著作《亚当·斯密与美德的品格》（*Adam Smith and the Character of Virtue*）第四章中所提供的材料。汉利倾向于将虚荣心解读成这个穷小子的驱动力量；在这里，"美"比虚荣更重要，所以对汉利来说，谨慎的美德纠正了虚荣的缺陷。在笔者看来，虚荣是对审慎的曲解，审慎本身就是商业活动的主要及内在方向。Hanley（109）引用了与笔者的解释相同的一段话（*TMS* IV.2.1），在下文的讨论中有所引用。然而，汉利省略了关于不同"思维方式"的表述。

15. 这里讨论的自我控制形式，可以是一种更为普遍和世俗化的"禁欲主义"形式，正如马克斯·韦伯（Max Weber）声称，这是资本主义发展所必需的。参见 Weber, *The Protestant Ethic and the Spirit of Capitalism* (New York: Routledge, 1992)，第五章。

16. *TMS* VI.ii.30: 对公正的旁观者的"尊敬与钦佩"与"他们的好运或厄运完全无关"。

17. 如果这个穷小子以一种愉快的心情来体验这个过程，那么问题是一样的，即旁观者会无动于衷。然而，斯密的例子就没有那么引人注目了。

18. 例如，参见 Douglas Rasmussen 的论文，以及笔者与 Dennis Rasmussen 商榷的论文：
    "Smith on Economic Happiness: Rejoinder to Dennis C. Rasmussen," *Reason Papers* 33 (Fall
    2011): 102–106 (http://www.reasonpapers.com/pdf/33/rp_33_7.pdf)。

19. Maria Pia Paganelli, "The Adam Smith Problem in Reverse: Self-Interest in *The Wealth of
    Nations* and *The Theory of Moral Sentiments,*" *History of Political Economy* 40, no. 2 (2008):
    365–382.

20. Hanley *(Adam Smith and the Character of Virtue,* 114–115) 从《国富论》中进行大量引
    用和论证（如 I.xi.1.3），较好地解决了这一问题。尽管用词不当，Deirdre McCloskey
    批评了采用"审慎唯一"的方法来理解商业社会中的适当行为。参见 McCloskey, *The
    Bourgeois Virtues: Ethics for an Age of Commerce* (Chicago: University of Chicago Press,
    2006)，第 6 章。这里的"审慎唯一"，是指目光短浅和效用最大化。

21. 参见 *WN* IV.ix.SL。

22. 在历史上，斯密的"单纯的自然自由体系"(WN IV.ix.51) 并没有被过多当作评价政
    治秩序的标准。关于道德领域中对"自然"的类似用法，参见《国富论》(WN V.ii.
    k.64)。笔者在这里的叙述可能与大卫·利维（David Levy）和桑德拉·皮尔特（Sandra
    Peart）在他们的论文《亚当·斯密与国家：语言与改革》["Adam Smith and the State:
    Language and Reform" in *The Oxford Handbook of Adam Smith,* ed. Christopher J. Berry,
    Maria Pia Paganelli, and Craig Smith (Oxford: Oxford University Press, 2013), 376–377] 中
    对"自然"的描述相冲突。然而，考虑到他们在斯密（387）的著作中对我们对"心灵
    系统"的喜爱，也许我们的观点并没有那么对立。

23. 在笔者看来，这似乎是汉利 *(Adam Smith and the Character of Virtue)* 以及拉斯穆森
    (Problems and Promise of Commercial Society) 对斯密解读的精髓所在，而笔者更支持孟
    德斯鸠。但是，Charles Griswold 指出，对社会认同的渴望是非常卢梭式的。对于孟德
    斯鸠和斯密之间的联系，参见 Henry C. Clark, "Montesquieu in Smith's Method of 'Theory
    and History,'" *Adam Smith Review* 4 (2008): 132–157, esp. sees. II and VI。

24. 正如 Fonna Forman-Barzilai 曾深刻指出："《道德情操论》可以被看作斯密用经验主
    义来描述一个完整的过程，在这个过程中，人们可以积极学习平衡社会和非社会情
    感，并努力实现和谐。"参见 Forman-Barzilai, *Adam Smith and the Circles of Sympathy,*
    48–49。

25. 文中发明了关于审慎的两个术语，这似乎是武断的，也并不完善。但斯密也用类似方
    式，用以区分庸俗的审慎和审慎。参见 *TMS* VI.concl.5。

26. Aristotle, *Nicomachean Ethics,* in *The Basic Works of Aristotle,* ed. Richard McKeon (New
    York: Random House, 1968), 1144a26.

27. 这里所引用的关于富人的评论，源自斯密所说的非常幸运和偶然的一种情况，即，哪
    怕动机是错误的，其结果对整个社会也是有益的，因为市场会将这些行为转化为社会
    利益。这是斯密使用"看不见的手"这一术语的几处表述之一。

28. 关于教育的论述，参见 *WN* V.i.f.52. 关于派别，参见 *WN* V.i.f.14–15。

29. 在讨论《国富论》中人物的性格塑造过程中，斯密似乎比他在《道德情操论》中更

不愿接受智慧和选择。在这些讨论中，性格似乎只是环境的产物。例如，参见 *WN* V.i.g.10。

30. 关于自然和几乎普遍的倾向，参见 Levy and Peart, "Adam Smith and the State," 以及第 22 条注释。这里所描述的倾向，可能是"寻租"动机的例证，即一些人以牺牲他人为代价为自己谋取利益。斯密在道德和美学的角度，反对寻租。

31. Forman-Barzilai 的著作 *Adam Smith and the Circles of Sympathy* 对这一问题进行过深刻的讨论，参见我的书评以及 Forman-Barzilai 的回应，详见 *Adam Smith Review* 7 (2013): 279–287。

32. 例如参见，*TMS* II.ii.1 and 2，也可参考注释第 7 条。

33. 关于"看不见的手"的表述，斯密只使用过两次，分别见于《道德情操论》（*TMS* IV.1.10）和《国富论》（*WN* IV.ii.9）。因此关于这一理论在斯密的著作中是否普遍使用，一直存有争议（参见 Fleischacker, *On Adam Smith's "Wealth of Nations,"* 138–142），但无法否认这样一种公认的观点，即，斯密将商业秩序视为一种未被设计的、由多样性而产生的统一秩序，其中各部分得以完美配合，以至于这一秩序看似被精心设计过。

34. 对于调和多样性和统一性，以及作为无意设计而产生的计划，最佳的相关评论可参见 F. A. Hayek, "The Results of Human Action but Not of Human Design," in *Studies in Philosophy, Politics, and Economics* (Chicago: University of Chicago Press, 1967), 96–105。

35. 汉利给出了一个答案，认为美德是斯密用于缓解这些问题的，参见 Hanley, *Adam Smith and the Character of Virtue,* chaps. 5 and 6。

36. Jonathan R. Macy, *Corporate Governance: Promises Kept, Promises Broken* (Princeton, NJ: Princeton University Press, 2008), 42。

37. 同上，41。关于商业秩序中信任和文化的重要性，参见 David C. Rose, *The Moral Foundations of Economic Behavior* (Oxford: Oxford University Press, 2011), esp. chaps. 9 and 10。

38. Macy, *Corporate Governance,* 42.

39. 这是 2004 年欧洲商业社会学院（EABIS）学术研讨会上，John Kay 的评论。感谢 EABIS 的 Gilbert G. Lenssen 提供这份研究。在 Kay 的论文 "Decision Making, John Kay's Way,"（*Financial Times,* March 20, 2010）中，他总结到："成功的决策机制会更加受制于愿望，对世界更温和的信念，对他人更积极的反应，更为敏感的复杂系统。复杂的目标经常是间接得以实现的。"

40. 参见 Clayton Christensen, James Allworth, and Karen Dillon, *How Will You Measure Your Life?* (New York: HarperCollins, 2012)。

第十三章 论康德坚持纯粹意志并不影响其伦理应用于营利性机构的原因

诺曼·鲍伊（Norman Bowie）

20 世纪 70 年代起，哲学家们积极投身于商业伦理的研究之中。此后 10 年间，关于商业伦理的学术讨论通常涉及企业社会责任的分析，这从国际管理学会（Academy of Management）的分支社会问题管理学（Social Issues in Management，也是商学院的学科机构）中可见一斑。尽管哲学家们已将传统理论应用于商业伦理的具体问题研究之中，但在此前的一段时间内，尚未有人从主要的传统伦理理论的视角来分析商业伦理。之所以缺乏总体理论框架，部分原因在于理查德·罗蒂（Richard Rorty）及其追随者在商业伦理中的实用主义理论，以及女权主义理论都批判宏观理论。亚里士多德派学者通常以传统伦理为理论框架，其中以罗伯特·所罗门（Robert Solomon）为主要代表人物。在其他著名的商业伦理学家中，无论是理查德·德乔治（Richard DeGeorge）还是帕翠西娅·威亨（Patricia Werhane），都不与任何一个特定的理论密切相关。托马斯·唐纳森（Thomas Donaldson）与法律学者托马斯·敦非（Thomas Dunfee）合作创造了"综合社会契约理论"，是一种为寻找普遍标准（超常态）以及为商业寻求各种不同的文化合法规范（道德自由空间）的系统性尝试。[1] 所有这些不同的立场都有一个共同的主题——漠视或厌恶康德的方法。直到世纪之交，笔者仍是唯一一个采用系统的康德方法来解释商业伦理问题的商业伦理学家。

与此同时，与医学、法律、工程以及其他应用伦理领域不同，商业伦理在哲学中几乎没有支撑点。直至今日，也没有一家高校哲学系支持商业伦理方面的博士学位研究，连提供商业伦理方面硕士课程的高校院系都很少。除了商业伦理之外，其他的应用领域学科都有美国哲学协会的时事通讯。由此来看，哲学界似乎更愿意让社会科学家主宰商业伦理领域。

笔者发现哲学家的反商业伦理立场和 20 世纪商业伦理学家的反康德立场有一个共同点，即，二者都是基于对伊曼努尔·康德（Immanuel Kant）哲学的根本误解。其中，最关键的误解是认为康德的道德哲学拘囿于绝对命令，并且绝对命令提供了一个充满了诸多绝对规则的系统，如"永不说谎"。的确，在詹姆斯·雷切尔斯（James Rachels）所著的被广泛使用的伦理学教科书《道德哲学的要素》中，有两章讨论康德的思想，其中一章的标题为"绝对规则体系"。[2] 康德认为行为只有出于义务而为时，即纯粹的道德动机，才具有道德价值，被称为纯粹意志。对这一概念的误解，使康德在伦理学中愈加被视为一个绝对主义者。许多商业伦理学家不接受康德伦理，是出于对其纯粹意志以及为了义务而义务的误解。

本章支持康德的资本主义观点，同时认为良好纯洁的意志与追求利益可以兼容。为了阐明这个观点，本章分为四个部分。在第一部分中，笔者重点解释康德关于善良意志的概念。第二部分将讨论商业伦理学家试图适应道德原则和营利性业务的一些标准方式。第三部分研究当代学术界关于康德道德行为及其对纯粹意志概念的依赖。第四部分通过描绘追求利润与纯粹意志怎样在现实中互相结合，说明笔者所认可的康德学派实现商业道德的方法。正如后文所言，如果人们认为，如大多数商业伦理主义者所做的那样，企业也有道德义务让公司利益相关者获益，那么又会产生新的问题。本章通过区分完全义务和不完全义务来解决这一问题。在最后两节中，笔者将探讨康德资本主义的完整概念，并指出如果慈善行为对公司追求利润产生（消极的）影响，那么公司可能会有何反应。

纯粹意志

将康德伦理学应用于商业所引发的问题不外乎以下几点："除了善良意志，世界上没有任何东西——甚至世界以外也没有任何东西——可以无条件地被设想为善的。"[3] 是什么让这短短一句话在商业伦理领域中麻烦辈出？下面将借用康德曾使用的一个例子加以说明。[4] 康德认为，试想一个商店老板为了保全名誉，不会欺骗小孩。康德认为商店老板做了一件"好"事，因为不欺骗小孩的行为与我们不能欺骗小孩的义务相吻合。然而，商店老板的道德信用并不会因此而提高（他的行为并不具有道德价值），因为他不是出于道德动机（即，不是出于该行为是正确的动机）。行为的动机决定了该行为是一种道德行为，还是具有道德价值。对康德来说，具有道德价值的行为不仅仅要与义务相吻合，而且要出于对义务的尊重。

接下来，文章的重点将把康德的分析应用于商业伦理的研究。对于一家由公众持股的公司而言，其目的就是为公司股东营利。经理应该做很多"好"事，比如公平对待职员、回馈社区、及时付款给供应商等等。然而，只要经理做这些"好"事的动机是为了营利，那么经理的行为就不是真正的有道德，也不具有道德价值。"好的行为"可能对商业有利，因此有"好的道德等于好的生意"一说，但是这些行为并不是真正有道德的，或具有道德价值的，因为它们背后的动机是营利。根据康德的观点，具有道德价值的行为必须出于义务的激励：一个人应该出于义务做正确的事。

有趣的是，一般公众通常会采取康德的立场来看待公司所做的"好"事。因此，如果是因为增加利润需要做好事而去做了"好"事，那么公众就不会认为这种行为应该得到道德赞誉。此类案例中，一旦持有此种动机，公司的责任行为或慈善行为就会被公众认为缺乏道德价值；毕竟，人们会认为，"这就是为了钱而做的"。

只要公众持股公司的目的被视为营利，只要人们明白，对于康德来说，履行义务是唯一纯粹的道德动机，并且为义务而履行义务的行为才具有真正的道德价值，那么就很容易理解为什么对康德伦理存在这样的怀疑，即怀疑康德伦理学是否真的在商业伦理领域甚至在资本主义世界中对商业有重要的影响力。

本章对这一问题的观点独树一帜，认为"好的道德等于好的生意"一说与康德学说的严谨解释相一致，即，真正的好事就是善良意志。然而，在继续阐述笔者的观点前，有必要指出并用其他方式来证明：有利可图而愿意做某事与认为正确而愿意做某事，二者之间具有一致性。在解释清楚这一问题后，笔者将探讨另一个观点，即在公众持股公司中，经理有追求利润的契约道德义务。因此，只要公众持股公司的经理积极主动地追求利润，那么追求利润这一行为本身，就与康德的观点完全契合，后者认为行为必须由义务驱使，并做正确的事。

商业的目的：道德与利益相协调

许多商业伦理学家指出，商业的唯一目的并不是获利。这一派的最大支持者是那些利益相关的理论家，他们认为除了股东之外还有许多对公司的生死存亡至关重要的群体（较强的利益相关者）或受公司行为影响的群体（较弱的利益相关者）。这些商业伦理家认为，经理有时候应该从利益相关者的利益出发，而不是股东的利益出发，只有这样做，哪怕不营利，经理的所作所为也是正确的。因此，如果经理出于义务需要而增长薪水或向社区捐赠，结果导致利润下滑，那么这样的行为也符合公众所理解的康德关于纯粹意志的标准。

同理，根据这种观点，经理有意做一件对股东有利的事，而这件事恰巧正确（此行为也有利于其他利益相关者），那么经理即使做了好事，也算不上是道德之事。另一方面，如果经理出于义务有意牺牲利润，而照顾其他利益相关者的（合法）权益，那么在康德看来，经理做了真正有道德之事。根据这种观点，商业伦理将涵盖这种说法，即经理应该牺牲利润来照顾利益相关者而非股东的利益。事实上，商业伦理中的许多观点都从这个角度展开深入研究。

这种想法让人联想到威廉·埃文（William Evan）和爱德华·弗里曼（R. Edward Freeman）的早期文章，其中将利益相关者理论称为康德资本主义。[5] 埃文和弗里曼在文中表示，管理层有义务平衡各利益相关者的利益。[6] 他们引用康德绝对命令的第二种表述方式，即"不要仅仅把人当作工具"来论证这个观点。然而，弗里曼之后在理查德·罗蒂的影响下放弃了康德资本主义的研究。

这种策略将商业伦理局限于为了做正确的事情而牺牲利润的案例、从而保留康德式的做法，所产生的问题之一是在商学院和商界中几乎行不通。这种策略在哲学领域也经不起推敲，如下文所述。

这一策略之所以在商学院和商界都行不通，是因为根本前提即被否定。如果商科学者和商人能够认真看待利益相关者理论，那是因为他们相信，关注利益相关者的利益比关注股东会让公司更加有利可图。满足（非股东）利益相关者利益，是为股东赚钱的必要条件。因此，商科学者和商人都采用所谓的工具性利益相关者理论。善待所有利益相关者有利于创造利润。换句话说，这些采用利益相关者理论的专家和商人都相信"良好的道德就是良好的生意"。他们认为，管理层的任务是找到符合所有利益相关者利益的双赢战略，以免任何一方的利益受损。

最著名的利益相关者理论家爱德华·弗里曼（R. Edward Freeman）明确表示："将利益相关者的方法应用于企业，应该为利益相关者创造尽可能多的财富，而不是采取权衡取舍之法。"[7]那些以人际关系而闻名的企业和商人，以及通过慈善捐款支持当地社区的人则持另一种立场。肯尼斯·戴顿（Kenneth Dayton）是哈德逊公司（Dayton Hudson，现为 Target）的前任首席执行官，负责明尼苏达楔石计划（Minnesota Keystone Plan），其成员公司将5% 的税前利润捐给慈善机构，这一行为的解释是："对社区有益的，对公司也有益。"[8]

这一策略为康德理论提供了一定的生存空间，认为商业伦理学家的职责，就是找到为了支持其他利益相关者的利益或权利，而牺牲利润的相关案例，这种想法本身就存在哲学上的缺陷。它依赖于弗里曼所说的"分离论"，通常被理解为，追求利润是一回事，行事正确又是另一回事。[9]因此，人们倾向于用二分法进行思考，确保经理要么追求利润，要么行事正确。那些赞同康德传统解释的利益相关者理论家认为，经理只有积极主动地牺牲利润以求行事正确才是由道德所激励的。弗里曼认为，这样的利益相关者理论家认为追求利润是一种意志，行事正确又是一种独立的、不同的意志。但经理应该做出决定，将追求利润和行事正确作为一种自愿的行为结合起来。弗里曼指出，分离论这一说法不成立，关于营利的决定从一开始就是道德的，这也是他在这一领域的主要贡献之一。经理不会先确定什么是有利可图的，再去考虑另一个独立的问题，即这个有利可图的事情是否符合道德规范，进而决定意图如何。对分离论的否定表明，经理的使命是找到一个"双赢"的解决方案，能够为股东提供利润的同时，也满足公司其他利益相关者的利益。这种方法应该是商业决策的动机。分离论的主要问题在于，道德被视为从利润中除去的附加物。因此，在商业决策中，道德成分很容易在心理上被忽视或被贬低。安全考虑是许多商业决策中不可或缺的一部分。有证据表明，英国石油公司低估了美国得克萨斯州一家工厂和深水地平线油井的安全问题。该油井于 2010 年 4 月 20 日发生爆炸，造成 11 人死亡，是美国历史上最大的石油泄漏事故。墨西哥湾沿岸各州的部分海岸线曾一度受到影响。而在 2005 年，美国得克萨斯州得克萨斯城的一家英国石油工厂也发生了致命的爆炸事故。在这两种及其他类似情况下，由于围绕安全的道德问题与营利问题被分开看待，因此人们似乎忽视了企业应该按照道德来运作这一基本义务。[10]

笔者所持观点之一，在于同意弗里曼的无分离说。确定什么是有利可图的，这从一开始就涉及道德问题。从康德的角度来看，商业道德不是关于确定有利可图的行为，而是要探究这个有利可图的行为是否也符合道德的问题。

理解纯粹意志

在私人交流和学术会议上，对于康德的纯粹意志以及行为应出于义务的概念，许多学者要么表示困惑，要么予以批评。比如，罗纳德·杜斯卡（Ronald Duska），一位学界同人，就曾写下自己的困惑，不能理解"所作所为单单是出于义务"意味着什么：

> 我不确定做某事仅仅因为这是正确的做法意味着什么。我不怀疑行为具有道德价值。但义务本身不是动机，而是必要的事。我们的行为与义务一致，但这一义务源于考虑什么对我们自己有益，因为我们生活在社会中，所以也要考虑对别人有益。我想知道，为什么这是正确的事情？从我的角度来看，如果它带来好的结果，那就是正确的。[11]

如果说，康德将纯粹意志的概念应用于商业，认为营利性公司应该出于义务的要求而做某事，那么杜斯卡（Duska）对此也同样感到困惑：

康德区分了行为与义务一致和按义务行事这两种行为。康德认为，如果行为出于主观意向，那么这种行为就没有道德价值；相反，只有出于义务的行为才有道德价值……对于一种观点，即认为人应该符合道德，因为它将带来更多的利益，鲍伊（Bowie）表示反对。这是一个战略上的命题：为善常富……假设康德想通过"这是正确的做法"，来引导人们变得更有道德……我发现这个概念没有具体的含义，是普遍抽象的，那么我的问题是，为什么这是正确的事？我能找到的尚可理解的答案是，之所以能确定是正确的事，是因为其结果很理想。[12]

"好的道德等于好的生意"这一格言，与康德所坚持的道德行为出于善良意志这一观点，二者之间的冲突如何解决？这正是康德商业伦理被批评者们所指出的问题。批评者们声称，如果唯一的好事本身就是一种善意，如果康德学派的商业伦理学家坚持认为在许多情况下，好的道德就是好的生意，那么那些被认定是好的生意因而被实施的好的行为，就不是真正的道德行为。换言之，批评者们认为，一个人不可能既是康德式的商业伦理家，又同时声称好的道德就是好的生意。

康德学派已经多次尝试解决康德的纯粹意志学说所存在的问题。其中，一种标准方法是指出一个行为有多种动机。下面将从这个角度看一下著名的商店店主案例。在以下三种案例中，店主都面临两种动机，一是不能损害自身名誉这一谨慎性动机，二是履行义务及不欺骗孩子这一道德动机。

案例一：即使他可以侥幸成功，店主也不会欺骗孩子。因此，在这种情况下，履行一个人的义务就是充分的动机。

案例二：只有当他认为欺骗会损害他的名誉时，店主才不会欺骗孩子。在这种情况下，谨慎性动机对于做正确的事来说就是必需的。

案例三：谨慎性动机和道德动机都不足以不欺骗孩子。每一个都是必要的，二者结合才够充分。

笔者认为，在案例二中，康德会强调，至多有一个好的但不道德的行为；

同理，他对案例三也会给出类似的判断。换句话说，如果行为是真正道德的，那么道德动机本身必须要足够充分。那么在案例一中，即使道德动机已经足够充分，谨慎性动机的存在本身，是否也会对道德动机产生不利影响？

理查德·汉森（Richard Henson）认为案例一可以被视为真正的道德行为。对于汉森而言，当不存在其他动机的影响时，所需要的有足够的义务动机，能够产生相应的行动。这一观点可以运用在商业领域。比如，公司可以执行一项对社会有益的行为，因为这既是一件正确的事，也可以带来利润。只要该公司采取这种行为，即使没有好的商业动机，该行为也会通过康德测试。这是因为，此种做法出于义务，因此值得在道德上被尊重。[13]

然而，汉森的建议并未得到普遍接受。芭芭拉·赫尔曼（Barbara Herman）指出，这一观点对于"足够"的定义十分模糊。如果不存在其他影响，一个动机可能就已足够，或者哪怕有其他的影响，这一动机仍然足够。赫尔曼坚持认为，对于"足够"的解释，康德应该指的是后者。赫尔曼表示，有行动的动机，还有行动的理由。在康德看来，善良意志的选择基于理由，而非动机。因此，要想使行动真正具有道德性，其理由必须具有充分的动力，即使存在其他动机。对康德来说，如果道德为此提供了理由，即使这种理由与非道德动机共存，那么案例一仍然是一种真正的道德行为。赫尔曼解释说：

> 当一种行为具有道德价值时，可能存在非道德动力，但它们可能不是当事人的行为动机。如果当事人是出于义务动机，那么在选择层面上，他会认为行动是符合道德标准的，相对应的行为就由此产生。[14]

按照赫尔曼的说法，商人所实施的多数好的行为都不具有真正的道德价值。在公众持股公司中，企业高管不得不取悦华尔街。因此，比如说，当他们从事慈善活动时，几乎所有的高管都会说他们这样做是因为对商业有益。在这种情况下，案例二比案例一更具说明性。一些企业高管可能解释称，他们做慈善事业是因为这是正确的事，但他们会很快补充到，另一个原因是这同时也是一桩好的生意。换句话说，因为这是正确的事而从事慈善事业，绝不是商业高管做慈善的唯一理由。[15]因此，在几乎所有情况中，我们又回到了原来的两难境地。

艾伦·伍德（Allen Wood）和芭芭拉·赫尔曼（Barbara Herman）最新的研究表明，关于多重动机的争论，部分原因是对康德纯粹意志学说的普遍误解。如果这些康德学派的学者是正确的，可能没有必要考虑多重动机。

艾伦·伍德认为，从自利或谨慎的动机出发，选择做正确的事是没有错的。道德选择的重点是，一个人应该在何时违背自身利益或谨慎而选择做一件正确的事。在这种情况下，当事人出于义务的行动，就应该同时获得道德上的尊重。[16] 因此，商人做正确的事，其动机是因为它同时是好的生意，这符合道德标准，但不值得赋予任何特殊的道德信用。伍德的结论完全符合公众的道德直觉。公众很乐意看到，企业因好的生意而做正确的事。然而，要想获得公众所认可的特殊道德信用，企业必须牺牲利润来做正确的事。从这个意义上说，可以看出康德学派在这方面如何为公众服务。但是，同样正确的是，如果企业将这件事维持在商业领域，那么就不太可能经常出现利润受损的情况。因此，对大多数企业来说，诀窍在于找到一种商业策略，让企业既能做正确的事，又能同时获得经济利润。对于这一点，公众经常不太理解。然而，笔者仍然坚持认为，为了获利而做一件事，哪怕是好事，也不值得予以道德上的尊重。

有人认为，芭芭拉·赫尔曼在《道德素养》一书中，重点探讨了关于纯粹意志、道德尊重，以及好的行为等问题。赫尔曼的观点是，欲望与理性之间不存在明显的界限，欲望也可以回应理性。正如她早期在书中写道：

> 但是，如果我们不再局限于僵化的对立模式——如果欲望系统本身就是理性的反应——欲望的内容可以受我们发展道德和理性的能力所影响，将道德行为与所有欲望相排除并不容易。[17]

至于商业问题，经理人既希望获利，又希望能为他的行为找到理由。当事人不仅希望做正确的事，同时希望具有一定的道德价值。只要做正确的事是这一行动的理由，那么追求利润的欲望就不会减损此行为的道德价值。如此一来，"好的道德等于好的生意"这句话，可以被解释为经理的行动出于"好的道德"与"好的生意"这一愿望的结合。如果接受赫尔曼的说法，这种结合与康德关于纯粹意志的说法是一致的。但是，这种情况非常罕见。在美国，资本主义追求利润，几乎总是（或至少是一个）企业行为的原因，所以这一问题仍然存在。

笔者赞同伍德和赫尔曼的解释，他们对康德的纯粹意志学说进行了更有深度的解释，但仍然没有解决问题。回想一下，笔者希望追求利润被当作一种真正的道德动机，或者说，作为一种真正的道德理性。正如伍德对康德学说所解释的那样，追求利润作为理由，会产生好的行为，但这不是道德动机。既然笔者认为追求利润是一个理由，而不仅仅是一种欲望，那么，赫尔曼提出让欲望与理性共存的观点并不能解决笔者的疑问。笔者坚持认为，对于一家公众持股公司而言，追求利润实际上是管理行为的理由，而这种理由本身就是道德的。

追求利润是一种道德动机

对于这个问题，笔者的答案非常简单而直接，尽管正如将要看到的那样，它可能会引发一些复杂问题。公众甚至商业伦理学家都没有意识到，追求利润是一种道德义务。事实上，从康德的角度来看，在合格的条件下，追求利润对于任何一家公众持股公司的高管来说都是一项正当的义务。从米尔顿·弗里德曼（Milton Friedman）等人的观点中可以看出对康德学说的经典论点。

经理与股东签订合同，成为后者的代理人并满足后者的要求。股东想要的是利润，而且按照米尔顿·弗里德曼的观点，股东想要利润最大化。合同是一种承诺。[18] 遵守承诺是康德完全义务理论的经典案例。用一种更正式的方式表述，如下：[19]

1. 在一家公众持股公司，经理（首席执行官和高层管理团队）已经与股东签订了合同。[20]

2. 合同是一种承诺。

3. 合同条款规定，管理者应该试图为股东追求利润。

4. 对于康德来说，遵守承诺是一项完全义务。

5. 因此，经理有完全义务和道德义务去追求利润。

由此可知，做正确的事的同时，若还能产生利润，就会成为一项道德义务，同理适用于其他情况。

在一家公众持股公司中，公司经理有追求利润的合同义务。由于这项义务被写进合同，因此经理追求利润是在履行对股东的承诺。那么，追求利润实际上是一种道德义务，而本身并不谨慎。能让经理谨慎地关心利润，其原因不是利润本身，而是为了增加利润来让自己加薪或保住这份工作。出于这种考虑，追求利润是经理实现自身目标的一种手段。在这些案例中，追求利润不是出于道德动机（即，正当的理由）。

上述看待利润的方式，与商学院教授用来激励管理者的方式以及公众的态度并不一致。在其他商学院中，教授们考虑如何激励公众持股公司的经理人去关注利润。他们关心的是如何解决代理问题，这个问题之所以产生，是因为无法一直监督经理人，以确保他们为了股东而不是为他们自己的利益而努力工作。因此，商科教授们提出了诸多激励措施，如股票期权，以激励管理者专注企业利润。这被称为"使经理的利益与股东的利益保持一致"。康德学派称之为审慎，且这一做法完全正确。公司管理者应该追求利润，因为这是一件正确的事；他们应该关注利润，因为这是他们的合同义务。另一方面，像股票期权等激励手段，在管理者的个人利益与股东利益之间的协调方面并没有很好地发挥作用；实际上，大量股票期权可能导致不道德行为。[21]

这一分析似乎相悖于应该追求利润这一观点。有人认为，追求利润是不道德的。在笔者看来，这句话既有道理，也不尽然。具体来说，以牺牲其他利益为代价来谋取利润是不对的，更错上加错的是，以不道德的方式来谋取利润。就连米尔顿·弗里德曼（Milton Friedman）也认为，尽管管理者应该追求利润最大化，但也不能以非法或不道德的方式。弗里德曼并没有强调这一规定，其支持者（和反对者）大多忽视这一点，但弗里德曼的观点很明确：

> 在商业活动中，有且只有一种社会责任——利用资源并参与能够增加利润的活动，只要这些活动符合游戏规则，即，参与公开和自由竞争而不参与欺骗或欺诈。[22]

再如：

> 在私有制下的自由企业中，企业高管是企业所有者的雇员，他对雇主负有直接责任。这种责任是按照他们的愿望开展业务，这种愿望通常是在符合社会基本规则（包括法律和道德习俗中的规则）下获得尽可能多的财富。[23]

一个待分析的问题

然而，笔者对纯粹意志的看法，确实会产生另一个问题。和其他人一样，笔者也认为公司经理人有义务帮助社会或帮助解决社会问题。[24] 即，笔者认为，这些经理人具有仁慈义务。在康德看来，这些是不完全义务。不完全义务是真正的义务，但不需要在所有场合都必须履行。

作为第一步，如果追求利润是一项完全义务，解决社会问题或援助社会是一项不完全的义务，那么这是否意味着当追逐利润与援助社会发生冲突时，经理应该始终选择追逐利润？康德似乎不会允许一个人违反完全义务来履行不完全义务，但如果真是那样，这似乎与米尔顿·弗里德曼及其追随者所支持的传统立场一样。只有在对利润没有负面影响的情况下，公众持股公司的经理才应该履行仁慈义务。这个结论看似值得商榷，但如果理解得当，笔者认为仍有可取之处。

作为第一种反应，会认为有三种可能的方法来避免这种结果。[25] 尽管在传统观点下，一些法律学者认为，公众持股公司的高管具有合同义务，但同时指出，合同说明经理是公司本身的代理人，而非股东的代理人。因此，从合同中引出的完全义务是为了公司实体利益进行经营管理。如果这种法律理论是正确的，那么即使利润受到损害，公司也始终可以做慈善，履行公司实体义务。在现实社会中有这种案例吗？有。因此，企业高管做任何慈善行为都要从公司目的出发。换句话说，出于不完全义务的行为必须与公司的完全义务相一致。也就是说，慈善行为必须有助于公司本身的利益，而所带来的利润必须超过可能产生的损失。比如，假设沃尔玛公司决定停止销售枪支，尽管利润会下降，但这种损失可能会被沃尔玛所获得的商誉抵消。换句话说，沃尔玛将受益于规范的优势品牌效益，就像强生公司在泰诺中毒事件后的长期做法一样。

第二种反应认为，管理者除了股东之外，还与其他利益相关者签订了合同。这种法律解释得到了美国至少30个州的支持。从1987年印第安纳州开始，这些州的公司经理人可以考虑他们的行为对公司利益相关者的影响。根据这些州的法规，允许在该州注册的公司高管为其他利益相关者的利益牺牲利润。这为经理人减少和放弃公司利润提供了法律保护，以便为企业利益相关者实现其他一些好处。从实际效果来看，这些法规改变了经理人与股东签订的合同性质，以便在有限的情况下，保护公司其他利益相关者的利益而不违反合同。根据康德的理论，在极少数情况下，以减少利润的方式行事不会构成违反合同的行为，因此不会违反完全义务。（最近，各州已经开始制定允许共益企业的法案，其目的是改善社会或环境问题。[26] 因此，共益公司的管理者在公司章程规定下，有做好事的完全义务。）

第三种反应是，有人认为股东总是希望他们的经理代理人实现利润最大化，这一说法并不正确，至少对于大多数公司来说是错误的。虽然笔者不知道是否有公司对其股东进行调查，看他们愿意为公司的利益牺牲多少利润，但有证据表明，许多股东都希望本公司能做慈善活动。事实上，大量共有基金只投资于对社会负责的公司，而这些共有基金拥有大量的投资者。塔吉特百货公司（Target Corporation）将其税前利润的5%捐赠给慈善机构。任何投资塔吉特的人都应该知道其政策。据推测，这些投资者相信"好的道德等于好的生意"——这些投资所得到的回报高于那些不回馈于社会的投资。

虽然上述三个论点都各有优点，但是这个难题有一个更好的解决方案：康德的追求利润学说。下文将具体阐述这一学说，并探讨追求利润的完全义务如何与不完全义务相匹配，尤其是仁慈义务。

康德式资本主义：有道德地追求利润

从康德的角度看，追求利润会受到什么限制？追求利润受限于绝对命令的三种形式。追求利润的准则，无论在形式上还是实际上，都不应该是矛盾的，不应该把公司利益相关者仅当作营利的手段，这些准则应该被公司的任何理性成员接受。[27]

然而，康德仅提供了有关道德与利润关系的有限说明。需要积极进行说明的是，公司的管理者应该如何帮助社会——承担通常所说的"企业社会责任"。上述三种形式，均未能有力说明如何解决仁慈义务与追求利润义务之间的冲突，因此没有一个能够解决这个问题。在本节中，笔者将介绍康德资本主义理论的其余部分。对于解决这一冲突，笔者建议完全遵守资本主义理论和康德的道德伦理，尽管有些人可能会认为它太过重视利润。如果成功的话，这既表明康德伦理学在商业伦理问题上的应用不是太理想化（与传统理解的资本主义相吻合），又意味着康德伦理学具有真正的道德感染力，因为它需要很多公司管理者改变其实际管理的方式。

作为一项普遍义务，企业高管承担着提高企业所有利益相关者利益的不完全义务——这些利益相关者对于企业的生存至关重要。[28] 关于这一主张，笔者同意康德的观点，他认为个人总是受到仁慈义务的约束，尽管不需要随时履行义务。康德认为存在这样的义务，对此笔者也予以赞同。在关注利益相关者的不完全义务时，笔者也很清楚，经理人有追求利润这一重要的完全义务，而且不应违反完全义务以符合不完全义务。

有些人可能会辩解称，笔者应该关注广义上的利益相关者——也就是说，所有利益相关者都会受到公司行为的影响。但是，要关注受公司影响的所有群体，是不实际的，也无法做到。即便如此，笔者并不是说广义上的利益相关者就不应该得到道德上的考虑。相反，高管在对待受公司影响的群体这一问题上，仍然有义务不违反绝对命令。但是，公司对那些仅受公司影响的人并没有仁慈的不完全义务。这种分析方式，对管理者所具有的仁慈的不完全义务进行了限制。因此，这种说法不太容易受到批评，如康德的不完全义务理论过于宽泛，因而对道德代理人要求过多。

接下来，重点讨论企业慈善事业这一问题。虽然许多有价值的公司都应该得到支持，但公司的慈善事业应该具有战略性：它应该专注于与其业务相关的团体或问题。因此，制药公司的高管应该专注于与非营利组织合作，后者可以向不发达国家提供廉价药品，而不是把钱捐给国际仁人家园这样的慈善机构。毕竟，制药公司的业务是提供药物，而不是建造房屋。通过这种方式，履行仁慈的不完全义务与追求利润的完全义务相一致。[29] 需要指出的是，在道德上，如果有充分的理由证明，这一做法不利于追求利润的完全义务，那么管理者就不应该履行仁慈的不完全义务。将钱浪费在与业务无关的事情上会损害利润，并且在大多数情况下会违反追求利润的完全义务。应该指出的是，在商业环境中，将仁慈运用于商业策略中可以避免对康德的一种普遍批评，即他的不完全义务理论过于烦琐。在笔者提出的康德资本主义中，可以通过一个有效的算法，来确定我们何时显然没有履行公司的仁慈的不完全义务：不要因为慈善而牺牲长远利益。这种算法不仅能够维护企业的主要目的，以及管理者追求利润的主要责任，同时也有利于公司的仁慈义务。

再来看另一个案例：对员工有意义的工作。康德很清楚，发展个人才能也是一种不完全义务。[30] 工作是培养一个人才能的常见方式。有人可能会说，仁慈的不完全义务在一方面表现为公司高管协助员工开展有意义的工作，这种工作能够使员工发挥自己的才能。关于组织研究和人力资源管理方面的实证研究再次表明，开明的政策能使员工所做的事情有意义、有目标，也有利于公司营利。因此，旨在为员工提供发展才能的机会这一仁慈的不完全义务，与追求利润的完全义务是一致的。

因此，完整的康德资本主义理论包括两个部分。首先，充分论证追求利润不是一件不道德的，而是积极的好事；事实上，管理层追求利润的义务是一项完全义务。因此，康德的追求利润学说，是一个受限于道德的财富和资源生产机器，可以提高所有人的生活水平。其次，康德资本主义具体解释了仁慈的不完全义务，这种义务与追求利润的完全义务是一致的。以这种方式，不完全的义务被适当地约束并且不会过于繁重。从上述两个例子总结来看，康德式的经理人应该从每个公司利益相关者的角度出发，询问在自身与公司的关系中，可以提供何种价值。随后，经理人将尽力提供使这些利益相关者能够实现价值的条件。笔者认为，在每种情况下，管理者都有这样的不完全义务。此外，管理学的研究表明，在履行这种不完全义务时，管理者可能会提高营利能力而不是削弱营利能力。[31] 上述讨论均支撑了笔者的总体观点，即，经理的工作就是找到一个"双赢"的解决方案，确保在帮助社会（或帮助解决社会问题）的同时获利。从道德管理的角度，需要找到一个能在道德和经济上都获得成功的方法来运转公司。

一个遗留的问题

仍然可能存在慈善行为（用管理学术语来表述，是为股东以外的利益相关者提供价值的行为）会对利润产生负面影响的情况，这似乎违反了经理人必须追求利润的完全义务。

在某些情况下，这种明显的矛盾可以得到解决。例如，塔吉特百货公司有一个既定政策，即将其税前利润的 5% 捐献给慈善机构，我们假定塔吉特公司的股东批准了该政策。从该公司经理人的角度来看，公司股东选择进行这一投资的原因并不重要。事实上，这一政策给塔吉特公司的政策带来隐藏的约束，即偶尔牺牲利润，为其他利益相关者群体创造更大的价值。

上述情况在区分短期利润与长期利润时尤其如此。为另一个利益相关方创造价值而在短期内降低利润，这并不会违背经理人追求利润的完全义务，只要有合理的解释（在法律上称为商业判断规则）[32]，即为另一个利益相关者群体创造价值从长远来看有助于营利。如果前面提到的那些法律学者所认为的观点是正确的，即经理人的合同义务，也就是康德学说中经理人的完全义务，是为了公司本身的利益，那么这一举措就合情合理。

但同时，也有可能出现这样的情况：即使关注长期利润，似乎也要求经理人避免采取行动，以至于为其他利益相关者创造价值而牺牲长期利润。笔者认为，根据康德的资本主义理论，要求在这些情况下不应该履行仁慈的不完全义务。没有必要在任何需要的场合下都去履行不完全义务；不完全义务允许人们进行选择，也有例外情况。由此可知，康德资本主义所面临的挑战之一，就是要确定不需要履行不完全义务的场合标准。但是，在笔者的表述中有一个最低标准，即人们的需要。也就是说，在损害长期利润的情况下，经理不需要履行仁慈义务。仁慈义务要求经理寻找一些能够增加企业利润的机会。鉴于追求利润是一项完全义务，从康德角度来看，同时代表利润和仁慈的行为在道德上是有价值的，是正确而美好的。

除了其他学科之外，商学院还提供社会科学研究，其目标是告知管理者哪些慈善行为最有可能获利，康德在这方面并无太多指导。社会科学在应用于商科时，其责任是向经理人提供信息，帮其确定哪些慈善管理技巧将有利于或不利于长期营利。一个公司若能坚持康德的理性主义，又有坚实的社会科学研究，那么一定会有很多契机，同时兼顾仁慈的不完全义务和追求利润的完全义务。

结　语

康德资本主义理论并不是过于抽象或彻底的理想主义。它认为经理人的义务是在道德限制下追求利润。同时，还要履行企业社会责任，其原因是社会科学证明了对企业利益相关者（狭义定义）的慈善行为有利于营利。在业务方面，经理人应该为公司所有的利益相关者创造价值。经理负有确保公司营利的完全义务，否则公司将不复存在。广泛的社会科学实证研究证明了管理者如何在营利的同时兼顾利益相关者。一个训练有素且具有道德责任感的经理人既可以满足追求长期利益的完全义务，又可以满足仁慈的不完全义务，而这种管理既符合康德学说又具有道德价值。

尾注注释

1. 例如，参见 R. Edward Freeman, Jeffrey S. Harrison, Andrew C. Wicks, Brian L. Parmar, and Simone de Colle, *Stakeholder Theory: The State of the Art* (Cambridge: Cambridge University Press, 2010); Robert C. Solomon, *Ethics and Excellence: Cooperation and Integrity in Business* (New York: Oxford University Press, 1992); Richard T. DeGeorge, *Competing with Integrity in International Business* (New York: Oxford University Press, 1993); Patricia H. Werhane, *Moral Imagination and Management Decision Making* (New York: Oxford University Press, 1999); and Thomas Donaldson and Thomas W. Dunfee, *Ties That Bind: A Social Contracts Approach to Business Ethics* (Boston: Harvard Business School Press, 1999). Donaldson 和 Dunfee 理解契约论的思路不同于约翰·罗尔斯, *A Theory of Justice,* rev. ed. (Cambridge, MA: Harvard University Press, 1999)。

2. James Rachels, *The Elements of Moral Philosophy,* 4th ed. (New York: McGraw-Hill, 2002).

3. Immanuel Kant, *Foundations of the Metaphysics of Morals* (1785), trans. Lewis White Beck, 2nd ed. (New York: Macmillan, 1990), 9.

4. 同上，13。

5. William Evan and R. Edward Freeman, "A Stakeholder Theory of the Modern Corporation: Kantian Capitalism," in *Ethical Theory and Business,* ed. Tom L. Beauchamp and Norman E.

Bowie, 4th ed. (Englewood Cliffs: NJ: Prentice Hall, 1993), 97–106.

6. 笔者认为，任何权衡都可能需要为了其他利益相关者的利益而牺牲股东的利润。

7. Freeman et al., *Stakeholder Theory,* 28, original emphasis omitted.

8. As quoted in Archie B. Carroll et al., *Corporate Responsibility: The American Experience* (Cambridge: Cambridge University Press, 2012), 247.

9. 事实上，分离论主张的是一个有争议的问题。相关论文可参见 *Business Ethics Quarterly* 18, no. 4 (October 2008): 541–565, for a discussion of the thesis: Jared D. Harris and R. Edward Freeman, "The Impossibility of the Separation Thesis," 541–548; Ben Wempe, "Understanding the Separation Thesis: Precision after the Decimal Point," 549–553; John Dienhart, "The Separation Thesis: Perhaps Nine Lives Are Enough," 555–559; and Joakim Sandberg, "The Tide Is Turning on the Separation Thesis," 561–565。

10. Sara Lyall, "In BP's Record, a History of Boldness and Costly Blunders," *New York Times,* July 12, 2010, http://www.nytimes.com/2010/07 /13/business/energy-environment/13bprisk. html?pagewanted=all&_r=0.

11. Ronald Duska, "Revisiting the Egoism Question in Business," in *Kantian Business Ethics: Critical Perspectives,* ed. Denis G. Arnold and Jared Harris (Northampton, MA: Edward Elgar, 2012), 50.

12. 同上，52。

13. 参见 Richard Henson, "What Kant Might Have Said: Moral Worth and the Over-Determination of Dutiful Action," *Philosophical Review* 88, no. 1 (1979): 39–54。

14. Barbara Herman, *The Practice of Moral Judgment* (Cambridge, MA: Harvard University Press, 1993), 23.

15. 一位公众持股公司的企业高管可能宣称他/她的行为出于营利，但这可能并不真实。高管可能想取悦（或愚弄）华尔街，仅是因为这是一件正确的事。考虑到美国资本主义体系里对营利的承诺，这种情况实际上极为罕见。另一种情况是，企业高管也可能以营利为动机，以行事正确为理由。这样的情况符合伯曼（Berman）的方法，但这种情况也很少见。在美国资本主义体系中，营利永远是行为的理由。在此感谢本卷编辑提出的这一问题。

16. Allen W. Wood, *Kantian Ethics* (Cambridge: Cambridge University Press, 2008), chap. 2.

17. Barbara Herman, *Moral Literacy* (Cambridge, MA: Harvard University Press, 2008), 13.

18. 出于论证的目的，笔者支持在合同中要求经理追求利润。与要求利润最大化相比，这个要求不高，但它更符合商业惯例和赫伯特·西蒙（Herbert Simon）关于利润的概念。参见 Herbert A Simon, Models of Man: Social and Rational (New York: John Wiley and Sons, 1957)。

19. 这一观点在我的著作中被简要提及，参见 *Business Ethics: A Kantian Perspective* (Malden, MA: Blackwell, 1999), chap. 4。

20. 若想详述本合同各方的完整规范信息，需要一篇文章的篇幅。尽管如此，似乎创造利润的责任落在首席执行官和高层管理团队身上；董事会有责任监督首席执行官和高层管理团队，以确保他们履行职责，避免代理问题。

21. 参见 Jared Harris and Philip Bromiley, "Incentives to Cheat: The Influence of Executive Compensation and Firm Performance on Financial Misrepresentation," *Organization Science* 18, no. 3 (2007): 350–367。对于扩展的、相反的观点，参见 Robert W. Kolb, *Too Much Is Not Enough: Incentives in Executive Compensation* (New York: Oxford University Press, 2012。

22. Milton Friedman, *Capitalism and Freedom* (Chicago: University of Chicago Press, 1982), 133.

23. Milton Friedman, "The Social Responsibility of Business Is to Increase Its Profits," *New York Times Magazine,* September 13, 1970, 126.

24. 本节将探讨公司经理的职责问题。对于公司本身是否有义务的问题，笔者持开放性态度。

25. 参见 Bowie, *Business Ethics: A Kantian Perspective,* 尤其是第 4 章。

26. Michael R. Deskins, "Benefit Corporation Legislation Version 1:0–A Breakthrough in Stakeholder Rights," *Lewis and Clark Law Review* 15, no. 4 (2011): 1047–1076, https://law.lclark.edu/live/files/10658–lcbl54art7deskinspdf.

27. 这些限制在下列著作中进行了解释和论证。参见 Bowie, *Business Ethics: A Kantian Perspective*。

28. 这是对利益相关方群体的狭义标准定义，与利益相关者的广义定义（任何受公司政策影响的群体）形成鲜明对比。

29. 当然，无法保证战略性慈善事业会产生利润，每项业务决策都有风险。

30. 这一问题在诺曼·鲍伊的著作中得到 了更充分的阐释，"A Kantian Theory of Meaningful Work," *Journal of Business Ethics* 17 (1998): 1083–1092。

31. 参见杰弗里·普赛弗关于人际关系管理的研究：*Competitive Advantage through People* (Boston: Harvard Business School Press, 199S) and *The Human Equation* (Boston: Harvard Business School Press, 1998)。

32. 当管理者的行为导致营利受损时，"商业判断规则"能保护他们免于承担法律责任。为了从这一规则中受益，管理者必须以忠诚、坦率、谨慎和诚信的态度来行事。传统上，特拉华州的衡平法院最同情管理者，认为管理者的行为是忠诚、坦率、谨慎和诚信的，一直非常理解管理者。因此，许多公司在特拉华州注册就并不奇怪了。关于"商业判断规则"的具体解释，参见 John M Holcomb, "Business Judgment Rule," in *Encyclopedia of Business Ethics and Society,* ed. Robert W Kolb (Los Angeles: Sage Publications, 2008), 1:237–239。

第十四章　托克维尔：作为一个伦理社团的公司

艾伦·S. 卡汉（Alan S. Kahan）

阿历克西·德·托克维尔（1805—1859）几乎不是人们会第一个想起的与商业伦理有关联的名字。确实，他通常根本不与这一主题联系在一起。虽然他在其著作《论美国的民主》（1835 年，1840 年）中没有直接讨论商业伦理，但书中为分析民主社会而发明的词，被广泛运用于当今商业伦理领域中的诸多核心问题。例如，将基于股东或利益相关者的商业伦理理论的辩论，转化为托克维尔术语是一个相对简单的过程。此外，这种转化有助于阐明辩论背后的问题。以托克维尔术语重新定义商业伦理问题，为股东和利益相关者商业伦理理论之间的辩论提供了有价值的见解。如果这种转化不能解决哪种理论更为可取的问题，那么它至少指出了双方的优缺点。

为了将股东和利益相关者理论转化为托克维尔术语，有必要简单理解托克维尔对于商业在民主社会中所起作用的态度。"民主"一词在托克维尔的著作中具有特殊意义。它描述了一种社会而非政治的情况，在这种情况下，每个人都被认为是平等的，而不是在出生时以不可改变的阶级或种姓分开。在托克维尔看来，人类自然而然地会产生对物质生活的渴望，而在民主社会中，每个人都希望改善他们的物质条件，原因是没有人会由于其不可改变的出身或地位而被排除在成功之外。每个人都想变得更好，同时比他的邻居更好一点。"无论社会花费多少努力使公民平等和相同，自尊心总会促使个人逃离共同的层面，并在某个地方建立一种对自己有利的不平等。"[1] 对物质生活的普遍渴望，加上广泛存在的雄心，导致人们普遍追求财富。

因此，在民主社会中，商业是人们的自然追求。尤其在贸易和工业领域，人们可以以最快速度获得财富，而农业则相对缓慢很多（托克维尔认为有必要向法国读者指出这一点，这些读者在情感上倾向于农民并且依附在特定的土地上，而在美国，人们"将农业变成了一种商业形式"）。[2] 由于商业在民主社会中起着核心作用，而不像它在此前的贵族社会中所扮演的从属角色，因此托克维尔认为，对商业的追求对于民主社会中的道德生活至关重要。[3]

在他所处的时代里，令托克维尔感到失望的是，没有对商业和道德之间的关系进行任何认真的审查。他呼吁将政治经济学的发展方向，更多地导向对道德问题的关注。正如他写给朋友的那样："虽然我认为目前政治经济学的所有努力都与物质问题有关，但我更希望……突出这一学科中非物质的那一面……将其纳入理论体系，作为繁荣和幸福在道德上的感受。"[4] 简而言之，从托克维尔的角度来看，"商业伦理"并非是自相矛盾的。

在下文中，笔者首先描述托克维尔思想的两个核心问题，即，利己问题和社团在民主社会中的作用，这两个问题在商业伦理的运用中起到重要作用。然后，将托克维尔的分类方法应用于对商业伦理理论中利益相关者和股东的理解和评估之中。最后，本章将从托克维尔的角度提出辩论中最重要的问题。

公司是民主道德的源泉

托克维尔从道德的角度，分析和号召商人从道德的层面来看待他们的职业。在民主社会中，唯物主义是一种必要的、有用的激情，但它必须经过磨炼。在托克维尔看来，对于从事商业特别是进行商业管理的个人，必须鼓励他们通过宗教或一个非常宽泛的自利概念来规范其道德行为，而宗教则是一个太过宏大而无法在文中讨论的问题。通过识别公司利益、客户利益——正如劳特莱的座右铭所说，"谁的服务越好，谁的用处就越大"[5]——以及更广泛的社区利益，管理可以产生道德行为。通过一种开明利己的方式，个人或公司的商业成功与整个社区在经济和政治上的成功相结合——公司经理和企业主需要意识到这一点。

根据托克维尔的观点，为了鼓励民主社会中的所有个人开阔视野，企业及其工作人员通过社团的方式，与社区融为一体。对于习惯于法国历史上的中央集权的观众来说，托克维尔详细描述了美国五花八门的各级别政府，他称之为政治结社。与我们关注的主题更加相关的，是他对公民社团作用的讨论，在托克维尔看来，这在美国比政府更为重要。对托克维尔而言，美国这个国家就是通过社团建立的，是由人们选择结社并团结在一起为一个目的共同努力而建立的。在商业、工业、宗教、娱乐等任何领域，美国人习惯于因各种目的而进行结社。对托克维尔来说，这些社团是美国自由和繁荣的基石，工商业社团的作用绝不亚于其他联盟。[6]

那些关注现代经济道德状态的社会和政治思想家，习惯于将股份公司视为魔鬼，认为无论如何股份公司都无法避免此通往帕累托优化过程的邪恶道路。但这不是托克维尔的观点，他是结社理论的超级粉丝。哪怕只是一个《论美国的民主》的普通读者，都能立刻看出他的观点。他的结社理论，包括"行业协会"和企业公司。无论在政治、商业还是任何其他领域，他都支持因道德而非效率[7]因素进行结社。

在道德层面上，托克维尔如何捍卫商业社团（即公司）？他认为，公司作为一种社团，是反对"个人主义"（对民主社会产生了巨大的道德和政治威胁）的有力武器。"个人主义"和"民主"一样，被托克维尔赋予了特定意义。托克维尔将"个人主义"定义为"一种只顾自己而又心安理得的情感，它使每个公民同其同胞大众隔离，同亲属和朋友疏远。因此，当每个公民各自建立了自己的小社会后，他们就不管大社会而任其自行发展了"。个人主义者仍然会关心某些人，因此他们并非纯粹自私，但他们不关心整个社会。托克维尔认为，在民主国家，每个人都感到独立，并且与其他人一样，因此个人主义是民主的自然衍生品（如在平等社会中）。这就是托克维尔所说的，"个人主义是民主主义的产物，并随着身份平等的扩大而发展"。[8]

为什么个人主义会让托克维尔担心？因为个人主义者只关心他自己和他的家人，而不关心他的国家："将出现无数的相同而平等的人，整天为追逐他们心中所想的小小的庸俗享乐而奔波，他们每个人都离群索居，对他人的命运漠不关心。每个人都为了自己的生存，他们都只有家庭，而没有祖国。"[9]冷漠是个人主义者的自然政治状态。[10]托克维尔担心企业的道德行为最终是一个政治问题。他希望确保商业社团像其他所有形式的社团一样蓬勃发展，以确保政体的积极发展。在某些方面，企业似乎不太可能成为反对个人主义角色的候选人，这是因为对托克维尔而言，个人主义鼓励对物质财富的热情，并反过来受到它的鼓励。托克维尔不是苦行僧，他本身并不反对物质财富；相反，他说："我斥责平等并不是因为它促使人们违法寻欢，而是因为它使人们在允许范围内想方设法找乐。"美国具备物质主义发展的肥沃土壤，为赚钱提供了前所未有的机会。在美国，"贪婪的可能性是无限惊人的，而人类不断从想象和脑力工作的乐趣中分散注意力，完全被追求财富吸引"。对物质财富的普遍渴望是民主的，但它在美国的影响力被美国社会相对较大的社会流动性放大了很多倍。无论人们同意与否，托克维尔认为，19 世纪 30 年代他所访问的美国或今天的美国，为经济上的成功提供了独一无二的机会。对托克维尔来说，关键在于民主社会（今天几乎所有社会在托克维尔看来都是民主的）受到个人主义的威胁，同时受到物质主义的促进，而这将威胁自由，且从长远来看，还危及经济繁荣。[11]

但根据中世纪的医学教义，即，上帝把疾病放在哪里，就同时把解药放在附近。在民主的美国社会中，托克维尔找到了对发展劲头强势的个人主义倾向进行补救的办法——就是不同个体为了一个共同目的而自由结社所组成的社团。商业公司是一种社团的形式。[12]在《论美国的民主》中，托克维尔详细描述了美国人如何通过结社技巧，尤其在政治和诸如禁酒运动等舆论问题上，组建一个自由的社会。通常而言，读者的思路会止步于此，不再深入探讨，而托克维尔却没有。他认为，出于政治目的而进行结社的习惯，有助于鼓励其他类型的结社行为："无论在哪里，你都会发现，在法国，政府处在新事业的首位；在英国，贵族处在首位。可是在美国，处在首位的则是社团。"[13]因此，通过一定的脑力劳动，托克维尔将商业公司（人们可能期望发现扮演武装强盗的通常角色）变成了一个拯救民主社会社团中的好人之一。即使出于物质原因而创建，商业协会也会成为唯物主义额外培养的对个人主义的威慑力量。托克维尔在《论美国的民主》中极具分量的一章的名称，即为"美国怎样通过自由制度对抗个人主义"，其中一种自由制度是商业公司。[14]

无论其目的如何，社团通过鼓励孤立的个体联合起来以实现他们的目标，在商业和政治领域共同打击个人主义。确实，商业和政治领域可以充分证明托克维尔的观点："有些人碰巧对共同的一件事产生兴趣。它涉及企业的指导，工业经营的结束；人们聚在一起，团结起来；这样他们就通过社团的方式，对彼此逐渐熟悉起来。"[15] 因此，商业协会教会人们那些建立（或解散）政治社团所必需的实用技巧和心理习惯。因此，在他们的商业实践和政治实践中，美国人使用自由来结社，使它来打击因平等而产生的个人主义，并成功将其击败，而自由在当时的欧洲被严格限制。[16]

因此，与所有其他社团一样，商业协会既是保护自由的工具，也是行使自由的手段。它们本身既是一种工具，也是一种道德目的。因此，对于商业协会（即公司）来说，无论从其影响力还是存在本身来看，都是反对个人主义的道德武器。无论是基于政治因素，抑或渴望爱情，还是追求利润，社团都能帮助人们将原有的自私和个人主义替换成一种正确理解的自利或开明自利观念。同时，还能用有利于社区的行为，来取代自私和非法的行为，而前者足以效仿美德，且在实践中与美德无法区分。在这方面，通用汽车公司与塞拉俱乐部有着相同的功能。[17] 对于托克维尔来说，所有社团都鼓励其成员关心自己小圈子之外的人，并使人们倾向于认可"一种自己对他人有用，是人的责任和利益的想法"。[18]

社团有助于启发自利这一概念。在开明自利这一概念及其实践过程中，托克维尔看到了民主对自由构成威胁的另一种补救措施。在《论美国的民主》一书中，有一章的标题为"美国人是怎样以'正确理解的自利'原则同个人主义进行斗争的"。但托克维尔所说的"正确理解的自利"是什么意思？正确理解一个人的利益，意味着采取一种长远的眼光。确实，眼光越长远，必须纳入考虑的利益范围就会越广。例如，一个商人之所以愿意支付更高税收以支持更好的学校，是因为在他看来，这将意味着受过良好教育和更有效率的工人，这种想法就是开明自利的体现。这样的一个人心里可能纯粹是利己的，但由于他的长远眼光（托克维尔认为民主社会往往缺乏这种眼光），[19] 他的行为方式与纯粹利他主义者的行为是一样的。托克维尔认为，这种开明自利的观念在美国非常普遍。他写道，即使在表现出慷慨无私的行为时，美国人也会宣称是出于自利而行事。

因此，正确理解利己的企业，并以开明的方式追求自身利益，将从纯粹的利己角度出发并用道德规范自身的行为。从这种开明自利的习惯可以看出，真正的美德（即，因他人而非自己所做的行动）可能会产生："一个人开始时是出于必要性，后来转化为个人选择；当初是出于算计的行为，现在则变成了本能；而为同胞福祉进行的努力劳动，则最后成为他们对同胞服务的习惯和爱好。"[20]

托克维尔表示，开明自利这一学说并不新鲜，引自 16 世纪的法国散文家蒙田的著作。蒙田写道："当我因为正直而没有选择正确的道路时，我会遵循正直，因为经验告诉我，这最终通常是最快乐和最有用的道路。"[21] 但是，虽然这一学说早已存在，但只有在民主社会的兴起中，它才能占据主导地位。对于托克维尔而言，如果不理解当时的社会背景，光谈论道德问题是没有意义的，最重要的是理解基于不平等的贵族社会与基于平等的民主社会之间的差异。[22] 正如托克维尔所说，只有民主社会的到来，正如美国所表现出的最纯洁最清晰的形式那样，开明自利学说才能成为道德的公共面孔。但是，这并不意味着"贵族时代的人比其他时代更有道德，不过可以确定的事，人们在贵族时代会不断地讨论德行之美，至于德行的功用是什么，他们只能在私下议论。"在实现民主的几百年来，我们可能会进入会议室，这与自然趋势恰恰相反，即不断地谈论效用，而私下思考德行之美。因此在民主社会中，实践开明自利这一做法，"最终似乎人类在为同胞服务的同时也服务于自己，似乎他的私人利益的追求就在于行善"。为了使民主社会中的人们达到这种开明的程度，结社的习惯是必要的。[23]

这就是为什么托克维尔认为"正确理解的自利学说在我看来最适合当代人的需要"。此外，这种学说便于理解，简单且合乎逻辑，可以完全掌握在任何人手中，包括那些对道德理论或者功利主义哲学方法等问题不感兴趣的企业经理人。"美国的道德家们深谙此理，他们从不引导人们为表现自己的伟大而去牺牲自己，而是向人们灌输这样一种观念：这种牺牲对于牺牲者本人和受益者都是必要的。"[24]

因此，托克维尔暗示，当我们在企业管理的过程中采取道德行动时，在自我牺牲是无用的，即使我们可以很容易地确定将要牺牲哪些主体（如股东的利益、管理层的利益、供应商的利益、员工的利益等），除非我们能够用广泛的功利主义理论来证明这种牺牲是合理的。任何有效的道德诉求必须以开明自利为出发点，否则它可能没有什么实际影响。托克维尔承认，出于义务而采取的行为，比出于开明私利所采取的行为具有更高的道德价值。但托克维尔的看法并不完全符合康德学派。托克维尔认为，即使主要是出于责任感而采取的行为，也包括"个人利益，因为在这样的观点中有一种自豪和私人的享受，并希望在一个更美好的世界中获得报酬。但是，这种利益非常微薄、秘密且合法"。[25] 虽然康德认为人们永远无法知道自身的行为是否纯粹出于责任感，但托克维尔并不在乎，只要责任是人们行为的主要因素即可。然而，托克维尔认为，人们更有可能按照我们希望的方式行事，从开明利己的角度出发，而不是从责任感出发。

尽管如此，在托克维尔看来，开明利己学说并不是一件好事。或者说，它在民主社会中是一件好事和必要的事情，但它不足以成为商业伦理或任何其他道德的基础。正确理解自我利益有助于人们克服个人主义，它可以阻止犯罪；但如果它能使人们变得更好，那么它就不会使他们成为伟大的人。它的影响是巨大而普遍的，但又是有限的。最根本的是，尽管它创造了类似美德的习惯，但"它本身不能使人变得善良"。的确，正确理解的自利学说在边缘上有一些道德上的不利影响——根据托克维尔的说法，它使非同寻常的行为更加罕见。然而，不应该让最好的人成为善的敌人："在我看来，正确理解的自利学说最适合我们同时代人的需要。而且，我将它视为他们留下来并保护自己（如反对个人主义的诱惑）的最有力工具。"[26]

集体个人主义问题

到目前为止，托克维尔似乎认为，企业界是最好的。公司本身，即商业社团，是一个道德上有用的实体，在教育人们共同工作和将他们的主动性用于共同目的方面发挥着重要作用。因此，它有助于克服个人主义，消除专制的危险。此外，社团也无情地提醒企业，它们是社会的一部分，鼓励它们以开明的方式行事，并因纯粹的利己而采取道德行为。最后，公司本身就是结社自由的体现。这一切听起来都像亚当·斯密的"看不见的手"一样可疑。托克维尔对此进行了一定的表述，但这并不是他的全部观点。

在民主社会中，个人除了受到个人主义和自私的唯物主义影响之外，托克维尔还讨论了一种他称之为"集体个人主义"的平行现象，这解释了为什么社团及其代理人（或管理层）不一定能够正确理解他们的自身利益。社团可以是一把双刃剑。虽然总是比个人主义更可取，但在托克维尔看来，仍存在一种不良的社团形式。从这个角度来看，商业伦理学家的一项工作是帮助企业避免落入集体个人主义的道德陷阱。

在讨论集体个人主义时，托克维尔希望解决的问题是，当社团的此种行为引发了道德问题并与普遍利益相冲突时，所表现出的一种集体的、公司的、自私的形式。托克维尔将这一问题的讨论背景放在法国革命之前，那时的法国是一个仍然能够看到贵族形式的社会。当时，没有民主意义上的个人主义，但有另一种不同的类型："我们的祖先并没有个人主义一词，这是我们为了自己使用而编造出来的，在他们那个时代，实际上并不存在不隶属任何团体而敢自行其是的个人；但是法国社会是由许许多多小团体组成的，而每个团体只顾自己。这就是，如果我可以这样说的话，一种集体个人主义。"这些团体的行为方式，与托克维尔所担心的民主中的个体一样："这些小团体只为自己而活，只关心自己和那些直接相关的事务。"我们可以将这些不同的行会、种姓等小团体，当作各种各样的公司，会发现集体个人主义的问题并没有随着贵族社会的终结而消失。[27]

因此，用托克维尔的术语来说，商业伦理领域涉及集体个人主义的特殊问题以及如何通过制度手段予以解决，如公司法和公司治理的不同结构，以及通过道德判断、态度等。从托克维尔的角度审视商业伦理的一些主要理论，其主要问题是：哪种理论不仅能够准确描述企业管理的道德义务，而且能够帮助企业正确理解利己行为并避免集体个人主义？这有助于深化商业伦理学的理论，但必须承认，正如我们所看到的，托克维尔主要以工具性的观点来看待伦理理论。我们应该鼓励企业采取什么样的道德态度，以便最好地鼓励企业拒绝集体个人主义？关于对企业性质的看法，哪种商业伦理理论最能使商业伦理学家发挥作用？

商业伦理的两个主要理论是股东和利益相关者模型。利益相关者模型最初由爱德华·弗里曼发明，他使用"利益相关者"一词来指代"与公司有利害关系或对公司有索求"的任何人。这可以被广泛地解释为包括受公司影响的所有人，或者更狭义地仅指"对公司的生存和成功至关重要的那些群体"，例如股东、客户、贷方、供应商、当地社区等。利益相关者理论认为，公司管理层的义务不是让利润最大化，毕竟利润只涉及股东，而是让公司所有利益相关者的利益得到最大化，因为只有这样才能确保公司的生存。此外，经营公司不仅必须要为所有的利益相关者的利益服务，而且"在某种意义上，这些利益相关者团体必须参与到对其福利产生重大影响的决策中"，这被称为"企业合法性原则"。继而产生的"利益相关者信托原则"认为，公司经理人有信托责任，因此对利益相关者负有道德义务。因此，利益相关者理论既是一种有效管理理论，有助于提高企业生存概率，同时又是一种伦理理论，阐述了企业管理者的道德义务，并在更低程度上说明了所有其他利益相关者。这些义务有效地迫使管理层（和利益相关者）按照托克维尔所描述的开明自利观念来行事。相反，如果根据一些利益攸关方（例如股东或上层管理人员）的狭隘视角，通常为了短期利益而贸然行事，那么这种行为在经验和规范上都是错误的，也会危及公司的长期生存，并损害为所有利益相关者谋求利益的能力。因此，利益相关者理论既是经验主义的，也是规范性的。从托克维尔的角度来看，这是一个优势。[28]

托克维尔和利益相关者理论

在托克维尔看来，商业伦理的利益相关者理论具有几个优势。在某些方面，它们与托克维尔的民主社会概念非常吻合。与股权理论等观点相比，利益相关者理论是平等主义的，这种观点限制了管理层对相对较小的股东群体的责任。利益相关者理论通过扩大管理层所涉人员的范围，对更大的利益相关者群体负责，利益相关者理论采用符合民主社会实践和偏见的平等主义观点。此外，"根据规范的利益相关者理论，管理层必须平等考量所有利益相关者的利益"这一"平等考量"的要求，使利益相关者理论与民主视角中心的道德平等主义得以保持高度一致。[29]

利益相关者理论不仅是民主的，它还可以诉诸结社原则和开明自利原则，这些原则对托克维尔关于商业伦理的描述至关重要。笔者认为，它在理论上，而非在事实上，对社团和开明自利具有吸引力。其原因是，在弗里曼最近的论著中，除了仍然支持联盟之外，拒绝任何对利己的诉求。因此，弗里曼认为，资本主义是"一群成年人之间自愿形成的社团，具有公平、负责、合作、一致的特点"，但"其中不包括竞争或将利己作为基本前提"。[30] 相反，对于托克维尔而言，利己不仅仅是人性的一部分，而且在民主社会中尤为重要。与任何其他社团一样，利己不可避免地是公司的基本前提。

对于托克维尔来说，作为一种商业管理理论的利益相关者理论，与作为一种商业伦理理论的利益相关者理论，二者之间存在重叠，但并不会带来混淆，也不是缺点，而是力量的源泉。管理层不仅要进一步维护股东的利益，还要进一步扩大各个团体的利益，其中私人团体如私营雇员、供应商等，公共团体如当地社区等。因此，利益相关者理论要求管理层以非常开明的方式理解其自身利益，并努力促成托克维尔所希望的那些积极的道德结果。企业被迫放弃任何形式的个人主义，利益相关者会不断地提醒管理层，即作为生活在社会中的一个企业，只有和社会产生联系时，它才能生存和繁荣。

从利益相关者的角度来看，企业不仅仅是一个为了获利的特定团体。它实际上是由小社团形成的社团，即每个利益相关者（如供应商）或个人（如雇员）都是小社团，它们构成了利益相关者这个大社团。如果这些不同的"成员社团"的目标和目的彼此只是部分重叠（如，公司客户的目标与其贷方的目标不同），那么从托克维尔的角度来看是积极的，原因是这种不一致的因素会迫使公司的管理层尽可能广泛地考虑其所负责的利益及进展情况。实际上，对利益相关者的范围划分得越广，公司的"自身利益"就越大。为了满足利益相关者的要求，公司被迫对社会产生广泛的兴趣，意味着其范围远远超过自身利益（包括长期利润）最大化后的范围。即使利益相关者所产生的唯一影响，是鼓励公司关注长期利润，而非短期利润的最大化，这也会得到托克维尔的认可。因为如上所述，托克维尔认为民主社会中的人们需要被鼓励从长远的视角来看待问题。利益相关者看待公司的视角，自然是长远的。

利益相关者理论的另一个优势在于，无论利益相关者人数有多少，这一理论都有效，而且人数越多，该理论就越有说服力。它鼓励那些与企业有利害关系的人组织起来，以便能够表达自己的观点。根据托克维尔的观点，利益相关者理论"更倾向于那些组织有序的人，而非那些组织混乱的人"，这一事实并不是坏事。[31] 这一现象为机构和社团创造了一种激励机制，鼓励人们放弃冷漠、参与社团。

因此，乍一看，关于利益相关者的管理理论和商业伦理理论将是托克维尔所要求的，这种理论既是经验主义的，也是规范的，且明确依赖于开明自利原则。但事实上，在托克维尔看来，利益相关者管理理论和道德规范也存在重大缺陷。利益相关者理论的风险在于，它可能对公司的管理层施加太少或者太多的义务，而最终鼓励集体个人主义，甚至不可避免地导致国家社会主义专制，这正是托克维尔的噩梦之一。

首先要探讨的是，利益相关者理论如何对管理层施加太少的道德义务这一问题。对于谁是利益相关者的范围界定，如果过于宽泛可能会导致一种谬论的简化。在这种谬论中，公司被要求为全人类的利益而公平行事，或以人们更喜欢的非功利主义表述方式，即按照绝对命令行事。弗里曼自身（早期）所秉持的康德主义思想支持这一观点。[32] 托克维尔认为，人类很难上升到这个水平，试图说服人们将整个人类的利益视作自己的利益，这一尝试的结果是适得其反的："作为上帝创造的人类（我也不知道为何），随着他的情感目标越来越大，其忠诚度则越来越低。他的心灵需要特殊的东西……只有极少数伟大的灵魂，可以用对人类的爱来点燃自己。"[33] 过度扩大利益相关者的范围，会让利益相关者人数增加，可以相对减弱管理层对利益相关者的责任感。同理，可以进一步削弱利益相关者对彼此的共同责任感。如果多个利益相关者之间的关系被接受，那么利益相关者会产生一种震耳欲聋的反对之声。

从托克维尔的角度来看，面对太多利益相关者的不同主张，它们彼此冲突且在道德上无法裁决，那么一个自然而然的结果就是，管理层对此保持冷漠。他认为，当面对无数的平等要求时（平等的民主概念，不亚于康德将所有个人视为最终目的的假设，要求给予平等地位），人类有一种不幸的倾向，即寻找一个暴君来帮自己做决定。在这种情况下，最有可能出现的专制，即是排除所有其他利益相关者，由股东担任这一"暴君"。因此，利益相关者理论实际上可能导致对社会热点的回避，从而退步到集体个人主义。或者，那些面对不一致的道德要求却被迫需要做出决定的人，可能会选择拒绝对任何利益相关者承担任何责任，其中包括股东，管理层由此可能会选择按照自己的利益行事——这一结果在现实中并非闻所未闻。可见，充分稀释信托责任，具有破坏信任的实际效果。

相反，利益相关者理论可能在逻辑上导致对管理者施加太多道德义务，对此唯一可能的解决方案就是有效的国家所有权。企业中利益相关者的范围越广，这一范围就越接近整个国家，甚至全世界。在建立了所有利益相关者都是平等的这一民主原则之后，实际上在整个社会中，所有的利益相关者都应该指导企业，这似乎是合乎逻辑的。除了上述讨论的对所有道德责任感进行无限稀释之外，另一种反应是将不同的利益相关者的所有权利要求合而为一，成为整个社会的要求。那么，管理层唯一真正的责任就是对社会负责——在实践中往往是对政府负责。由此，无论正式所有权是否被移交给国家，企业都失去了所有的独立性，实际上成为政府的一个单位。这种趋势是很自然的，因为在"民主国家中，公民经常看到这种迫切需要的社团（托克维尔所谈论的'行业社团'，即为企业），这让他们怀着恐惧和嫉妒的隐忧而不再为其辩护……他们几乎可以看到，社团能够自由使用其自然能力，这是一种危险的特权"。[34] 其结果是，企业不再是自由社团，而受到政府的控制，因此不再能够提供托克维尔所希望的那种道德和政治利益。利益相关理论者，尤其是广义的利益相关理论者，特别支持这一过程。

因此，为了对公司产生有益的影响，托克维尔的开明自利理论要求将利益相关者限制在一定范围内。正如阿列克谢·马尔库克斯（Alexei Marcoux）所言，找到一个能够划清界限的正式标准可能非常困难，但在实践中，这可能并不是一个无法逾越的障碍。[35] 无论如何，在理论和实践层面成功地运用公司的利益相关者理论是十分必要的。

托克维尔和股东理论

托克维尔认为，利益相关者的商业伦理理论有潜在的优势和劣势。那么，关于股东的商业伦理理论，又该如何评价呢？乍一看，这与托克维尔的观点并不相符，而利益相关者理论似乎是适当的。在这种理论下，管理层仅对股东（企业所有者）负有信托义务，这是否会强烈刺激企业的集体个人主义倾向？即使这些义务受到遵守法律的一般义务的限制，也很难看出它们如何能像托克维尔希望看到的那样，对自身利益产生正确的理解。米尔顿·弗里德曼进一步指出，公司"参与公开和自由竞争，不存在欺骗或欺诈"，这至少在一定程度上令人怀疑。[36] 既然管理层不应进行欺骗或欺诈，那么，如果公司通过法律手段可以获得垄断或阻止竞争者进入该领域，那么公司为什么有义务从事公开和自由的竞争？如果可以的话，管理层的信托义务难道不是获得垄断或寡头地位，而不是鼓励"开放和自由的竞争"吗？这种行为将是公司集体个人主义的又一个例子。

商业伦理理论中，股东一心一意地关注投资回报，因此有关股东的理论不可避免地包含集体个人主义因素。同时，这一理论还鼓励唯物主义，托克维尔认为这种唯物主义既是民主社会的自然结果，又是危险的。如果公司的唯一社会责任是营利，那么严格限制于唯物主义的观点似乎是公司管理层可以采用的合乎道德的唯一方式——但这很难成为托克维尔认可的那种道德规范。

从表面上看，托克维尔似乎很难从商业伦理的股东理论中找到值得推荐的观点。但从他的理论体系来看，这并不是道德的全部，股东理论还具备很多积极特征。首先，公司作为一个私人社团，其目的是不受多数人暴政的支配，股东理论保持了这一特征。管理层有义务对股东履行其唯一的信托义务，即独立于公众舆论的意愿而行事。因此，企业及其管理层保留了作为代理人的道德自由，不受社会多数人（一些无定形的利益相关者）或政府的控制。他们仅受所有个人和协会遵守法律的一般义务的限制。

在托克维尔看来，这是一个非常重要的观点。只有通过结社才能使民主社会中相对弱小和孤立的个人，得以抵抗社会和政治压力。公司吸引了"恐惧和嫉妒"，因为它们似乎是不受规则约束的特权贵族团体。托克维尔不希望将企业解放出来，不服从于法律，但恰恰是它们与所有社团都具备的贵族性质，使得它们具有抵抗和独立于权威和公众舆论行事的能力，在这一点上，托克维尔所重视的"行业协会"等同于其他任何一种社团。

股东理论保留了企业和企业管理作为一个独立社团的特征，同时，它还提供了另一个优势。托克维尔指出，与商业和工业企业相比，土地所有权受到保护，免于多种方式的政府侵害。土地赋予其所有者独立于政府的独立权，而工业产权则不然。"工业阶级"，即那些靠工业维持生计的富人和穷人，"并没有随着阶级人数的增加而更具独立性。相反，它似乎本身就带有专制主义，而专制主义随着工业阶级的发展而自然地扩散开来"。在这里，托克维尔所指的依赖，是指对国家的依赖。自托克维尔时代以来，私人土地使用规定成倍增加，但这些规定与工业监管相比相形见绌。无论这些法规的经济和社会影响是好是坏，都会限制商业的独立性。利益相关者的商业伦理理论并没有提供抵制这种规定的道德依据，而这些规定自然是为了维护假定的利益相关者的利益。股东理论确实为抵抗国家的侵占提供了道德依据。[37]

在商业协会的独立性，以及抵抗社会多数人/政府的能力这两个方面，股东理论自相矛盾地发挥着作用。根据股东理论，企业一方面以独立代理人而非仆人的身份，参与社区互动；但另一方面，和其他社团一样，企业也会发现自己与公众舆论产生冲突，而这一冲突的过程有助于塑造企业。在此进程中，股东理论中固有的唯物主义并未消失，而是成为托克维尔所青睐的开明自利和社区参与（包括政治参与）的一部分。作为动机，如利润等，则并未改变。托克维尔认为，民主社会和个人总是以物质主义为特征。但是，占主导地位的是正确理解的利己主义，且从长远来看，这种利己主义有效地吸引了对所有利益相关者以及股东的关注。托克维尔认为，在商业伦理的股东理论之下，管理层正确理解自身利益是其在道德上所能要求的全部，也是所需要的全部。

然而，托克维尔并未预测，以股东为中心的公司是会保持其对公众舆论的独立性，还是会认为阻力最小的道路是向公众舆论屈服。根据经验，上述两者都是可能的结果。然而，在这种观点下，商业伦理学家有义务鼓励企业保持其参与社会的独立性，并通过政治上的逻辑进行延伸。毫无疑问，托克维尔反对"公民联盟"[38]（此案件最终裁决保持企业参与政治进程的权利）——尽管匿名政治参与的可能性从托克维尔的角度和法律的角度会引发其他问题，而这些问题超出了本章的讨论范围。

结语：托克维尔的商业伦理

无论是以利益相关者为基础还是以股东为基础，要想从托克维尔的角度理解商业伦理，必须将公司视为一种工具，为其成员和整个社会获取各种政治和伦理产品的工具，就像任何其他形式的社团一样。商业伦理必须同时将企业本身当作道德生活的一种形式，一种以自身为目的的联想，一个人们在其中行使自由和创造力的空间。无论是商业伦理理论中的利益相关者理论，还是股东理论，都尚未完全回答这一双重挑战。

然而，自然会出现的问题是，哪种理论最为适合？托克维尔更倾向于采用哪种商业伦理理论，基于股东还是基于利益相关者？从某些方面来说，这不是一个公平的问题。托克维尔并没有写过关于商业伦理的文章，也没有特定的公司理论。然而，通过将当代关于商业伦理的一些争论转化为托克维尔的术语，可以看出，那些托克维尔最为关心的有关公司和商业伦理的问题，也处于争论的风口浪尖。关于社团、个人利益以及个人主义的问题，是托克维尔分析民主社会的核心，也是商业伦理争论的核心。利益相关者理论和股东理论是争论中最为突出的两个竞争者。托克维尔将会支持哪一方？

当两种理论争论很久且不相上下的时候，往往是因为双方从不同方面各执一词。股东理论和利益相关者理论可能就是这种情况。从托克维尔的角度来看，这两种理论都可以以有害或有益的方式加以运用，这取决于它们如何与更大的道德目标相适应，即维护民主社会的自由。[39] 这两种理论都将公司视为一种协会，从这个意义出发，托克维尔在它们之间没有做出任何选择。它们的不同之处在于社团的性质、成员资格以及与之相匹配的目标。

从托克维尔的视角所提出来的问题应该是，哪种看待公司的方式能够更好地启发和正确理解民主社会内在的利己主义？因此，商业伦理学家的任务是，无论她或他选择采取何种方法，都要确保这种考虑一直存在。

对于伦理学家来说，这将不是一项非常令人满意的任务。对他们来说，那些感兴趣的问题，无论多么容易理解，都不是恰当的伦理问题。托克维尔将使那些康德主义者失望，后者很可能因此而拒绝托克维尔的观点。托克维尔没有兴趣解决普遍道德规则的问题，他的兴趣在于民主社会中的情境伦理——有人可能会说，他的兴趣是受消费者驱动的。从这个方面来说，他的兴趣似乎确实适用于商业伦理。

尾注注释

1. Tocqueville, *Democracy in America,* trans. Arthur Goldhammer (New York: Library of America, 2004), 710; 以下简称为 *Democracy*。

2. *Democracy,* 647.

3. 同上，617–619, 644, 738。

4. Tocqueville to Louis de Kergorlay, September 28, 1834, in *Correspondance d'Alexis de Tocqueville et de Louis de Kergorlay,* ed. Andre Jardin, vol. 13 of *Oeuvres, papiers et correspondances* (Paris: Gallimard, 1977), 1:361.

5. "扶轮国际" 分社是一个面向商业领袖和专业人士的国际服务组织，于 1905 年在美国成立，现已在全球建立分部。

6. *Democracy,* 595–599.

7. 托克维尔认为，私人社团的效率普遍高于单一政府管理部门的效率，尽管这些社团在技术上的能力可能不如政府。参见 *Democracy,* 597。

8. *Democracy*5, 85.

9. 同上，818。

10. 同上，869。

11. 同上，503, 516–517, 622。

12. 对于托克维尔来说，拥有唯一所有者或极少数合作伙伴的企业必须采用不同的方式。除非从强有力的利益相关者角度考虑，否则他们将不再是社团。

13. *Democracy,* 595.

14. 当然，当托克维尔 1831 年访问美国时，合法并客观存在的股份公司仍处于发展的起步阶段，或至少是早期的童年阶段。*Democracy,* 594.

15. *Democracy,* 604.

16. 同上，215, 218, 222, 590, 591, 595, 599。

17. 但这与第一浸礼会不同，因为托克维尔认为通用汽车公司和塞拉俱乐部都不能实现宗教的特殊作用，尽管在他看来，从有限的角度看，宗教协会像其他协会一样，履行相同的职能。

18. *Democracy,* 593.

19. 同上，639–641。

20. 同上，593–594; 610。

21. 对蒙田的表述参见 *Democracy,* 611, 但笔者无法找到原文。

22. 这一点上，托克维尔和弗里德里希·尼采极为相似，尽管尼采是贵族党派，而托克维尔是有所保留的民主党派。参见 Brigitte Krulic, *Nietzsche penseur de la hierarchie: Pour une lecture "Tocquevillienne" de Nietzsche* (Paris: l'Harmattan, 2002)。

23. *Democracy,* 610.

24. 同上，612, 610–611。

25. 这句话出自托克维尔《论美国的民主》这本书中在出版前被删除的段落，可以在自由基金版本的《论美国的民主》中找到。参见 Eduardo Nolla, trans. James T. Schleifer (Indianapolis: Liberty Fund, 2009), 3:924 note n。

26. *Democracy,* 612.

27. Tocqueville, *The Old Regime and the Revolution,* vol. 1, ed. Francois Furet and Francoise

Melonio, trans. Alan S. Kahan (Chicago: University of Chicago Press, 1998), 162–163.

28. R. E. Freeman, *Strategic Management: A Stakeholder Approach* (New York: HarperCollins, 1984); William M. Evan and R. E. Freeman, "A Stakeholder Theory of the Modern Corporation: Kantian Capitalism," in *Ethical Theory and Business,* ed. Tom L. Beauchamp and Norman E. Bowie, 4th ed. (Englewood Cliffs, NJ: Prentice-Hall, 1993), 82 n. 14; John Hasnas, "The Normative Theories of Business Ethics: A Guide for the Perplexed," *Business Ethics Quarterly* 8, no. 1 Oan. 1998): 25–26.

29. Hasnas, "Normative Theories of Business Ethics," 26 and n. 30.

30. R. Edward Freeman, Jeffrey S. Harrison, Andrew C. Wicks, Bidhan L. Palmer, and Simone de Colle, *Stakeholder Theory: The State of the Art* (New York: Cambridge University Press, 2010), 283.

31. Joseph Heath, "Business Ethics without Stakeholders," *Business Ethics Quarterly* 16, no. 4 (Oct. 2006): 545.

32. Evan and Freeman, "Stakeholder Theory of the Modern Corporation." 在其利益相关者理论的后期版本中，弗里曼没有以康德的观点为基础。

33. Tocqueville, *The Old Regime and the Revolution,* vol. 2, ed. Francois Furet and Francoise Melonio, trans. Alan S. Kahan (Chicago: University of Chicago Press, 2001), 262.

34. *Democracy,* 812.

35. Alexei Marcoux, "Who Are the Stakeholders? The Failure of the Stakeholder-as-Contractor View," *Business and Professional Ethics Journal* 17, no. 3 (Fall 1998): 79–108.

36. Milton Friedman, *Capitalism and Freedom* (Chicago: University of Chicago Press, 1962), 133.

37. *Democracy,* 809–810.

38. 在公民联盟与联邦选举委员会的较量中，即 558 U.S.310（2010），最高法院认为，美国政府不能通过公司、协会或工会来限制公民独立的政治开支。

39. 托克维尔作为一位思想家，有关其伦理观基于自由观念的讨论，参见 Alan S. Kahan, *Alexis de Tocqueville* (London: Continuum, 2010), 尤其是第 2 章和第 7 章。

第十五章 约翰·斯图亚特·穆勒与商业伦理

尼古拉斯·卡帕尔迪（Nicholas Capaldi）

自亚里士多德时代开始，哲学家们经常对前人的哲学著作进行反思，在这一趋势中，既会考虑前人所处时代的局限性，也会以这些著作为基础，探求自己的哲学地位。

约翰·斯图亚特·穆勒也获得了同等待遇。[1]大部分商业伦理学的教科书会首先设定一个框架，旨在帮助学生应对当代商业世界特定问题。该框架通常包含对所谓的伦理理论的总结，尤其是功利主义与义务论（有时也会增加德行论与实用主义），但这一总结往往杂乱无章。功利主义一般提及约翰·穆勒，而义务论则与康德相联系。对许多学生而言，他们对穆勒唯一的认识途径正是所谓的功利主义模型。

这对穆勒而言并不公平。首先，该做法本身即是本末倒置。假设穆勒提出了一项道德理论，然后试图应用它，这是一种错误的解读方式。这种做法是当代学院派哲学家所为，而非穆勒本人所为，应运而生的也是虚假夸张的描绘，并未捕捉到穆勒理论系统中的关键联系。穆勒不仅是一位提出独特伦理学理论的哲学家，还对19世纪的重大公共政策问题发表了著名的演说。穆勒的著作《政治经济学原理》于1848年首次出版，是半个世纪以来经济学与公共政策领域的权威教科书。穆勒的经济学与政治学（政治经济学）著作是其伦理观点的重要表现。通过回顾他对政治经济学的观点，将更有助于我们理解伦理学。

其次，穆勒并不是我们当代语义下所说的伦理理论家。他认为自己探讨了关于我们（人类的境况）的基本真理、现存制度中的固有规范，以及这些规范的未来组合应该在新的历史环境之下。[2]具体而言，穆勒从他父亲詹姆斯·穆勒（James Mill）以及杰里米·边沁（Jeremy Bentham）那里继承了对封建主义向现代工商业经济过渡的理解。穆勒赞成从封建主义到工业主义的经济发展，同时也意识到了随之而来的社会动荡和新的机遇（如女性解放）。穆勒并不认为自己完全站在现代性的对立面。作为一名公共知识分子，他自视为苏格拉底。其理论中有许多关于现代世界的内容，对此我们应当心存感激。

下文中，我们将确认穆勒对伦理学的理解，特别是功利主义对他意味着什么，通过讨论他的政治经济学理论，概述其对公共政策问题的一般解决方法，并以穆勒思想在商业伦理重大问题上的应用来进行总结陈述。

穆勒的伦理学（人类的境况）

那么，如何理解人类的境况呢？在古典与中世纪时代，伦理学基本等于目的论（例如亚里士多德）。整个宇宙拥有一个目标，宇宙的每个组成部分都有自己的子目标，这些子目标协调构建成为总体的终极目标。换言之，假设人类拥有一个目标，社会也有一个目标，人类的目标能够在社会的目标内得以实现。现代性（如笛卡尔、伽利略与霍布斯的著作）否认了亚里士多德的形而上学，因此也否认了目的论伦理学。现代人开始谈及道德哲学（与自然哲学相对）而非伦理学。此外，现代道德哲学家们提出了个体本体论的首要性（类似于牛顿等自然哲学家所研究的个体对象）。这就提出了两个问题：（a）个体是什么？（b）个体如何与社会相关联？[3]

一种答案是，假设个体自有目标（表述不同），但这一目标并未与社会形成无缝网络。随后将个体与社会的关系解释为契约（如霍布斯、洛克与边沁的作品所述）。另一种答案甚至否认了个体目的论，声称人类拥有自由意志，因此有能力追求自我选择的道路。个体与社会的联系被解释为，这种自由所需的互相尊重或相互认同的方式之一。康德、黑格尔以及穆勒都支持第二种观点。

穆勒在其《功利主义》一书中正式表达了自己的伦理立场。[4]但是，我们必须根据《论自由》一文来理解他的观点。"在这篇论文中，凡是可以从抽象权利的概念（作为脱离功利而独立的一个东西）引申出来而有利于我的论据的各点，我都一概弃置未用。的确，在一切道德问题上，我最后总是诉诸功利的；但是这里所谓功利必须是最广义的，必须是把人当作前进的存在而以其永久利益为根据的。"[5]穆勒借此想表达什么呢？

此处有必要区别"外在自由"（liberty）和内在自由（freedom）[1]。对穆勒而言，"liberty"意味着没有任何外部约束；而"freedom"，则是一种内在状态。内在感官上的自由，意味着（a）人类没有能够凭经验发现的目标，（b）人类的欲望不会形成一个自我恒定的系统，这一系统中就最大化其福利而言是有意义的，（c）我们可以选择自己想成为什么样的人，以及（d）这种选择不是由外部世界或自身的生理机能强加在我们身上的，也就是说，这种选择违背了一切自然科学主义及还原性解释。个体也许对自己的"内在自由"一无所知，或选择放弃"内在自由"，但基本真理是人类拥有控制自我或反应的能力。《论自由》的整体观点是，不受外界约束的自由（liberty）是合理的，因为它增加了人类的"内在自由"（freedom）。正如戴西（A. V. Dicey）所承认的那样，"穆勒如此相信个体自发性所具有的价值，事实上，他将促进自由视为效用的考验"。[6]

负责地行使这种"内在自由"意味着什么？意味着意识到一个人的内在自由，意味着从根本上选择自己想成为什么样的人，意味着承认一个自由的人不会也不能够与内在自由相悖，尤其是一个人不能抛弃责任或是以他人来定义自己，必须承担责任，接受行动所带来的后果。在这一概念中，没有任何内容禁止两个或两个以上有自治力的人参与一个联合项目——只要参与是出于自愿，并且在整个项目的完成过程中每个人的自主权利都应当得到尊重。哈莉耶特·泰勒（Harriet Taylor，即后来的哈莉耶特·泰勒·穆勒）与穆勒本人坚信婚姻正是如此。以对他人有害的方式行使这种内在自由是不可能的。任何需要非他人所愿之服从的行动都是一种以外物而非自我定义自己的行为。如果我们用他人的方式来定义自己，要么使自己服从他人，要么使他人服从自己，那将永远不会得到真正的自由。这是穆勒将康德的绝对命令

---

[1] 关于 liberty 和 freedom，若非要进行中文翻译，可根据穆勒的意思，分别译为"外在自由"和"内在自由"。——译者注（作者认为此处没有英文注释）

概念纳入自治理念的一种表达。穆勒也参与了黑格尔对主奴关系的讨论。成为主人并不令人满意，因为主人的地位需要认同，而认同的方式正是下级的默从。只有得到平等的认同——自我负责能力的平等的认同，才能带来满足感。无论在家中还是公共场合扮演主人的角色都是自我毁灭。他人的自治程度越高，个人自主性所接受的认同度也就越高。"只有高尚的人才会欣然接受平等……他们是唯一能够坚强并持久地坚持平等的人。"[7] 穆勒受到了一些思想家的影响，他们是浪漫主义运动的关键人物。[8] 穆勒谈论"个性"，即《论自由》第三章的主题，他将其理解为自我发展，这也被认为是浪漫主义的"教化"概念。[9] 教化离不开自主性。总而言之，穆勒的"个性"意味着自主性与自我发展的内在自由。[10]

我们必须在此框架内理解个体与社会之间的关系。一方面，穆勒否认了边沁的利己主义假说（即，人类的所有行为都应该用行为主体的终极和基本欲望进行解释，即使其快乐最大化和痛苦最小化），这也是他否认基于权利或契约的社会哲学的原因。穆勒总是为增进对他人的关注而不断努力。另一方面，他否认了孔德的利他主义，后者认为我们应该只关注他人。如果对方唯一的兴趣是无限地促进他人利益，我们又如何增进他的利益呢？这一问题的解决办法，类似于黑格尔在伦理生活中对权利和义务的解决方式。具体来说，如果自主性是我们的终极利益，[11] 并且如果我追求自主权的唯一方式是与其他有自治力的人进行互动，那么只有通过增加与他人的相同利益才能实现个人成就。作为自治的"内在自由"（freedom），不是零和的，而是潜力无限的。促进他人的同时，也增强了自身。而"外在自由"（liberty）是促进"内在自由"（即自治）的手段。穆勒所有的公共政策立场，包括他在商业伦理方面的立场，都旨在增加"外在自由"、最大限度地实现"内在自由"。

穆勒的功利主义

穆勒致力于成为一名功利主义者，但他仍在重新修订与纠正边沁的立场。[12] 早在 1833 年，穆勒在其《边沁哲学评论》（Remarks on Bentham's Philosophy）一文中，与边沁的立场即已渐行渐远。[13] 穆勒在文中指出，强调以牺牲美德为代价换来的权宜之计，与"人类对利益的一切理性期望"是不相容的。[14] 在接触德国浪漫主义作家之后，穆勒在著作中提出需要改变的是人们的内心。在《约翰·穆勒自传》中，穆勒为功利主义伦理学辩护，反对那些对亨利·西奇威克（Henry Sidgwick）的不公正批评，但这种辩护中包含了"一些意见，这些意见构成了我对这些问题的看法，然而都与我的旧友观点相左。在这一点上，我取得了部分成功，尽管在任何情况下我与我父亲之间的关系都使我感到痛苦，而且此时在他撰写的评论中，也不可能完全表达出我对这一问题的见解"。[15] 1852 年，穆勒为效用理论辩护，认为其与传统美德一样，都是伦理学的先验观点，同时也承认边沁并未成功明确这一点。[16]

功利主义者也就是结果主义者，即根据结果来判断行为的人，而相关结果会影响人类福祉或幸福。幸福由两部分组成，分别是浪漫主义教化和康德式自律。因此，幸福以尊严的形式与"内在自由"相关联。"当康德（如前所述）提出了道德的基本原则，'作为行为，其行为规则可能被当作定律而被所有的理性人类接受'，实际上他承认了人们的集体利益，或至少也是人们会不假思索加以选择的利益。在自发选择行为的道德性时，这一点必须谨记在行为主体的心中。"[17] 因此，在界定功利主义时，穆勒坚持认为，所谓正确，必须根据普遍意义上理解的利益来定义，而非孔德的利他主义中的利益。[18] 权利由利益来定义，利益也被理解为幸福，而幸福则是通过快乐与痛苦来辨别的。然而，穆勒也提到，快乐也有高级与低级之分。[19] 更重要的是，利益不是快乐而是幸福。快乐仅是幸福的产物，是幸福存在的经验实证。

穆勒对幸福的重新定义产生了重大改变。幸福也包括尊严：

> 拥有越强才能的人需要越多条件才能使其快乐……我们可以将其称为对自由和个人独立的热爱……但最恰当的称谓是一种尊严感，所有人都以某一种形式拥有这种尊严。在某些情况下，并非绝对，尊严与才能成正比。而且，对于那些重视幸福中的尊严感的人而言，这一部分至关重要且无能匹敌，除了短暂的强烈欲望……不满足的人比满足的猪幸福，不满足的苏格拉底比满足的傻瓜幸福。[20]

最终，幸福被定义成一种状态，而美德也是其组成部分之一："不是顺从于效用的状态，也不是有利于获得广义幸福的状态，只有内心像对待渴求之物一样热爱美德，这才是正确的状态。幸福的组成部分十分多样，每一样都令人渴求，而非只有成为集合时才使人欲望大增。幸福不是一个抽象的概念，而是一个具象的整体，这些都是它的一部分。"[21]

穆勒将尊严描述为幸福的主要组成部分，而上文所定义的尊严几乎等同于自治。除非我们带有尊严地行动，即独立自主地行事，否则我们不可能真正开心。穆勒使自治成为我们的终极目标。[22] 传统功利主义者如威廉姆·斯坦利·杰文斯（W. S. Jevons）对穆勒的转变感到愤怒："他（穆勒）宣称自己支持的观点（功利主义），与其实际意见完全相左。"[23] 在杰文斯这样的功利主义者心中，从责任感（甚至是从自己）出发的行为，与功利主义对立。而穆勒则认为，对我们自己而言最重要的责任就是自治行事。对于联系个人与社群这一问题，穆勒的解决方法不是契约或抽象的权利，而是（a）通过将追求自治作为普世目标，以及（b）通过促进他人自治来实现个体的自治。因此，个体自治与其他所有人的自治并无最终冲突。由于以自治作为最终目标，其他流派功利主义饱受困扰的潜在冲突也因此消失了。

穆勒关于政治经济学与自治的自由的看法

穆勒所渴求的是一系列促进"内在自由"作为人类理想的制度。而实现"内在自由"的最重要方式，就是"外在自由"。然而，对于"外在自由"的概念仍存在冲突，那么穆勒对于相关争论的立场如何？

自 17 世纪以来，所有公共政策的争议通过两大学说中的一方来进行表述：[24] 洛克的自由学说和卢梭/马克思的平等学说。"洛克派"哲学家（a）赞同科技项目，支持为人类进步改造自然；（b）认为科技项目最好能在自由市场经济中进行（以亚当·斯密的方式）且保留私有财产；（c）坚持自由市场经济需要有限政府（仅限于提供法律机制以保护消极权利，执行契约并提供争议解决办法），其中自由被理解为限制政府代表个体的私人利益；（d）坚持通过法治实现有限政府，法治通过强调正当程序及承认经济计划与法治互斥来限制政府权力；（e）提倡个人自治文化，在这种文化中，个体追求幸福且不被集体主义利益批驳。"洛克派"所提倡的平等，意味着机会平等与法律平等；经济不平等是不可避免的，且不会带来任何问题，这种现象可以用"水涨船高"来解释。此外，为了回应第二种学说或其他学说拥护者们的批判，洛克学说的完善和演变体现在了大卫·休谟和亚当·斯密的作品中（亚当·斯密直接回应了卢梭），体现在了托克维尔和穆勒（他们回应了19世纪法国社会主义者）的作品中，以及许多20世纪作家如哈耶克（F. A. Hayek）的作品中。这正是穆勒在该场争论中的立场。

第二种学说最初由卢梭提出，并与第一种学说相对立。卢梭的平等学说是对洛克的直接回应。平等学说（a）否认科技项目（极端环保主义者仍在这样做），但马克思主义者与社会主义者后来表示接受。"卢梭派"哲学家与"马克思主义者"（b）都将所有社会问题归因于市场经济，而科技项目伴随其中。他们认为"洛克派"哲学家的世界观是无效的，原因是它让每个人在首份社会契约中保留自己的原始财产，使得不平等现象制度化。因此，我们必须重新开始一种新的分配，其原始状态是一种激进的平等主义。由于富人及强权者强加原初协议于弱者之上，因此即使在全球范围内，也必须对现有经济进行严格监管以促进结果平等。（c）集体主义者将代替有限政府，个体将从属于无所不包的利益，即"普世意志"。"卢梭派"哲学家将积极权利分配给每个人，这意味着只有当政府通过财富再分配向个人提供资源以实现你的目标时，个人才得以解放。法律系统（d）绝非限制政府，而是普世意志忠实的仆人。最后，每个公民（e）放弃自己的个体身份，以换取更大的集体利益来实现幸福。结果的平等在某种程度上与功能或地位的不平等相兼容，并且据称不会引起愤恨。在卢梭的理论中，也发生着与洛克学说编年史相似的演变过程，这一演变始于19世纪的法国社会主义者们，他们被马克思批评，由人道主义马克思主义者转变成为美国进步主义者。

随之产生的重要问题是，平等学说用我们所称的"社会经济学"向政治经济学提出了挑战。贫困取代了利润，成为经济调查范围与方法的核心要素。"我们"如何对待穷人？"我们"如何对待边缘群体？"我们"的社会良知在哪里？一个国家贫穷的原因，而非富有的原因，逐渐成为关注的焦点。毕竟，难道没有比个体更重要的事物了吗？也许是民族利益？或是公共利益、阶级利益、社会利益？甚至是国家利益？难道我们不应该用受过科学训练的行政专家，来代替那些追求利润的企业家吗？这些都是卢梭学说提出的关于社会经济的重要问题。

以该争议为框架，穆勒自己对公共政策进行如下陈述：如果要在共产主义及其一切冒险性与现在的社会状况及其一切苦难和不公平之间进行选择，如果私有制存在的必然后果就是我们现在看到的这种劳动产品分配，即所有几乎总是与劳动成反比例——绝大部分落到完全不劳动者的手里，剩余的大部分则分给几乎是挂名的劳动者，然后，在所余不断递减的条件下，劳动越沉重越不痛快，报酬则越少，直到最后，最疲劳最繁重的体力劳动者连维持生活第一需要的报酬都没有把握得到——如果只在这种状态与共产主义之间进行选择，那么，不论共产主义有多大困难，这些困难在进行比较的天平上不过是一粒沙子罢了。但是，为了对比恰当，我们应该比较共产主义的最佳形式和私有制[25]可能达到的最佳状况，而不是现在这种状况。实际上，私有制原则在任何一个国家都没有按适当的形式经过考验，而在英国则未必比某些其他国家经受的考验要多。新欧洲各国的社会制度是从财产分配开始的，它不是任何公平分配的结果，也非劳动所得，而是侵占和暴力的结果；尽管多少世纪以来，劳动重建了暴力建立起来的一切，现在的制度仍然保留了许多重大的原始痕迹。至今财产法还没有符合承认私有制是合法的那些原则。[26]这些法律已经把那些无论如何不应成为财产的东西变为财产，并且把那些只有在制约条件下才成为财产的东西变为无条件的财产。这些法律不能公平地对待不同的人：它们使一些人陷入困境，而使另一些人得利；它们故意庇护不平等，并且妨碍每个人以适当的方式着手工作。要让所有的人都以完全相同的方式开始工作，这与私有制法律是不相容的。[27]但是，假如在不动摇原则本身的前提下，对减少该原则自然作用所产生的不平等，就像扩大不平等的机会那样，给予各种各样的关注[28]；假如法律力图使财富分散而不是集中，帮助其大量分散而并不力求防止其分散，那么，实际上，并不像几乎所有的社会党人作家认为的那样，私有制原则同物质的和社会的贫困这一必然后果不可分割。

保护私有制时，几乎所有保护它的作者都认为，它保证谁劳动谁就得到劳动果实，谁储蓄谁就占有储金。当个别人占有别人的劳动果实和储蓄而不做任何贡献、不花任何气力时，这已经不是私有制原则的实质，而只是它的偶然后果，这种后果在其一定的发展阶段，不是促进而是妨碍私有制合法化的目的。为了评论所有制的最终使命，我们应当假定：一切违背报酬和劳动之间成比例的公平原则的因素，违背以对私有制有利的、经得起批评的论据为基础的原则的因素，都已经排除了。于是，我们应当假定存在两个条件，没有这两个条件，无论在共产主义还是其他任何法律和制度之下，人民群众的境地必然卑贱而又贫困。第一个条件是普及教育，第二个条件是适当控制人口。有了这两条，即使在现存的社会制度之下也不会有贫穷；要是假设存在这些条件，正如社会主义者常说的，社会主义问题已不是摆脱现在压迫人类的贫困的唯一出路问题，而仅仅是什么样的制度更有利的问题，而这个问题应当在将来解决。关于个体活动在其最好形式之下和社会主义在其最好形式之下能够完成些什么，我们知道得太少，因此我们还不能指出其中哪一种制度会成为人类社会的最终形式。

要是敢于猜测，那么，答案也许主要取决于哪一种制度允许人们之间有最大的自由和独创的活动。[29]

穆勒赞同洛克学说的所有方面，但这是有条件的。他认同科技项目与经济增长。与此同时，他始终能够认识到工业化的黑暗面，可能使人失去人性，也有过度发展的潜在可能，因发展而产生对发展的绝对崇拜，以及社会分工中固有的社会分裂的危险。[30]

尽管穆勒支持市场经济，但他与社会主义的关系的问题仍困扰着学者们。在《政治经济学原理》中，穆勒自称为"理想社会主义者"，但在后来关于社会主义的章节中，他又对社会主义进行严厉的批判。[31]此类困惑实则易于解释。

年少时，穆勒的父亲将其介绍给了经济学家大卫·李嘉图（David Ricardo）。尽管作为洛克学说的倡导者和市场经济的捍卫者，李嘉图仍不赞同亚当·斯密对于市场经济的某些观点。斯密确定了三个社会经济阶层：地主、资本家与劳动者。此外，斯密还提出了一个增长模型，三个阶级在其中都能和谐互动。李嘉图在此分析中增加了对地主阶级的批判。地主通常被定义为保守主义贵族土地拥有者，他们拥有的土地并非通过劳动获得，而是通过早期的征服与后期的继承。地主仍采用封建思维，而非工业化思维，况且他们似乎更有兴趣维持其社会优势与政治控制地位，而不是增加国家或国际财富。地主们支持重商主义政策，包括垄断特权与关税。对粮食进口征收关税所导致的生活成本相应增加，反而会导致薪酬上升和随后利润的下降。利润的减少会削弱储蓄和形成资本的动力，于是增长会很快结束。问题在于，贪婪、挥霍的地主们对炫耀性消费的态度。穆勒赞同李嘉图对斯密的批判，认为地主阶级阻碍了经济进步。

"社会主义"一词于1830年左右开始使用，该词适用于三种运动思潮，分别起源于法国的圣西门（Henri de Saint-Simon）（1760—1825）和傅立叶（Charles Fourier）（1772—1837）以及英国的罗伯特·欧文（Robert Owen）（1771—1858）。这些作家也被称为"乌托邦"社会主义者（又称空想社会主义者）。影响穆勒社会主义思想的其他法国人物还有皮埃尔－约瑟夫·蒲鲁东（Pierre-Joseph Proudhon）（1809—1865）和路易斯·布兰克（1811—1882），前者是非中央集权制生产者合作社的倡导者，后者主张建立工人合作社，认为合作社最初应由政府资助，但此后又独立于政府控制。这些乌托邦社会主义者们，尤其是傅立叶与布兰克，在多个方面对穆勒产生影响。首先，他们让穆勒意识到了所谓的"社会问题"，即（a）现存的财产分配是基于历史偶发事件，（b）财产的不平等分配与一系列社会问题相关，（c）消除贫困应当是提升财富的核心问题。19世纪的英国，是一个财产主要由少数人或家族拥有的国家；直到1855年，国会才取缔了除少数有限责任股份制公司以外的其他公司。[32] 其次，他们提出了解决这些与市场经济保护相一致的问题（例如合作社）。第三，他们质疑并否定边沁的假设，即人类的行为完全是由自我利益驱动的，从而促使穆勒进一步远离边沁。因此，在市场经济中，无须存在两个阶级（所有者与工人）之间的永久（和对立的）分裂。

很显然，穆勒继承了前人对从封建主义到现代化工商业经济转型的关注，以及随之产生的社会动荡。但是，穆勒并未将自己视为新兴市场经济的对立面。他也从中窥见了全新且受大众欢迎的机会，比如女性解放。在此背景下，穆勒面临着两项任务。其一，他必须解决社会问题中所表现出的财富分配不均问题。亚当·斯密将一个国家财富的客观衡量标准定义为：生活必需品的数量除以这些产品的消费人数。斯密强调增加产量（分子）而非控制人口（分母）。然而，马尔萨斯提供了"悲观"看法，即尽管分子（总产量）会成倍数增加，但分母（人口数量）将呈指数级增长。对此，作为其政治经济学方法的重要方面，穆勒同时强调增加产量和控制人口。

根据洛克关于自由的叙述，经济增长是消除贫困的最佳手段。"财富的产生"能够进行科学分析，但"财富的分配"却是"人类制度的一大问题"。穆勒认同平等学说，即当下的分配是历史偶变的反映。如果人们能够区分应该受穷的人和不应受穷的人，正如穆勒与其他古典自由主义者们所做的，那么区分应该富裕的人和不应该富裕的人，难道不也是合理的吗？穆勒意识到，财产分配的刻意变化会对整个生产力产生影响。对于可能导致总体财富减少的变革，他从不建议将其推行。但是，改善分配并不会带来结果上的平等。市场效率不可避免地伴随着结果的不平等。穆勒承认在市场经济中，只存在机会平等与法律平等，但始终没有平等的起点与结果："一切事物都应始于完全平等，但这与所有私有财产制相悖。"[33]

效率与绝对平等都不是最终目的。因此，穆勒的第二项任务是在不同精神层面的基础之上重申个体自由。为了对洛克学说进行更加丰富和深刻的理解，他放弃了自然权利与劳动价值论，这对自由学说的后续发展产生了更为深远的影响。穆勒对自由的分析，包括各类形式获得自由的手段：个体、社会、经济以及政治。

穆勒从《论美国的民主》（*Democracy in America*）中吸取了托克维尔（Alexis de Tocqueville）的理论（包括他对多数人暴政以及民主文化之危险性的警告）。为了支持自治的自由（自我规范或自我管理）这一观点，穆勒赞成个人的自由，反对绝对平等。即使平等主义社会中不存在净经济损失，人们也终将失去言论解放、思想自由、宗教自由的权利，甚至是选择执政政府的权利。人们将看到平庸、狭隘的公众舆论的胜利，把反复无常和武断的同一标准强加于一切事物和每一个人。上述自由被认为是有利的，因为它们有助于自我表达、个人自治，从而利于追求幸福。像托克维尔和穆勒这样的理论学家认为，自由高于效率，这也是为什么他们经常被错误地与平等主义学说联系在一起。捍卫自由需要的不仅是提高效率。正如洛克、斯密以及美国开国元勋们所暗示的那样，哈耶克与米尔顿·弗里德曼（Milton Friedman）也会如此认为——对于托克维尔与穆勒而言，选择自由最终胜过了兄弟间的平等。自治是一种内在目标。财富之所以重要，其本身并不是目的，也不是消费主义的手段，而是实现个人成就的方式。这是自由学说经过修正的论点。财富最大化和效率衡量确实很重要，但这只是因为我们需要确认，这些政策能否让越来越多的人获得自治的机会得以最大化。

在考虑劳动贫困者的未来时，穆勒对"依赖与保护"理论和"自我依赖"理论加以区分。[34] 他坚信劳动贫困者会热爱自立或自我依赖理论所带来的自由感觉，并且会拒绝依赖理论所产生的政府家长式作风。穆勒抨击了一种假设，这种假设认为任何人都应当"在劳动人民的头脑中牢牢钉住这一想法：照顾他们的境况是别人的事，不需要自己进行任何自控；[以及]如果别人所拥有的比自己的多，那就是一个错误，或者至少是管理者的失职"。[35] 对于那些从事慈善事业，并认为贫困者只是因为缺乏物质资源而让自身变得异常的富有女性，穆勒对他们持有的这种想法表示惊骇。这只会让糟糕的局面持续下去。[36] 穆勒的理论中没有受害论。他支持 1834 年颁布的新《济贫法》，禁止"户外救济"，坚持认为穷人只能在条件不佳（控制饮食、监禁限制、与家人隔离）的济贫院里获得救济。济贫院旨在激励穷人就业，限制家庭规模。

穆勒与商业伦理

以下方面涵盖了商业伦理著作中所讨论的大多数主题：

1. 公司的性质与作用

2. 公司治理

3. 管理的作用

4. 员工的作用

5. 全球化

6. 平权举措

7. 企业社会责任

如果穆勒提出了洛克自由学说的一个新版本，且在其论述中倾向于市场，[37] 那么我们应当期待下述当代主题的应用。

1. 公司是一系列契约的联结点，旨在生产有利可图的产品或服务。公司可以作为私有实体、合伙企业或股份制公司进行运作。最早成立此类公司的是英国人，其历史可以追溯到 1553 年。东印度公司（The East India Company），也就是穆勒与其父亲的雇主，就是这样一家公司。1844 年，英国通过了《合股公司法》(Joint Stock Companies Act)；1856 年，这类公司被允许享有有限责任的特权。最初，这些公司大多由个人或家庭所有。后来，这种形式的所有权逐渐减少，因此现在大部分公司由一群不断变化的人群所"拥有"；这些股东选举出董事会，而董事会又任命管理层。股东可以在公开市场上自由出售股票。人们常说，股东是公司的"所有者"（基于传统单一所有权进行类比），不如说股东"拥有公司的股份"更为准确。

穆勒认识到，公司的成立可能出于各种目的，包括慈善目的。在《政治经济学原理》中，他关注的是那些旨在提供有利可图的产品或服务的公司。他最关心的是自治问题，其障碍之一就是令人无法忍受的贫困。解决贫困问题，穆勒有两大目标：提高生产力与更广泛的分配。[38]

可以对"财富的产生"进行科学分析，但"财富的分配"却在某种程度上是"人类制度的一大问题"。穆勒认同平等学说，即当下的分配是历史偶变的反映。穆勒充分意识到，财产分配的刻意改变（由政府控制）会影响整体生产力。他从未推行可能会导致总体财富减少的变革。

市场效率不可避免地会导致结果的不平等。改善分配并不会带来结果上的平等，但我们没有理由相信，自治取决于结果的平等。事实上，情况恰好相反；如果我以他人所得来定义自己，那么我的行为是他律的而非自治的。穆勒的确提倡征收遗产税（非遗赠）以削弱大型封建领地，而非大型生产性私营企业。

穆勒解决分配问题的方案倾向于市场：他主张以工人合作社的形式扩展股份制公司。合作社的设想是穆勒从傅立叶处获得的：

> 这一体系不思忖废除私有财产制和遗产继承制；相反，它公开将其作为生产分配、资本以及劳动力的要素之一纳入考虑。它提出工业运作应在自己选择的执行人的指导之下，由约两千名成员组成的联盟进行。在进行分配时，首先为社群中的每个成员安排生存的最低需求。在预先确定的劳动力、资本和人才三要素间，生产的剩余部分按照一定比例进行分享。社群资本可能由不同成员拥有不等股份，在此情况下，同任何其他股份制公司一样，他们将获得比例股息。每个人所索求的生产比例由其才能决定，根据个人在其所属的几组劳动者中所占

的劳动等级或劳动排行来估算；无论何种情况，这些等级都由他或她的同伴来决定。[39]

此处需要重点指出，穆勒明确指出，通过个人服务与努力可以获得社会差距。因此，根据功能与技能水平的区别，可能会出现地位差距。利润按受益进行分配。股东是主要信托责任人；此处不涉及利益相关者的多重信托责任概念。高管薪酬由股东决定。虽然穆勒规定管理人员的薪酬不超过薪水最高的工人，但他对工人的最高工资没有限制。简而言之，高管薪酬基于市场原则：在竞争环境中预估的才能与贡献。

因此，公司或股份制公司是一系列个体契约的联结点，而非由政府决定其目的的社会实体。这不是所有权的唯一形式，而是对现有的私人财产制的补充。协会之间的竞争是为了保证消费者的利益，最终保证其自身与"广义上的工业阶级"的利益，同时确保技术的进步。必要时，公有制也并不意味着国家管理。[40]

穆勒没有将整体经济视为合作社的集合，此类合作社只是在更大的市场经济中运作的一种所有制形式。[41]他也没有制定具体的工人合作社，并期望其能够永远持续。不难想象，在穆勒的观念中，工人合作社只是一种临时措施。工人可以自由地离开合作社，为包括传统公司在内的其他公司工作，可以组建（作为企业家）[42]自己的公司或是加入其他合作社。十分讽刺的是，如今硅谷的一家当代软件创业公司，其中的工人都为有限合伙人（另一种形式的有限责任制所有权），类似于穆勒的工人合作社。这些创业公司是当今资本主义的缩影，而非社会主义！穆勒的最终目标是（a）永久消除阶级差异，（b）建立一个个体自治的社会。

2. 公司治理最初以股东为中心，但最终以管理为中心。以工人合作社为例，与传统上市公司不同，工人集体拥有资本，并在自己选出和罢免的管理人员的指导下工作。此类情况下，股东和管理者是同一批不受董事会干扰的人。[43]此处并未提及管理层代表利益相关者；管理层的主要信托责任者还是股东和债权人。这似乎是在实现穆勒以股东为核心的公司的愿景。然而，如果有工人退出，资本"仍是一项不可分割的财产"。[44]如果股东离开，或多数股东最终被替换，公司（资本）依然存在，那么管理者的责任仍集中在股东身上。因此可以预见，在初始股东及管理者出现又离开之后，当前选举产生的管理层决定了公司的生存和发展方向。对公司而言似乎需要一个以管理为中心的模式。换言之，在最初形成公司的一批工人群体离开之后，长期的管理核心可能在很长一段时间之内，左右公司的方向。

3. 管理层与员工之间的关系是一种自治的契约关系。所有工人都是股东，所有经理人均由股东选举产生；然而穆勒并不是在倡导工业民主。只有股东才能为选举管理层进行投票。一旦经理人获选或改选，组织就会变得等级化。简言之，工人并不对所有政策进行投票，他们仅对决定政策的管理人进行投票或罢免。任何员工与管理层之间的关系都是一种契约自治的形式；除此之外，管理层在日常工作中与员工之间的关系是分层次的。

这一模型为穆勒带来的是消除所有者与工人之间的阶级差别。这正是美国等发达市场经济国家所发生的情况。公司鼓励利润分享，将股票期权和所有权作为员工的养老基金，支持员工流动。"所有者"和"工人"两个术语已经被合同意义上的"雇主"与"员工"取代。事实上，经理人是由股东选举产生的，现在也包括工人养老基金会。

4. 在雇佣条件下，员工凭借其意愿与权利展开工作。[45] 穆勒希望所有工人都把自己看作是自治的个体。因此，他反对工会制度，反对罢工，反对集体谈判。[46] 未来的趋势是利润分享。[47] 这相当于支持工作和就业的自由权利。[48] "尽管我理解并同情社会主义者在这一方面的实际目标"，穆勒表示，"但我完全反对他们的理论中最引人注目、最激烈的部分，即他们反对竞争的演说"。[49] 合同工正在取代工会和集体谈判。穆勒称赞这一趋势为"工会主义真正的安乐死"。[50] 笔者认为，穆勒会对此表示欢迎，并把当代形势下的现象与其合作社学说进行类比。

员工和股东可以在不影响公司生存的情况下离开。[51] 在这种竞争激烈的环境中，公司会争夺雇员："即使是劳动力市场中的竞争，不论公司间为劳动力展开的竞争是否已经超过了劳动者本身的竞争，这也是工资非低反高的来源，美国的情况正是如此。"[52]

5. 穆勒赞成全球化（全球自由市场的扩展）。根据穆勒在东印度公司的职业生涯以及他的其他著作可以明显看出，他已预见并支持世界从封建主义发展成为工业主义的趋势。与此一致的是，他也支持自由贸易。在其论文《简论不干预》（*A Few Words on Non-Intervention*）中，他对英国提出赞扬："该国家不损人利己，也不在其他国家非自由参与的情况下有所企图。它没有为单独的商业利益制定条约……为了掌握贸易自由，它一视同仁……英国的港口与贸易都是免费的……邻国皆如度假一般来去自由……国家也并不担心这一情况……并坚持摈弃其商人与商品中最善妒且心胸狭窄的部分。"[53]

6. 穆勒赞成精英主义和机会平等，而不是可以理解为任何形式的结果平等的平权行动。在其《女性的屈从地位》（*On the Subjection of Women*）一文中，穆勒提出，在男女关系中占主导地位的应是竞争而非习俗。同时他也声明，自己并非要求"有利于女性的保护性责任和奖励，而是要求取消男性现有的益处"。[54]显然，穆勒所倡导的不是结果平等，而是机会平等与法律平等。在他看来，家庭培育个体成为文明社会中的自主参与者。因此，尽管家庭生活的改革能够促进机会平等与自治，但是人们不能期待市场经济能够独立于这种改革而发挥作用。这种改革鼓励更负责任的生育以及向市民社会提供有才能的女性，这些女性目前并不被当下社会接受。除此之外，家庭生活的改革必须伴随着政治变革，例如允许女性以自由权利拥有财产和公民权。这是一种倾向市场的观点。[55]

7. 穆勒关于企业社会责任（CSR）的立场是倾向市场的。虽然他没有直接解释这一问题，但考虑到公司发展的初期阶段，穆勒的观点可以理解为"新自由主义"。[56]我们可以合理假设，穆勒应该支持公司采取自愿的政策，来管理其对经济、社会以及环境方面的影响。这与弗里曼的观点一致，后者提倡"企业的社会责任有且仅有一项——使用其资源参与旨在增加其收益的活动，只要符合游戏规则即可。换言之，公司参与公开、自由的竞争，而没有欺骗或欺诈的情况"。[57]

穆勒没有将企业社会的责任视为对企业主要目的的无理干涉与限制，他认为弗里曼的观点大体正确，但是从长远看来，公司所采取的社会责任政策可以是合理的，有利可图的。企业的社会责任还可以作为一种保险策略，以便最大限度地降低政府消极干预的风险。穆勒一直倾向于"将这件事交给自治组织去处理，因为他们更善于此道……我们甚至能够确信，在公职人员手中，这一工作本身会做得更好"。[58]

结　语

正如整篇文章所讨论的那样，穆勒的终极目标是实现由一个自治个体组成的社会和世界。这在他对政治经济学的讨论，以及对商业道德特定问题的建议中得到了清晰的反映："最终……通过合作原则，我们也许能目睹世界的变化，这种改变结合了个体的自由与独立，也结合了总生产所带来的道德、才智和经济上的优势；而且，我们也将意识到至少在工业领域，民主精神的最佳愿景是结束社会分配、追求多劳多得，也是消除一切社会差别、通过个人服务与努力公平获利。"[59] 通过关注自治而非广义的效用概念，我们得以发现穆勒与商业伦理之间的关系更加密切。

尾注注释

1. 自 Henry Sidgwick 的《伦理学方法》（*Methods of Ethics*）（1874）（Cambridge: University of Cambridge Press, 2011）与 G. E. Moore 的《伦理学原理》（*Principia Ethica*）（Cambridge: Cambridge University Press, 1903）两本书流行以来，批判穆勒的功利主义已然成为一项产业。"批判的并非穆勒自身学说而是拙劣的模仿之作，所以大部分对他的批判实则与其无关。那些作品都是对穆勒伦理哲学的解读。"［J. O. Urmson, "The Interpretation of the Moral Philosophy of S. Mill," in *Mill: A Collection of Critical Essays, ed.*］. B. Schneewind (Notre Dame, IN: University of Notre Dame Press, 1969), 180. John Skorupski 在其《约翰·斯图亚特·穆勒》（*John Stuart Mill*）（London: Routledge & Kegan Paul, 1989）第 9 章中总结了一些此类令人震惊的失实陈述。另见 Fred Wilson's entry on J. S. Mill in *The Stanford Encyclopedia of Philosophy*, ed. Edward N. Zalta, http://plato.stanford.edu/archives/spr2014/entries/mill/。

2. 某企业利用穆勒学说加以"解释"。参见 Nicholas Capaldi, "What Philosophy Can and Cannot Contribute to Business Ethics," *Journal of Private Enterprise* 22, no. 2 (Spring 2006): 68–86; Capaldi, "The Role of the Business Ethicist," *Ethical Perspectives: Journal of the European Ethics Network* 12, no. 3 (September 2005): 371–384。

3. "几乎所有现代关于道德行为的写作都始于个体人类选择并追求其活动方向的假说。需要解释的似乎不是这些个体的存在，而是他们如何获得对他人的义务以及这些义务的本质是什么……这在霍布斯的学说中十分明显……即使是个人主义结论被否定，这一自主个体仍是伦理反映的起点……道德包括对个性的认同。" Michael Oakeshott, "The Masses in Representative Democracy," in *Rationalism in Politics and Other Essays,* expanded

ed. (Indianapolis: Liberty Fund, 1991), 367.

4. 穆勒于 1854 年开始创作《论自由》，完成于 1859 年并于同年出版。《政治经济学原理》首次出版于 1848 年，《论自由》首次出版于 1859 年，《论代议制政府》首次出版于 1861 年。《功利主义》直到 1861 年才获得出版，最初发表在 1861 年 10 月至 12 月的弗雷泽杂志上。这一时期对穆勒观点的争论有所升级，其伦理学观点反映了许多他之前的公共政策工作。公共政策总结不仅是先前所制定的伦理学理论的应用。

5. *On Liberty,* vol. XVIII of *The Collected Works of John Stuart Mill,* ed. J. M. Robson et al. (Toronto: University of Toronto Press, 1977), 224. 对穆勒的一切引用皆来自 *Collected Works*（作品集）的完整版本，并会以如下引用形式注明在作品集中的标题与位置，如 *On Liberty, CW,* XXVIII, 358。

6. A. V. Dicey, *Lectures on the Relation between Law and Public Opinion in England during the Nineteenth Century* (London: Macmillan, 1908), 308 n. 2.

7. *Diary,* March 29, 1854, *CW,* XXVII, 664. "所有道德体系都对此行为达成一致，也只有如此，才符合自尊……［而且］符合他们所敬重之人的同理心，也符合利于所有人的公正考虑。" *Diary,* April 9, 1854, XXVII, 667.

8. According to R. P. Anschutz, *The Philosophy of J. S. Mill* (Oxford: Oxford University Press, 1953), 5: 穆勒 "完全是其时代的代表"，因为 "他作品中的某处或其他信息可以让你感知到十九世纪早期每一阵风潮的痕迹"。在《时代精神》(Chicago: University of Chicago Press, 1942) 第七卷的介绍中，哈耶克指出穆勒 "之所以成为其时代的代表，仅仅因为他拥有吸收新思想的珍贵能力。这使他得以关注其时代融合中重要的思想变化"。

9. 伯罗对洪保德所说同样适用于穆勒："关于人类如何在社会中丰富彼此的生活，他对这些方式抱有一种亚里士多德式的感受。同时他也有一种反亚里士多德式的感受，因为既不能预测也不能限制人类在道德与文化上的实验……对于该状态，［他拥有］一种非正式的预示，倾向对理想主义政治理论最大可能的全面性理解。"参见 J.W. 伯罗对洪保德的介绍，*The Limits of State Action* (Indianapolis: Liberty Fund, 1993), lvii。

10. 参见 Steven Lukes, *Individualism* (Oxford: Blackwell, 1973)，其中讨论了个人主义的概念。

11. 对穆勒而言，我们的最终利益并非达到某个特定的目的。通过同形异议的选择，我们可以消极的方式确保自己的最终利益，换言之，我们不能让除自己以外的人或事决定我们的选择；通过强调我们的自主选择和不限制未来自主选择的方式也可以积极证明这一点（例如，选择奴隶制）。这就是穆勒所认为的成为一名进步人类的意义。

12. 为了更加全面地阐述穆勒的功利主义，参观 Capaldi, J. *S. Mill,* chap. 9。

13. 穆勒 "发现边沁的伦理学需要通过增加以个人发展为基础的私德进行修正"。John M. Robson, *The Improvement of Mankind: The Social and Political Thought of John Stuart Mill* (London: Routledge & Kegan Paul 1968), 35.

14. "Remarks on Bentham's Philosophy," *CW,* X, 15.

15. *Autobiography, CW,* I, 209.

16. "Whewell," *CW,* X, 194.

17. *Utilitarianism, CW,* X, 249.

18. 同上，210, 此处穆勒指的是 Auguste Comte 的 *Systeme de politique positive*。

19. *Utilitarianism, CW,* X, chap. 2.

20. 同上，212。

21. 同上，235–236。

22. 关于自主性概念的进一步阐述，请参阅 Nicholas Capaldi and Gordon Lloyd, *Liberty and Equality in Political Economy: From Locke versus Rousseau to the Present* (Northampton, MA: Edward Elgar, 2016) 第六章中关于康德的讨论。

23. W. S. Jevons, "John Stuart Mill's Philosophy Tested," pt. 2 of *Pure Logic and Other Minor Works* (London: Macmillan, 1890), 200–201.

24. Nicholas Capaldi and Gordon Lloyd, *Two Narratives of Political Economy* (Boston: Wiley, 2010).

25. 非集制经济中的自愿合作社所拥有的财产是私有的，但不属于个体。

26. 穆勒指的是洛克关于劳动的论点，这一观点为亚当·斯密而非大卫·休谟所接受。

27. 穆勒明确表示他不赞成任何一种矫正原则。

28. 穆勒反对任何类似平权行动的行为，例如按额分配或其他标准及运作与竞争系统相悖的政策。

29. *Principles of Political Economy, CW,* II, 207–208.

30. 亚当·斯密，亚当·弗格森（Adam Ferguson）与邦雅曼·孔斯坦已经阐述了此类对分裂的批判。参见 Smith, *An Inquiry into the Nature and Causes of the Wealth of Nations,* ed. R. H. Campbell, A. S. Skinner, and W. B. Todd (Indianapolis: Liberty Fund, 1976), esp. V.i.f.50; Ferguson, *An Essay on the History of Civil Society,* ed. Fania Oz-Salzberger (Cambridge: Cambridge University Press, 1995), esp. 172–179, 206–207; and Constant, *Principles of Politics Applicable to All Governments* (Indianapolis: Liberty Fund, 2003)。

31. 参见 *Chapters on Socialism, CW,* I, 625。

32. 为了进一步阐述为何穆勒并不是市场经济的反对者，参见 Nicholas Capaldi, "Mill and Socialism," *Tocqueville Review* 33, no. 1 (2012): 125–144; Samuel Hollander, *John Stuart Mill on Economic Theory and Method* (London: Routledge, 2000); Pedro Schwartz, *The New Political Economy off. S. Mill* (Durham, NC: Duke University Press, 1972)。

33. *Principles of Political Economy, CW,* II, 207.

34. 同上，*CW,* III, Chapter VII, "On the Probable Futurity of the Labouring Classes"。

35. J. S. Mill to McVey Napier, the editor of the *Edinburgh Review,* November 9, 1844, *CW,* XXII, 411. 参见 *Principles of Political Economy, CW,* III, 643–644。

36. *The Subjection of Women, CW,* XXI, 330–331.

37. "在任何情况下，都要抛开应对强大对手的负担，不是针对那些反对之人，而是那些建议政府干预之人。自由主义简而言之即是惯例；除非伟大的利益所需，否则每一次背离自由都是恶行。" *Principles of Political Economy, CW,* III, 944–945.

38. *Principles of Political Economy, CW,* II, 199–214.

39. 同上，212。

40. 同上，*CW,* III, 956。

41. 同上，793。

42. "一名私人资本主义者如果是一个有能力的人，且免于身体控制，几乎比任何一个协会更有可能进行明智的冒险，并得到高额的改善回报……［因为］人才之间的竞争，一旦失败需要承担一切损失，如果成功也会获得更大的回报。"参见 *Principles of Political Economy, CW,* III, 793。

43. 十九世纪的"食利"资本主义很大程度上为企业家与金融资本主义所取代。企业家并非经理人；很难想象穆勒否定企业家精神，否定个人主义、竞争和经济增长的最高表现。

44. *Principles of Political Economy, CW,* III, 783.

45. 内幕交易与举报是可以理解的，不属于穆勒所讨论的问题。

46. *Principles of Political Economy, CW,* III, 930.

47. "Thornton," *CW,* V, 666.

48. *Principles of Political Economy, CW,* III, 783.

49. 同上，794。

50. 参见 Schwartz, *New Political Economy of f. S. Mill,* 103。

51. *Principles of Political Economy, CW,* III, 783.

52. 同上，795。

53. *A Few Words on Non -Intervention, CW,* XXI.

54. *Subjection of Women, CW,* XXI, Chapter I.

55. Nicholas Capaldi, "Evolving Conceptions of Women in Modrn Liberal Culture: From Hegel to Mill," in *Nature, Woman, and the Art of Politics,* ed. Eduardo A. Velasquez (Lanham, MD: Rowman & Littlefield, 2000), 295–311.

56. 参见 Theodore Roosevelt Malloch, "Corporate Social Responsibility," introduction to *Encyclopedia of Corporate Social Responsibility,* ed. Samuel O. Idowu et al. (Heidelberg: Springer, 2013)。

57. Milton Friedman, "The Social Responsibility of Business Is to Increase Its Profits," in *Morality and the Market: Ethics and Virtue in the Conduct of Business,* ed. Eugene Heath (New York: McGraw-Hill, 2002), 409.

58. *Principles of Political Economy,* CW, Ill, 955.

59. 同上，793。

第十六章　卡尔·马克思论历史、资本主义和商业伦理

威廉·H. 肖（William H. Shaw）

卡尔·马克思是具有世界历史意义的思想家。他深邃、睿智且多维的思想遗产改变了 20 世纪的进程，对各领域的思想家产生了深远的影响，其重要地位不言而喻。[1] 马克思自认为他的两个主要的理论成就是唯物史观，即"历史唯物主义"，以及对资本主义经济制度的详细分析，旨在揭示资本主义固有的发展趋势和其剥削的本质。[2] 在本章的前两部分，笔者将概述马克思思想体系的基本方面。以此为背景，本章还将梳理他对道德伦理的总体思考，尤其是商业伦理，探讨了其思想对商业伦理规范的影响。尽管马克思的思想对整个商业伦理提出了挑战，但他也可能提供一些新颖的分析方法。

马克思的历史唯物主义

正如弗里德里希·恩格斯（Friedrich Engels）所总结的那样：

> "一切重要历史事件的终极原因和伟大动力是社会的经济发展，是生产方式和交换方式的改变，是由此产生的社会之划分为不同的阶级，是这些阶级彼此之间的斗争。"[3]

在 1859 年所作的《政治经济学批判》[4] 的序言中，马克思本人对历史观做出了更为详细但仍简短的总结。马克思认为由生产关系构成的社会经济结构是社会的真正基础。"它是法律和政治上层建筑以及与之相适应的社会意

识形态的基础。"此外，社会生产关系本身同（社会）生产力发展的一定阶段相适应。

序言中写道，随着社会生产力的提高，现有的生产关系束缚了生产力的发展，两者便产生了矛盾。这种矛盾让社会开始分裂，人们在观念形态上或多或少地"意识到了这种矛盾并与之斗争"，于是"社会革命的时代"便开始了。矛盾的解决有利于生产力的发展，也有利于新的、更高级的生产关系的出现。出现新生产关系的物质条件已经在"旧社会的胎胞里成熟"，能够更好地适应社会生产力的不断发展。资产阶级或资本主义生产方式，是社会经济发展的几个进步时代中最靠近当下的一个，但也是最后一种导致阶级对立或阶级分裂的生产方式。随着资本主义的消亡，人类的史前时期也将告终。[5]

历史唯物主义的核心观点是，不同的经济制度和生产方式是人类历史发展的特征，会促进或阻碍社会生产力的发展。因此，社会生产力的发展可以解释人类漫长的历史发展轨迹。生产力是指社会在物质生产过程中的能力；它们不仅包括生产资料（工具、机器、工厂等），还包括劳动力——用于工作的技能、知识、经验以及其他才能。一般来说，生产关系是生产力与人在生产过程中的联系，生产关系和社会的生产水平相适应。生产关系可以相应地分成两类——物质关系和社会关系：一方面，物质关系构成了实际的生产过程；另一方面，经济控制关系（法律上称为财产所有权）可以控制商品的生产与交换及其发生的地点。[6]

生产力的发展决定了生产关系和生产方式，正如马克思在给帕维尔·安纳科夫（Pavel Annenkov）的信中写道："人们永远不会放弃他们所赢得的东西。"因此，为了保留自己所拥有的东西而不是"被没收文明成果"，必要时他们将改变先前的社会生产关系，以适应后天的生产力，促进生产力继续发展。[7]可以肯定的是，生产关系影响了生产力的发展动力和发展程度。资本主义的显著特点是生产力的无限扩大。然而，这点与唯物主义相一致，因为马克思的观点是，生产关系的出现恰恰是因为它们能够促进社会生产力的发展。反过来，由此产生的经济结构决定了法律和政治上层建筑。

在马克思主义的理论中，关于基础－上层建筑假设的性质和优点是最有意思的问题之一。很明显，马克思并不认为这种结构是经济基础的偶发现象，也并没有忽视法律和政治制度的必要性。特别是需要法律"约束现有秩序"，并使其"独立于任何意外和随机事件"。[8]这一职能本身赋予法律领域一定的自治权，因为现有的生产关系是以一种抽象的、成文的方式存在和合法化的，这种形式反过来又助长了一种错觉，即法律在经济结构方面拥有完全自治权。此外，在资本主义制度下，自由主义者之间的"合法的虚拟契约"掩盖了生产的真实本质，尤其是将雇佣劳动力和资本联系在一起的"无形的线"。[9]封建主义与资本主义不同，传统和习俗发挥着类似的稳定作用，也可以享有一定程度的自治权。在封建主义社会中，社会经济关系的真实本质与个人统治关系纠缠在一起，而个人统治也影响着封建社会的其他方面。[10]

哪些社会机构是上层建筑的适当组成部分，这是一个颇具争议的问题。马克思认为，社会的各个层面和领域在某种程度上反映了主导的生产方式，一个时代的主流意识是由其生产的本质所塑造的。某些思想的出现或广泛流传，是因为它们认可现有的社会关系，或对特定的阶级有利。然而，经济基础对法律和政治结构的决定性作用是相对直接的，而在其他社会领域中，对文化和意识的影响通常相对较弱且更为微妙。

阶级之所以出现，是因为在任何特定的生产方式中，人们都与生产力、产品存在着某些独特的关系。从现有社会生产关系的角度理解，个人经济地位确立了某一阶级所共享的某些物质利益，并决定了阶级成员的组成。因此，按照熟悉的资产阶级和无产阶级的定义，分别参考劳动力的购买和销售（以及生产资料的所有制或非所有制）。马克思思想的一个中心论点是，阶级地位决定了其成员的意识形态或世界观。基于其社会经济地位，每个阶级都创造了"由各种不同的、表现独特的情感、幻想、思想方式和人生观构成的整个上层建筑"。[11]但与此同时，"任何一个时代的统治思想始终都不过是统治阶级的思想"。[12]

物质利益的不同导致阶级分化，并引发阶级斗争，尽管其中所涉及的个体可能无法准确地理解对抗社会的真正性质。一个阶级的最终成败，是由它同生存力发展的生产关系所决定的；也就是说，"那些使一定的生产力能够得到利用的条件，是社会的一定阶级实行统治的条件"[13]。有能力和动力来改变或保持生产关系的阶级，需要适应生产力的进步才能确保自身的统治地位。对于马克思来说，无产阶级事业的最终成功，就像资产阶级的早期兴起一样，是由历史的基本潮流所保证的。然而，如古代社会中的奴隶起义，无论多么英勇，都是注定要失败的。

　　到目前为止，历史唯物主义认为阶级统治是迫使直接生产者扩大生产力，超越生存水准的必要和必需条件。马克思指出，"没有对抗，就没有进步"。"这是文明遵循的法则……到目前为止，生产力是通过这种阶级对立制度发展起来的。"[14] 然而，资本主义带来的巨大生产进步，消除了阶级统治的历史根基和持续发展的可能性，从而铺平了社会主义的道路。[15] 由于国家是统治阶级巩固其统治的主要工具，因此它将在后资本主义社会中逐渐消亡。

　　历史能够向前发展是由相互竞争的力量推动的，这一思想观点体现了马克思早期受到黑格尔思想的浸染。受黑格尔哲学思想的影响，马克思认为历史是分阶段前进的，具体来说，那些历史进程和历史力量是残酷的、压迫性的，但可以产生进步的结果。尽管马克思并不认可黑格尔的思辨哲学和唯心主义哲学，但他仍保留了辩证视角的某些方面——特别是将社会形态视为有机整体的观点。该观点认为，各种矛盾力量是辩证统一的，它们具有固有的发展趋势，并最终导致社会的冲突、变革与进步。这就是黑格尔辩证法所说的"神秘外壳中的合理内核"。正如马克思在《资本论》中所解释的那样，他的辩证法考虑到现存社会现实的流动性和瞬时性。谈及资本主义时，笔者会在下一节中，讨论"现存事物"需要同时"进行肯定和否定的理解，即对现存事物的必然灭亡"。[16]

马克思对资本主义的批判

　　马克思对其唯物史观的重述清楚地表明：思想观念——包括道德价值、伦理理想和规范性原则，并不是历史进步的深层原因和动力。个人及其所属的阶层可以从道德的角度来理解自身所处的社会环境，根据伦理理想、道德价值和道德原则来行事。但是，马克思认为这些思想观念的出现和广泛传播，首先是因为它们是社会经济阶层自我意识的载体，而只有得到统治阶层的支持时，这些思想才具有历史效力。

　　出于这个原因，马克思拒绝纯粹的[17]对资本主义（或是任何更早的社会经济秩序）做出的道德批评，认为这些批评具有误导性且是无关紧要的。这也是他和恩格斯将早期社会主义思想家，特别是克劳德·昂利·圣西门、查尔斯·傅立叶和罗伯特·欧文视为乌托邦理论家的原因之一。[18] 这些思想家认为，资本主义社会缺乏道德，并设计了新的社会组织来取代它。他们希望通过自己合理的想法和小规模的实验性实践来做出范例，引发社会变革，并最终以更好的制度来替代资本主义制度。虽然马克思和恩格斯认为乌托邦思想家们先前的著作具有一些价值，但他们认为，在发明取代资本主义的制度之前，乌托邦的社会主义者未能迈出关键的第一步，即理解资本主义的本质和真正的历史动态。相比之下，马克思和恩格斯认为他们的社会主义是科学的，因为它基于对资本主义的内在特征、内部矛盾和历史发展轨迹的分析。对他们来说，社会主义并不是"天才大脑的偶然发现"，而是历史无产阶级与资产阶级斗争的必然结果。[19] 只有理解产生社会主义的制度，并意识到自己是历史的推动者，工人阶级才能摆脱资本主义的枷锁。鉴于上述原因，马克思把他大部分的智慧都投入到对资本主义的经济剖析之中，这一劳动的成熟果实，即是他的伟大著作——《资本论》。[20]

《资本论》旨在描绘资本主义的法律和发展趋势，并揭示阶级社会所特有的剥削的确切特征。这本书试图削弱资本主义的自我辩护（如该制度的受益者和辩护者倾向于捍卫制度的运作方式），并揭示这些辩护具有倾向性和历史盲目性。例如，在分析被其称为"商品拜物教"的概念时，马克思认为人类劳动产品的交换价值虽然看起来似乎是一个客观的自然属性，但这一事实掩盖了劳动的社会性质和资本主义生产的历史偶然性。[21] 再如，资本主义的发展需要一定的历史先决条件——尤其是可投资财富的积累，一方面，无产者唯一的生产资本就是他们的劳动力，另一方面[22]，这些先决条件是通过暴力产生的，而且只能通过暴力产生。《资本论》描述了这一丑陋的历史事实，[23] 试图揭穿资本主义历来是从无辜的商品交换中自然成长的这一观点。

马克思并没有使用"资本主义"这一词，该词在他那个时代似乎并不常见。相反，他使用"资本主义生产"或"资本主义生产方式"，或简称为"资本"。什么是资本？其最简单的资本形式，便是商品流通遵循着 C–M–C 模式：一个人售出一种商品（C），再通过货币（M）这个媒介来获得自己想要的其他商品（C）。消费或满足某种需求（用马克思的理论来说这指"使用价值"）是简单资本流通的目标。然而，除了这种流通形式之外，还存在另一种流通形式，即 M–C–M 模式。这种模式的资本流通不是为了买而卖，而是为了卖而买。该模式的目的不在于获得使用价值，而在于获得货币和交换价值（这里不单单指获得交换价值，而是实现交换价值的增长），这便是 M–C–M′ 资本流通模式。这个公式是资本流通的一般公式，其中的值 M′ 等于其本身的价值加上增加的价值。[24]

M–C–M′ 是资本在流通领域的表现形式，但在《资本论》中，马克思也试图分析其在工业生产内部运作中的应用。工业资本家购买了生产资料（原材料、工具和机器、劳动力）以用于集中生产新的商品。接着，这些商品被售卖，资本家获得高于最初投入成本的货币，这一过程周而复始。但资本如何实现价值的增加？资本家的利润来自何处？马克思的劳动价值论回答了这些问题，该理论揭示了资本家对劳动的剥削，也是资本主义制度的核心。

根据劳动理论，商品的价值取决于生产该商品所需的社会平均必要劳动时间。这不仅包括直接生产该商品所涉及的劳动力，还包括购置或制造生产过程中使用的原材料和机器或其他固定资本所需的劳动力。任何商品的价格都取决于其所耗费的劳动时间（尽管供求关系的变化可能会推动其价格暂时高于或低于其价值）。因为劳动力本身就是一种商品，其价格——劳动者所得到的工资，就像任何其他商品的价格一样——是由生产它的劳动力成本决定的。就劳动力而言，不仅反映了工人的饮食、衣着和住房成本，还包括教育和培训工人习得某种技术使其达到一定水平，以及对下一代工人的养育成本。因此，一个工人的劳动力价值是由生产该劳动力所需的社会必要劳动时间决定的。

为了便于说明，假设每天需要 4 个小时的社会必要劳动时间来培养（或为其提供食物、衣服和培训等）一名技能达到平均水平的工人。如果工人的工资等同于 4 小时劳动时间所产生的价值，那么他就得到了适当的报酬，因为这是他带给市场的商品价值（即他的劳动力）。但马克思认为问题的关键是，资本家不会只让他的工人劳动 4 个小时，我们假设劳动时间为 10 个小时。这样一来，工人每天生产出 10 个小时的劳动价值，却只获得了 4 个小时的劳动力价值。这种劳动创造的价值和劳动力价值（工人每天的劳动报酬）之间的差额，马克思将之称为"剩余价值"。这种剩余价值是资本主义理论的源泉。通过这样的阐释，马克思认为他揭开了利润来源的神秘面纱，即，雇佣劳动是经济剩余的来源，而经济剩余是资本主义生产的基础。更直白地说，奴隶制是古代社会经济剩余的来源，而农奴制是封建社会的经济剩余来源。

马克思的劳动价值理论建立在古典经济学概念框架的基础之上。事实上，除了斯密和李嘉图是公认的古典经济学家鼻祖，马克思可以被视为最后一位伟大的古典经济学家。自19世纪晚期的边缘主义革命以来，主流经济学已经摒弃了劳动价值理论及其类似的一些经典分析法。一些马克思主义者认为，这样做是为了避免马克思从中汲取的含义。但这样的指控经不起时间的推敲。[25] 即使笔者所描述的理论模型以及马克思在《资本论》第一卷中详细阐述和辩护的理论模型，能够在最普遍的反对意见中站稳脚跟，但一旦人们罔顾其中的某些简单假设，该理论就会面临更多的质疑。马克思意识到了这些问题。[26] 从历史上看，马克思主义者从一而终地坚持拥护劳动价值理论，因为他们想要坚持对资本主义剥削劳动的指控。但是，有人可能会质疑这样一种观点，即劳动价值理论对于指责资本主义剥削本质是必要的，甚至是合理的依据。[27] 在马克思所处的时代，已经有哲学家、政治理论家等对"剥削"提出了截然不同的概念。或许我们可以这样理解，资本主义建立在对劳动力系统剥削的基础上，而不依赖于劳动价值理论，或者不依赖于任何完善的经济理论。[28]

无论如何，尽管马克思以严谨和细致的态度揭示了资本主义制度的核心——剥削，但他并没有止步不前。他还致力于描绘出资本主义的发展趋势（例如，从以劳动分工为基础的制造体系，变成以机器化生产为基础的现代工厂体系，而不是专业化的基础人类劳动），阐明资本主义所面临的越来越多的经济矛盾将使资本主义制度更为动荡和危机四伏。

正如马克思在《资本论》中所指出的那样，这些矛盾始于这样一个事实，即制度在两种相反的趋势下运行：一方面，它不断寻求减少生产商品所必需的劳动时间；另一方面，它试图最大限度地占用剩余劳动力。此外，马克思认为，资本主义生产的本质受竞争驱使，导致资本家需要不断扩大生产规模，提高资本的集中程度。随着资本再生产的逐步扩大，无产阶级的人数也在持续增加。虽然需求会带来工人工资的上涨和工作条件的暂时改善，但当工人的待遇改善到一定程度后，收益刺激逐渐减弱，资本积累开始放缓，劳动力价格就会再次下降到与资本需求相对应的水平。因此，马克思认为，"劳动的剥削程度不会减轻"，并补充说："在现有的生产模式下，工人的存在就是为了满足［资本的］需求，除非情况相反，即客观存在的财富是为了满足工人个人发展的需求，只有在这种情况下，劳动力价格才会上涨。"[29] 对于马克思来说，这表明任何试图改革资本主义的尝试都是徒劳的，因为这些改革仍然保留了资本－劳动关系的基本特征。

《资本论》的第一卷强调资本主义制度的矛盾。资本主义造成社会两极分化，少数人拥有了越来越多的财富，而另外一些人则承受着日益增长的痛苦与压迫。《资本论》的第二卷和第三卷详细说明了其他更纯粹的经济矛盾，而这些矛盾仅在卷一中被暗示——特别是利润率下降的趋势、限制群众消费而导致缺乏有效需求、不同生产部门之间的不平衡，以及资本流通的不平衡（包括信贷链扩展的不稳定影响）。[30] 马克思认为，总的来说，资本主义制度越来越无法管控它所产生的、有巨大潜力的生产力。随着压迫和不平等现象的日益增长，资本主义的发展受限，无法在历史上发挥进步作用。这时，只有社会主义才是进步的，而工人阶级（资本主义促使形成的阶级）是发起变革的主力军，他们凭借自身的经验逐渐意识到自己的集体身份和历史使命。在为社会主义奋斗而追求自身利益的同时，也促进了整个人类的福祉。

虽然马克思对资本主义进行了严厉的批评，但他强调资本主义通过不断变革生产方式，以及现有的思想观念和社会关系，在历史上发挥了进步的作用。以"不动声色地改变社会条件"和"永恒的不确定性和驱动力"为特征，资本主义扫除了"所有固定的、僵化的社会关系，还有与之相随的陈旧偏见和观点"。所有新生的社会关系在它们站稳脚跟之前就被资本主义扫除了。[31] 此外，随着资本主义的扩张，它迫使所有国家，无论多么落后，哪怕冒着"灭绝的风险"，也要采取资本主义生产方式。这样一来，它"便按照自己的形象创造了一个世界"。[32]

马克思思想的规范性维度

马克思并不认为自己是一个道德主义者。他认为自己的唯物史观，以及对当前社会经济秩序的分析是客观和科学的，特别是他对资本主义的批判是建立在其客观倾向和矛盾的基础之上，而不是基于任何正义或权利的抽象原则。尽管如此，哲学家们和其他学者一直在争论马克思思想是否暗含了某些道德原则，以及它对资本主义的批判是否规范。

争论的焦点在于马克思是否认为资本主义是不正义的。关于这一点，已经有很多讨论。[33] 一方面，马克思对资本主义进行猛烈谴责，批判其为了极少数工业巨头的利益而牺牲广大人民的福祉，制造了苦难、肮脏和堕落。这样看来，马克思当然认为资本主义制度是不正义的。事实上，对"剥削"的指控本身就意味着不正义，尤其在马克思认为，更公平、非剥削性的物质生产资料分配已经成为可能的情况下。[34]

另一方面，马克思从未明确指出资本主义是不正义的，或者指责其未能达到未来社会主义或共产主义的分配标准。他反复强调资本主义的剥削是在既定的市场规范内进行的。劳动者没有被欺骗，而是获得了相当于自身商品全部价值的工资。至少，从这个角度看，双方之间的交易是正义的。更广泛地说，马克思强调生产当事人之间特定交易是否正义，取决于这种交易是否是从生产关系中作为自然结果产生出来的，而不是取决于交易的内容："只要（交易内容）与生产方式相适应，就是正义的；只要与生产方式相矛盾，就是非正义的。在资本主义生产方式的基础上，奴隶制是非正义的；在商品质量上弄虚作假也是非正义的。"[35] 同样，恩格斯写道，这种"永恒"正义的概念始终不过是对现有经济关系的理想化和美化的表达。[36]

那么，马克思到底认为资本主义是正义的还是不正义的？马克思的思想中有充分的证据来分别支持这两种具有分歧性的观点，这也导致一些人认为马克思不能坚持自己的立场，或者说可能不清楚，甚至是误解了自己的立场。[37] 但设想，马克思有意避免正式地指责资本主义的不正义，因为他严谨地将"正义"一词视为服务于特定社会生产关系的一种功能。如果假设成立，首先要注意的是，马克思采用了一种司法上的正义观念，这个概念与法律法规相关，法律法规所反映的标准在功能上适用于一种特定的生产方式。只有在这种有限的正义概念之下，认为"剥削"是正义的或认为马克思所说的"盗窃"和"抢劫"事实上是合法且公平的，这种观点才有意义。即便如此，也很难相信马克思没有讽刺资本主义。无论如何，从其意义和角度看，资本主义可能是正义的，但从其他的方式或更广泛的角度看，资本主义就是不正义的。此外，马克思对资本主义的看法也不能完全被批判为不正义。如果

《资本论》对资本主义的描述准确，那么人们就有充分的道德理由抗拒它——因为资本主义制度阻碍了人类的发展与繁荣。这样做并不需要诉诸任何复杂或有争议的规范准则。

虽然，对于资本主义是否正义这一观点，马克思是个相对论者，但他并不是一个普通的相对论者。可以肯定的是，马克思的唯物史观通过把社会的道德观念植根于其生产方式中，提出了某些伦理相对主义。如果相对主义是正确的，那么根据定义，它对资本主义的批判就有相关的理论基础。致力于为社会主义而斗争的无产阶级要想反对资本主义伦理，只有基于与社会主义秩序相适应的规范，才能对资本主义的道德进行批判。然而，严格地说，马克思对道德观念社会化的强调并不意味着任何形式的相对主义。人们可以完全接受马克思关于社会经济发展的唯物主义观点，但同时也可以相信，有些规范性概念和原则的有效运用并不局限于特定的生产方式。因此，即使早期社会认为，奴隶制是可行的且也想不出更好的制度，人们仍然可以认为奴隶制是错误的，即使在某种意义上，奴隶制是人类社会进程中不可避免的必然一步。尽管马克思和恩格斯从未有明确地将奴隶制描述为"不正义"，但他们认为奴隶制是残忍和可怕的，并且钦佩那些反抗奴隶制的人。[38] 此外，在日常生活中，他们自由地使用一些道德语言，尤其是一些"厚"的伦理概念，如懦弱、不诚实、虚伪等，这些是道德常识中不可避免的一部分。[39] 因此，社会主义者在提倡推翻阶级社会的过程中，似乎可以更容易地诉诸某些基础的、完全合法的道德观念或人道主义观点。

然而，即使笔者的观点正确，马克思也不认为对资本主义的道德批判是富有成效或至关重要的。[40] 重要的是，资本主义不仅为社会主义铺平了道路，而且创造了实现社会主义的力量。然而，如果与马克思的观点相反，当代马克思主义者既不相信社会主义是不可避免的，也不相信内在的经济或历史趋势在推动我们走向社会主义，那么对资本主义的道德批评可能是至关重要的，因为只有人们相信自己需要推动社会的发展，社会主义才会产生。此外，设想和构建一个后资本主义未来，需要明确和完善规范标准，这些标准将成为新社会的特征。

马克思很少谈及社会主义和后资本主义社会秩序的确切本质。与之前时代的乌托邦社会主义理论家不同，马克思的著作"没有为未来的食堂开出调味单"。[41] 然而，在《哥达纲领批判》一书中，他指出虽然社会主义最初会遵循按劳分配的原则，但在更高的发展阶段，社会主义才能完全超出"资产阶级权力的狭隘眼界"，达到"各尽所能，按需分配"的原则。[42] 这一理想从何而来，又有何依据？马克思认为按劳分配原则适用于从资本主义中过渡出来的社会，但未受剥削、团结一致的人们，会超越市场道德的残余，选择"各尽所能，按需分配"这一层次更高的原则。如果理性选择了"按需分配"的原则，且不说使其制度化的确切方式，[43] 那么该原则必须依赖于道德论证，而共产主义的人们似乎更适应思考道德问题，而不受扭曲的阶级意识的影响。在《资本论》卷三中，一篇非常著名的篇章印证了这一想法。在书中，马克思认为虽然社会主义会通过理性的社会合作将自由引入生产领域，但只有在物质需要范围之外，以缩短日工作时长和发展人类力量为目的，真正的自由才能实现。[44] 这表明，在自由的领域里，人们可能会做出与其社会制度无关或受其限制的道德判断，这种判断不因物质条件稀缺而扭曲，因而更为人性化。[45]

马克思对商业伦理的思考

仅追溯马克思对历史、社会、经济学的思考，即对后世的历史学家、经济学家、社会学家、政治理论家产生了深远的影响，这将写成一部多卷本的大部头著作。相比之下，马克思的著作却对商业伦理领域影响不大。除了教科书上对马克思的介绍之外，几乎没有商业伦理文献对马克思及其思想对商业伦理的影响进行探讨。[46] 尽管如此，马克思思想仍然对商业伦理具有一定的借鉴意义。

首先，在《资本论》和其他著作中，马克思明确表明他的矛头指向一种经济制度，而不针对资本家个人。资产阶级在经济结构上发挥了决定性作用。作为资本的化身，马克思只将他们视为一定社会关系的"承担者"。[47] 他认为，资本本身具有扩张的基本动力；就其本质而言，它追求无限扩张，而资本家是其代表。[48] 在《资本论》中，马克思提供了一种资本主义模型，或将其作为一种理想社会制度类型来研究：只要一个人承担了资本主义的角色，那么他就必须做出相应的表现。例如，如果一个人是资本家，那么竞争将迫使他尽量降低生产成本。这无关个人选择，至少不同于"一开始是否选择成为资本家"这样的个人选择。所以，马克思认为自己的研究在于解释资本家的行为，而没有批判资本家们所扮演的社会角色。当然，他也知道资本家们和所有人一样，在性格和观念上各不相同。无论如何，恩格斯就是一位资本家，他只是做了经营一家制造企业所必需的事情，例如，勤勉地处理公司事务，解雇生产力低下的工人，[49]但他却一直鄙视自己所处的经济制度。在马克思来看，这些个体差异并不存在。无论资本家是否善良，是否有道德，是否对工人的困境表以同情，都不会影响对资本主义制度运动规律的分析，也不会改变资本家的意愿和行事方式。

其次，马克思也清楚地认为，资本家往往具有各种令人鄙夷的性格特征，如吝啬、斤斤计较和贪得无厌。他认为，这些性格特征反映了资本的本质，即对利润的不懈追求。资本家也倾向于以意识形态、自我奉承的方式来理解世界，并故意无视对制度的有害影响，而他们却是该制度的主要受益者。这一点也在意料之中。显然，马克思明确希望揭穿资产阶级这种狭隘、自我开脱的世界观。《资本论》中就充满了他对资本家及其支持者的讽刺与批评。尽管如前所述，在马克思的著作中，从《共产党宣言》到《资本论》，他肯定了整个资本主义制度对生产力发展的巨大作用，但确实很难找到马克思赞扬资本家富有远见、积极主动或有实干精神的例子。在他看来，资本家一种是缺乏人性的样本类型。资本家的行为既不值得钦佩，也不值得效仿，他们和资本主义制度一样扭曲，与无知且饱受压迫的无产阶级相比，更缺乏人性。

虽然人们不能批评资本家的存在及其价值观，但市场也有一定的规则。一旦制度发挥作用，其参与者必须最大程度地遵循这些规则。从马克思的角度来看，一些资本家将资本主义制度的规则应用于自身，做出破坏市场规则的行为，如欺骗供应商或出售欺诈性商品，人们对此进行批评完全是可以理解的。那么，这里便涉及了商业伦理的领域，但它仅限于批评通过瞒骗、武力或欺诈等行为来破坏市场竞争规则的市场参与者。[50]虽然马克思认为这种道德批评是完全正当的，但这对他没有理论意义，也没有政治意义。个人偏离规范，甚至是资本家长期受诱惑而违反制度，这些并不重要。正如我们所看到的，资本主义剥削并不依赖于欺骗；它清楚真实地存在于游戏规则之中。由于商业伦理的关注点在于确保市场参与者理解并遵守市场规则，马克思将其视为一个与历史无关的研究话题。

资本主义倾向于创造或强化动机，诱使市场参与者打破游戏规则，是一个重要的见解，也是商业伦理面临的基本挑战之一。对于马克思来说，这可能是资产阶级所面临的几个集体行为问题中最无关紧要的一个。资本家所有的行为问题都反映了这样一个事实：资本家经常为追求个人利益，而不惜损害集体利益。国家（"管理整个资产阶级共同事务的委员会"）[51]可以解决其中一些问题。其他问题则代表了资本主义制度的基本矛盾，如利率下降或有效需求受限的趋势。随着资本主义的日渐成熟，负面影响也将越来越严重。

《资本论》主要研究资本家世界，但如今人们生活在一个以公司为主导的世界，这对马克思的分析有何影响？马克思意识到股票公司在经济发展中扮演着越来越重要的作用。[52]只有垄断与联合，控股公司和股票公司才能将生产规模扩大到超出个人资本家的范围。所有权与经营权分离；生产不再以个人所有和个人直接管理的企业为基础；资本主义生产方式试图对混乱的生产施加一种社会控制。目前所指的企业资本主义，就是"在资本主义生产范围内，废除资本作为私有财产的制度"。[53]然而，没有证据表明马克思研究了公司形式的资本。这种资本形式在马克思之后的时代得以巩固，因为它遵循不同的经济逻辑，也不像单个资本家那样过度追求利润最大化。但马克思没有意识到，除了利润最大化，管理者可能会追寻其他的目标。虽然马克思意识到所有权和经营权之间可能存在差距，[54]但他并没有足够的先见之明来预见其对当代资本主义的重要性——尽管他的理论可以解释资本主义的发展。

所有权和经营权之间的差距，比单纯遵守市场规范更能体现商业伦理的承诺。这是因为，如果公司管理者不仅仅是资本的化身，而且可以在某种程度上被视为代表了整个社会的利益，那么即使是对马克思主义者来说，企业社会责任的概念也开始会有实质性内容。企业领导者有时候会用"社会责任"来描述自己的工作，但人们是否认可这种观点，仍是一个备受争议的问题，并且很多人怀疑这样的宣言是否具有任何现实意义。在这方面，马克思认为在资本主义框架下，从任何意义上讲，对社会负责的企业行为是无法实现的，甚至是无法接近的。尽管对"履行社会责任"的需求也从侧面肯定了生产必须摆脱利润动机的束缚和扭曲，但这也使资本主义滋生了可以在自我制度中改革的幻觉。对马克思而言，这种改革是完全不可行的。

马克思认为，脱离利润的本质向企业倡导社会责任并试图说服企业承担道德责任，都是徒劳无用的、不现实的、乌托邦的想法。此外，这种想法会适得其反地模糊资本主义的真实本质，分散人们完全推翻资本主义这一必要任务的精力。马克思认为，"要相信，资本主义制度的根本改革是完全不可能的，只有彻底推翻资本主义才是唯一可行的"。只有马克思的这一观点是错误的，资本主义才有可能真正地推动企业关注除利润之外的事务，或真正地承担深刻的社会责任。

结语：马克思主义下商业伦理——一些可能性

可以看出，马克思严厉批评了商业伦理的概念。但是，今天的马克思主义者可能很想知道，为何关于商业伦理的研究如此盛行？为什么近几十年来人们对它如此关注？一些马克思主义者认为，商业伦理，特别是商业伦理教育，满足了当代资本主义社会的某些重要需求。[55] 首先，它有助于使现有制度合法化，尤其是使非主要受益者认可该制度，向其保证尽管目前仍在为这一制度工作，但他们仍然可以继续成为正直的人。其次，它有助于限制资产阶级的个别成员以牺牲自己的阶级为代价来追求个人利益，还有助于鼓励他们考虑更广泛的社会问题，即若是没有商业伦理的参与，制度将不复稳定。商业伦理是否真的有这些功能还值得商榷，但就算如此，也很难从"因为 X 承担了某种社会功能 Y，所以 X 存在"这一命题中推断出商业伦理存在的原因。此外，还需要解释一些因果关系，特定个体如何以及为何采取某些行动来引导 X。但抛开这一点，即使 X 的存在确实是因为最初履行了一些社会功能或满足了制度中未实现的需求，这一事实并不意味着 X 不能因其他因素而变化或发展。因此，即使"商业伦理的功能是其出现和发展的原因"这一论述成立，商业伦理仍可能向着与现有制度的需求无关甚至相悖的方向发展。

与此相一致的是，其他一些马克思主义者与其说是试图揭穿商业伦理，不如说是参与商业伦理。其中一些人秉承着马克思主义的精神追求商业伦理，捍卫了马克思批判资本主义所提出的各种主张，其中包括：工人被迫出卖自身的劳动力；工人在资本主义体制下被彻底剥削；他们缺乏重要的自由；他们因道德上令人反感的问题而被人疏远；资本主义将他们视为达到目的的手段；侵犯他们拥有的各种权利；生产资料的私有制缺乏道德依据；以及资本主义以不正义的方式分配社会经济负担和经济利益。[56] 这些都是大胆的、具有挑衅性的争论。这并不意味着其中一些或全部命题不能得到支持或证明，而是要想做到这一点，需要适当地参考某些道德规范；也就是说，我们必须要替这些命题进行辩护。在这一方面，马克思所能提供的帮助，远不如他对当代道德和政治理论那么熟悉。此外，按照这样的分析方法，人们很快就能学会处理一些非常抽象的问题，例如，压迫的本质、自由的意义、剥削是否总是不公平的，或经济正义理论的相对优点。这些问题很难回答，还会使人迅速偏离对商业伦理应用的关注。

但是，假设有人试图用马克思主义来解释这些问题，那么他需要在马克思启发的方式下，正确对待商业伦理，而不是批判资本主义或奉行左翼社会哲学。那么如何进行呢？以下提供几点相关建议。首先，人们要考虑所有的商业伦理问题，如告密、药物测试、CEO 薪酬、商业与自然环境的关系及员工的权利和责任；从更大的背景下思考，还要考虑阶级划分、权力不平衡和资本主义的经济要求对商业伦理的影响。[57] 作为一名教授商业伦理的教师，应该鼓励学生超越某一个案例所带来的道德研究困境，转而研究其中层次更高的社会和经济力量。

其次，人们应该努力将自己的分析从概念和原则（如自由契约、员工共识或资本权利等）的限制中解放出来，这些概念和原则都是抽象的、法理的或意识形态的。也就是说，人们会以一种既不反映资本主义世界观，又不用假设现有制度是合法或必要的方式来分析商业伦理和社会难题。在实践中，这意味着从那些为谋生而工作的人，或者更广泛地说，从社会弱势群体的角度来看待事物。

第三，如果商业领域的员工、经理或其他人表现得不诚实或做出有害于社会的举动，那么关键要分析诱使他们这样做的环境因素。从马克思主义的角度来看，个人的不法行为不是问题的核心，核心在于导致这种渎职行为的社会和经济结构。秉承着马克思主义精神来分析商业伦理的人，也会强调资本主义是如何使人道德沦丧，并影响和同化他人的。[58]

最后，有人可能会指出某些商界的正面例子（如认真对待员工权利和福利的共同管理公司）。但分析的重点在于，展示人们正在尝试解决的道德问题的棘手特征，以及在当前社会经济秩序下圆满解决这些问题的不可能性（极个别情况除外）。因此，具有马克思主义倾向的商业伦理家将会运用哲学分析各种商业伦理问题，并以此为跳板发起更为广泛的社会批判，最终引发社会变革。换句话说，商业伦理的核心要义不仅仅是"解释世界"，而是"改变世界"。[59]

尾注注释

1. 关于马克思死后，马克思主义者们的主要观点，参见 Leszek Kolakowski, *Main Currents of Marxism,* 3 vols. (New York: Norton, 2008)。据笔者所知，目前关于马克思更广泛的知识遗产或其在不同学科领域具体观点的影响，都没有详细全面的学术综述。

2. Frederick Engels, "Karl Marx" and "Speech at the Graveside of Karl Marx," in Karl Marx and Frederick Engels, *Selected Works* (Moscow: Progress Publishers, 1969—1970), 3:83–87, 162–163.

3. Engels, *Socialism: Utopian and Scientific,* in *Selected Works,* 3:103.

4. Karl Marx, preface to *A Contribution to the Critique of Political Economy,* in *Selected Works,* 1:503–504. 作为马克思唯物主义观点的指南，尽管其可靠性并非没有受到质疑，但因为他从《资本论》引言中引用了几句关键表述，因而其权威性得到了加强。Karl Marx, *Capital: A Critique of Political Economy,* vol. 1, trans. Ben Fowkes (Harmondsworth, UK: Penguin, 1976), 175n.

5. Preface to *Contribution to the Critique,* 504. 为了分析和讨论马克思的理论，参见 William H. Shaw, *Marx's Theory of History* (Stanford, CA: Stanford University Press, 1978); G. A. Cohen, *Karl Marx's Theory of History: A Defence,* expandeded. (Princeton, NJ: Princeton University Press, 2000); Allen W. Wood, *Karl Marx,* 2nd ed. (London: Routledge, 2004); and Jon Elster, *Making Sense of Marx* (Cambridge: Cambridge University Press, 1985).

6. Shaw, *Marx's Theory of History,* 28–42; cf. Cohen, *Karl Marx's Theory of History,* 34–36.

7. Marx, "Letter to Annenkov," in *Selected Works,* 1:518–519. 也见 William H. Shaw, "Historical Materialism and the Development Thesis," *Philosophy of the Social Sciences* 16, no. 2 CTune 1986): 197–210。

8. Karl Marx, *Capital: A Critique of Political Economy,* vol. 3, trans. Ernest Untermann (Chicago: Charles Kerr, 1909), 921.

9. *Capital,* 1:719.

10. 同上，170。

11. Marx, *The Eighteenth Brumaire of Louis Bonaparte,* in *Selected Works,* 1:421.

12. Marx and Engels, *The German Ideology,* in *Selected Works,* 1:47.

13. 同上，40。

14. Marx, *The Poverty of Philosophy* (New York: International Publishers, 1963), 61.

15. 对马克思而言，社会主义以其合理、人道和平等的生产秩序，使人类能够收获资本主义所创造的全部生产成果；社会主义不像资本主义那样坚持不懈地追求生产力的最大化，甚至是以直接生产者为代价。

16. *Capital,* 1:103.

17. 笔者所说"纯粹的"道德，是因为马克思对资本主义的分析具有规范性。

18. 尤其是参见 Engels, *Socialism.* On Owen, see *Capital,* 1:189n and 635n。

19. Engels, *Socialism,* 132.

20. 对于马克思经济思想进行富有同情心的阐述，可参见 David Harvey, *A Companion to Marx's "Capital"* (London: Verso, 2010); and Michael Heinrich, *An Introduction to the Three Volumes of Karl Marx's "Capital"* (New York: Monthly Review Press, 2012)。

21. *Capital,* vol. 1, chap. 1, sec. 4.

22. 同上，1:873–874 and 926–927。

23. 在这段历史中，"充满了征服、奴役、掠夺、杀戮，简而言之，武力发挥了最大作用"。资本来到世间，"从头到脚，每个毛孔都滴着血和肮脏的东西"。*Capital,* 1:874 and 926.

24. 参见 *Capital,* vol. 1, chap. 4, "The General Formula for Capital"。

25. 具有代表性的批评意见，参见 Elster, *Making Sense of Marx,* 127–141。不幸的是，很多马克思主义者倾向于忽视主流的批评；参见 Harvey, *Companion to Marx's "Capital";* Heinrich, *An Introduction to the Three Volumes;* Ben Fine, "Labor Theory of Value," in *The Elgar Companion to Marxist Economics,* ed. Ben Fine and Alfredo Saad-Filho (Cheltenham, UK: Edward Elgar, 2012), 194–199。相比之下，一些当代经济学家对劳动价值理论提出了创造性的、复杂的数学解释。例如，Michio Morishima, *Marx's Economics: A Dual Theory of Value and Growth* (Cambridge: Cambridge University Press, 1973), pt. 1. In the 1970s and 1980s, Piero Sraffa's slim, elegant work, *Production of Commodities by Means of Commodities* (Cambridge: Cambridge University Press, 1960), 重新激发了人们对李嘉图和马克思劳动理论的兴趣。

26. 关键的问题是，资本家从劳动密集型还是从资本密集型产业获得平均利润率？但是，如果劳动本身就是剩余价值的来源，那么利润又如何产生？马克思意识到这个问题，但并未在《资本论》第一卷中进行深入分析。他把这一问题放在第三卷，恩格斯不得不在马克思死后从其手稿中进行收集。马克思在书中明确指出，个体资本家所享有的利润，不是由他拥有的特定商品所包含的剩余价值所产生的。相反，他认为资本及所得到的平均利润率，是由整个系统产生的剩余价值所决定的。马克思的解决方案是否有效，或者能否付诸实践——也就是说，无形的价值能否以某种可理解的方式与有形的价格联系起来——被称为"转型问题"。自从 Eugen von Bohm-Bawerk 出版 *Karl Marx and the Close of His System* (London: Unwin, 1898) 之后，尽管这一问题十分深奥，但人们一直对其争论不休。关于更有价值、更深刻的讨论，参见 Paul A. Samuelson, "Understanding the Marxian Notion of Exploitation: A Summary of the So-Called Transformation Problem between Marxian Values and Competitive Prices," *Journal of Economic Literature* 9, no. 2 (June1971): 399–431; William J. Baumol, "The Transformation of Values: What Marx 'Really' Meant (An Interpretation)," *Journal of Economic Literature* 12, no. 1 (June 1974): 51–62。

27. G. A. Cohen, *History, Labour, and Freedom: Themes from Marx* (Oxford: Oxford University Press, 1988), 208–238.

28. 同上。也见 G. A. Cohen, *Self-Ownership, Freedom, and Equality* (Cambridge: Cambridge University Press, 1995), 195–197; and John E. Roemer, *Free to Lose: An Introduction to Marxist Economic Philosophy* (Cambridge, MA: Harvard University Press, 1988), 124–147。

29. *Capital,* 1:771–772.

30. 当然，这在 2008 年的金融危机中表现得尤为明显。

31. Marx and Engels, "Manifesto of the Communist Party," in *Selected Works,* 1: 111.

32. 同上，112。尽管马克思预见到了全球化这一趋势，讨论了殖民主义在资本主义的建立和巩固中所起的作用，但他对帝国主义的现代意义却只字未提。这留给了后来的马克思主义者，尤其是列宁。帝国主义在列宁看来代表了马克思时代只有发展起来的资本主义新阶段（帝国主义的出现有助于解释资本主义为何还未崩溃）。参见 Vladimir Ilyich Lenin, *Imperialism: The Highest Stage of Capitalism* (London: Penguin, 2010)。

33. 参见 Stephen Lukes, *Marxism and Morality* (Oxford: Oxford University Press, 1985), esp. chap. 4; Norman Geras, "The Controversy about Marx and Justice," *New Left Review* 1, no. 150 (March-April 1985), 47–85; and Hon-Lam Li, "Marx and Morality: The Clash of the Subjective and the Objective" (unpublished manuscript, Chinese University of Hong Kong, 2012)。

34. 如果像马克思所认为的那样，如果资本主义无法从根本上进行改革，那么与他的假设正好相反，并不存在一种可操作的、经济上可行的、道德上更可取的选择？在这种情况下，不公正似乎将不可避免地影响人类的社会经济。

35. *Capital,* 3:399. 也见 Marx, "Critique of the Gotha Programme," in *Selected Works,* 3:16。

36. Engels, "The Housing Question," in *Selected Works,* 2:365.

37. G. A. Cohen, "Review of *Karl Marx* by Allen W. Wood," *Mind* 92, no. 367 Quly (1983): 444.

38. 马克思称斯巴达克斯是他的英雄之一，是"整个古代历史上最伟大的人物"。Karl Marx and Frederick Engels, "Letter to Engels, 27 February 1861," in *Collected Works* (New York: International Publishers, 1975—2005), 41:264; "Confession," 同上，42:567。

39. 例如参见 Engels, "Housing Question," 366。

40. 因此，《德意志意识形态》宣称"共产主义者根本不宣扬道德"。Karl Marx, *Selected Writings,* ed. David McLellan (Oxford: Oxford University Press, 1977), 183.

41. *Capital,* 1:99.

42. Marx, "Critique of the Gotha Programme," 19. 更确切地说，马克思在这里将共产主义社

会的"第一阶段"和"更高阶段"进行对比。自马克思时代以来，把第一阶段称为社会主义，第二阶段称为共产主义，已经成为一种习惯。

43. 一个相关的问题是，现代经济是否能够在没有市场衍生价格的情况下运转，如果不能，社会主义或共产主义如何适应这一事实。

44. *Capital,* 3:954–955.

45. 在这里或其他地方，会看到一些表述，暗示着马克思对自我实现和人类潜能发展的持续重要性——这些主题在他早期的著作中尤为突出。"Economic and Philosophical Manuscripts (1844)," in Karl Marx, *Early Writings,* trans. Rodney Livingstone and Gregor Benton (London: Penguin, 1992), 279–400.

46. 一些例外，如 Stephen J. Massey, "Marxism and Business Ethics," *Journal of Business Ethics* 1, no. 4 (November 1982): 301–312; J. Angelo Corlett, "A Marxist Approach to Business Ethics," *Journal of Business Ethics* 17, no. 1 (January 1998): 99–103; William H. Shaw, "Marxism, Business Ethics, and Corporate Social Responsibility," *Journal of Business Ethics* 84, no. 4 (February 2009): 565–576; Corlett, "A Marxist Ethic of Business," in *Handbook of the Philosophical Foundations of Business Ethics,* ed. Christoph Lüetge (Dordrecht: Springer, 2013), 463–480。同时参见 Bill Martin, "A Marxist in the Business Ethics Classroom," in *Cutting-Edge Issues in Business Ethics: Continental Challenges to Tradition and Practice,* ed. Mollie Painter-Morland and Patricia Werhane (Dordrecht: Springer, 2008), 215–223。

47. *Capital,* 1:92 and 179.

48. 同上，254, 342, and 990。

49. Tristram Hunt, *Marx's General: The Revolutionary Life of Friedrich Engels* (New York: Henry Holt, 2009), 187, 189.

50. Cf. Milton Friedman, *Capitalism and Freedom* (Chicago: University of Chicago Press, 1962), 133.

51. Marx and Engels, "Manifesto of the Communist Party," 110–111.

52. *Capital,* 3:516–519.

53. 同上，516; 也见 519; and Engels, *Socialism,* 143–145。

54. *Capital,* 1:450. SS. Massey, "Marxism and Business Ethics." 尽管这里表达的是梅西的想法，但笔者也听到过别人有类似想法。

55. Massey, "Marxism and Business Ethics." 尽管这里引用梅西的观点，但其作者也有类似想法。

56. 参见 Corlett, "Marxist Approach to Business Ethics" and "Marxist Ethic of Business"。

57. 比如，从一个激进但不明确的马克思主义者视角展开的著作，参见 Richard L. Lippke, *Radical Business Ethics* (Lanham, MD: Rowman & Littlefield, 1995)。

58. Cf. Martin, "Marxist in the Business Ethics Classroom," 220 and 223.

59. Marx, "Theses on Feuerbach," in *Selected Works,* 1:15.

第十七章　弗里德里希·哈耶克对市场秩序的辩护

卡伦·沃恩（Karen I. Vaughn）

　　弗里德里希·哈耶克（1899—1992）是一位杰出的学者，在近70年的研究时间里他对经济学、科学方法论、政治哲学、法学、心理学和社会理论都做出了贡献。尽管他的研究所覆盖的领域令人印象深刻，但其所有研究的动力均来自他最初对经济学的研究，以及他对市场经济能给人类繁荣带来巨大益处的信念。弗里德里希·哈耶克对经济学做出了独特贡献：在20世纪三四十年代，他与社会主义经济学家就中央经济规划的技术可行性进行辩论，这一贡献使得他被授予1974年的诺贝尔奖。然而，弗里德里希·哈耶克认为自己生平主要的研究是他那些关于自由秩序本质这一宽泛主题的著作，尤其是他最为人所知的著作《自由宪法》和《法律、立法与自由》以及他最后完成的一本书《致命的自负》。[1]哈耶克的研究焦点戏剧性地从技术经济学转向更广泛的哲学问题，这一巨大转变绝非偶然：他在经济研究中所发现的越来越突出的问题，促使其思考经济活动发生的更广泛背景。哈耶克并不像大多数经济学家那样将交换视为一种纯粹的经济现象，他认为市场根植于文化和政治背景中：人们重视的东西以及他们选择实现目标的手段，取决于他们所处社会的规则和期望。虽然交换无处不在，并且作为人类进步历程中的引擎提供动力，但是不友好的文化或政治制度可能会使这一引擎减速或停止运转。哈耶克认为，政治规则和社会秩序是最有利于财富增长以及促进文明繁荣的两点因素，而自己的任务就是阐明这种政治规则和社会秩序。

　　尽管哈耶克的研究具有意识形态动机，但他首先是一位经济学家，因此他认为自己是科学家而不是伦理学家。他的研究主旨集中在解释市场秩序的本质及其对人类的影响，而不是对其最终的好坏做出最终判断。就他的意识形态目的而言，他的目的是发现一种政治和法律制度，使人类能够实现他们认为合适自己的目标。哈耶克认为，对于一个社会科学家来说，对人类安排的最终道德价值做出判断是一种智力上的狂妄自大。他坚信，除了个别行为者的看法和信念之外，没有任何超越人类的权威能够揭示善的本质，也没有任何客观手段可以界定至善。科学家必须以现实人类的价值为出发点，分析各种社会结构如何影响人类目的的实现。然后，个人可以利用对市场行为的科学评估，来为自己分配市场经济的价值。哈耶克认为最大的物质财富并不是一种最终价值，指出大多数人渴望物质财富的原因很简单，即物质财富是实现其他人类价值的一种手段，无论这是利己的人类价值还是利他的人类价值。尽管哈耶克坚持关于目的的科学不可知论，他仍坚信如果有人能真正理解这一点——扩展市场秩序，意味着除了其他好处之外，还能减少"饥饿、污秽和疾病"，[2] 那么绝大多数人都会选择一个支持市场的政治环境。

　　本章的观点如下。第一部分描述了哈耶克不满于两次世界大战期间经济学界对中央经济规划的追捧，由此引发他对主流经济理论的批判，尤其是批判其对完全知识的传统假设。如何应对人类知识的局限性成为他后来对社会和政治理论研究的核心主题。第二部分的主题是市场秩序，即哈耶克探讨市场交换如何让人们从彼此的专业知识中获益。贸易带来的互利减少了人类生活中的暴力和不和谐。第三部分和第四部分讨论了哈耶克解释市场经济增长，以及其依赖于社会和政治规则来约束个人行为，从而促进其日益繁荣这一演变过程。最后一部分的主题是社会正义和规范性道德，阐述了哈耶克如何既不评判市场道德本身，也不评判市场内的个人行为。他的论点仅限于指出，在财产、侵权和契约规则的约束下，允许进行最大限度的市场交易的社会往往最为富有，并且财富在社会人口中被广泛分享。

经济规划的可能性

　　哈耶克以一位经济学家的身份开始了职业生涯，但是他早期的经历却与职业越来越格格不入。20 世纪 30 年代，作为伦敦政治经济学院（London School of Economics and Political Science）一位冉冉升起的人物，他被视为约翰·梅纳德·凯恩斯（John Maynard Keynes）在职业声望方面最重要的竞争对手。[3] 尽管他最初以对资本和货币理论的独到见解而闻名，但在后续三五年内，他加入了一场围绕中央经济规划可行性的学术争论，这场争论从根本上改变了他的研究方向。在两次世界大战期间，苏联表面上取得的成就和资本主义世界大萧条（Great Depression）所造成的混乱，助长了西方国家知识分子的强烈情绪，包括许多主流经济学家在内，都希望用"理性的经济规划"取代"混乱的"市场。然而，哈耶克却持相反态度，他认为，中央经济规划是一种会导致财富减少、经济动荡加剧、个人自由大幅减少的制度，这一观点促使他撰写了一系列文章，从而改变了他一生的研究历程。

　　那些支持经济规划的诸多看法，尽管在感情上偏向于社会主义，却很少将其归功于意识形态。相反，它们是决定是否可以利用传统经济理论的工具，来设计一个有效的中央计划制度，以此克服实际市场经济体的一些明显缺点。在 20 世纪 20 年代和 30 年代，支持这一看法的经济学家们就已经基于一般均衡理论和完全竞争的基本理论而制定相关计划，来实现国家对"生产资料"的所有权、更加理性的资本投资（他们认为这会带来经济周期的结束），以及更大程度的收入平等和保障。这些经济学家被称为"市场社会主义者"，他们认识到在有效配置资源方面，价格发挥着重要作用，但又希望找到一种方法绕过真正的市场交换，以达到"经济"价格，即，准确地反映相对资源稀缺程度的价格。他们认为，有了正确的价格体系，相较于市场"混乱"时期，中央计划局可以更为有效、更加公平地管理国有企业的产品生产。尽管经济学家们早期尝试设计一种实际市场的替代方案（即，实际市场取决于由统计生成的供求函数，可以依此得出商品的均衡价格），但这一方案在认识到相关的"实际"困难后最终被放弃。另外，由奥斯卡·兰格（Oskar Lange）提出的"试错"价格思想，是最受推崇的市场社会主义理论，也是经济学家们认同的替代实际市场的一种理论。[4]

　　兰格提议在国有企业中组织"生产资料"，告知管理者们在其生产决策中使用计划价格。他认为，由于均衡价格是通过"试错"的过程在市场中设定的，就像拍卖一样，中央计划者要做的就是列出任何一组价格，并指示国有企业管理者将价格等同于边际成本，以便获取最大收益。然后，中央计划者将观察由此产生的盈余和亏损，从而相应地调整价格以达到均衡，他们将利用"利润"和"亏损"来指导对国有企业进行的资本投资。这种做法可以保留价格的配置功能，允许中央计划者对资源的使用做出合理决策。作为对社会主义经济学的直接回应，哈耶克撰写了几篇批评社会主义计划细节的文章，[5] 他认为其在市场活动的本质问题上提供了幼稚的错误信息。更重要的是，关于经济学的争论促使哈耶克发表了一系列文章，这些文章对一般均衡理论所暗示的市场运作方式提出了不同的看法。[6]

本章的重点不是讨论哈耶克批评兰格计划的技术性原因。正如所料，他列出了中央计划局可能遇到的无数困难，例如界定产品由什么要素构成，适当的公司规模为多大，在缺乏真正的利润或亏损的情况下如何选择和评估管理人员，多久调整一次管理价格，以及如何应对不断变化的环境。但是，在他反对中央计划的意见中，存在两个非经济领域的核心方法论问题：时间在经济活动中的重要性；为决策提供信息的知识的性质。[7]

为了解释市场价格，作为一般均衡理论基础的完全竞争模型，在本质上是永恒的："变化"被理解为相对静力学，即从一个均衡位置到另一个均衡位置的运动。变化本身被模拟为外源性冲击，其定义超出了该模型的参数。在这一模型下，人们可能会认为中央计划者可以确定一组均衡价格，从而指导从一个时期到另一个时期的生产决策问题。但哈耶克认为，在不断变化的现实世界中，只专注于实现均衡条件，会分散人们对市场过程本质特征的注意力。中央计划局能够收集有关过去价格和交易数量的统计数据，他们还可以收集现有生产过程的规范要求，但经济活动不是无休止地重复过去的行为模式，它需要应对不断变化的环境，通过进行新的调整，从而给整个系统带来更多的变化。[8]经济学家试图用一般均衡理论的比喻来捕捉的市场秩序，无法描述这种无休止的变化和调整过程，而这一过程正是市场经济的核心特征。

技术知识本质上是一个容易分享的工程问题，而且市场条件对所有参与者都是平等的，这一假设进一步支持了完全竞争的永恒本质。哈耶克认为这些简化的假设遗漏了人类群体的特征，这一特征让市场为经济秩序所必需：在人类生活的世界里，每个人对自身环境都拥有独特的知识，人们在此基础上对未知的未来进行计划。哈耶克认为，经济理论面临的问题是解释"各自只拥有一点点知识的一些人所产生的自发互动行为，如何引发一系列的反应……而这些反应又可以由一个拥有所有个体的综合知识的人通过刻意引导来实现"。[9]亚当·斯密称之为市场中"看不见的手"，被哈耶克称为"自发秩序"：是人类互动的有序过程，没有任何一种智慧能够规划这种过程，但这一过程却能产生行为模式，使个体能够相互协调达到各自的目的。[10]

对于经济学家们将完全知识的假设进行理所当然的简化，这种行为让哈耶克特别不安。他认为，人类的知识绝对不是"同质的"、适用所有人的，而是有区别的、个性化的。知识不是一个可以在权威的文本中查阅到的抽象概念。它以分散的形式存在于数百万人的头脑中。人们所拥有的知识可能是技术性的、实用性的、详细的，或者仅仅是"思维技巧"[11]，这些技巧能让个体以不同于他人的方式看待世界。这种与市场有关的知识，能使个体能够根据自己独特的经验，对可能采取的行动的后果做出推测。最重要的是，人们在彼此进行贸易的过程中，可以增长经济相关的知识。没有人会预先知道什么是最好的技术，谁将是最熟练的生产者，谁能提供最好的服务，或什么产品将最满足需要。只有当人们按照自己的信念行事并为自己的行为承担后果时，这些知识才会产生。此外，或许最重要的是，在参与市场交易的过程中，个人不仅能修正和提高自己的知识，他们还能从其他市场参与者的知识中获益，从消费的产品和生产这些产品的技术中隐含的知识中获益。当个体之间进行交易时，他们不仅仅是在交易商品和服务，而且还在交易各自拥有的独特知识。[12]正如哈耶克后来所说，市场秩序是一种"发现程序"[13]，安排了那些允许知识和知识成果生长的贸易实践。知识分子可能会把抽象的理论学习视为人类进步的重大成就，但哈耶克对通过市场活动获得的实践知识同样印象深刻，这些知识的应用可以极大地改善人们的生活。

市场知识增长的核心是人们追求各自的利益、完成项目和实现计划，并利用自己的资源与他人进行交易。一个人可以把追求自己的利益视为一系列需要解决的问题：如何最大程度地利用自己所拥有的东西和知道的知识，以最佳方式实现自己的目标。当然，这就是新古典主义经济学家称为"效用最大化"的经济问题。然而，新古典主义经济学和市场社会主义者都未能解释的问题是，"最大化"并不是一个自动的过程，需要找到最大化问题的解决方案，而这个方案从来都不是显而易见的。人们可能发现的东西，可以涵盖从哪个品牌的牛仔裤最适合，到现有资源的新用途，再到发现新资源以及使用这些资源的新方式，从而彻底改变我们生活方式。[14]人们理所当然地认为，这些技术层面和组织层面的变革是人们在市场中追求自身利益的产物。

当个体发现了尽可能多的知识，并用于造福他人，人类社会就会蓬勃发展。与之前的亚当·斯密一样，哈耶克认为，这种快乐的结果，源于允许人们根据对自身最大利益的判断而做出自己的经济决策：只要人们可以自由地相互交易，每个人都有动力尽可能地利用自己的知识和技能来丰富自己。其结果正如亚当·斯密所说的那样[15]，通过在市场中追求自己的利益，每一个人都提高了他人的福利。或者，又如哈耶克所述，在不涉及任何终极价值概念的情况下，通过利用自己独特的知识和技能来实现自己的目的，经济参与者由此创造价值，允许其他人从自己的行为中受益。在哈耶克的例子中，斯密称其为"单纯的自然自由体系"[16]，并引用了"看不见的手"[17]这一比喻，来解释独立个体的自由选择行为如何导致贸易和经济增长的有序模式，而这种模式似乎是智能规划的产物。在哈耶克的例子中，他提出了一个自发秩序的概念：这种秩序看似是一种计划的结果，但实际上是个人通过贸易谋生而产生的意外结果，仅受到普遍遵循的行为规则的约束。

市场秩序还是交换秩序

哈耶克认为"经济"一词对市场秩序中实际发生的事情的描述并不恰当。"经济"一词源于希腊语，意为"家庭管理的艺术"。"经济"暗示管理者能够根据自己对所照顾之人的最佳福利进行评估，从而让家庭福利最大化。然而，考虑到人类在价值方面的认识差异，单一思维的比喻显然是错误的。尽管人类对促进经济繁荣的因素有着广泛的共识，但在如何将其应用于自身福祉方面，仍有着巨大的差别。人们可能都认为自己需要食物、衣服、住所、友谊和社区，但是每个人所值得享受的规模或数量，则因人而异。没有一个统一的、无可争议的社会价值观排名来评估一个社会的最大福利。[18]

市场秩序更应该被当作一种交易关系网络来分析，它允许人们对他们珍视的事物进行重新安排，以更接近于满足其最紧迫的多元化利益。[19]这些不同的利益需求不能聚合成一个能满足所有成员的共同价值层次。[20]因此，哈耶克倾向于将这种正在考虑中的现象描述为"交换秩序"，而不是"经济"。他根据另一个希腊单词"katallattein"创造了这一术语，其有双重含义：一是

"进行贸易"和"允许进入社区"，二是"化敌为友"[21]。哈耶克发现这两个含义特别重要：第一种含义强调市场秩序的特殊性，即通过不同人群之间的贸易促进财富增长；而第二种含义则是贸易的文明效应。当人们将他人视为竞争对手时，就有可能发生冲突和暴力，但当他们认为他人对自己的目的有益时，就像他们在互利的贸易行为中所做的那样，就有了采取和平与合作行为的动机。人们不必认为将他人视为达到其目的的手段是进行互动的有利动机，也不必看重减少人类社会中群体间暴力的重要性。[22]哈耶克认为"化敌为友"既是经济发展的源泉，也是文明的基础之一。他的这一主张有确凿的证据。[23]

人类是在几百万年的历史中进化而来的，最初生活在以打猎和采集为生、约50人的小群体之中。越来越多的证据表明，虽然早期的原始人类生活肯定不是孤独的（像现在的黑猩猩和猿一样，人类祖先是群居动物），但可以这样说，原始人类的生活确实是贫穷的、野蛮的和短暂的。[24]值得注意的是，不幸遭遇野生动物或与敌对部落爆发战争，暴力致死在原始人类中是一种常见现象。当一个人为了生存不得不与部落中的其他人合作时，部落之外的人实际上就是该部落的敌人，会和他们竞争，抢夺领土和资源（这与现代黑猩猩和猿类，以及幸存的猎人部落等案例再次雷同）。在这样的环境中，几乎没有机会进行劳动分工，贸易收益也微乎其微，千年来都几乎不存在技术变革就证明了这一点。这个群体的福利将取决于任何人都无法控制的自然因素，而人口的增长和减少将在很大程度上取决于食物的供应量。然而大约在1万到4万年前的某个时期，情况产生了重大变化。某个部落或某些部落发现了一种与其他部落的陌生人进行交易的方式，而无须事先杀死他们，这种结果是革命性的。那些发现如何与外界和平贸易的部落必然会扩展他们的市场，为劳动分工并由此产生的所有利益提供空间。

虽然不可能确切地知道，人类群体第一次是如何设法找到相互贸易的方法，但哈耶克指出，一群最终学会停止敌对状态，和其他部落的陌生人进行交易，并且维持此状态足够长时间的部落，比非贸易部落拥有更大的进化优势。[25]贸易可以增加部落的财富，从而有利于更多的儿童活到成年，使更多的成年人因疾病和高龄而非营养不良和冲突致死。更多的财富意味着更多的人口，而且随着贸易人口的增加，他们会在争夺资源的竞争中排挤非贸易群体。一些不从事贸易的部落也有可能想要效仿富裕的竞争对手，成为贸易商。无论哪种情况，贸易人口的增长都将有助于他们的贸易优惠政策主导不太发达的群体。其结果就是，在几千年的时间里，允许广泛贸易的社会规则普遍存在于整个欧洲、中东和亚洲。一眨眼的时间内，人类在生活方式上从游牧向定居过渡，接着进入农业社会，最后形成了标志着古代文明的大型城市。尽管人类不可能达到完美状态，尽管上层政治群体占统治地位、通过贸易增长而掌握了不成比例的财富，但不可否认的是，人口在持续增长，人的寿命得以延长，个人死于衰老和疾病的概率远高于死于被斧头砍到头骨的概率。在很大程度上，这一现象是因为采取了有利于与陌生人进行贸易的社会秩序新规则。

规则的重要性

如果说哈耶克理解社会秩序的方法有何可取之处，那就是他强调规则在社会互动中的重要性。[26] 人类所有的行为都受到规则的约束，原因很简单：世界充满了不确定性。如果有目标的人要实现他们的目标，他们必须能够对他们项目和计划的可能结果做出预测。特别是，他们需要了解其他人对自己的行为会做出何种反应。因此，哈耶克认为，社会之所以有可能存在，仅仅是因为人类已经产生了管理其相互作用的行为规则，而其中最重要的，就是管理市场中人们互动的规则。[27] 有些市场规则可能是非正式的，比如进行讨价还价的礼仪，或者在正式谈判之前必须进行的闲聊程度，有些市场规则可能被正式编入法律。扩展贸易的根本原因是财产法、侵权法和合同法的制定。如果没有法律保护私有财产，个人使用资源生产待售商品的权利顶多是不确定的，并会受到其他潜在索赔者的挑战。如果没有某种形式的保证，以便在社会中维护合同并且惩罚不法行为，那么复杂的交易也不可能实现。在经济发展的早期阶段，财产法和合同法很可能在执行时不够正式；但随着文明的发展和政治权威的确立，非正式的规则将被编纂成由国家权力执行的法律。

从哈耶克的角度来看，法律与非正式规则的区别在于强制执行的方法不同。一方面，如果一个人未能遵循社会习俗而表明愿意参与谈判，或者不理解那些在允许贸易和禁止贸易的商品之间的文化差异，那么他很可能会失去从贸易中获利的机会。那些严重违反非正规贸易规则的行为，也可能在极端情况下被社会排斥。无论如何，违反非正式贸易规则的人可能遭受短期的经济损失，但最终还是可以从他们的失败中吸取教训。另一方面，正式规则是由法律权威的权力支持的法律：如果不遵守，它们会通过武力威胁来约束行为。不遵守非正式规则会妨碍一个人从潜在交易中获利，不遵守正式规则可能意味着损失社会认可的财富或自由。这种差异对于理解经济发展的力量而言至关重要。

回想一下，哈耶克认为市场是一个"发现程序"，实质上是一个实验过程。在这个过程中，人们根据自己的推测，对可能的结果采取行动，并从承担其行为的后果中学习。实验的范围越大，从创业活动中产生的知识潜在增长范围就越大，知识也就更多，从而为整个社会带来更多的财富。因此，哈耶克认为，允许个人在市场上最大限度地自行决定其行为的社会，将是最富有的社会。[28]

正如技术随着人类提高生产力而不断发展一样，贸易规则也随着人类的实验和学习而发展。进行贸易的新惯例和做法也在不断进化，以支持新技术的发展和市场的扩展。只要违反既定社会规范的后果的代价低于潜在的亏损成本或引起公众不满，企业家就会在市场中尝试新的互动方式。只要他们的创新方式可以不断增加财富，它就会被其他人效仿并成为一种新的规范。[29]然而，在将规范编入法律的情况下，那些可能违反正式社会规则的实验将受到严重限制且改变迟缓。规则应该是这样的：法律必须是可预测的，以允许人们在一个不确定的世界中规划自己的行动。但是，经济发展所带来的技术变革也需要财产法和合同法做出相应修改，以反映新的经济环境。[30]如果法律过于僵化或修改法律适应新环境的过程太不灵活，经济发展将会放缓，或者在极端情况下，甚至完全停止。[31]

良好规则的特征

正如我们所看到的，对于哈耶克而言，经济发展国家与经济停滞国家的区别在于市场实验的范围大小。特别是，这意味着可以在根据自己对行动后果的推测基础上，使用自己的资源的自由。要想取得经济发展，就需要使用越来越多的知识库存，其中大部分知识只以分散的形式存在，因此成功的社会将是那些具有社会秩序规则的社会，它鼓励个人将这些知识运用到有利于经济的方面。[32]生活具有不确定性，在一个复杂的、不断演变的市场秩序中，每一个行为都有可能产生不同于行为人所期望的后果。每一种资源的配置和每一次交易都是一种市场实验，从中人们可以学到比以前更多的东西。

要想从市场行为中进行学习，有两个条件。首先，一个人必须能够在市场交易中拿自己的财富冒险；交易者必须对他们想要交易的商品和服务拥有明确的产权。面对潜在的收益或损失，参与者会努力利用其所有的市场知识，对如何从交易中获利做出最佳推测。第二，参与者必须承担行为的后果。剥夺行为收益将减少市场实验，同时减少那些有益于社会的知识的运用机会。完全免受损失的行为也同样有害。如果没有因错误估计而产生损失这种行为进行约束，就没有动力做出可能的最佳决策，也不会从错误中吸取什么教训。在这两种情况下，社会都是输家，最近政府对一些被认为"太大而不能倒闭"的企业进行救助，就属于这种情况。

哈耶克并未告知哪些具体的规则满足这些普遍要求，是有充分理由的。他认为，关于财产和契约的具体规则取决于文化，而文化又将随着经济环境的变化而变化。他相信，法律是一个进化过程的产物，它允许社会适应不断变化的环境。[33]但是，尽管他不认为自己或其他人有能力设计出一套完美的法律体系来管理经济互动，但他确实描述了这些法律的几个特点，使其与不断扩展的市场秩序相一致：必须包括一般规则，可用于限制某些行为而非具体命令，而且这些规则必须公平地适用于所有人。[34]这两个特点，对于允许个人有效利用其知识在市场中实现其目的来说，均十分重要。规定某种行为（如必须以何种方式生产产品，或必须购买何种商品）剥夺了个人的自由决定权，以权力机关的意志代替参与者的意志。制定专门针对某些利益或不适用于一部分人的法律，违反了法律面前人人平等的原则。哈耶克认为这两者都是对自由的侵犯，但就算有人不同意他的观点，违反良好经济规则的原则也存在着实际上的不利之处。

如果政治权威规定了具体的行为，或试图偏袒并挑选赢家时，那么他们正在用自己的判断取代市场参与者的判断。这必然会减少决策过程中运用的知识，并减弱对变化的适应能力，减缓创业进程，阻止财富的增长。[35] 相反，如果一种政治制度能够允许自由使用各自资源，仅受到公正执行的财产法、侵权法和合同法的约束，并且需要承担行为后果，那么它就是一种鼓励分享知识的政治制度，能够促进经济的增长与发展。

社会正义的幻象

如果我们同意哈耶克的观点，即市场秩序的存在能够给最多的人创造最多的物质财富，这是否构成了对市场秩序的道德辩护？毕竟，哈耶克自己也认为，物质财富在任何意义上都不是最终的价值：它只是人们为了实现其他不同目的而想要获得的东西。这些目的有些值得称赞，例如养家糊口或捐赠给慈善机构；而有些则不具备道德吸引力，比如沉迷享乐。市场本身并不能被评判为道德或不道德；相反，人们在市场中的行为可以如此评判。一般来说，对于市场秩序的扩展，通常有两种批评的声音。第一种认为，市场活动可能会妨碍人们追求一些他们认为是好的价值观。究其原因，可能是市场上的利己行为所带来的明显好处排挤了利他行为，也可能是与他人竞争的动机破坏了那些容易形成集体感和团结感的行为。

哈耶克对这一批评没有耐心，也并未进行深入论述。尽管他可能同意人们在市场上的行为通常是不道德的，但他可能会辩称，人们在所有社会环境中都表现得很糟糕。如果说有什么区别的话，那就是对市场活动繁荣的渴望鼓励了人们进行社交和遵守道德规范：市场活动的成功需要人们愿意彼此进行交易。[36] 市场经济的巨大贡献在于，因为人们需要通过造福他人来实现自己的目标，所以很大一部分行为都受到了限制。哈耶克发现，历史上那些允许更大经济自由的社会不仅会变得更富有，而且更为仁慈，这并非偶然。[37] 当然，也无法保证社会一定会往这一方向发展：人们如何利用经济自由取决于他们的道德信念。但是有理由相信，市场实际上在鼓励和教导人们学会诚实、自立和责任等美德，因为实践这些美德的人往往会获得成功。哈耶克进一步指出，唯一能赋予道德意义的行为是非强制性的选择，即人们能够在市场环境下进行的选择。因此，经济社会和政治社会下的自由，允许人们既能实践道德行为，又能从对该行为的回应中学习道德。[38]

对于市场秩序的第二种批评，哈耶克则认为更为常见，也更为严重，即财富并非在参与者之间平均分配。他发现对贫富差距的抱怨是危险的，因为虽然从根本上被误导，但这为计划和先进的福利国家提供了意识形态的理由。他担心的是，不容忍经济自由所带来的财富不平等，以及由此产生对再分配的要求，可能会严重破坏市场秩序，扭转现代文明习以为常的所有好处。哈耶克在其著作《法律、立法与自由》第三卷的副标题"社会正义的幻象"[39]中道出了他的担忧。

哈耶克表示，对社会公平的呼吁源于这样一种信念，即市场行为带来的财富差异是不公平的，他认为这是对公平概念的误用。公正只适用于个人的行为。与社会不同，个人具有独立的头脑，可以选择自己的行为，且由于这种选择权，他可以对自己行为的后果负责。如果一个人别无选择，就不能对他的行为进行道德评价。"社会"不是一个单一的选择实体。规则指导社会中的个人行为，但没有一种智慧可以对遵守规则的后果负责。当遵循一套共同规则的参与者在备选方案中做出选择时，其产生的结果生成了可识别的模式，但这些结果仍然是不可预测和不可控制的。[40]此外，由于没有人能够控制市场中那些遵守规则的个人行为的结果，"社会不公"一词实际上毫无意义。只要个人的市场交易，符合适用于所有人的财产法、侵权法和合同法规则，那么该行为就是公正的，行为产生的结果也必须是公正的。[41]至于人们会在市场秩序中实现不同程度的繁荣，这一事实无关紧要。[42]

虽然有人可能同意哈耶克的观点，即在哪怕只有一点点经济自由的地方，也同样无法避免市场行为带来的不平等后果。事实上，人们往往会对市场活动带来的财富差异感到不快。当人们声称市场"不公平"时，他们通常是指市场回报并没有反映非市场的价值观念。成功的交易者不一定是最强大、最聪明、最受喜爱的，甚至不一定是公认活动中最熟练的。正如知识、勤奋和技能肯定可以在一定程度上带来经济上的成功，运气也是如此。每个人可能都认识这样意中人，他既可敬又勤奋，但由于一些自身无法控制的情况，他的市场行情出现了逆转。一个有价值的人可能做得很差；而另一些人，也许没有那么有价值，但由于他们在正确的时间出现在正确的地方，或者正确地猜测了消费者会把什么视为下一个"热门商品"而变得富有，这似乎是不公平的。然而，根据哈耶克的观点，人们发现的市场并不一定会给予应得的回报这一令人反感的特征，正是它的主要优势之一。[43]

如果认为哈耶克的主张[44]似乎有悖直觉，那么请考虑以下情况：在一个扩展的市场秩序中，只有那些提供他人认为有价值的服务的人，才会产生个人利润。这个关于市场成功的核心真理适用于摇滚明星和体育英雄，也适用于在市场经济中从事更平凡的生活事务的人们。我们选择医生，不是因为医生善待自己的家人或向多个慈善机构捐款；对于那些不称职的管道工，哪怕受过高等教育，但若不能阻止水槽漏水，我们也不会选择。作为消费者，我们试图与那些以最低价格提供最优质服务的卖家打交道，而不必考虑卖家的其他诸多属性。从市场交换中获得的收入，就是评估一个人对他人行为的价值。市场报酬本质上是对各种生产活动重要程度的社会判断。与此同时，再分配取代了其他一些未达成一致的标准，用于为生产行动分配奖励，而这些标准只能通过政治权威的强制实施来维持。正如福利国家得到广泛普及这一现象，可以证明有人非常愿意提供通过政治方式强加的替代标准，但再分配不是代理人无成本的利他主义行为。此外，旨在重新分配参与者在市场交易中所创造的财富的法律，将产生一种反作用，即减少社会上的可用财富，而这并非偶然。[45]在市场中，人们的动机很大程度上取决于获得物质利益的机会。[46]在某种程度上，减少获得收益的机会也削弱了为他人提供服务的动力，减缓经济增长，不仅会减少富人的财富，而且所有从更便宜和更丰富的商品中受益的那些人的财富也会减少，而这些便宜充足的商品是市场经济充满活力的标志。[47]

结　语

也许是因为哈耶克对制定人们应该如何生活的规则并不太感兴趣，他坚定地相信经济自由的重要性。他认为，能够自由地利用自己的资源来塑造自己的生活，本身就是一种价值，而且有助于实现其他价值，其中最重要的是物质财富的增长。毕竟，物质财富是实现人类众多目标的手段。经济增长不仅仅是为了拥有更多的物质，它还意味着可以根除疾病，延长寿命，降低婴儿死亡率，以及享受闲暇时光以追求艺术和文学。

哈耶克认为，20世纪的社会主义意识形态对所谓市场秩序的缺陷进行了猛烈抨击，却未能认识到经济自由和经济增长之间的相互联系，而正是这种联系提高了全体人类的物质福祉。对于世界上经济发达的国家，例如美国和西欧国家而言，经济增长放缓和最终停止增长将意味着生活水平的缓慢下降，这一令人不快的状态可能持续数十年。然而，第三世界将面临一个截然不同的未来。经济增长的减缓或停滞充其量会让世界上最贫穷的人口失去摆脱贫困的机会。哈耶克特别指出，在最糟糕的情况下，它会导致更大范围的贫困，更多的苦难，甚至造成饥饿和社会动荡导致的死亡。[48]虽然哈耶克的观点在 21 世纪的读者看来似乎有些夸张，但当人们想起哈耶克列举关于苏联和中华人民共和国的例子时，人们担忧消除市场秩序后所出现的大规模饥荒，并非完全不切实际。

哈耶克对市场秩序的批评做出直截了当的回应。在"交换秩序的游戏"中，[49]总会有输家和赢家，一些玩家很可能会发现，自己的境况比起在其他规则下更糟。[50]然而，扩展市场的最终结果将是，最大数量的人口将有最好的机会改善自己和子女的福利。迄今为止，尚未发现任何一种人类安排制度，能够让尽可能多的人在自认为合适的情况下改善自己的境况，或者"确保所有人都享受道德上的个人自由"，从而提高最贫困人群的生活水平。[51]

那么，是否存在对市场秩序的道德辩护呢？在哈耶克看来，判断市场秩序价值的唯一标准是对个体参与者的评估，那么对市场秩序的道德辩护也许是存在的。正如哈耶克在他最后一本书里总结道：

> 如果再想一下"资产阶级"生活的现实，而不是摆脱各种矛盾和痛苦、没有责任和道德的乌托邦要求，人们就会认为，文明的乐趣与激励对于还无缘享受的人来说，应是一笔不坏的交易。……与西方受过教育的知识分子相反，第三世界的平民百姓似乎欣然接受扩展秩序提供给他们的机会，即使这意味着有一段时间要住在边缘的城市贫民窟里，这种态度为欧洲农民对引进城市资本主义做出反应的事例提供进一步的佐证，它表明，人们如果有选择权的话，他们通常会选择文明。[52]

尾注注释

1. Friedrich Hayek, *The Constitution of Liberty* (Chicago: University of Chicago Press, 1960). 哈耶克的《法律、立法与自由》是由芝加哥出版社出版的三卷本著作：第一卷为"规则与秩序"（1973 年），第二卷为"社会正义的幻象"（1976），第三卷为"自由社会的政治秩序"（1979 年）。其著作《致命的自负：社会主义的谬误》一书也由芝加哥出版社于 1988 年出版。

2. Hayek, *The Constitution of Liberty,* 53.

3. 关于哈耶克的职业生涯，参见 Bruce Caldwell, *Hayek's Challenge: An Intellectual Biography of F. A. Hayek* (Chicago: University of Chicago Press, 2004)。

4. Oskar Lange and Fred M. Taylor, *On the Economic Theory of Socialism* (New York: McGraw-Hill, 1938).

5. 这三篇文章——"Socialist Calculation I: The Nature and History of the Problem" (1935); "Socialist Calculation II: The State of the Debate" (1935); and "Socialist Calculation III: The Competitive 'Solution' "(1940)——都被收录于《个人主义与经济秩序》一书中 (Chicago: University of Chicago Press, 1948), 148–208。

6. "Economics and Knowledge," 33–56, "The Use of Knowledge in Society," 77–91, and "The Meaning of Competition," 92–106, in *Individualism and Economic Order.*

7. 对于哈耶克在后来被称为"社会主义经济核算争论"中所起的作用，相关的全面论述参见 Karen I. Vaughn, *Austrian Economics in America: The Migration of a Tradition* (Cambridge: Cambridge University Press, 1994), chap. 3。

8. "实际问题不在于某一种方法是否最终会导致一种假设的均衡，而在于哪一种方法能够更快、更全面地适应不同地区、不同行业的日常变化情况。""Socialist Calculation III," 188.

9. "Economics and Knowledge," 51.

10. 尽管哈耶克在 *The Constitution of Liberty* (160) 一书中引入了"自发秩序"这一术语，但这一概念的详细发展见于 *Law, Legislation, and Liberty,* vol. 1。

11. "Socialist Calculation II ," 156.

12. "Economics and Knowledge," 33–56. 虽然在市场中进行学习，可能最常被看作技术创新，但事实上，在商场购物的简单行为能够使购物者接触到新产品，并且为销售者提供有关价格和可用数量的信息。总之，消费者的购买决策为销售者提供了有用的信息，这些信息会影响他们未来的供应。

13. Hayek, "Competition as a Discovery Procedure," in *New Studies in Philosophy, Politics, Economics, and the History of Ideas* (Chicago: University of Chicago Press, 1978), 179–190.

14. 只要想到微处理器，就能理解这一要点。

15. Adam Smith, *An Inquiry into the Nature and Causes of the Wealth of Nations,* ed. R. H. Campbell, A. S. Skinner, and W. B. Todd (Indianapolis: Liberty Fund, 1981), IV.ii.10 (p. 456).

16. Adam Smith, *An Inquiry into the Nature and Causes of the Wealth of Nations,* ed. R. H. Campbell, A. S. Skinner, and W. B. Todd (Indianapolis: Liberty Fund, 1981), IV.ix.SI (p. 687).

17. 同上，IV.ii.9 (p. 456)。

18. 显然，哈耶克否认社会福利功能的存在，后者真实地反映了对替代方案全面、公认的相对估值。*Law, Legislation, and Liberty,* 2: 109−111.

19. 尽管一些商业伦理学家可能认为，作为一个关系网络，市场没有单一的目的。哈耶克工作的全部主旨是荒谬地宣称"商业的目的是为整个社会的繁荣服务"（Robert Solomon, *Ethics and Excellence: Cooperation and Integrity in Business* [New York: Oxford University Press, 1992, 20]）。毫无疑问，企业会带来更大的繁荣，所以在某种意义上，有人可能会说这就是它们的功能，但没有人将这一目的强加给它们。目的是个人的，在企业组织生产的过程中，会有意想不到的、大概有益的结果。至关重要的是，没有一个商人能够确切知道"整个社会的繁荣"意味着什么，他只能知道这一组织是否在营利。

20. Hayek, *The Road to Serfdom* (Chicago: University of Chicago Press, 1944).

21. *Law, Legislation, and Liberty,* 2:107−111.

22. 或者正如亚当·斯密所言："在一个文明社会里，一个人时时都需要为数众多的其他人的合作与支持。而如果把这种支持寄托于他人的怜悯和仁慈，那就只是徒劳。我们应该通过激起他的私心而博得他的欢心，向他表明满足我们的要求是为了他自己的利益。……分工发挥了每个人的长处和短处，使得具有不同天赋的人们可以相互取长补短、共享资源，这极大促进了人类社会的发展。"*Wealth of Nations,* I.ii.2 (p. 26).

23. 对于目前支持哈耶克市场进化论的人类学研究，参见 Matt Ridley, *The Rational Optimist: How Prosperity Evolves* (New York: Harper Collins, 2012)。 还可参见 Nicholas Wade, *Before the Dawn: Recovering the Lost History of Our Ancestors* (New York: Penguin Books, 2006), 来证实遗传学的证据。

24. 对其最终的丑恶，我们不作任何判断。

25. *Law, Legislation, and Liberty,* 3:155.

26. 回顾《法律、立法与自由》第一卷的副标题"规则和秩序"。哈耶克的观点是，没有规则就没有社会秩序，而出现的秩序的性质，取决于其所受规则的性质。参见 esp. *Law, Legislation and Liberty,* 1:17−19。

27. *Constitution of Liberty,* 148−161.

28. 同上，156。

29. 违规行为可能包括与社会上不能接受的伙伴进行交易，或提出交易一种此前被认为不在市场范围之内的商品。

30. 哈耶克认为，英国普通法是一种支持市场创新的法律程序模式。由于法官将判例适用于新的情况，法律将逐渐随之改变，以适应经济的发展。*Law, Legislation, and Liberty,* 1:82−88.

31. 哈耶克认为，减缓或逆转经济发展进程，不仅仅是一种不便，更是一种生活方式的选择。一个社会若经历停滞或衰退，则是一种灾难。可以想象罗马帝国灭亡后的欧洲，或经历了近一千年的经济停滞的中国，其间绝大多数人口生活在贫困之中，而政治强国生活在相对富裕的状态中 (Ridley, *Rational Optimist,* 179–184)。

32. "经济上有益"的行为是指，对所有与之交易的人都有利的行为。在市场经济中，只有通过为他人提供利益，个人才能受益。

33. *Law, Legislation, and Liberty,* 1:72–91.

34. *The Constitution of Liberty,* 149.

35. 在这里，哈耶克并非反对所有的经济监管。他只是提出警告，规定某些行为的规则代价高昂，如有必要，应该谨慎使用。有关监管问题的详细研究，参见 *The Constitution of Liberty,* 253–396。

36. 对市场价值的众多批评的回应，比比皆是。例如，Deirdre McCloskey, *The Bourgeois Virtues: Ethics for an Age of Commerce* (Chicago: University of Chicago Press, 2006)。

37. "近代以来的自由社会……是一切伟大的人道主义运动的源泉，这些运动以积极帮助弱者、病人和受压迫者为宗旨。不自由的社会……已经养成了不尊重法律、对苦难视而不见的态度。"参见哈耶克 "The Moral Element in Free Enterprise," in *New Studies,* 230。

38. "Moral Element in Free Enterprise," 231.

39. 尤其参见第九章，标题为"'社会正义'或分配正义"。

40. 大量研究支持了哈耶克的观点，认为经济是一系列复杂的、适应性系统（或紧急秩序，如进化生物学）。其中，遵循规则的行为主体创造出有序的行为模式，导致比其组成部分更为复杂的紧急结构（如，双边贸易成为有组织的市场）。在复杂的适应性系统中，虽然可以感知模式，但无法预测特定的结果。例如，Scott E. Page, *Diversity and Complexity* (Princeton, NJ: Princeton University Press, 2011)。复杂性科学起源于 20 世纪 50 年代和 60 年代的"系统理论"，哈耶克将其特征融入了他的方法论著作和自发秩序理论。参见 Karen I. Vaughn, "Hayek's Theory of the Market Order as an Instance of the Theory of Complex, Adaptive Systems," *Journal des Economistes et des Etudes Humaines* 9, no. 2/3 Oune/September 1999): 241–256。

41. Robert Nozick, *Anarchy, State, and Utopia* (New York: Basic Books, 1974), 150–153, 提出了类似的观点。

42. 哈耶克并非对人们在生活机会上的差异充耳不闻。例如，他赞成建立一个收入安全网，以缓冲人们遭受的毁灭性损失，以及……现代福利国家的一些规定。他只是反对试图通过直接干预市场契约来平衡收入，或者以正义的名义，通过税收政策来实施大规模的再分配 (*Constitution of Liberty,* 259)。

43. *Constitution of Liberty,* 85–99.

44. "自由社会的一大优点是，物质上的回报并不取决于大多数人是否喜欢或尊重个体。只要人们遵守公认的规则，只有那些被尊敬的人的尊重，而非社会权威主导的物质奖励分配，才会让人们产生道德压力。""Moral Element in Free Enterprise," 233–234.

45. *Law, Legislation, and Liberty,* 2:98.

46. 当然，具体行动的动机是复杂的。人们选择职业不仅仅是为了将物质收入最大化，如对地位的渴望，对做好事的渴望，或者仅仅是为了享受生活的渴望，这些渴望在人的职业生涯中扮演着重要的角色。这里的论点很简单，减少任何职业的经济回报都会对服务的提供程度和完成程度产生影响，毕竟圣人也要吃饭。

47. *Law, Legislation, and Liberty,* 1:98.

48. *Fatal Conceit,* 134.

49. *Law, Legislation, and Liberty,* 2:115–120.

50. 例如，在专制政府的统治下，虐待狂会做得很好，但扩展市场所引发的民主，他们发现自己的需求不断减少。

51. *Law, Legislation, and Liberty,* 2:71.

52. *Fatal Conceit,* 134.

第十八章　米尔顿·弗里德曼反对企业社会责任论的影响和局限

阿列克谢·马尔库克斯（Alexei Marcoux）

米尔顿·弗里德曼（Milton Friedman）（1912—2006）与政治经济学的关系毋庸置疑。正如威廉·鲁格（William Ruger）在他的传记和评论中所观察到的：

> "米尔顿·弗里德曼已经去世多年，退休已逾30年。然而，在当前的经济和政治辩论中，他仍然是一个举足轻重的人物。事实上，关于如何应对2007年开始的金融危机和随后的经济衰退，他的想法已经笼罩在人们的讨论中。其关联性超越了经济领域（和经济学学科），扩展到更为广泛的政策辩论和政治斗争。然而，就像在生活中一样，弗里德曼在过世后仍然是一个有争议的、两极分化的人物。他被许多人怀念……他对经济学的伟大贡献和对自由的热爱共同激励着他。对另一部分人来说，弗里德曼是一个声名狼藉的人物，他的一些有害想法需要被掩埋。"[1]

被授予诺贝尔经济学奖（1976年）40年之后，弗里德曼的思想在关于公正、人道和繁荣的政治经济学辩论中仍然至关重要。

不管是在过去还是现在，关于货币政策、政府监管、征兵、税收政策和政治经济学的辩论中，弗里德曼都是世界公认的重要人物。他在商业伦理和企业社会责任（CSR）相关领域的重要性更是难以评估。一方面，自20世纪70年代出现具有自我意识的学术商业伦理领域以来，弗里德曼在《纽约时报》（*New York Times*）杂志上发表的文章《商业的社会责任是增加利润》（"The Social Responsibility of Business is to Increase Its Profits"），一直是商业伦理和企业社会责任教科书的主要内容。[2]另一方面，他关于企业社会责任的观点主要在商业伦理教育和研究中起陪衬作用，似乎弗里德曼的最大贡献就是提供一个清晰、简洁和明显的反面例子，说明什么是不值得相信的。如果把《纽约时报》那篇文章的标题当作弗里德曼的观点[3]，那么，正如托马斯·卡森（Thomas Carson）所说，[4]从某种意义上说，几乎整个商业伦理和企业社会责任领域都对其做出反应，尽管他持有这一观点的原因并没有被详细而系统地分析。因此，弗里德曼在商业伦理和企业社会责任的研究中，占据了被广泛引用并且很少被仔细研究的不同寻常的地位。

大多数学术界的商业伦理学家认为，这一领域可在三个层面中进行分析和研究。首先是个人或微观层面，即个体商人做出决策并参与行动。其次是组织或中间层面，即公司制定和执行决策，并在市场中开展竞争。第三是经济或宏观层面，即资本主义经济制度的总体社会效应得以体现，企业（特别是大企业）的公共政策得以制定。[5]虽然这三个层面是同等重要的概念，但在实践中，学术界的商业伦理学家却不成比例地集中倾向于第二和第三层面，尤其关注大型公司。这些公司的股票在公共交易所交易，其与公共部门和民间社会的互动为伦理学家的研究提供了支持。

鉴于学术商业伦理领域的总体趋势，奇怪的是，商业伦理学家并没有仔细研究弗里德曼的理论。他对企业社会责任的观点主要涉及宏观层面或政治经济学，以及如何看待大公司的影响及其管理者的职责。这些正是学术界伦理学家和企业社会责任学者最为关心的问题。弗里德曼提出了一个相悖于商业伦理和企业社会责任领域主流观点的看法，并提出对这些领域做出大多数贡献的话语层面，似乎应该成为重要分析的对象和争论。然而，对弗里德曼的观点、其基本前提及其影响的深刻研究依然很薄弱。[6]

也许弗里德曼在商业伦理和企业社会责任研究中具有不寻常地位的原因是，他主要在主流媒体上表达其对企业社会责任的看法——在这些媒介中，需要考虑到空间、考虑聪明但外行（而不是专业学者）的受众，甚至考虑杂志的销量[7]（有一个佐证案例），上述因素都影响了最终成形的观点。因此，在弗里德曼发表的关于这一主题的声明中，会发现他提供的不是企业社会责任的理论或程序，而是对这些责任的看法和一系列支持这种观点的考虑因素。也许这些考虑因素可以使弗里德曼的理论体系（或大纲）取得进展，但弗里德曼本人并没有在他的著作或发表的评论中阐述有关企业社会责任的这一理论。[8]

本章认为，弗里德曼的观点大多是令人敬畏的，特别是考虑到（时间的流逝所揭示的）他所提出企业社会责任相对受限的问题。然而，因为他的目标不是整体上的企业社会责任（尽管有相反的言论），而是履行企业社会责任的方法，这种想法普遍存在于 20 世纪 60 和 70 年代呼声最高、最著名的企业社会责任倡导者之中。因此，自从弗里德曼在 1970 年的《纽约时报》[9]上刊登那篇著名的文章以来，对于那些不支持承担企业社会责任，或无法对抗已经发展了 40 多年的企业社会责任这一潮流的那些人来说，弗里德曼的观点为他们提供了理论支持。

事后看来，对于笔者所称的"零和"企业社会责任，弗里德曼予以反对。总的来说，零和企业社会责任认为，以营利为目的的企业应该追求对社会有益的行为，这种行为超越了它们的法律（或许是普通的道德）责任，（甚至）以牺牲营利能力为代价。这种形式的企业社会责任就是零和的，因为它考虑的是，通过社会责任行为，部分或是所有非股东的利益相关者将会得到什么，或股东将失去什么。由于企业社会责任而让股东蒙受损失，这并不值得遗憾，因为他们（或公司）有责任为了社会的更好发展而割舍利益。在零和模式下，企业社会责任的倡议目标是实现一种分配目的：从公司股东手中拿走部分财富（假设可以负担），并将其用于造福他人（假设无法负担）。关于企业社会责任考虑零和战略，对于那些以营利为目的的企业而言，弗里德曼强烈反对这种企业采取这一战略。

然而，对于笔者所称的"帕累托改进"企业社会责任，弗里德曼的反对意见则显得不太适用，也不太有说服力。大体上，帕累托改进企业社会责任的观点是，营利性企业应该采取对社会有益的行为，这种行为超出了他们的法律（及一般的道德）义务。其原因有二，一是这于社会而言是有益的，二是因为它可以提高或不损害企业的业绩，即使在营利能力方面也是如此。这种形式的企业社会责任是帕累托改进的，因为它考虑到部分或所有非股东的利益相关者所获得的利益，即，要么也有利于股东的利益，要么至少不会减少他们在公司的剩余债权价值。其中，没有股东损失就可以避免后悔。在帕累托改进的模式下，企业社会责任倡议旨在实现一个互利的目的：将财富用于造福他人，而不从公司股东手中夺走财富。就企业社会责任考虑帕累托改进这一战略而言，弗里德曼反对由营利性企业采取这一战略的理由，更加难以维持。这从弗里德曼和约翰·麦基（John Mackey）的辩论中可见一斑，相关论文《企业社会责任的再思考》（"Rethinking the Social Responsibility of Business"）发表于 2005 年的《理性》（*Reason*）杂志。[10]

弗里德曼（明确或暗中）反对帕累托改进企业社会责任的这一观点难以维持，且企业社会责任思潮已经朝着帕累托改进的方向发展，这就表明弗里德曼的观点在今天的重要性不如他发表的当时。这是因为，在这期间的几十年里，至少有一些企业社会责任思维上的演变（不管是有意的还是无意的），使其与弗里德曼的批评主义渐行渐远。但是，政治企业社会责任制（大致上是指，企业在失控国家进行贸易并参加政治活动，需要承担社会责任并弥补这些国家缺陷，作为企业从事经营活动的条件）的出现刺激了经济复兴，在新的背景下，呼吁采取弗里德曼所提出的零和企业社会责任。[11] 换句话说，弗里德曼的反对似乎更具有历史意义，而非当代意义。但就在这一点上，企业社会责任研究领域出现的一种新趋势似乎又赋予了弗里德曼新的相关性。

本章的结构安排如下。首先，笔者将简要说明弗里德曼关于企业社会责任的观点的隐含结构和内容。其次，从四个视角来概述弗里德曼的观点和随之产生的对企业社会责任的批判：认识论、技术官僚、信托和管辖权。在阐述这四个角度时，笔者还将批判地评估弗里德曼对企业社会责任的隐含论点。最后，陈述笔者对弗里德曼与帕累托改进企业社会责任，以及新兴政治企业社会责任三者关系的看法。

弗里德曼谈企业社会责任

在弗里德曼的公开著作中，关于企业社会责任的评论，出现在以下四处。第一处是《资本主义与自由》第 8 章，标题为"垄断以及企业和劳工的社会责任"。[12] 第二处是《纽约时报》杂志刊登的一篇文章，题为《商业的社会责任是增加利润》。第三处出现在《商业与社会评论》（*Business & Society*

Review）首期的采访。[13] 第四处是《理性》杂志上的一篇论文，题为《企业社会责任的再思考》，包括弗里德曼、约翰·麦基和赛普拉斯半导体公司首席执行官 T. J. 罗杰斯（T. J. Rodgers）在内的辩论。[14] 以上四个来源，大致可以构建出弗里德曼的理论大纲（将在下文中进行更加详细的讨论）。

弗里德曼认为，谈论企业的社会责任本身毫无意义。个体是唯一可以被恰当地看成承担责任的行为代理人。因此，"企业社会责任"实际上是商人的社会责任。[15] 根据弗里德曼的说法，商人是雇用他们的公司所有者的代理人。对于普通的、以营利为目的的公司，他们是股东的代理人。[16] 作为代理人，他们有义务为其委托人的利益服务，而不是将其委托人的资产转移到他人认为有价值的利益上。将公司的资金用于那些被认为符合公共利益的事业或项目，就是履行公共职能。这就像对公司所有者征税，这一行为履行了公共职能，但不是由公众选择的，也不对公众负责。[17] 在下列两种情况下，企业管理者就恰当地履行了其职能：（a）承诺在"游戏规则范围内，即［参与］公开、自由的竞争，而不存在欺骗或欺诈行为"，尽可能地为企业赚钱[18]（这是弗里德曼"最纯粹、最严格"的观点）[19]；（b）在共同的愿望下开展业务，这一愿望主要指"符合法律和道德习俗下的社会基本规则，同时获得尽可能多的财富"[20]（这是弗里德曼"相对宽松"的观点）。[21]

弗里德曼理论的四个视角

弗里德曼反对企业社会责任倡导者所宣扬的社会责任商业实践的观点，其依据是四个截然不同但又互相关联的视角：认识论、技术统治论、受托人和管辖权。其中两个（认识论和技术统治论）是实用性的，侧重于采取具有社会责任的行动的可行性。从这两个视角可知，商人在追求对社会负责任的行动上将会失败。其他两个视角（受托人和管辖权）是规范性的，关注的是商人在他们的角色中，是否可以追求被宣传为对社会负责的行为。从这两个视角可知，商人（无论他们是否成功）不被允许采取企业社会责任倡导者所称的社会责任行动。据推测，从实用性和规范性的视角，弗里德曼均提出了反对意见，原因是企业社会责任倡导者所呼吁的主张，一部分是不切实际的，另一部分在规范上是不可接受的，但这些都被弗里德曼的反对意见推翻。对于每一个视角，弗里德曼都提出了一个（至少是隐含的）论据，来解释为何会反对企业社会责任倡导者所鼓吹的内容。笔者将分别分析弗里德曼的每一个视角，首先探讨两个实用性的视角，再研究两个规范性的视角。

实用性视角

认识论。弗里德曼首先从认识层面进行分析："除了为股东赚取最大利润之外，如果商人还有其他的社会责任，那么他们如何得知这是什么？"[22] 要想成功开展社会责任活动，商人必须知道社会责任的目标是什么。同理，商人还需要知道实现这些目标的手段，以及使用这些手段需要具备哪些能力。在弗里德曼的认识论视角看来，目的更为重要。

与其他人一样，商人也不了解哪些目标是对社会负责的。对此，人们有自己的观点和论据，也同时接受他人的观点和论据，但总的来说，二者之间相互冲突。对于哪些目的是有价值的，哪些不是，人们的观点迥然各异。近代道德哲学家和政治哲学家普遍认识到这一现象，并试图在价值多元主义[23] 的指导下解决这一问题。人们在价值观上存在分歧，即使有些人可能有共同的价值观，在对其重要性的看法上也会存在分歧。此外，这种持续的分歧通常是合理的，不能通过诉诸证据或论据来进行解决。一定程度上，这是因为价值观之间往往不可通约。[24] 由于价值观经常发生冲突，甚至不可通约，伯纳德·威廉姆斯（Bernard Williams）将两者之间不可避免的选择描述为悲剧。人们在道德上感到后悔——不是因为他们确信自己本应采取不同的行动，而是因为他们确信没有办法做到最好，就像阿伽门农的选择一样，这一事实说明了悲剧。[25]

自由主义政治秩序认识到价值多元主义和不可通约性的作用，试图通过政治手段来减轻其影响，如减少那些必须通过政治手段所做出的一系列集体决定。由此，增加由个人或通过自愿组织（如俱乐部或商业公司）所做的一系列决定，以便人们追求自身对善的理想，而不需要让政治社会（以及社会中的每一个人）承诺支持富有争议且无法解决的辩论中的一方。此外，在政治决策不可避免的情况下，自由主义政治秩序通常涵盖一种机制，可以防止某一派别的价值观凌驾于所有其他派别之上（如，广泛的政治参与权利，多数或超多数投票规则）。

　　企业社会责任的倡导者始终没有认识到，社会目标（而不仅仅是利益集团）的价值多元性和不可通约性是有限的。在发表于《商业与社会评论》的文章中，弗里德曼提到了这种趋势：

　　　　这里将列举一个让我印象深刻的例子。在上世纪 30 年代，德国商人用一部分企业资金来支持希特勒和纳粹。这是对企业社会责任的正确履行吗？宣扬这种无稽之谈的人，认为每个人都赞成同样的事情，也不在乎是什么导致这些支出越来越多。但是，事实当然并非如此。[26]

　　关于什么对社会有益的诸多竞争性观点之中，商人并没有现成的方法来区分什么是"真正的"社会责任（如果有的话），而什么仅仅是为那些提出这种请求的人所赞成的目的而进行的特殊请求。

　　为了避免被看成是一个人为的问题，可以参考最近围绕美国快餐连锁店福来鸡（Chick-fil-A）的争议。2012 年 6 月和 7 月，该公司首席执行官丹·特鲁特·凯西（Dan T.Cathy）发表了一系列声明，支持"传统家庭"，并坚称那些试图将婚姻重新定义为包括同性伴侣的人，是在"邀请上帝对美国做出审判"。[27] 后来，人们发现福来鸡（Chick-fil-A）向家庭研究委员会（Family Research Council）捐款，后者是一个被南方贫困法律中心（Southern Poverty Law Center）视为"仇恨团体"[28]（hate group）的传统家庭促进组织。随之而来的后果，既包括因凯西的可恨言论而开展的普遍抵制活动，也包括因认可凯西高尚的道德言论而形成的一个受到高度关注的福来鸡感恩日。我们是否应该谴责凯西对社会不负责任，不支持婚姻平等？相反，我们是否应该称赞他认真对待自己的社会责任，利用企业资金拯救美国免于道德沦丧？更重要的是，我们如何（向凯西或其他人）证明，自己的判断是正确的？

　　认知问题甚至还会出现在争议较小、情绪较激动的地方，以社会责任投资（SRI）基金为例。社会责任投资基金寻求将其投资限制在公司的证券上，这种公司从事社会责任业务或以社会责任方式开展业务。然而，若同时参考两个社会责任投资基金，就发现一个基金的社会责任投资会影响另一个基金的社会责任概念。对此，乔恩·恩廷（Jon Entine）写道：

> 对于什么是"更美好的世界"，或哪些公司更有道德、更负责任，并不存在统一的标准。每个人都可以决定什么是一个更好的世界，以及哪些公司是合乎道德的。实际上，有数以百计的基金和投资战略具有不同的意识形态色彩，对社会责任和道德企业行为的定义也各不相同。社会投资原则的范围很广，可从极端自由主义到严格保守主义，也从和平主义到军国主义。[29]

对于社会责任投资中的共同基金或养老基金来说，是购买烟草股票来支持可持续农业，还是将其视为"罪恶"股？更重要的是，如何（向基金经理或任何其他人）证明自己的判断是正确的？

企业社会责任的倡导者可能给出合理的回答，即弗里德曼的认识论取决于这样一种观点，企业为了履行其社会责任，必须对什么是社会责任，什么不是社会责任，做出正确的判断。然而，人们可以采取一种不那么严格的观点，即企业应该投入一些资源，有意地试图获得一些社会利益，并且无论他们对什么是社会利益的判断是否正确，都要履行其社会责任。

如果企业社会责任采取后者的这种形式，那么弗里德曼从认识论视角所产生的观点，似乎并没有对其产生不利影响。然而，尽管这一举措将企业社会责任与弗里德曼的认识论反对意见隔离开来，但似乎同时，也将企业社会责任与自身的规范性论证隔离开来。如果不是因为企业有责任实现社会改良，为什么它们有责任采取企业社会责任的措施？如果企业社会责任的倡议最终与原定目标产生分歧，那么为什么追求企业社会责任的做法就会被当作一种道德上的失败呢？一个有良好意图的企业社会责任，可能会让企业按照管理者的意愿行事。企业不会把精力花在改良社会的项目上，而是会努力编造有吸引力的故事，来解释为什么他们出于其他原因而做的事情是为了造福社会。换句话说，一个善意的企业社会责任似乎会瓦解成一种公关行为——对此，企业社会责任的倡导者通常会立刻予以谴责而不是赞扬。

弗里德曼的认识论视角，对建立一个企业社会责任案例构成重要障碍，至少在其零和公式中如此。他的观点并未受到任何严肃的反驳，揭示了企业社会责任倡导者是一个利益集团——许多中的一个——而不是他们所描绘的社会代言人。

当然，并非所有社会责任行动的建议都涉及有争议的价值观。例如，降低婴儿死亡率是否有价值，这大概是没有争议的。由此，引出了弗里德曼反对企业社会责任的第二个视角。

技术统治论。弗里德曼所探究的第二个视角为技术统治论：商人是否有能力按照那些社会责任行动倡议者的要求行事？要从事有社会责任的活动，商人必须知道社会责任的目的。同样，他们必须知道实现这些目标的手段是什么，以及使用这些手段的能力。在弗里德曼的技术统治论观点看来，手段更为重要。即使他们没有遇到认识论相关的问题（或能够克服它），商人也必须能够识别和执行实现其社会责任目标的方法。

问题在于，无论是受过教育的商人还是有经验的商人，都有能力找出实现企业目标的手段，但却无法制定出企业社会责任倡导者敦促他们追求的、对社会负责的手段。他们有能力设计一种以增加产品销售为目的的营销计划。同样，他们也有能力设计现金控制程序，以便更准确地进行核算。然而，商人通常没有能力（无论通过教育还是经验）为紧迫的社会问题设计解决方案。在弗里德曼完成这本著作的时期，一个紧迫的社会问题就是物价上涨。一些企业社会责任的倡导者认为，商人在给产品定价时，应着眼于抑制通胀。关于号召商人参与抗击通胀的努力，弗里德曼在书中写道：

> 基于后果的考虑，企业管理者实际上能否履行其所谓的"社会责任"？他被告知，必须为抗击通胀做出贡献。他如何知道自己的行动会为这一目标做出什么贡献？他本应该是经营公司的专家——擅长生产、销售或融资，但他的做法并没有让其成为通胀专家。他压低产品价格会降低通胀压力吗？或者，把更多的消费力留给消费者，只是把它转移到其他地方？或者，由于价格较低，迫使他减产，这会导致供应短缺吗？[30]

（那种认为战胜通胀是商人社会责任之一的观点，肯定让弗里德曼极为恼火。弗里德曼或许是 20 世纪最伟大的货币经济学家，他几乎是凭一己之力复兴了货币数量理论而获得诺贝尔奖。正如弗里德曼的著名论断所言："通货膨胀在任何时候、任何地方都是一种货币现象。"[31] 因此，商人通过定价和购买决定来影响通货膨胀率，从而需要承担相应的社会责任，做出避免产生通货膨胀的决定。这种想法一定会让弗里德曼感到震惊，因为这是对经济的无知和侮辱，同时也伤害了企业社会责任倡导者的道德自负。）

虽然与认识论的关注视角密切相关，但技术统治论的视角是截然不同的：尽管解决问题的能力涉及知识，但这不仅仅是知识的问题，更是技术的问题。商人的技术大概适用于追求公司创立的目标——通常是制造和销售一种商品或服务，并且由此带来的收益大于生产这种商品或服务的成本。

尽管企业社会责任的倡导者不再呼吁商人解决通胀问题，但鉴于要求商人积极工作以改善欠发达国家（尤其是"金字塔底层"）的环境质量、儿童营养或市场供应，技术统治论的视角仍然至关重要。在弗里德曼看来，对于商人而言，当符合公司的市场定位，并能成为真正的利润机会时，做这些事情是一回事；当这些呼吁是针对那些不具备相关专业技术的商人时，则是另一回事。

鉴于其对个人专业知识的担忧，弗里德曼的技术统治论并不那么有说服力。有些人擅长解决社会问题（如，在政府中），将继续在商业上取得成功（反之亦然）。例如，罗伯特·鲁宾（Robert Rubin）曾在克林顿政府担任财政部部长，后来进入花旗银行的私营部门。[32] 然而，如果将弗里德曼的技术统治论视角重新定义为对机构专业知识的关注，那么它可能会获得一定的吸引力。组织是活动的支持结构。最成功的组织，其组织特征最适合其支持的活动。因此，成功的商业组织非常适合从事商业活动，成功的慈善组织非常适合做慈善捐赠活动，等等。[33] 在这一想法的基础上，弗里德曼对机构能力在技术统治论视角下的担忧变得更为明确：商业公司非常适合做生意，但不适合诸如改善环境质量、清除帮派暴力或开展扫盲项目等活动。[34]

弗里德曼在 2005 年《理性》（Reason）杂志关于企业社会责任的辩论中，发表了一篇文章，文中没有提及这种变化，而是再次从技术统治论的视角关注机构能力。他在描述与全食超市（Whole Foods）首席执行官约翰·麦基的部分分歧时写道：

> 全食超市对社会的贡献……是增强了购买食物的乐趣。全食超市在决定如何分配慈善这一方面，并没有与众不同的能力。对于所有投入到

后者的资金，如果能够投入到进一步改善前者的话，那么肯定会对社会做出更大的贡献。[35]

公司不适合解决这些问题的另一个原因是，可能存在一个重要的集体行动要素。[36] 环境污染是一个经典案例：如果一个行业中的所有公司都排放污染，那么一家公司单方面的行动不仅不会明显改变环境的退化，反而会使该公司在竞争中处于相对劣势，因此没有一家公司会有必要的动力，来减少污染的排放。在这一案例中，问题不在于专业知识（我们通常都理解这一点），而在于公司只是决策中心之一，其结果取决于许多不同决策中心。[37] 然而，对于一个需要由多个中心来进行决策的问题，单个公司无力予以解决（或缺乏能力），这在事实上是个缺陷。

弗里德曼的技术统治论视角也面临诸多困难。首先，它夸大了商人的能力。商人很难完全胜任弗里德曼所认为的核心业务职能，如设计营销计划、实施供应链管理系统或建立现金控制系统。从一个蓬勃发展的咨询市场中可以看出，公司雇佣专业咨询人员，后者从事这个市场的运作。如果雇佣一名营销顾问、供应链顾问或现金控制顾问，并不意味着放弃商人的角色，那么以雇佣专业顾问的形式，来履行社会责任的倡议，从技术统治论视角出发的反对理由又是什么？其次，如果一个人为免麻烦，不想在公司内部实施社会责任的倡议，为什么不能向非营利组织进行慈善捐赠，而后者可能（更）有能力从事某种慈善事业？

弗里德曼似乎已经找到了应对这一挑战的答案，但这一挑战使他重新依赖对认识论的视角，而不是为技术统治论视角建立一个独立的基础。人们可以观察营销、供应链管理或现金控制方面的顾问所做的跟踪记录，以了解他们在实现受欢迎的营销成果、供应链成果或现金控制目标方面的表现。相比之下，尽管人们可以看到，一名企业社会责任顾问在履行其所代表的社会责任倡议（如扫盲计划）方面的表现有多好，但基于认识论的视角，其无法证明自己所做的承担着更大的社会责任。

总之，弗里德曼反对企业社会责任的实际案例并不均衡。从认识论的视角提出了一个重要的反对意见，即企业社会责任倡导者倾向于忽视，而不是解决这个问题。但是，在技术统治论的视角下，弗里德曼观点的表面合理性，被两个要素破坏：一是在营利性和非营利性（公共和私人）部门中，展示工作能力的人；二是通过招聘专业顾问这一日常操作，来监督核心业务功能，毕竟在弗里德曼看来，商人本身就应该是专家。因此，在追求那些没有争议的、相关能力既可被雇佣，也可以慈善方式获得的价值观时，弗里德曼关于反对企业社会责任的实际案例并没有令人信服的反对意见。弗里德曼也对企业社会责任提出了规范性的反对意见，其中至少涵盖了上述案例。

规范性视角

受托人。弗里德曼的第三个关注视角是受托人：公司董事和管理人员能否按照企业社会责任倡导者的要求行事，同时符合他们对公司股东的忠诚和关心义务？

在商业伦理和企业社会责任的研究中，充斥着关于股东是否"拥有"企业以及股东（而非企业本身）是否是企业高管受托责任的对象这一冗长争论。[38] 然而，弗里德曼指出了一个关于公司治理的重要事实，也就是："允许股东选择企业高管的全部理由是，企业高管是服务于其委托人利益的代理人。"[39] 这一观点之所以重要，有两个原因：一是与本章讨论的信托关系有关；二是涉及下文所述的管辖权问题。股权所有者选举企业高管（或者更准确地说是董事会——董事会反过来选择企业高管）的事实，表明了企业宗旨的重要意义。企业的目的是为股权所有者服务，而不是为其他利益相关者服务。换句话说，企业在某种程度上与股东"有关"，而与其他利益相关者无关。为什么企业要服务于股权所有者？企业契约关系理论给出了一个答案。[40]

在契约关系理论中，企业是一些人和其他人之间的协议（即契约）的结合点。与公司签订（或通过）合同的每个人，都试图从公司中得到他们所参与的协议中承诺给他们的东西。员工希望获得合同规定的工资和福利，供应商希望获得供应协议中承诺的金额，公司的管理人员希望获得合同规定的劳动力和供应。然而，股权所有者是特殊的。他们不会为了使用自己的资本，而签订特定金额的合同（就像员工使用自己的劳动力，供应商使用自己提供给公司的材料，甚至像债券持有人使用自己的资本）。相反，他们同意向公司提供金融资本，以换取剩余索取权，即在所有其他支持者（雇员、供应商等）收到合同规定的应得款项后，有权索取剩余。这种剩余索取权价值不明且无法出售（因为在没有任何保证的情况下，没人愿意付钱购买这一剩余索取权），除非剩余索取权的购买者得到承诺和权利：承诺是，公司董事会（以及董事会选出的管理层）将尽其最大努力，尽可能地增加剩余；权利是选出受这一承诺约束的董事会。

如果公司的存在不是为了给股东带来回报，那就无法解释投资者拥有的公司所普遍存在的治理特征。不然股东（而且只有股东）为什么要选举董事会？如果不是为了给股东带来回报，为什么有人会愿意购买公司的剩余特权（这一高度投机且容易消散的资产）呢？

鉴于公司有责任尽最大努力为股东创造回报，那么要求公司从事成本高昂的社会责任活动的呼声，就成为不和谐的声音。这些活动有可能将原本是利润的收入（流向股权所有者）转化为成本（流向社会责任活动的对象）。换句话说，零和企业社会责任准则下的活动，破坏了普通营利性企业在治理结构下运营的理论基础，而几乎所有这种企业都选择这一治理结构，后者使股权所有者成为管理者受托人关注的对象。

为了避免被人们认为，零和企业社会责任倡导者的要求是社会"道德习俗"的一部分，弗里德曼在其阐述的企业管理者职责构想中，强调股东作为董事会选举人的角色，并不是暗中强加给公众的诡计。实际上，它是所有资本主义司法范围内基本公司法规中的一个特征。虽然这是每一种司法权力中现有规则的特点之一，但营利性公司的组织者在大多数司法权力中，可以自由修改这些规则（如果他们选择的话）。以股东为中心的公司形式是一种法定产物，这表明至少在民主政治中，向股东提供信托服务，至少不违反制定这些法规的司法权的道德习惯。此外，事实上，很少有公司的组织者行使其偏离现有规则的权利，如通过限制股东在公司治理中的作用，强制企业履行社会责任倡议，这进一步证明了社会的道德习俗符合将信托关怀扩展到股东，同时并不托管零和企业社会责任倡导者要求的项目。

弗里德曼用"代理人"一词来描述股权所有者和经理人之间的关系，这是不幸的，但或许是可以理解的。作为一名经济学家，在他的许多同时代人〔如詹森（Jensen）和梅克林（Meckling）〕[41]正在研究"代理问题"模型的时候，弗里德曼就开始围绕这一主题发表文章。然而，在法律上，尽管所有代理人都是受托人，但并非所有受托人都是代理人。[42] 代理人是受到受益人（委托人）控制的受托人。而其他的受托人，虽然有义务为其受益人的利益服务，但不受其控制。[43] 一个普通的营利性商业公司的最高管理者是公司股东的非代理受托人。这是因为，虽然最高管理者有义务为股东的利益服务，但他们受董事会（而不是股东）的控制。弗里德曼在《纽约时报》（*New York Times*）杂志发表的一篇文章中提到，企业最高管理者服务于企业所有者的"愿望"，加剧了这种困惑：

> 在自由企业、私有财产制度下，公司最高管理者是企业所有者的雇员。他对雇主负有直接责任。他的责任是按照企业所有者的愿望来经营企业，而这一愿望通常是在遵守社会基本规则的同时尽可能多地赚钱，这些规则既体现在法律中，也体现在道德习俗中。[44]

非代理受托人有义务为受益人的"利益"服务，而不是为受益人的愿望服务。当利益和愿望发生冲突时，受托人的向导是利益（而不是欲望）。弗里德曼从代理人和愿望满足的角度来描述企业最高管理者的角色，从而对企业治理结构的逻辑给出了错误的解释。尽管他的说法是错误的，但纠正其错误既不能帮助企业社会责任的倡导者，也不能让他们感到安慰。企业社会责任倡导者的目标，是让企业的活动偏离为股东利益服务的方向。

虽然弗里德曼从信托人的视角出发，其观点陈述得不够完美，但具有一定的说服力。企业社会责任倡导者要求企业最高管理者追求的项目，至少在被认为是零和企业社会责任战略的范围内，相当于试图在违反企业与社会之间的社会契约的情况下，剥夺企业的股权所有者所持股份，这同时体现在法律和道德习惯中。[45] 然而，弗里德曼反对企业社会责任的规范性案例，不仅涉及股权所有者的合同权利。

管辖权。弗里德曼的第四个关注视角是管辖权：商人是被公开，还是私下要求履行社会责任行为的？弗里德曼从管辖权的视角出发，将企业社会责任的优点，与更广泛的规范性政治哲学问题联系起来。如果公司及其管理者被要求公开履行其社会责任行为（即社会化），那么这一行为不应该由那些具备这种能力，且具有更重要的政治责任的人和机构来完成吗？

此前，笔者曾断言，弗里德曼在写"允许股东选择企业高管的全部理由是，企业高管是服务于其委托人利益的代理人"时指出了一个极其重要的事实。[46] 实际上，弗里德曼的意思是，如果人们接受选择企业高管的方法，也必须接受受托人逻辑，这种逻辑使股东成为合理化的企业选民。在弗里德曼的管辖权视角下，表达了与此相反的命题：如果人们拒绝将股东合理化为企业选民的这一信托逻辑，那么人们也必须拒绝选择企业高管的方法。这一点很重要，因为，至少在其零和模式下，企业社会责任的原则是拒绝信托逻辑合理化企业治理结构。它将企业的目标重新定位，从为股东创造回报转变成为其他"社会"目的服务。弗里德曼在上述引用的基础上，继续陈述：

> 当企业高管征税并将其用于社会"目的"时，这种正当性就消失了。他实际上是一名公职人员，一名公务员，尽管他名义上仍然是一名私营企业的雇员……根据政治原则，不能容忍这样的公务员——只要他们以社会责任名义采取的行动是真实的，而不只是装模作样——就像他们现在这样。如果他们要成为公务员，那么他们必须通过政治程序当选。如果他们要征税和进行支出，以促进"社会"目标，那就必须建立政治机制来评估税收，并通过政治进程来确定要达到的目标。[47]

在这一点上，弗里德曼对税收和公务员的类比，可能让其观点变得模糊。他的观点似乎是，企业社会责任（至少在零和模式下）是一种尝试，即在企业与社会之间的社会契约基础上，逐个公司地重新进行谈判。它避免了社会契约所依赖的政治和公共问责机制，而在一个自由的政治社会中，这种机制应该得到制定。但实际上，弗里德曼认为，如果企业对社会所负的责任（或某些不同的东西）比法律和道德习俗中所体现的更多，就应该对它们征税或进行监管，以便在民主政治进程取得胜利后提供更多的东西，而不是被命令随意分发礼物或从事慈善工作。当然，弗里德曼不会像支持企业社会责任一样，支持这种政治结果。然而，这种政治结果作为一种公共利益的表达，将具有合法性，而这种公共利益是由高管领导的、专门的、逐个公司的、零和的企业社会责任倡议所缺乏的。

与他反对企业社会责任的实际案例中的前两个部分不同，弗里德曼的受托人和管辖权视角共同构成了一幅运转良好的政治经济图景。从受托人视角的讨论，为公司应该如何运营提供了一个实质性的案例；而以管辖权的视角进行思考，则提供了让现行的政治经济形势得以最优化的一个程序性案例。综上所述，从上述四种视角可以看出，企业社会责任的倡导者倾向于在企业内部以公共的、政治的、利益集团为基础的方法来进行经济决策（最明显的例子是利益相关者主义），以及以私人的、企业高管为主导的、逐步的方法来改变企业与社会之间的社会契约内容。这与自由主义政治经济学所推崇的方法正好相反。

结语：弗里德曼今天的处境如何？

通过本章，笔者已经介绍并分析了零和企业社会责任与帕累托改进企业社会责任二者之间的区别。简而言之，零和企业社会责任通过将企业收入从利润转向有利于公众的成本，从而实现社会分配；帕累托改进企业社会责任旨在通过改善或不减少股权所有者持股的方式，来实现社会效益。弗里德曼关注的是，在不同程度上，找到零和企业社会责任的目标。笔者还认为，弗里德曼的论点和关切视角可能对帕累托改进企业社会责任的作用不大。2005年，弗里德曼与约翰·麦基在《理性》杂志的交流中对此进行了阐述。麦基提出反驳意见，认为企业社会责任是全食超市商业模式的一个组成部分，也是全食超市所有支持者（包括股东）创造价值的源泉。他写道：

> 我是一名商人，也是一名自由市场的自由主义者，但我相信，开明的企业应该努力为其所有的支持者创造价值。从投资者的角度来看，企业的目的是利润最大化。但这不是其他利益相关者的目的——对客户、员工、供应商和社区。每个群体都将根据自己的需求和愿望来定义业务的目的，每个思考的角度都是有效和合法的。
>
> 我的论点不应被误认为是对利益的敌意。我相信我对创造股东价值有所了解。27年前，当我与他人共同创立全食超市时，我们的初始资本是4.5万美元，我们第一年的销售额只有25万美元。在过去的12个月中，我们的销售额超过46亿美元，净利润超过1.6亿美元，市值超过80亿美元。

　　但是，我们并没有将股东价值作为业务的首要目标，来实现股东价值的巨大增长。[48]

　　换言之，对股东的回报是麦基和全食超市衡量其业绩的基准，但是，为股东寻求回报，并不是他们追求利润或者给企业支持者带来任何其他好处的一种战略。麦基认为，全食公司的战略，是帕累托改进企业社会责任的一个版本：以有利于（或至少不会减少）股东回报的方式，向非股东团体授予利益。对于弗里德曼来说，不应该反对任何被坚信有助于（而非损害）股东利益的战略，除非经过适当审查它被证明不利于股东利益。正如约翰·哈斯纳斯（John Hasnas）所观察到的，"［弗里德曼的］股东理论根本没有指导经理们做任何事情，以提高企业的营利能力"。[49]也就是说，股东财富最大化，是衡量营利性企业的忠实管理者努力程度的基准。它不是一个追求利润的行动计划。因此，与零和企业社会责任战略不同，帕累托改进企业社会责任战略若能被认真采用，是符合管理者对股东的信托关怀义务的。

　　奇怪的是，弗里德曼并没有意识到，麦基的帕累托改进企业社会责任战略与他的观点相一致，而是对麦基自己掌控的商业模式进行了第二次猜测，他写道："任何致力于［全食超市慈善事业］的基金，如果能够持续致力于进一步改善［顾客对食物的享受］，那么一定会为社会做出更大的贡献。"[50]为了避免认可麦基所提倡的企业社会责任（帕累托改进）形式，弗里德曼将他迄今为止所理解的、作为衡量管理者行为的基准，转变为追求利润的战略。弗里德曼勉强质疑麦基对自身商业模式的理解，表明弗里德曼针对企业社会责任的案例依据，原则上并未达到被认真采用、经过基准测试的帕累托改进企业社会责任的程度。就企业社会责任倡导者在帕累托改进模式下促进企业社会责任而言，弗里德曼的观点几乎没有关联性。更重要的是，帕累托改进企业社会责任似乎与弗里德曼的观点基本一致。

　　然而，麦基向弗里德曼提出了一个更为根本的挑战，他写道：

　　　　我相信这样的项目［5%的销售额，即全食超市将其收入的5%用于慈善事业］将是完全合理的，即使它们没有利润，也没有公关。这是因为我相信企业家，而非当前公司股票的投资者，有权利和义务来定义公司的目的。企业家创建了一个公司，把所有的生产要素聚集在一起，并将其协调成可实行的业务。企业家制定了公司战略，与包括投资者在内的所有自愿合作的利益相关者谈判贸易条件。在全食超市，我们"雇用"了最初的投资者。他们没有雇用我们。

　　早在 1985 年，我们起草使命宣言时就宣布，将把公司净利润的 5%捐给慈善事业。因此，我们的政策已经实施了 20 多年，这比公司首次公开募股还要早 7 年。在我们制定这一政策时，所有 7 位私人投资者在公司董事会任职时都投了赞成票。当我们在 1989 年接受风险投资时，没有一家风险投资公司反对这项政策。此外，作为一家上市公司，在近 14 年的时间里，几乎没有投资者对这项政策提出异议。如果全食超市的最初所有者一致通过了这项政策，而随后的所有投资者都是在该政策生效并得到广泛宣传后才进行投资的，那么该公司的慈善事业怎么会被现有投资者"窃取"呢？[51]

　　在这里，麦基并未直接提及，但将矛头指向了鲁格所描述的弗里德曼对企业社会责任的宽松看法。在此观点之下，弗里德曼认为，商人义不容辞地开展业务，符合他们所坚持的"愿望，一般来说，就是遵守法律和道德习俗下的社会规则，同时获得尽可能多的财富"[52]。如果公司是由那些希望参与零和慈善事业的所有者创建的，并且将这一愿望纳入公司的使命声明和章程，那么，如果后来的股权所有者注意到公司打算以这种方式开展业务，他们会基于什么理由提出反对呢？麦基提出的挑战很有趣，因为它迫使弗里德曼在他对企业社会责任的严格和宽松观点之间做出选择。然而，如果弗里德曼为了避免支持麦基的主张而坚持其严格的观点，他将被迫在他对企业社会责任的严格观点和他的自由意志主义之间再次做出选择。因为，如果认定一个既以营利为目的，又以慈善为目的的公司是不合法的，就相当于认定一种对他人无害的两相情愿的行为是错误的。当然，像全食超市这种公司的情况，其成立的部分原因是追求慈善捐赠；而另一种情况是，企业社会责任倡导者努力诱使那些追求其他目的（通常是为了营利）的公司，同时追求零和的企业社会责任，这两种情况之间有着相当大的区别。因此，与弗里德曼对零和企业社会责任的评价适用于一般营利性企业相比，麦基的挑战更不利于弗里德曼对全食超市（以及类似企业）的评价。

当代企业社会责任究竟是更多地追求零和模式，还是更多地追求帕累托改进模式，这是一个经验问题。与弗里德曼提出关于企业社会责任的主体观点时相比，帕累托改进企业社会责任变得更加突出（尽管尚不清楚它是否比零和企业社会责任更为突出）。然而，学术界关于企业社会责任的研究中，出现了"政治企业社会责任"（political CSR）这一学说，可能预示会与弗里德曼理论产生新的相关性。这一学说认为，在失控国家或政治机构运转不佳的国家中，大型跨国公司有明确的责任，履行国家职能或准国家职能。[53] 其原因是，政治企业社会责任意味着，企业不仅是，而且应该是公共实体（至少在特定的政治环境下），而不是私人实体。然而，如果它们是公共实体，那么企业的治理结构使其只对那些拥有仲裁基本权利的最小部分群体负责。由此，弗里德曼从信托人和管辖权视角的探讨再次被提出。

至此，本章的结尾将回到一开始探讨的问题：弗里德曼在商业伦理和企业社会责任中的重要性很难评估。这既是对他观点的陈述，也是对带有企业社会责任标签的项目所经历的演变的陈述。在谈及零和企业社会责任倡议时，他不能刻意忽略（他经常这样做），但就其论点和观察视角而言，与帕累托改进企业社会责任倡议（被认真采纳）的相关性较低。政治企业社会责任这一学说是否有能力对企业社会责任的叙述进行有意义的改变，能否给弗里德曼带来一种全新的、当下的相关性，仍有待观察。

致 谢

笔者要感谢编辑们对本章初稿的深度评论。再次感谢他们在构建最终版本过程中所给予的耐心。最后，笔者要感谢费利西亚·罗萨多（Felicia Rosado）对这个研究项目所提供的帮助。

尾注注释

1. William Ruger, *Milton Friedman* (New York: Continuum, 2011; Bloomsbury, 2013), 186.

2. Milton Friedman, "The Social Responsibility of Business Is to Increase Its Profits," *New York Times Magazine,* September 13, 1970, 32−33 and 123−126.

3. 人们是否应该把这一标题当作弗里德曼观点的象征，仍有待商榷。正如韦恩·诺曼（Wayne Norman）所观察到的："尽管《纽约时报》杂志的）文章（可能是杂志编辑强加的）具有挑衅性的标题，但弗里德曼并不太关心企业的社会责任，而更关心企业主的产权，以及企业领导人的合同和信托义务。"详见 Norman, "Stakeholder Theory," in *The International Encyclopedia of Ethics,* ed. Hugh Lafollette (New York: Wiley, 2013), doi: 10.1002/9781444367072。

4. Thomas Carson, "Friedman's Theory of Corporate Social Responsibility," *Business & Professional Ethics Journal* 12, no. 1 (1993): 3.

5. 尽管所用术语不同，对中间层次的描述也有所不同，但学术界商业伦理领域对这一问题进行三个层面的划分，却得到了广泛的认可和应用。例如详见 Robert C. Solomon, "Business Ethics," in *A Companion to Ethics,* ed. Peter Singer (Malden, MA: Blackwell, 1991), 354−365 (micro, molar, macro); George Brenkert, "Entrepreneurship, Ethics, and the Good Society," *Ruffin Series in Business Ethics* 3 (2002): 5−43 (micro, meso, macro); Richard DeGeorge, "A History of Business Ethics" (2005), http://www.scu.edu/ethics/practicing/focusareas/business/conference/presentations /business-ethics-history.html; DeGeorge, "Will Success Spoil Business Ethics?," in *Business Ethics: The State of the Art,* ed. R. Edward Freeman (New York: Oxford University Press, 1992), 42−56 (individual, organizational, societal)。

6. 相关的深刻研究，参见 Carson, "Friedman's Theory of Corporate Social Responsibility"; ohn Danley, "Polestar Refined: Business Ethics and Political Economy," *Journal of Business Ethics* 10, no. 12 (1991): 915−933. 也许，对弗里德曼观点重新产生详细兴趣的标志是 Ignacio Ferrero, W. Michael Hoffman 和 Robert E. McNulty's 在 2014 年对弗里德曼拒绝接受企业社会责任的理由进行抨击，文章断言，弗里德曼拒绝接受企业社会责任，与他（含蓄地）接受对企业股东的有限责任是不相容的。见 Ferrero, Hoffman, and McNulty, "Must Milton Friedman Embrace Stakeholder Theory?," *Business & Society Review* 119, no. 1 (2014): 37−59。

7. 例如参见 Norman, "Stakeholder Theory"。

8. 这或许是一个有争议的说法。例如，在 Ruger 的 *Milton Friedman,* 147（继 John Hasnas 之后）一书中认为，弗里德曼推进了股东理论。根据 Alexei Marcoux, "Business Ethics," in *The Stanford Encyclopedia of Philosophy,* ed. Edward N. Zalta, Fall 2008 ed., http://plato. stanford.edu/archives/fall2008/entries/ethics-business/, 笔者否认了股东理论。相反，"股东理论" 只是利益相关者用来指代他们反对的任何事物（如股东至上准则，现状）。关于利益相关者主义，以及否定这一主义的观点，也构成了一个真正的理论，见 Norman, "Stakeholder Theory"。

9. 就像 "商业伦理" 本身一样，"企业社会责任" 这一术语，被它的支持者应用于一系列令人眼花缭乱的、不同的，甚至有时相互冲突的项目之中。一些人将企业社会责任视为一个总括性的概念，包括商业伦理（例如，避免伤害）等其他所有内容；另一些人则否认这一点，认为"企业社会责任"仅指旨在改善社会的慈善行动。例如，参见 Chris MacDonald, "Down with CSR! Up with Business Ethics!," *Business Ethics Biog,* February 14, 2009, http://businessethicsblog.com/2009/02/14/down-with-csr-up-with-business-ethics/。如果弗里德曼或其他任何人，能够以一种方式来描述企业社会责任，这种方式能够预测所有的研究和讨论，并对它们做出回应，那将是非常了不起的。弗里德曼将他的论点指向当时流行的企业社会责任方法。

10. "Rethinking the Social Responsibility of Business" (debate featuring Milton Friedman, John Mackey, and T. J. Rodgers), *Reason,* October 2005, http://reason.com/archives/2005/10/01/rethinking-the-social-responsi.

11. 关于政治企业社会责任概念的简明解释，参见 Jeffery Smith, "Corporate Human Rights Obligations: Moral or Political?," *Business Ethics Journal Review* l, no. 2 (2013): 7–13。

12. Friedman, *Capitalism and Freedom* (Chicago: University of Chicago Press, 1962), 119–136.

13. John McClaughry and Milton Friedman, "Milton Friedman Responds" (interview), *Business & Society Review* l, no. 1 (1972): 5–16.

14. "Rethinking the Social Responsibility of Business."

15. Friedman, "Social Responsibility of Business," 33; McClaughry and Friedman, "Milton Friedman Responds," 6。在提出这一观点时，弗里德曼预计随后会就企业道德代理问题展开辩论。例如，Peter French 认为，通过内部决策结构，企业拥有道德代理的所有先决条件。参见 Peter A. French, "The Corporation as a Moral Person," *American Philosophical Quarterly* 16 (1979): 207–215。相比之下，Manuel Velasquez 认为，公司是组成它的个体道德代理人的总和，而不是它自身权利的道德代理人。见 Manuel Velasquez, "Why Corporations Are Not Morally Responsible for Anything They Do," *Business & Professional Ethics Journal* 2 (1983): 1–18。

16. Friedman, "Social Responsibility of Business," 33.

17. Friedman, *Capitalism and Freedom,* 134.

18. 同上，133。

19. 参见 Ruger, *Milton Friedman,* 148。

20. Friedman, "Social Responsibility of Business," 33.

21. 参见 Ruger, *Milton Friedman,* 150。Carson 认为，弗里德曼在资本主义和自由理论中提出的严格表述，与其在《商业的社会责任》一书中提出的宽松表述并不一致。Carson 列举了五种情况，在其中一种情况下，符合弗里德曼的表述；而在另一种情况下则不符合。见 Carson, "Friedman's Theory of Corporate Social Responsibility," 7–10。

22. Friedman, *Capitalism and Freedom,* 133.

23. Elinor Mason, "Value Pluralism," in Zalta, *Stanford Encyclopedia of Philosophy,* Fall 2011 ed., http://plato.stanford.edu/archives/fall201 l/entries/value-pluralism/.

24. 例如，参见 Nien-he Hsieh, "Incommensurable Values," in Zalta, *Stanford Encyclopedia of Philosophy,* Fall 2008 ed., http://plato.stanford.edu/archives/fall2008/entries/value

-incommensurable/。

25. Bernard Williams, *Problems of the Self* (Cambridge: Cambridge University Press, 1976), 172–174.

26. McClaughry and Friedman, "Milton Friedman Responds," 6, emphasis added.

27. Kim Severson, "Chick-fit-A Thrust Back into Spotlight on Gay Rights," *New York Times,* July 26, 2012, http://www.nytimes.com/2012/07/26/us/gay-rights-uproar-over-chick-fil-a-widens.html?_r=0.

28. 南方贫困法律中心（The Southern Poverty Law Center）坚持认为，［家庭研究委员会］（Family Research Council）的意图是诋毁 LGBT 群体，反对同性婚姻、仇恨犯罪法、反欺凌计划、废除军方的"不要问，不要告诉"政策；http://www.splcenter.org/ get-informed/intelligence-files/groups/family-research-council。当然，对于合理的意见分歧，关于什么构成了"仇恨"，各方并未达成共识。因此，南方贫困法律中心因为对《纽约时报》社论版持反对意见的人，采取抹黑策略和诋毁策略而受到批评，这一点并不足为奇。详见，例如，Patrik Jonsson, "Annual Report Cites Rise in Hate Groups, but Some Ask: What Is Hate?," *Christian Science Monitor,* February 23, 2011, http://www.csmonitor.com/USA/Society/2011/0223/Annual-report-cites-rise-in-hate-groups-but-some-ask-What-is-hate。

29. Jon Entine, "The Myth of Social Investing: A Critique of Its Practices and Consequences for Corporate Social Performance Research," *Organization & Environment* 16, no. 3 (2003): 357–358.

30. Friedman, "Social Responsibility of Business," 122.

31. Milton Friedman, *The Counter-Revolution in Monetary Theory* (London: Institute for Economic Affairs, 1970), 24.

32. 在这里，也许笔者的想法较为仁慈。Rubin 对花旗银行的价值可能不在于他在执行银行交易方面的能力，而在于他能从银行监管机构那里获得有利的决策渠道。无论如何，Rubin 肯定不是唯一一个从公共部门过渡到私营部门的人（或许反过来也是如此）。因此，假设有人既擅长解决紧迫的社会问题，又有能力经营企业，那么个体商人的个人能力可能无法证明这一观点，即商人在推行社会责任的举措方面有可能不成功。

33. 这一观点隐含在法学和经济学学者 Henry Hansmann 的著作中。他认为，持久稳定的组织治理结构，是再次出现的治理问题的最低成本解决方案。这只是另一种表述，说明它们非常适合其要完成的任务。参见 Hansmann, *The Ownership of Enterprise* (Cambridge, MA: Belknap Press of Harvard University Press, 1996)。

34. 著名的商业伦理学家 John Boatright 在谈话中表示，许多商业伦理学家和企业社会责任倡导者都希望营利性公司像非营利性公司一样行事。他们没有认识到，非营利性公司是以这种方式运作的，而营利性公司则不是。

35. 补充强调，参见 "Rethinking the Social Responsibility of Business"。

36. 参见 Mancur Olsen, *The Logic of Collective Action: Public Goods and the Theory of Groups* (Cambridge, MA: Harvard University Press, 1965)。

37. 关于政府监管，在集体行动问题构成参与者互动的情况中，发现了一个更具说服力的理由：政府是单一中心的，而非多中心的。这使得它成为集体行动问题的解决方案，而无法解决需要充分利用当地知识的那种问题。关于后一点，参见 F. A. Hayek, "The Use of Knowledge in Society," *American Economic Review* 35, no. 4 (1945): 519–530。

38. 参见，例如，Margaret M. Blair, "Corporate 'Ownership': A Misleading Word Muddies the Corporate Governance Debate," *Brookings Review* 13, no. 1 (1995): 16–19。

39. Friedman, "Social Responsibility of Business," 122.

40. 关于契约关系理论，有大量的研究成果。经典的文章如 Michael C. Jensen and William H. Meckling, "Theory of the Firm: Managerial Behavior, Agency Costs, and Ownership Structure," *Journal of Financial Economics* 3, no. 4 (1976): 305–360。

41. Jensen and Meckling, "Theory of the Firm."

42. 参见，例如，Tamar Frankel, "Fiduciary Duty," in *The New Palgrave Dictionary of Economics and the Law,* ed. Peter Newman (London: Palgrave Macmillan, 2004), 2:127–128。

43. 假设我为我侄女设了一个信托，指定一个托管人来管理我为她的利益而存入信托的资产。托管人是我侄女的受托人，但不是她的代理人。托管人受到我而非侄女的控制（我作为信托的创建者，除非它是不可撤销的信托）。

44. Friedman, "Social Responsibility of Business," 33.

45. 反信托的方法是显而易见的，例如 Lynn A. Stout, "Why We Should Stop Teaching *Dodge v. Ford,*" *Virginia Law & Business Review* 3, no.1 (2008): 163–190; Jeffrey Moriarty, "The Connection between Stakeholder Theory and Stakeholder Democracy: An Excavation and Defense," *Business & Society* 53, no. 6 (2014): 820–852; Norman Bowie, *Business Ethics: A Kantian Perspective* (Malden, MA: Blackwell, 1999), 94（鲍伊提出了 "从公民身份出发的论点"，认为企业应该 "适应公众对公共利益看法的改变"）。

46. Friedman, "Social Responsibility of Business," 122.

47. 同上。

48. "Rethinking the Social Responsibility of Business," emphasis in the original.

49. Quoted in Ruger, *Milton Friedman,* ISO.

50. "Rethinking the Social Responsibility of Business."

51. 同上。

52. Friedman, "Social Responsibility of Business," 33.

53. 例如，参见 D. Baur, *NGOs as Legitimate Partners of Corporations: A Political Conceptualization* (Dordrecht: Springer, 2011); Andreas Georg Scherer and Guido Palazzo, "A New Political Role of Business in a Globalized World: A Review and Research Agenda," *Journal of Management Studies* 48, no. 4 (2011): 899–931; Florian Wettstein, "CSR and the Debate on Business and Human Rights: Bridging the Great Divide," *Business Ethics Quarterly* 22, no. 4 (2012): 739–770。

第十九章　差别原则的背后：罗尔斯正义理论、商业伦理以及市场道德

马特·茨沃林斯基（Matt Zwolinski）

打开任何一本有关哲学商业伦理的书，人们一定会发现有关约翰·罗尔斯（John Rawls）作品的长篇讨论，或是大量对其作品的摘要，或者两者兼具。商业伦理学家在学术论文中引用其作品，在学术会议上讨论其思想，在课堂上向学生传授其观点。这无足为奇。毕竟罗尔斯最著名的作品中有六百页都在论述和捍卫有关正义的理论，而包含分配正义、价格正义和合同正义在内的正义问题是商业伦理最重要的论题。

然而，虽然罗尔斯的作品受到了广泛关注，但商业伦理学家们尚未完全理解其广度，以及其对商业伦理这一领域的真正意义。他们的作品与罗尔斯观点的融合常常略显狭隘——无论是在思维的广度上，还是在对理论的阐释上。只需考虑关于思维广度的一个惊人事实，就可以说明问题：笔者曾对哲学商业伦理方面的权威文章进行过非正式研究，发现所有文章都至少含有对罗尔斯最著名的作品《正义论》（*A Theory of Justice*）的讨论，但没有一部讨论过其后来撰写的同样具突破性意义的《政治自由主义》（*Political Liberalism*）。[1] 然而，这样的描述其实对其狭隘之处仍略显轻描淡写。因为学校课本的陈述不仅仅局限于《正义论》，而且仅是《正义论》中的一小部分而已——确切来说，是罗尔斯阐释和论证其"原初状态"（original position）思想，以及两个著名的正义原则的部分。[2] 即使在这一部分中，商业伦理学家们也几乎把侧重点全部放在了第二个正义原则上（特别是差别原则），而忽视了第一个原则（公平基本自由原则）。

　　笔者认为，如今的商业伦理学呈现对罗尔斯思想中核心问题的含义进行狭隘解读的特征，部分原因即是对其思想范围的认定过于狭小。这种狭隘又在以下两种倾向中被放大：要么误解了罗尔斯思想中关于管理问题和潜在公有制问题的全部观点，要么不加批判地接受罗尔斯自己对这些含义所做的几乎未经论证的假设。

　　在这篇文章中，笔者将会围绕罗尔斯商业伦理学思想中一些含义，展开对其更为完整的阐释。在第一部分，笔者会解释为何罗尔斯对于商业伦理的很多核心问题言及较少，并以此阐明其正义论的结构和刻意限制的范围。在接下来的部分，将运用罗尔斯本人的理解和现代商业伦理学的阐释，展示如何标准地解读罗尔斯思想中关于政治调控和商业管理问题的暗示。文章的最后一部分将集中分析三种广泛性的思考，它们与传统解释不同，而是赞成这样一种形式的罗尔斯主义：不仅适应对于自由市场秩序至关重要的财产和交换制度，而且积极地要求这些制度达到正义的目的。笔者的结论是，罗尔斯的思想并不像罗尔斯的批判者或是他的一些拥护者认为的那样会阻碍市场的运转，而是像它自身的原则所表明的那样，有利于市场的发展。

罗尔斯商业伦理学之应用伦理

　　研究和教授商业伦理学的人们倾向于关注两大类问题。第一类涉及在商业背景下，规范个人和公司的道德准则。为了更好地理解他们应如何扮演在商业环境中的角色，经理、雇主、总裁和顾客也许会询问此类问题。内线交易是由什么构成的，能否允许我参与？什么样的"欺骗"或"恐吓"能够在与供应商的谈判中被合法地使用？对自己公司的忠诚是否意味着告发同事的问题行为是不道德的？这种商业伦理就是我们所说的应用伦理或实践商业伦理。

　　第二类问题更多地涉及制度结构而非个人行为，特别是相对于商业而言，政府所扮演的角色的政治问题。例如，与其询问内线交易是否符合道德，在这里会询问它是否合法。在更广泛的层面上，这一范畴的问题会探讨私有企业体制是否合法，或者它是否应该被工人体制或是国有企业体制取代。在某种意义上，这种商业伦理更多的是一种应用政治哲学而非应用伦理学。

罗尔斯正是在第一类问题上明显故意地保持了沉默。其原因简单而明了：罗尔斯正义理论的对象并非个人或公司的行为，而是整个社会的基础制度结构。当然，罗尔斯也没有否认，个人和公司的行为在另一种意义上也有正义和非正义之分，但那种正义并不是其理论论述的对象。他的理论是关于支配一切的游戏规则，而不是游戏里某个选手的某个动作。[3]

罗尔斯将其正义理论的主体描述为社会的"基本结构"，包括主要的社会、法律、政治、经济制度，比如"对思想和良心的自由的法律保护、竞争市场、生产资料的个人所有、一夫一妻制家庭"。[4]这种基本结构的一个重要特点以及罗尔斯把它作为其理论核心的部分原因是，整体来看，把这些因素合为一体的主要制度"确定这人们的权利和义务，影响着他们的生活前景即他们可能希望达到的状态和成就"。[5]在罗尔斯看来，社会是以互利共赢为目的的合资风险企业，但正是这些基本结构的制度，决定了这家企业的利益如何在构成社会的不同个人和社会团体之间进行分配。[6]

众所周知，罗尔斯认为，在被贴切地形容为"无知之幕"（veil of ignorance）后的个体们会为这一基本结构选出两个作为正义标准的原则。第一个原则确保每个人对与其他人所拥有的最广泛的基本自由体系相容的类似自由体系都应有一种平等的权利。[7]第二个原则明确指出社会和经济的不平等"依系于在机会公平平等的条件下职务和地位向所有人开放"并且"服务于社会最少受惠者的最大利益"[8]。

这些原则的合理解释以及它们对基本结构设计的意义，毋庸置疑是极为复杂和富有争议的问题。笔者之后会回到制度意义这一问题上来。现在，值得注意的是罗尔斯很明确地否定了他的理论在个人或团体问题上的直接应用：

> 没有理由先决地认为满足了基本结构的原则对所有情况都同样有效。这些原则可能对私人交往的规范和实践就不起作用，或者不能对那些范围较小的社会群体的规范和实践发生效力。它们可能同日常生活中的各种非正式的风俗习惯亦不相干，不能够用来解释自愿的合作安排或制订契约的过程的正义性质（或更好地说：公平性）。[9]

罗尔斯对于通常所说的"宏观"和"微观"正义原则进行区分，其可行性显然存在一定的争议。[10]然而，罗尔斯本人认为他的正义原则，并未在实质上涉及有关经理、客户、员工、公司以及贸易团体的问题[11]。管理这些媒介和实体的道德原则一定来自其他的地方。

尽管没有引起商业伦理学家们的广泛注意，但罗尔斯的确在《正义论》中讨论了适用于个人的道德原则问题[12]。罗尔斯提出，除了管理基本结构的两个原则之外，个人在一开始也会选择能够直接影响个人道德要求的不同原则。这些额外的原则包括许多积极和消极的"自然义务"，比如"在对行为者来说牺牲和危险并不很大的情况下，一个人对另一个人来说是真正善的行为，尤其是一个使他免于巨大危害而损伤的行为，是一个由互助原则所要求的自然义务"。[13]他们总结出了特定的"义务"，比如忠诚原则和（著名的）公平原则。[14]

罗尔斯关于这些道德要求的看法，可以被提取出来并为商业伦理学提供有趣的暗示。例如，在关于遵守承诺的论述中，罗尔斯明确地把有关承诺的规则与游戏的规则进行了类比，使人联想起阿尔伯特·卡尔（Albert Carr）把商业中的欺骗和打扑克出老千的行为进行类比的著名文章。[15]罗尔斯关于互助义务的论述，似乎与对生产安全和生产责任的辩论相关，与自然灾害过后漫天要价行为的道德容忍度相关，也与掌握救命药物的制药企业所承担责任的讨论相关。[16]

不幸的是，罗尔斯没有就个人需求理论进行详细论证。在这方面他提供的论述很少，既没有想过可能的替代性阐释（就像他在解释两个正义原则时那样），也没有花时间深入探讨其中的含义。结果就是，它们本应该出现在有关实际问题的学术辩论中，但现在几乎没有落脚之地，也没有发展的机会。例如，那些拥护漫天要价、支持制药公司把产品高价卖出的人，一般不会忽视或否定互助义务。相反，他们认为这种义务只适用于特定情境，或是认为它可以被与其相矛盾的其他道德原则推翻。[17]比如说，假设市场价格引导的分配，既有助于将资源分配给最需要的人（相比可行的其他分配方案来说），也可以激励其他销售者为市场带来更多供给，那么人们似乎可以合理地声称它至少被互助原则允许，尽管可能并不被其主动要求。在这个例子及其他诸多例子中，真正的争论在于使用互助原则的细节，而并非它是否是一个正当的道德原则。

那么最后的结论就是，关于作为个人和团体（比如公司）应用伦理的商业伦理学，罗尔斯几乎只字未提。他的两个著名的正义原则并不适用于这种情况。而他所描述的原则适用的范围既广泛，又不明确，甚至可以说在严肃哲学辩论的问题中毫无用处。

罗尔斯商业伦理之应用政治哲学

商业伦理的第二种问题，也就是关注社会制度正义的问题，更接近罗尔斯的中心议题。但即使在该类问题上，罗尔斯的评论也短得令人惊讶，形式上也相当概括。例如，在《作为公平的正义：正义新论》（*Justice as Fairness: A Restatement*）中，罗尔斯思考了五种不同政体与他的两个正义原则之间的适应性：自由放任的资本主义（他有时也称其为"自然自由体系"）、福利国家的资本主义、带有指令性经济的国家社会主义、自由（民主或市场）社会主义、财产所有的民主制度。正如杰拉德·高斯（Gerald Gaus）所说，罗尔斯很快就以非正义为由否定了他所描述为"资本主义"[18]的两个社会体系，只有在市场社会主义和财产所有民主制度中，才能够很好地运用两个正义原则。前者涉及经济公有制和其他方式的生产活动，后者允许公司私有制，但致力于通过增值税和各种再分配政策"分散财富和资本的所有权"。[19]

罗尔斯早在《正义论》中就表示，一个公平的基本结构包括各种新增的政府"部门"（branch）。[20] 这些部门会帮助建立商业活动的背景条件，使得商业活动与公共政策的网络效应符合分配正义的要求。其中一个部门（指配给部门——译者注）用来确保价格体系的有效竞争性，通过调节和限制有计划的企业合并或将规模过大的企业拆开重组，以防止不合理的市场权力的形成。"稳定部门"（stabilization branch）根据"新政"（New Deal）的"平民保育团"（Civilian Conservation Corps），通过调节货币供给或以提高就业率为目标创造就业机会，努力实现合理充分的就业。"转让部门"（transfer branch）则可能通过提供钱财、食物、教育、医疗、住房以及其他重要的物品和服务，以确保社会中没有人处于某一"最低受惠值"（social minimum）以下。

最后，"分配部门"（distribution branch）负责为政府的运转获得收入，进行征税，限制遗产继承，以此确保财富的广泛分配。

要实现罗尔斯的建立正义的基本结构这一目标，需要一个包含税收、转账、补贴，以及"财产权定义"的变化。[21] 因此罗尔斯否定了自由派和古典自由主义的观点，原因是他们认为这种对财产权的介入在道德上是不合理的。诚然，在罗尔斯看来，一个正义的基本结构可以保证对私有资产的基础性权利。[22] 职业选择的自由所带来的特定形态的经济自由，也作为一种特殊保护被强调。[23] 然而更多强大的经济权利——包括契约自由以及生产性资产的所有权——并没有出现在罗尔斯关于基础权利的纲要中。[24] 这并不意味着罗尔斯否定所有这些权利，比如说，它们可以在宪法或法律层面被承认。但是，他并不将其视为哲学意义上的基本权利，这意味着为了达到第二原则中提出的分配正义的要求，它们可以被修改、限制或牺牲。

尽管如此，重要的是，在（相对来说）不受限制的市场进程的运转中，罗尔斯注意到了相当重要的美德，前提是它们在正义的基本结构下运行。的确，对罗尔斯来说，这种市场进程的结果是正义的决定性因素。对罗尔斯而言，正义的分配是在正义的基本结构下产生的。因此，分配正义是他所说的"纯粹程序正义"（pure procedural justice）的一个案例。在一个正义的基本结构下，罗尔斯称："不存在对正当结果的独立标准，而是存在一种正确的或公平的程序，这种程序若被人们恰当地遵守，其结果也会是正确的或公平的，无论它们可能会是一些什么样的结果。"[25] 因此，虽说正义的基本结构可能会包含对富人日渐增多的高额税款，以及对穷人慷慨的社会福利项目，但在充满竞争性的市场里，技巧和运气相结合的结果，就是有些人乘势而起变得相对富有，而另一些人则相对贫困，而这并不是一种非正义的行为。

完全依靠竞争性的市场价格体系来决定人们的收入，这种做法并非正义，因为这一体系忽视了对需求的关注。然而，罗尔斯建议："一旦转让提供了一个适当的最低受惠值，那么，如果由价格体系来决定总收入的共余部分的后果是温和的、不受垄断的限制且排除了不合理的外差因素，这种决定也许就是完全公平的。"[26] 的确，罗尔斯注意到了这是一个把所有价格（包括工资在内）交由竞争性压力支配，并在之后分发补贴来达到基本需求的体系，这种体系可能比诸如最低工资标准等以干扰价格体系来保障群众基本需求的政策更为有效。[27] 在罗尔斯看来，市场竞争在追求正义的探索中会被干扰和剥削，而不会作为威胁被摧毁。这种体系产生的效率，可以被充分地利用于提高最弱势群体的地位。此外，罗尔斯也称，其运转中"非人格的、自动进行的"特性，从多个角度来说都是一种优秀的安排。罗尔斯如是说："下述情况看上去是不太可能的：那种必然要在一个社会的调节的体系中发展起来的官僚控制的经济活动……总的来说竟比由价格手段实施的控制更为正义。"[28]

然而，除了这些让步之外，罗尔斯的思想整体而言对自由资本主义体系来说还是不太友好。而这正是罗尔斯的思想如何在商业伦理学术界被解读的。举例来说，商业伦理学家从罗尔斯处获得灵感，来论证公司管理应当平等地考虑所有"利益相关者"的利益，而不是仅仅考虑股东的利益。[29] 他们认为罗尔斯的原则和学说，支持工人们以车间民主或更加低调的车间共和主义的形式，在其所在的公司参与更多的管理和控制。[30] 他们还表示，国家的应有功能之一，是确保人们拥有追求有意义工作的机会，罗尔斯关于自尊的理论为这一观点提供了依据。[31]

并非所有商业伦理学家都认可上述说法，甚至有人不认为这些说法是罗尔斯思想的有效延伸。[32] 但是罗尔斯的公正论符合自由市场的基本制度结构，也符合以市场自由主义为特征的私有财产制，这一观点依旧不被支持罗尔斯的商业伦理学家广泛认可。以这篇文章作为基础，笔者将尝试为这种观点博得一些支持。

关于罗尔斯市场自由主义的案例

在这一节中，笔者会考察罗尔斯原则，比他或他在商业伦理学界的追随者通常所认为的还要更适合传统自由资本主义制度的三个原因。这三个原因涉及以下几个方面：第一，自由优先；第二，差别原则与自由市场体系的兼容性；最后，尊重合理存在的多元主义。

自由优先

尽管罗尔斯原初状态中的人们应该会选择两个正义原则，但商业伦理学界的多数重点还是放在第二原则上，确切来说是第二原则的第二部分——所谓的差别原则，这一原则要求不平等服务于社会最少受惠者的最大利益。[33]但是对罗尔斯而言，第一原则——平等基本自由原则——在字面上比第二原则的优先级更高。也就是说，在满足第二原则的要求之前，首先要满足第一原则的要求。因此，任何满足第二原则但不适应第一原则的手段都应被否决。[34]

人们可以看出，诸如生产性财产所有权、契约自由权等重要的经济自由，并不在罗尔斯所列举的基本自由之中。他所列举的包括"政治上的自由（选举和被选举担任公职的权利）及言论和集会自由；良心的自由和思想的自由；个人的自由……依法不受任意逮捕和剥夺财产的自由"。[35]唯一被明确列举的经济自由是保障个人（如非生产性）财产的权利。那么其他的经济自由可能被法律限制，来满足第二正义原则的要求——或确切来说，只要是合法的政府自由裁量权，都可以成为限制的原因。

然而，如果想为更强大的经济自由形态寻求保护，而这是法治国家活动的一种基础性制约，那么罗尔斯面前至少有两条道路。首先，即使经济自由本身并非基本自由，但它在罗尔斯定义的基本自由的保护上，依旧有着不可或缺的作用。[36]例如，演讲自由是一项基本权利，但如果没有一系列经济自由的支持，这项权利的完全实践也似乎是不可能的。想想那些通过发行简报、建立网站、贩卖宣扬其思想的书籍，来达到传播信息目的的边缘政治群体，这种组织也有可能寻找集会的租借场地，雇用个体来完成其运转，等等。如果这些经济行为被政治体系阻挠，甚至是参与这些活动的自由也取决于某个政府部门的先行许可，那么依赖于它们的基本自由的践行也会被严重破坏。[37]

即使人们把自己限制在对罗尔斯列出的基本权利的范围内，也会有充足的工具主义理由认为，保护相对强大的经济自由有着重大的基础性意义。然而这一结论也能够被第二条道路证明，这条道路依据其内在价值来定义经济自由的特殊地位。经济自由的内在价值在于它与人类能动性（human agency）

之间的联系。[38] 正如洛伦·洛马斯基（Loren Lomasky）所言，财产权可以通过划定"一个可以使人之财产免受抢夺的道德空间"，[39] 从而有助于人类的能动性。由此可以认为，财产权保护并促进了"人们规划和追求特定善的概念的能力"。[40]

罗尔斯通过论证它们是尊敬对待自由、平等、明智、理性的人们的正确方式，证实了他所列出的基本自由。这样的人拥有被罗尔斯描述为"两种道德能力"（two moral powers）的特质：正义感（a sense of justice）的能力，以及善观念（a conception of good）的能力。[41] 善观念的能力所表现的特征是，负责任地自我主导的可能性，包括现实地评估自己的生活选择，以及利用这种评估选择自己生活轨迹的能力。相比之下，正义感的能力从本质上说，也相当于承认其他人能负责任地自我主导。基本自由的作用，就是保障这两种道德能力被全面和广泛地实践。[42] 比如，自由选择职业的权利，表示有必要保护这些道德能力，这是因为每个人的职业选择在很多方面都是个人身份的深刻体现：在工作上人们花费了大量时间，它表现和塑造了自身的价值，并形成了其他居民与我们进行感知和互动的方式。

但人们为什么认为，这种论调只适用于罗尔斯赞同的一小部分经济自由，而不适用于经典自由传统的思想家们提出的更为强大的经济自由呢？罗尔斯本人对该问题并没有做出回答——事实上他似乎根本没问过自己这个问题。他只是毫无论据地断言，更加膨胀的经济自由并不是"这两种道德能力的发展和实践所必需的"，并且正因如此，它们"不是基本的（自由）"。[43]

为何人们要相信这一说法是真的呢？毕竟罗尔斯所整理的很多关于他所承认的基本自由的观点，同样可以有效证明更强大的经济自由。试想罗尔斯在两种道德能力和职业选择之间的联系，正如约翰·托马西（John Tomasi）所言：

> 如果自由选择职业的权利对于道德能力的发展来说不可或缺，那么销售、贸易、捐赠劳力的自由也以同样的理由显得不可或缺。毕竟，一个人的身份不仅仅被其职业定义，也被他的工作经验定义，也被他选择在哪里工作，被他追寻和认可工作的程度，被他工作的时间以及许许多

多其他要素定义。[44]

罗尔斯关于财产的论断也是如此。在形成和实践关于善的概念时，私有财产十分必要，这一观点还可以延伸到对生产性财产的所有权上。[45]这对于企业来说毋庸置疑，因为所有权和投资的经济行为常常构成他们个人身份的核心部分。同时，对于普通的工薪阶层以及消费者来说，这一观点也同样适用。举例来说，个人和家庭中的长期和短期金融计划，"需要人们认真考虑现阶段的自己与多年后未来的自己二者之间的联系。它们呼吁人们现在就为他们将要成为的那个人负责"。[46]也就是说，这些计划要求人们对最基础的规划和承诺进行仔细反思，而这也是罗尔斯试图通过基本自由来进行保护的对象。

如果这些基于能动性的、关于经济自由的论证有效的话，那么根据罗尔斯的理论，需要进行一个重要的改变，即把强大的经济自由纳入到基本自由之中。如此一来，那么在第一原则优先的前提下，差别原则和公平的机会平等原则（fair equality of opportunity）的应用范围就会被严重限制。

差别原则和市场自由主义

即使强大的经济自由不被包含在基本自由中，它也不遵循差别原则所要求的，甚至是许可的，以社会正义之名对这些自由的干扰。根据差别原则，这些干扰是否被许可，取决于它们是否能够将最少受惠者群体所收到的基本利益最大化。当然，这很大程度上是一个经验主义问题，并不能仅仅依靠道德哲学来解决。

人们已经看到，罗尔斯将市场竞争视为驾驭最少受惠者群体的一种力量。他把（在正义基本结构下的）价格体系中的效率甚至公平，当作收入分配的一种机制，也当作政府控制经济的潜在危险。[47]但人们有充分的理由质疑罗尔斯是否严肃地看待这一问题。罗尔斯对于财产私有民主制的乐观估计，表明他并没有认真思考可能会摧毁这一体系的诸多知识和动力问题。[48]如果事实如此，那么即使是不受一系列基本经济自由所约束的差别原则，最终也可能会承认古典自由主义的自由市场，而不是财产所有民主制下的社会民主。

首先，探讨一下关于动力的各种问题。[49] 财产所有民主制的一个重要特征是致力于将生产性资本广泛分布在社会中。[50] 但这种大规模的资本再分配会严重抑制资本的创造和积累。事实上，资本会从那些已被证明拥有在市场竞争中最有效地创造和利用它的能力的人们手中被夺走，落入那些这方面能力较差的人手里。[51] 类似的（或者说似曾相识的）动力问题也出现在再分配的另一面。比如，那些以现金赠款、免费教育或补贴抵押贷款的形式获得资本的人，将更加缺乏参与生产性工作以自主创造资本的动力。这样一个动力体系所产生的一个可预测的发展结果，就是生产的资本总量大量减少，相应地，社会所能提供的"蛋糕"大小也会缩小，而这必然会削减最少受惠者群体（在其他所有人中）的利益份额。

上一段中所讨论的动力问题，甚至会在理想理论（ideal theory）层面上给财产所有民主制造成困扰，几乎所有关于正义和制度的罗尔斯理论都围绕这一问题而展开。在理想（或者说严格限定条件）理论中，所有人都被假定会按照正义原则来行事。[52] 由于为了减轻税收负担（或者作为对补贴的回应）而减少生产性产出，这种做法并不违背正义的任何准则，因此即使对于最"现实主义乌托邦"形态的财产所有民主制来说，这种消极的结果也是大问题。[53]

然而，当人们放下严格遵循的理论（strict compliance theory）这一理想化的假设后，财产所有民主制的动力问题变得更为严重。正如人们所看到的，财产所有民主制的实现需要在规模和程度上都极度扩张的政府权力，这种权力表现为四个新的政府"部门"。在理想理论中，这些机构符合正义原则的要求，只能被用于服务公众利益。但在现实世界中，公司和利益团体会有强大的动机去"捕获"这些管理机构，以便让它们为自己的私人利益服务。[54] 掌控这些机构的个人，如果不是积极怂恿，也往往会为了自己的利益与他们串通一气。[55] 银行的运营者、选举机构的管理者，以及在罗尔斯构想的社会中任政府委员会成员的那些人，和那些引发美国2008年金融危机事件的主导者们相比，在思想或道德的构造上并无显著区别。唯一的不同就是在规模膨胀的国家权力下，捕获或滥用这种权力的回报也相应地变得更加丰厚。

然而，即使不考虑这些动力问题，财产所有民主制也面临着信息不足的众多问题。财产所有民主制政府面临着一系列巨大的考验——从确定合适的价格和工资水平，到决定适当的资本分配，再到（或许是）决定公司自身的产权和管理。在市场体制下，个人所得到的工资、投资具体项目的额度等，都是由个人根据价格体系所传递的信息的引导做出决定的。[56] 但在财产所有民主制下，政府对经济的大量干预，会对价格信号产生系统性的扭曲。而且，政府机构本身通常是在非市场环境中进行运作，在这种环境下，即使是扭曲的价格信号也无法成为指导行动的指南。那么，人们应该依据什么来做决定呢？

罗尔斯和现代财产所有民主制的支持者们都强调，希望把价格体系作为向生产者个人和公司"分配"（allocating）稀有资源的一种方式。他们只是不想让价格体系成为消费者的个人"分发"（distributing）财富和收入的一种手段。[57] 但"分配"和"分发"是同一个硬币的两面，没有意识到这一点就意味着那些财产所有民主制的支持者们未能认真对待体系中的信息问题。收入不平等——比如说医生的收入比哲学家高——本身就是一种市场信号，扭曲这种信号并随意修改人们的分配行为，并不能消除这种不平等。

关于差别原则，最终的关键并不是政府人员是否在努力尝试将最少受惠者群体的地位最大化。他们是否诚心正意，可以用来衡量其品格的道德价值，但不能用来衡量他们所形成体系的道德价值。对于这一体系的正义而言，其关键是最少受惠者群体的地位是否确实得到了最大化。这一节提出的看法，让人们有理由去质疑罗尔斯自己所提倡的财产所有民主制体系能否成功地做到这一点。如果这一观点正确，那么即使罗尔斯的差别原则不受一系列经济自由制约，也可能会朝着罗尔斯本人讨论过但拒绝过的两种"资本主义"制度之一的方向发展。

合理多元主义

文中前两节把罗尔斯的著作当成一个连续的整体来看待。但值得一提的是，罗尔斯的第二本书，即《政治自由主义》，代表了罗尔斯思想本质的重大转变。这一转变中最重要的因素，也是往往被商业伦理学家忽略的一个因素，是他对合理多元主义的强烈关注。[58] 简单来说，合理多元主义思想认为，各种相冲突的、无法协调的，但又合理存在的道德理念并存，是自由质疑的正常结果，也是一个自由社会的永恒条件。[59] 对于什么是正确的行为和错误的行为，怎样的生活值得奋斗，（如果有的话）上帝和道德的关系如何，以及种种问题，人们持有不同的看法。因此，一个自由的社会拥有这种被罗尔斯称为"合乎理性的完备性学说"（reasonable comprehensive doctrines）的多元性特质。[60]

理性的人们会认可这种多样性，并且承认它至少有一部分是由罗尔斯所说的"判断的负担"（burdens of judgment）导致的。"判断的负担"是指人们自身独特的生活经验和道德问题上的困难特质，使其不太可能得出相同的结论。因此理性之人不愿将自己的综合信条强加于别人，而是在其或含蓄或明确的共同公共政治文化观念的基础上，寻找某种共识。[61]

"政治权力总是强制性的。"罗尔斯写道。[62] 然而，如果事实如此，如果对合理多元主义的尊重严格限制了强权的合法性，那么人们似乎能在罗尔斯思想中找到另一种倾向于古典自由主义的元素。因为，正如高斯（Gaus）近期的观点所认为的那样，包含一系列财产和自由契约的古典自由机制，不仅仅可以被视为促进经济效率提升的工具，还可以被看作尊重合理多元主义的机制，这种机制能够最大程度地允许个人根据自己的综合信条来生活。[63] 权利，包括财产权在内，应当被看作分配给个人的特定司法权，通过它可以确保他们对自己私人欲望和个人信仰的支配。[64] 古典自由主义对合理多元主义的回应，并不是在某些人所期望的重叠共识的基础上将道德权威集中化，而是通过将道德权威下放到最小的层面，即个人的层面，从而将需要达成共识的决定范围最小化。

这种形式的论述在罗尔斯对宗教自由的辩护中是含蓄的。因为理性的人们在宗教这一问题上存在分歧，所以允许每个人自己决定是否庆祝，以及如何庆祝宗教节日。人们不允许国家在公共广场上安插十字架，但是允许每个市民在他们自己家里的墙上放置十字架，或是不放置十字架。

需要注意的是，如果本节所探讨的关于经济自由的论述是正确的，那么人们将经济自由区别对待的理由就显得很不清晰。像私人的宗教活动一样，经济活动可以是，并且经常是个人内心深处所认可的善的概念的表现。正如宗教自由对于保护不同形式的宗教信仰表现的培养与实践是必需的，财产和契约的经济自由对保护该领域的多样性也是不可或缺的。从这个意义上看，私营商业是允许个人在多元化社会里追求他们多样目标的一种方式。这些目标也许包含人们所认为的意识形态目的，比如一个像本杰瑞（Ben & Jerry's）这样的公司会依据它自身特定的价值观和对公平的理解，来设定其工资标准，指导其营利，规定其员工待遇。当然，这些目标或许只涉及对技术进步的追求，或者甚至只有对利益的追求。对于那些描述何为正义的知识分子而言，经济自由常常显得微不足道且只有工具价值，如果有什么区别的话，这会让这些人更有理由强调它们的重要性。这些自由对于人的能动性来说是最基础的，不是因为它们保护人们对自认为重要的目标的追求，而仅仅是因为它们保护了人们能够实践这种能动性的能力，通过这种能力，人们可以认为某些事情并不重要，也可能因此而免于受到压制或被边缘化。

结　语

笔者认为，在商业伦理学家们所感兴趣问题的至少一个主要类别中，罗尔斯的观点几乎毫无用处。在关于顾客、管理者、首席执行官或其他团体和个人应当在市场或其他地方如何表现的问题上，罗尔斯几乎只字未提。他的两个正义原则是为调节社会基本结构而设计的，很明显没有意图去管理这一结构中团体和个人可能做出的各种微观上的决定。对于他所提及的、为数不多的、关于个人行为的内容，尽管相对没有争议，但因过于模糊和概括，以至于对解决那些存在重大学术争议的商业伦理问题并没有任何帮助。

罗尔斯在商业伦理领域中所留下的恒久遗产，是其关于基本结构的正义理论。关于基本权利和自由的基础问题，罗尔斯的理论架构十分讲究而复杂，精巧而深刻。不幸的是，这一架构在制度设计上的实际应用并未得到很好的发展。罗尔斯反对资本主义的正义、反对强劲的经济自由的重要性以及财产权，是基于与实证分析有很大偏离的道德和经济理论。同时，即使是在他纯粹的道德推理中，在考察财产和交换问题时，罗尔斯常常未注意或者是没有重视一些他最重要的基础贡献和价值。

笔者认为，罗尔斯的理论中有一些观点，可以使其原则与市场自由主义体系更为一致。罗尔斯的自由主义不是，也不会是，完完全全的自由主义。然而，它可以成为，或许也应当成为，一种与休谟（Hume）、斯密（Smith）和哈耶克（Hayek）的古典自由主义相似的理论体系——其中，财产权和经济自由占有很大分量，并且严重限制国家集权架构在追求社会目标中的行使范围。[65] 在古典自由主义理论，以及大多数著名的当代古典自由主义理论中，都没有果断反对维护由国家财政支持并加以管理的社会安全网络。因此，罗尔斯的错误，不仅在于他认为国家可以在保护最少受惠者群体利益中起到一定的作用，还在于他相信保护这种利益则需要拒绝自由市场秩序，并且要代之以财产私有民主制下的技术治国。罗尔斯低估了强大的经济自由所具有的工具性和内在道德价值，由此低估了一种适应经济自由的体系符合自身基本原则的程度。

尾注注释

1. John Rawls, *A Theory of Justice* (Cambridge, MA: Belknap Press of Harvard University Press, 1971); Rawls, *Political Liberalism* (New York: Columbia University Press, 1993).

2. 笔者所调查的文本包括：Tom Beauchamp and Norman Bowie, *Ethical Theory and Business,* 7th ed. (London: Pearson Prentice Hall, 2004); Thomas Donaldson, Patricia H. Wehane, and Margaret Cording, *Ethical Issues in Business: A Philosophical Approach,* 7th ed. (London: Prentice Hall, 2002); John Boatright, *Ethics and the Conduct of Business,* 5th ed. (London: Pearson Prentice Hall, 2007); Manuel G. Velasquez, *Business Ethics: Concepts and Cases,* 6th ed. (London: Pearson Prentice Hall, 2006); Kevin Gibson, *Business Ethics: People, Profits, and the Planet* (New York: McGraw-Hill, 2006); William H. Shaw and Vincent Barry, *Moral Issues in Business,* 12th ed. (Stamford, CT: Wadsworth, 2012)。

3. 罗尔斯在他早期的论文中引用了游戏的类比，参见 "Two Concepts of Rules," *Philosophical Review* 64, no. 1 (Jan. 1955): 3–32。

4. *Theory of Justice,* 7.

5. 同上。

6. 同上，5, 7。

7. 第一原则和第二原则一样，在罗尔斯的著作中经历了几次变化。文中所用的是最早的版本，出现在罗尔斯对这两个原则的第一次讨论中，参见 *Theory of Justice,* 60。关于第一原则的表述，直至其最终版本也基本保持不变（*Theory of Justice,* 302）。然而，到罗尔斯的 *Justice as Fairness: A Restatement* (Cambridge, MA: Harvard University Press, 2001) 一书时，却对这一原则进行了重大修改，这主要是为了回应 H. L. A. Hart's 在 "Rawls on Liberty and Its Priority" [*University of Chicago Law Review* 40 (1973): 534–555] 对其进行的颇具影响力的批评。修订后的第一原则是"人人拥有相同的不可剥夺的权项，享有一套恰如其分的平等的基本自由，这套基本自由兼容于为所有人皆享有的一套相同的基本自由"(*Justice as Fairness,* 42, emphasis added)。

8. *Justice as Fairness,* 42–43. 这里提出的第二原则的版本，实际上与《正义论》（第 302 页）上的最终版本相同，但比《正义论》（第 60 页）提出的最初版本更为具体。

9. *Theory of Justice,* 8; 129. 在这里，罗尔斯的用词似乎为他的两个原则可能适用于私人交往原则、非正式惯例等留下了可能性。他的观点是，对于将其理论进行扩展的合理性仍存有一定的疑惑，指出这点需要提供比罗尔斯自己提供的还要多的论证。

10. 其中最有名的反对意见来自 Robert Nozick，他认为这两个原则应该通过其著作 *Anarchy, State, and Utopia* [(New York: Basic Books, 1974), 204–205] 中所提及的微观层面的反例来进行检验。最近，G. A. Cohen 从另一个角度挑战了这一区分，认为罗尔斯正义理论的基础是平等主义，这种平等主义不仅应该支配基本结构，还应该通过一种更普遍的"平等主义精神"来支配个人行为。参见 G. A. Cohen, *Rescuing Justice and Equality* (Cambridge, MA: Harvard University Press, 2008)。还有一种观点认为，罗尔斯对国家和公司的区分被夸大了，因此政治正义的原则应该适用于双方。参见 Jeffrey Moriarty, "On the Relevance of Political Philosophy to Business Ethics," *Business Ethics Quarterly* 15, no. 3 (2005): 455–473。

11. 至少，它们对这些人（经理、客户、员工等）的行为基本上没有影响。

12. *Theory of Justice,* sees. 18 and 19, pp. 108–117.

13. 同上，114. 自然义务与责任的区别在于，后者源自个人的自愿行为，归属于具体的个人，部分由社会机构或社会实践来定义，而前者不需人们的自愿行为，无论机构的关系如何，归属于所有人，且独立于社会机构或社会实践来定义其内容。*Theory of Justice,* 113, 114–115.

14. *Theory of Justice,* 112–113. 公平原则大致认为，人们应该尽自己的一份力量，来支持让他们自愿受益的公正机构。这一原则主要适用于辩论，主题是个人是否有义务支持公正的政治机构。然而，对于那些寻求探索企业与利益相关者之间其他的非政治责任的商业伦理学家来说，这一原则似乎是富有成效的。相关的一种观点，可见 Robert A. Phillips, "Stakeholder Theory and a Principle of Fairness," *Business Ethics Quarterly* 7, no. 1 (1997): 51–66。

15. 参见 *Theory of Justice,* 344; Albert Carr, "Is Business Bluffing Ethical?," *Harvard Business Review* 143 (Jan.-Feb. 1968): 143–153。

16. *Theory of Justice,* 114, 338.

17. Matt Zwolinski, "The Ethics of Price Gouging," *Business Ethics Quarterly* 18, no. 3 (2008): 347–378; Ian Maitland, "Priceless Goods: How Should Life-Saving Drugs Be Priced?," *Business Ethics Quarterly* 12, no. 4 (2002): 451–480.

18. 参见 Gerald F. Gaus, "Coercion, Ownership, and the Redistributive State: Justificatory Liberalism's Classical Tilt," *Social Philosophy and Policy* 27, no. 1 (2010): 237。罗尔斯最为反对的就是自由放任的资本主义制度，理由是它"只在形式上保证公平，拒绝平等政治自由的公平价值"，它"只确保一个很低的社会最低受惠值"，因此无法保障最少受惠者的未来。参见 *Justice as Fairness,* 137; 另见 *Theory of Justice,* 65–72。甚至"资

本主义福利国家"也未能满足正义的两个原则，原因一方面是"不动产的所有权极为不平等"，使其允许极少数人"控制经济及部分政治生活"；另一方面是，它所产生的不公平不受任何对等原则的约束 *(Justice as Fairness,* 138)。罗尔斯在这里的态度令人费解，这与他早先在《政治自由主义》(*Political Liberalism*) 中的看法并不一致。在后者中，他提出了一个更为不可知论的立场，表示"生产资料中的私有财产或其社会所有权的问题……并不是在政治的第一原则层面上予以解决，而是取决于一个国家的传统和社会制度，以及它的特殊问题和历史环境" *(Political Liberalism,* 338)。因此，这些问题必须留待正义的"后期阶段"，以便获得关于这些情况的更多信息（298）。

19. *Justice as Fairness,* 139, 160–161. 关于更深入的讨论和辩护，参见 Martin O'Neill and Thad Williamson, eds., *Property-Owning Democracy: Rawls and Beyond* (Oxford: Wiley-Blackwell, 2012)。

20. *Theory of Justice,* 274–284. 罗尔斯有时将这些部门称为"功能"，这意味着它们不需要作为不同的组织结构来实现。

21. *Theory of Justice,* 276.

22. 同上，61。

23. 同上，271。

24. *Political Liberalism,* 298; 又见 *Theory of Justice,* 270–274, 280–282。

25. *Theory of Justice,* 86.

26. 同上，277。

27. 同上。

28. 同上，281。

29. 例如，可参见 R. Edward Freeman and William M. Evan, "Corporate Governance: A Stakeholder Interpretation," *Journal of Behavioral Economics* 19, no. 4 (1990): 337–359; R. Edward Freeman, "The Politics of Stakeholder Theory: Some Future Directions," *Business Ethics Quarterly* (1994): 409–421。

30. Nien-hê Hsieh, "Rawlsian Justice and Workplace Republicanism," *Social Theory and Practice* 31, no. 1 (2005): 115–142.

31. Jeffrey Moriarty, "Rawls, Self-Respect, and the Opportunity for Meaningful Work," *Social Theory and Practice* 35, no. 2 (2009): 441–459.

32. 例如，可见 John Hasnas, "The Normative Theories of Business Ethics: A Guide for the Perplexed," *Business Ethics Quarterly* 8, no. 1 (1998): 19–42; James Child and Alexei M. Marcoux, "Freeman and Evan: Stakeholder Theory in the Original Position," *Business Ethics Quarterly* 9, no. 2 (1999): 207–223。

33. "差别原则"一词仅作为第二个正义原则的一部分，具体而言，这一部分规定不平等必须有利于最少受惠者群体。第二个正义原则的第一部分则被称为"公平的机会平等原则"（fair equality of opportunity principle）。

34. *Theory of Justice,* 43.

35. *Theory of Justice,* 61.

36. James Nickel 将这种形式的论证称为"联系论证"。参见 Nickel, "Economic Liberties," in *The Idea of Political Liberalism,* ed. Victoria Davion and Clark Wolf (New York: Rowman and Littlefield, 2000), 155–175。 Nickel 对各种形式的联系论证进行了分类，但在自由主义传统中，这种论证形式并不新颖。例如，参见 Milton Friedman 的 *Capitalism and Freedom* (Chicago: University of Chicago Press, 1962), esp. chap. 1。

37. 为了进一步论证这一说法，Gerald Gaus 引用了美国传统基金会（the Heritage Foundation）的《世界经济自由：2008 年年度报告》（*Economic Freedom of the World: 2008 Annual Report*）和"自由之家"（Freedom House）关于保护公民权利的各州排名。那些被"自由之家"认定在保护公民自由方面表现出色的州，同时也对财产权和经济自由进行了有利保护。现有的社会主义制度不仅在保护财产权和经济自由方面表现不尽如人意，而且在保障公民的基本权利和政治自由方面也有待提高。Gerald Gaus 总结称"从来没有一种政治制度会呈现对个人自由的高度尊重的特征，而这种尊重不是建立在普遍存在的生产资料私有制的市场秩序基础上的"参见 Gaus, "Coercion, Ownership, and the Redistributive State," 252。

38. 对于这种讨论的一般形式，相关的简单论证可见 Gerald Gaus 的文章 "The Idea and Ideal of Capitalism," in *The Oxford Handbook of Business Ethics,* ed. George L. Brenkert and Tom L. Beauchamp (New York: Oxford University Press, 2010), 80–81。

39. Loren E. Lomasky, *Persons, Rights, and the Moral Community* (New York: Oxford University Press, 1990), 121.

40. Loren E. Lomasky, "Libertarianism at Twin Harvard," *Social Philosophy and Policy* 22, no. 1 (2005): 183.

41. *Political Liberalism,* 18–19.

42. *Justice as Fairness,* 113.

43. *Political Liberalism,* 298; and Rawls, *Theory of Justice,* rev. ed. (Cambridge, MA: Harvard University Press, 1999), 54.

44. John Tomasi, *Free Market Fairness* (Princeton, NJ: Princeton University Press, 2011), 77.

45. 同上，78–79。

46. 同上，79。

47. *Theory of Justice,* 277, 281.

48. 事实上罗尔斯指出，作为一种"理想的制度类型"，他对财产民主所有制的讨论"是从它的政治社会学中抽象出来的，也就是说，从决定它实现其公共目标的有效性的政治、经济和社会因素的描述中抽象出来的"。*Justice as Fairness,* 137. 尚不清楚为什么罗尔斯认为，他关于资本主义体系下的财富集中及其对政治权利的影响的学说，并不能算成一种从他的分析中所提炼出来的政治社会学。但更为根本的是，尚不清楚为什么罗尔斯相信，评估一种机构类型的防御能力，可以不用考虑"它实现……其目标的有效性"。

49. 笔者感谢 Kevin Vallier 就本节中的许多观点所进行的讨论。参见 Kevin Vallier, "A Moral and Economic Critique of the New Property-Owning Democrats: On Behalf of a

Rawlsian Welfare State," *Philosophical Studies* 172, no. 2 (2015): 283–404。

50. 相关讨论，可见 Martin O'Neill, "Liberty, Equality, and Property-Owning Democracy," *Journal of Social Philosophy* 40, no. 3 (Fall 2009): 379–396; Thad Williamson, "Who Owns What? An Egalitarian Interpretation of John Rawls's Idea of a Property-Owning Democracy," 同上，434–453。

51. 这一主张假设资本市场不存在大规模的市场失灵。无论是罗尔斯还是其他财产民主所有制的捍卫者，都没有对这种失灵提出任何质疑。

52. *Theory of Justice,* 8.

53. 在《作为公平的正义》（*Justice as Fairness,* 13）中，罗尔斯将这一理想理论描述为"现实的乌托邦"。

54. 参见 George Stigler, "The Theory of Economic Regulation," *Bell Journal of Economics and Management Science* 2, no. 1 (Spring 1971): 3–21。

55. 当然，这是"公共选择"经济学的主要结论之一。参见 James Buchanan and Gordon Tullock, *The Calculus of Consent: Logical Foundations of Constitutional Democracy* (Ann Arbor: University of Michigan Press, 1965)。

56. 参见 Friedrich Hayek, "The Use of Knowledge in Society," *American Economic Review* 35, no. 4 (1945): 519–530。

57. 参见 Williamson, "Who Owns What?," 435。

58. Joseph Heath 等人在他们的调查报告中提出了类似的观点，参见 Joseph Heath et al. "Business Ethics and (or as) Political Philosophy," *Business Ethics Quarterly* 20, no. 3 (2010): 433。报告认为，"如果差别原则对商业伦理学家的思想产生了太大的影响——考虑到它并不明显适用于公司——那么罗尔斯理论的另一个方面可以说影响甚微。这涉及罗尔斯所谓的'合理多元主义的事实'"。

59. *Political Liberalism,* 36.

60. 同上，13。

61. Leif Wenar, "John Rawls," in *The Stanford Encyclopedia of Philosophy,* ed. Edward N. Zalta, Winter 2012 ed., sec. 3.2, http://plato.stanford.edu/archives/win2012/entries/rawls/. On "public political culture," see *Political Liberalism,* 13–14.

62. *Political Liberalism,* 136.

63. Gaus, "Coercion, Ownership, and the Redistributive State," 233–275. 参见 also Gaus, *The Order of Public Reason* (New York: Cambridge University Press, 2011)。

64. 参见 Gaus, *Order of Public Reason,* chap. 18。另参见 Gaus, "Recognized Rights as Devices of Public Reason," *Philosophical Perspectives* 23, no. 1 (2009): 111–136。

65. 关于自由主义和古典自由主义的区别，参见 Matt Zwolinski, "Libertarianism," in *The Internet Encyclopedia of Philosophy* (2007), http://www.iep.utm.edu/libertar/; Jason Brennan and John Tomasi, "Classical Liberalism," in *The Oxford Handbook of Political Philosophy,* ed. David Estlund (New York: Oxford University Press 2012), 115。

第二十章　承诺与企业社会责任：阿玛蒂亚·森论行善的动机

安·E. 卡德（Ann E. Cudd）

阿玛蒂亚·森（Amartya Sen）在伦理学和经济学领域均做出了广泛且开创性的贡献，可以被认为是自约翰·斯图亚特·穆勒（John Stuart Mill）之后，最重要以及最有影响力的经济学家和哲学家之一。在经济学方面，他对社会选择理论、福利经济学、女性主义经济学和发展经济学等领域做出了重大贡献；作为哲学家，他因为对结果主义伦理学、政治哲学、身份理论和正义理论的独创贡献而广为人知。尽管在他丰富的学术论著中，只有两篇在商业伦理学期刊[1]上发表的论文，但其论著所涵盖的一些方面，可被用于解决这一领域理论家和实践家所关心的问题。同时，在森所撰写的论著中，也有很多话题可以有效地应用于商业伦理学，比如（简单举几个例子来说），企业内部的代理结构，市场自由的价值，企业内部利益的趋同和分歧，市场经济体对信托的需求，以及市场在避免资源短缺方面所起的作用。

在商业伦理学的应用方面，森也是很优秀的理论家，原因是他是亲市场的、自由的、国际化的和务实的（这可以从他支持以非理想化的方式实现正义的角度来看）。作为一名经济学家，他重视这样一种观念：人们被他们的身份和他们的理想驱动，同时也被他们的基本需求和对物质财富的渴望驱动，并且他并不诋毁市场或者私有财产权。[2]他深刻理解并欣赏经济学和伦理学的贡献和局限性。他对人类动机的标准经济模型持批评态度，认为在某种意义上，这一模型把这两个领域拉得太近，以至于比其中任何一个领域的大多数理论学家通常想象得还要近。笔者相信，森对商业伦理学所做出的最大贡献，是他所写的关于自我利益最大化的行动模型所产生的贫困，如何混淆了关于伦理在商业中所扮演角色的讨论。[3]

在本章中，笔者将把森的理论应用于商业伦理的这一基本问题上：企业是否有社会责任或道德责任，与企业所有者或股东创造财富这一目标相竞争，或可能凌驾于这一目标之上？笔者所探讨的是一个规范性的问题，即企业是否应当承担这种责任，而不是一个描述性的问题，即是否有一些社会、伦理或法律的规定让企业承担这种责任，且服从这些规定是符合企业利益的。从某种意义上说，这是商业伦理最基础的问题，因为它决定着企业——其拥有者或管理者——自身是否必须仔细考虑伦理问题，或是它们是否只有义务服从主流的准则和规范。[4]商业伦理学领域关于这一问题的辩论，提供了至少四种富有竞争力的合适的企业行为模型，在下文会分别予以讨论。然而，这四种类型之间有一个更基本的区别：一种是工具理论，另一种是社会或道德导向的企业行为模型。

这场辩论的根本性问题是，在外界施加的法律及习俗的社会规则范围内，营利性公司[5]除了有使股东利润最大化这一义务之外，是否还有社会义务或道德义务。[6]股东模型表示否认，认为没有这种义务；其他模型则肯定了这一说法，表示公司有道德上的义务。关于代理和动机的著作中，森从描述性和规范性两个角度批判这一工具理论，从而为这一问题的辩论提供启发。笔者认为，森的著作表明了公司的工具性观点——公司唯一的责任就是在"法律框架下和社会的伦理习俗中"[7]将利润最大化——意味着在字面意义和道德层面上，公司本身及其在社会中所扮演的角色都是毫无道德的。从描述性的角度来看，经济分析表明（虽然在逻辑上没有暗示）财富创造是（营利性）公司的唯一目的，但是森在其著作中表示这种论断是错误的。他写道，财富的创造不是人类行为者或他们的工具所追求的唯一目标。其他适当的目标和目的包括协调行为和创建身份。从规范性的角度来看，在经济学家和商人中普遍存在的这一工具模型表明，一个社会的伦理习俗应当被重视，无论它如何影响着其他的目标，无论那些社会的、伦理的或是法律的"习俗"本身在道德上能否被接受。举例来说，如果社会习俗是在工作场所隔离男性和女性，那么工具模型则建议企业应该遵循这一习俗。因它们是社会习俗而接受约束，这仅仅是在规则方面的一种服从。当然，公司（或它们的管理者）本身不应当做出不道德的行为。公司必须做出他们能够支持的伦理决定，即使只是去证明他们在社会法律和社会框架中工作的正当性。森对于经济学和伦理之间的纠缠的认知表明，弗里德曼关于"法律框架和伦理习俗"（legal framework and ethical custom）的公式在伦理学上过于天真，理论上也存有瑕疵。

企业是否有道德义务?

也许商业伦理领域最基本的问题是，企业是否可以说具有任何道德义务。有些人可能认为还有一个更基本的本体论问题，即企业或公司是否本身就是道德代理人。然而，考虑到本章的目标，可以用"公司"这一缩略语指代所有公司代理人，无论是共同或单独承担信托责任来分配公司资源的公司人员，还是公司或企业作为代理人本身。[8] 股东模型认为，公司和决定公司事务的管理人员应当代表股东行事。此外，股东模型假定营利性企业的股东们的目标是利润最大化。如果是非营利公司，管理者有义务追求其他更明确的目标，这很有可能是一个道德或社会目标。鉴于这一讨论首要针对营利性企业，在本章接下来的讨论中，笔者将不把非营利企业纳入讨论范围。[9] 由于股东模型将公司视为实现股东目标的工具，因此优势也被称为工具模型。[10] 在工具模型中，公司或它们的管理者没有任何义务去考虑公司明确的目标以外的其他问题；它们只是公司所有者即股东的工具，这些股东的动机被假设为仅仅是将自身私有财富最大化。这并不意味着股东们作为个人没有道德义务，而拥有公司的股份可能有助于或不利于特定个人履行其道德义务。但是，企业本身除了追求利润最大化之外，不应该被视为具有道德义务。[11]

利益相关者模型认为，公司管理人员应当为所有利益相关者的利益进行商业管理，这涉及员工、供应商、消费者、当地社区以及股东。利益相关者之间的利益会有分歧，某些时候甚至是背道而驰，但至少有部分共同的其他利益，例如，所有人都能在减少生产中碳足迹的排放中受益，所有其他事情也是同理。如此一来，公司正义的道德义务，就是以能平衡各利益相关者的利益的方式来行事。有时，其他利益相关者的利益要求牺牲股东的利益。因此，利益相关者模型与工具模型存在矛盾。

商业伦理中的社会契约理论将契约主义应用于商业和社会的关系，假定"在社会成员和企业之间的隐形契约中，社会成员允许公司存在，以此换取某些特定的利益作为回报"。[12] 在托马斯·唐纳森（Thomas Donaldson）论文的最初版本中，呼吁假定的认同，想象个人与潜在公司之间签订的契约。[13] 这项共识构成了个人与公司得以互惠互利的条件。这一理论最终"强调所有企业都有道德上的义务，在不违反任何正义的普遍准则的前提下，通过满足消费者和员工的利益，来提升社会福利"。[14] 因此，社会契约理论也是一种模型，在这一模型里，存在其他导向的企业社会或道德义务。社会企业模型要求互惠互利，而非股东利润最大化，当工具模型以牺牲其他利益相关者的利益为代价时，社会契约模型就与之相冲突。[15]

最后，企业道德责任（CMR）模型"是指企业由于其存在的结果、存在的理由、经营范围和性质，以及各种相互作用或关系，而需要承担的义务"。[16] 作为这一模型的大力支持者，帕特里夏·沃哈尼（Patricia Werhane）认为，当人们的行为对社会的其他人产生影响时，那么就对其他人负有责任，企业道德义务就源自这种道德义务。她总结道，对于所有受到企业行为影响的人，企业都对其负有责任。虽然威亨声称"这一模型将企业的专业知识与广泛意义上的责任联系在一起，并且不会削弱其营利的能力"，[17] 但是企业道德责任模型将道德责任置于股东的利益和福利之外，因此与工具模型相冲突。

后三种企业义务模型对企业特定的道德和社会义务的看法各不相同，但它们都认为有其他导向的义务存在，并且可能与股东利益相冲突。在这种意义上，它们与工具模型有着根本性的不同，后者认为没有除股东利益以外的其他义务存在。在这里，笔者将后三种模型称为"公司道德义务模型"（corporate moral obligation models）。[18] 在下一节中，笔者将探讨米尔顿·弗里德曼和约翰·哈斯纳斯关于工具模型的论述。在下一节之后的两小节中，笔者将讨论重点放在森的论著上，首先专门考察商业伦理的具体内容，之后考察偏好和动机，以便证明工具模型对动力的理论是幼稚和错误的。最后笔者将研究森在著作中关于承诺如何激励行为的表述，包括对人们所拥有的不同身份的承诺，以便阐明他反对工具模型的理由。

关于工具模型的论述

工具性理论认为（营利性）企业的唯一义务就是为股东的利益而行动，并且这一点经常被认为是要使股东们的利润最大化。米尔顿·弗里德曼对后者有经典的辩护，他认为公司管理者的责任是"依据（股东们的）愿望来经营公司，他们的愿望通常是在符合社会基本规则（包括法律上所呈现的和伦理习俗所要求的）的同时，尽可能赚更多的钱"。[19] 在弗里德曼看来，公司的管理者是股东们的工具，股东们持有股票的目标则"通常"是利润最大化，而这仅受法律和社会习俗的约束。笔者认为，利润最大化对工具模型下的所有营利性公司来说至关重要；"通常"之外的例外，是指那些具有明确声称的非营利性目标的公司。正如约翰·哈斯纳斯在对利益化观点的辩护中所言："这种信托关系暗示着，管理者在未经股东授权的前提下，并没有义务去扩展公司的资源。"[20] 只有那些可以带来利润最大化（在法律和习俗约束下的）的行动，才是被许可的。追求任何其他目标，都是将他人的资产用于本人或许并不同意的目的。但正如弗里德曼在书中写道的那样，这相当于"纳税却无代表权"（taxation without representation），或是另一观点中所说的社会主义。实质上，它是一种对私有财产的滥用，因此是不被允许的。

上文所提出的论述是一种基于契约思想、个人权利、股东自治权之上的义务论。股东和公司管理人员之间存在一种契约关系，这一关系允许后者以利润最大化的方式利用股东的资本，而不是以未经他们明确批准的其他方式。这一观点基于两个假设，森在他的作品中均对此提出了质疑。首先，股东们（或企业主）在市场互动中唯一共同的目标就是创造财富。其次，在这样一个纯粹的体系中，可以假定法律和社会规则的背景在道德上是可以接受的，因此在它们的约束下行动，足以产生规范、可接受的行为。

弗里德曼和哈斯纳斯也间接提到了结果主义者的观点，这一论述与亚当·斯密的"看不见的手"有关。亚当·斯密认为，如果每个人在市场中追求其自身的利益，那么所有人的总体利益也会随之得到最大化。因此，通过追求股东利益，公司仅仅是市场无形之手的工具，所导致的结果相对于其他结果来说对一些人更好，使这一群体里的每个人受益，这就是帕累托最优的结果。森对这一论述也持批判态度，尤其是将其应用于企业责任的工具理论。这一论述的依据是，在市场和生活中存在一条清晰的界限，在市场中，个人利益足以带来最优的结果；而在生活的其他方面，个人利益之外的道德考虑可能在每个选择节点都是相关联的。森在论著中对此提出质疑，[21] 他认为人们的社会价值和道德价值与自身的利益、福祉和身份息息相关，认为所有被视为个人自身利益的事物都与它们紧密相连。

森关于商业伦理的论述

森在关于商业伦理的文章中反对工具模型，尽管这一观点并未被明确表述出来。在《商业伦理能让经济更理智吗？》（"Does Business Ethics Make Economic Sense?"）这篇文章中，森认为道德行为对于一个运转良好的经济体来说是必要的，对于许多人（如果不是所有人）来说在本质上是值得的，因此在某种意义上道德行为的表现符合他们的自身利益。后一种观点似乎可以看作是对工具模型的支持，但那样就是对森的误解了，因为在他的头脑中，自我利益的意识是复杂的，并且不能简化为单纯地追求利润最大化。更重要的是，道德的必要性与工具模型并不能很好地兼容。[22]

首先，森认为，社会需要广泛存在的道德行为，以培养普遍的信任感，没有这种信任感，交流和生产就无法有效进行。[23] 比如，面包师必须相信家庭主妇会为她所订购的面包买单。在生产过程中，管理者需要信任员工在工作中所付出的努力和关心，因为管理者不能每时每刻都监管和衡量这名员工的努力和产出，或者说如果他必须监管的话，至少要付出相当大的代价。工具模型认为每个人考虑自己的利益就足够了，这一利益只受习俗的约束，但在那些习俗未能提供规则的地方，获取个人利益的行为可能会破坏社会整体的信任感。在没有广泛建立起信任意识的社会里，有组织的犯罪常常会取代信守承诺或公平交易这种隐形保障。[24] 在缺失对承诺信任的社会里更容易出现有组织的犯罪，这一事实恰恰证明了这样的保障对社会生活而言是至关重要的。虽然工具模型能够认识到社会中普遍的信任感的重要性，但它建议个体在习俗允许的范围内追求个人利益，这并不意味着个体本身应该始终以值得信任的方式来行事。如果受习俗约束的个人利益与道德行为产生冲突，工具模型倾向于选择前者，而非后者。

鼓励合乎道德的亲社会行为，而不是狭隘的利己行为，有利于提升公司在营利方面的表现。在一个公司内，其整体成功部分来源于员工和管理者所做的贡献，所有人都能从其中受益。公共利益是一种不可排除的善行（没有付出的人也不能被排除在外），并且不具有敌对性（个人的享受不会牺牲他人利益）。对每一个个体来说，其所付出的努力都是私人的。一定程度的这种付出，可以帮助其保住工作或者让其得到想要的奖励。如果个体的付出超出了这个程度，那么公司会变得更好，公司的其他人也会从公司业绩的改善中受益。如果个体选择追求狭隘的个人利益，在使个人回报最大化的同时把对公司的付出最小化，那么如果有一种方法去精确地衡量他们的投入的话，那么他们并没有做出自身应有的贡献。但是精确地测量这种付出和贡献费时费力，而且会影响公司的整体表现。如果所有人或者大多数人都只付出能保住工作的工作程度，那么公司注定会表现不佳，公司里的所有人都会跟着遭殃。"因此，公司整体上的成功的确是一种公共利益，所有人都能从中受益，所有人都为之做贡献，而不是那种用小盒包好、严格根据每个人的贡献精确分配给每个个体的奖励。正因如此，狭隘的自我追求之外的动机在生产上就变得极为重要。"[25] 鼓励其所有员工和管理者的这种亲社会行为，是符合公司利益的，如此一来，个体并不仅仅关心他们狭隘的自身利益，而是致力于公司目标的成功，尽他们最大的努力付出，即使这种付出并不能得到直接的回报。然而，一旦这种行为深深植根人心，管理者就会发现难以适应工具模型所鼓励的那种精于算计和毫无道德的态度了。[26]

森认为，对企业而言，关注分配中的正义和公平，也具有其工具价值和内在价值。工具价值是间接性的：如果感觉自己被公平对待，而不仅仅是被输入系统中的无生命体，员工们很可能会忠于公司并且付出更多努力。也有人可能会说，工具模型也可以做到这一点，为了实现利润最大化而公平地对待员工。虽然这也可行，但最多只能说工具模型所提倡的行为符合道德要求，因此公司应当有道德意识这一主张并没有得到检验。内在价值是通过帮助他人的方式，以及通过促进人们在社会中道德行为的普遍意识，来致力于使社会取得整体性的进步。[27] 如果股东财富的增加并未使社会从整体上受益，那么追求这种价值就不符合工具模型。因此，致力于社会整体进步的内在价值，可能与工具模型所独有的财富创造价值相冲突。

股东不仅仅重视财富创造以外的事物，他们也认识到，运用自我利润最大化以外的原则，也可以做出合理的决定。在《经济、商业原则及道德情操》（"Economics, Business Principles, and Moral Sentiment"）一文中，森考察了企业是如何约束那些被看作是选择的一系列行为："商业原则无法摆脱'良好的商业行为'这一概念的影响，因此涉及与多重目标有关的标准复杂性。"[28] 对于个人来说，也受到多种多样的约束，这"不仅包括反映一个人所能做的极限的'可能性约束'，也包括这个人在遵循道德、习俗或策略性立场中所选择的'自我强加的约束'"。[29] 森所说的"约束"，是指在应用任何其他的决策原则之前，对特定行为进行裁决或排除的依据。人们所接受的自我强加的特殊约束，在某种意义上取决于他们文化中所承认的社会和道德规范，但正如森所说，这里也存在地域和个人的差异。人们是被社会束缚的个体，但同时也可以自由选择（或拒绝或批评）不同的利益、承诺和身份。[30] 人们受到激励和约束的，远不止利润最大化，甚至也远不止更广义上的利己主义。"的确，人们实际观察的商业行为中，跨地区的和跨文化的差异很好地说明了一个事实，即商业原则可以拥有更丰富、更多样化的形式，且具有不同结构的多个目标。"[31]

在他关于商业伦理的论著中，森提倡一种比把个人利益作为动机更为广泛的概念，这一概念是由工具模型所暗示的利润最大化的需要，也提倡一种比个人利润最大化更为广泛的商业原则。在他关于经济伦理和规范伦理的大部分著作中，森批评在人类能动性模型下只追求狭隘的个人利益，以及个人利益的最大化，由此阐述了上述观点。在下文中，笔者将从更广泛的视角开展讨论。

森关于人类动机来源的论述：个人利益、同情和奉献

作为一名经济学家，森首先是一位描述人类行为的科学家。现代经济行为理论，正如在消费者和生产者行为的经济理论中所详细阐述的那样，开始于假设行为选择近似于规范理论的工具理性。从他最早期的一些论著开始，森就对理性选择理论进行了批评和完善。通过这种论述，他试图表明，纯粹的工具理性代理人是对人类行为者的简化漫画，是一个"理性的傻瓜"。该

理论的第一个问题是，它假设人们都只关心个人利益，第二个问题则是根据这一理论，个人利益所包含的范围过于狭隘。对于个人利益和动机的描述，森进行了更为复杂（也更现实）的解释，这种解释超过了个人利益，且更为深邃。

森对行为经济理论的批评，以偏好理论和理性选择理论为核心，有两大目标。第一，他对所谓的"显示性偏好理论"（revealed preference theory）的批评，旨在驳斥行为主义者从行为选择中获得偏好的尝试。显示性偏好理论意图通过对个人外在的、可验证的选择行为的观察推断偏好，从而避免诸如代理、意图和动机等唯心主义构想。然而，他指出除非人们理解代理行为的意图，否则代理的某些选择可能并不理性。由于行为主义经济学家对唯心主义构想的反感，森的首要目标必须是批判显示性偏好，以便为研究行为的内在动机提供理由，并将其理解为比单纯个人利益更为复杂的动机。第二个目标是，提出一种承诺理论，作为奖励的另一种来源。因此这两个目标是相互关联的，他在其颇具影响力的论文《理性的傻瓜》（"Rational Fools"，1997）中对这两个目标都进行了论述。

新古典主义经济学对理性行为的定义是，对有预算限制的偏好得以满足的最大化。对偏好的阐释暗示着理论上，以及本体论上的承诺。受行为主义者对可观察对象的承诺的影响，以20世纪中叶的保罗·萨缪尔森（Paul Samuelson）为首的经济学家[32]提出了显示性偏好理论，认为偏好（一个很显然的心理活动）来自选择行为，这一行为至少在原则上是可观测的，从而避免对精神状态的潜在现实做出承诺。显示性偏好理论基于一种简单的、可操作的理念，即如果一个行为人在可选 y（在其预算限制的范围内）的情况下选择了 x，那么相对于 y 而言他更偏好 x。在行为中所体现的选择，暗示了一种选择功能。因此，偏好可以从选择中被推断出来。

从多个层面上，森对这一理论予以批判。他认为，与当前问题最相关的是，选择行为本身对于行为人来说就是有意义的，而不仅仅只有选择的结果才有意义。他认为选择的行为是很重要的，因为选择的人所处的社会环境是一种规范，这种规范比现有的物质条件这一物理限制更能限制人的选择，还可以让这一选择对行为人更有意义。这意味着，要想解释我更喜欢杧果而非苹果的这一选择，需要观察者不仅知道对我来说可供选择的物质选项，还要了解我如何从社会角度解释这种选择。如果我选择了苹果而非杜果，可能是因为我在任何情况下都会选择苹果，也有可能是因为这一次我想给后面的人留下一种可比性的选择（比如，碗里只有两个杜果，但只有一个苹果）。人们不仅在意自己的选择能带来什么好处——"顶点结果"（culmination outcome），也在意自己的选择行为如何影响整个情况——"综合结果"（comprehensive outcome）。[33] 由于选择的情境可能对行为人而言具有无限的多种影响，显示性偏好理论在逻辑上不能从观察到的选择中推断出偏好，因此不能满足避免进入行为人大脑的这一实证目的。股东和公司在变化多端，且通常是丰富的情境中做出选择，在这种情境下，可用的信息或选择在应当遵循的准则下是不可观察的。因此，从股东的行为来推断其偏好并非易事，更不用说从他们的公司工具来推断了。由此可知，基于公司的所有目的必须是让股东的偏好最大化以获得最大利润（在社会习俗的约束下）的主张，只要是对股东选择结果的观察，现在就可以对这一主张提出质疑。[34]

森的第二个目标是假设所有理性行为都是以个人利益为中心的。他从两个方面对这一假设进行了批判：一是分析个人利益这一概念；二是提供另一种动机的类型。首先，他通过提出三个可分离的"方面"来分析个人利益的含义，这些方面假设行为人是利己的，可以被视为是整体或单独的假设。第一个方面是他所称的"以自我为中心的福利"（self-centered welfare），即假设行为人的福利只取决于自己的消费。第二个方面为"个人福利目标"（self-welfare goal），在这一假设中，行为人的目标是将其自身福利的期待价值最大化，其他人的福利都无关紧要，尽管其自身的福利也会被他人的消费影响。第三个方面是"个人目标选择"（self-goal choice），这一方面假设，行为人能够最大化满足其目标而不管别人的目标，尽管其目标也许包含增加其他行为人的福利，或者事实上包括集体目标或符合社会规范的任何其他目标。例如，如果一位母亲的目标是让她的儿子上一所好大学，由于她认为这样做会提高儿子的福利，那么她的行动是为了最大化地满足这种偏好，并且她也满足于这种个人目标选择的假设。这一假设通常被认为是自治代理的必要条件，因为自治行动要求行为人依据自己的目标而行动。[35]

虽然上述这三个方面都是在某些经济模型下被假设的，包括笔者将要讨论的企业义务的工具模型在内，但是在行为经济模型中，以自我为中心的福利则相对容易被放弃。假设人们不能从别人的消费中获得任何福利，这一想法不仅极度不现实，也正如森所阐释的那样，[36] 对于大多数经济理论的形成也没有必要。也许也有理由能把这一假设纳入一个人的伦理理论，但从表面上看，这样做似乎明显是错误的，且具有误导性。它不允许人们理解任何其他导向的行为，无论是积极的行动还是消极的。然而，对个人福利目标的假设，通常被辩称为经济模型的必要条件。森认为如果人们搁置以自我为中心的福利这一假设，允许他人的关注在行为人的效用函数（utility functions）中发挥作用，即在他们的个人目标选择中，那么许多利他行为可以被理解为利己行为的最大化。

森将同情（sympathy）和承诺（commitment）进行了区分，这两种由他人导向的动机，违反了以自我为中心的福利。同情包括一个人对别人经历的感受，这是一种"对他人的关心直接影响个人自己的福利的情况"。[37] 因此，承认同情是一种动机，这并不违反个人福利目标这一假设，该假设能让经济学家将行为塑造成一种行为良好（尽管不是一种自私的消费）的效用函数的最大化。然而，承诺有时会激励行为人为了某个不同的目标，而把自己个人的目标放置一旁。当一个人因承诺而行动时，他会因原则、诺言、群体规范或是对未来福利的期待而做一些事情。[38]

虽然承诺也可以激发那些使个人福利最大化的行动，但承诺有时要求个人为了坚持承诺而牺牲个人利益。以大型民主选举为例，在这种情况下，一个人的投票决定整个选举结果的可能性微乎其微。因此，人们投票的动机不可能是为了让自己偏好的候选人获得胜利。然而，如果人们假设个人为了使自己的福利最大化而行动的话，那么这是对动机的自然阐释。如果人们放弃个人福利目标的假设，那么对政治或者道德原则的承诺，或对政治团体成员身份的认同，就可能成为解释投票行为的动机。

有人可能会反对这样一种观点，即坚持承诺可以被阐释为自身的福利最大化，从而维持个人福利的目标。然而，我们可以很容易地想象一些情况，在这些情况下，选民的福利是否能得到提高是非常值得怀疑的，如当投票使选民身处巨大的个人危险中时。在这种情况下，承认动机并非个人福利，而是坚持个人愿意遵守，并愿意做出牺牲的外部规范，这种做法要简单得多。从提供建议的角度来看，这一点可以得到更有力的证明。在明知参加某一场选举的投票是危险的，或代价极大的时候，如果我们希望某个人从道德的角度或谨慎的角度行事，而他唯一的目的是保证自己的福利提高或他偏爱的候选人获胜的话，那么我们则不建议他投票。相反，我们应该询问，他是否认为在投票中有某些更高的原则或其他利害攸关的考虑，以至于能使这种冒险或代价变得值得。

为了把承诺纳入他的偏好理论，森建议人们根据其信奉的不同原则，来对选择进行不同的排序。比如，一个典型的教员正在思考如何在部门招聘决策中进行投票。如果仅仅考虑自己的研究兴趣的话，也许有人会把 A 排在 B 前面；但考虑促进部门教学任务进展的话，会把 B 排在 A 前面。由此，森提出了"变化排序"（meta-ranking），以便在激励原则多元化的情况下进行决策。"变化排序"指的是根据个人对各种原则和顺序的偏好所做出的排序。例如，针对部门雇佣的变化排序，也许倾向于把推进教学任务排在促进个人研究兴趣之前。根据变化排序对人进行选择建模，可以通过模型表达对多种事物的承诺，如道义义务、德行，或其他非利己原则，可以将变化排序视为一种偏好排序，以适应一种最大化的模型。对变化排序的解释，支持多种动机理论，而不仅仅是个人福利目标意义上的利己主义。应用于商业伦理上，举例来说，一个公司的董事会成员可能会选择将避免童工的行为，排在提高最低生产力之前。

最后，也是最有争议的一点是，森认为承诺可能会违反个人目标的选择。为了理解这一论述中存在的问题，菲利普·佩蒂特（Philip Pettit）区分了目标修改承诺（goal-modifying commitment）和目标替换承诺（goal-displacing commitment）。[39] 目标修改承诺是指，根据对他人目标的认知，以及个人的行为对它们产生的影响，而改变行为人自身目标的承诺。变化排序模型可以反映出一个行为人在竞争目标下所追求的总体目标，比如一个人想要从好的或坏的方面去影响他人的愿望。目标替换承诺是一种动机，它用另一个人的目标或一个群体的目标，或可能是一种公正的道德规范，来替换行为人的个人目标。第二种意义上的目标替换承诺，破坏了个人目标的选择这一假设。尽管一些行为明显是机械性的或卑劣的（如骚乱中的群众行为），但在这些行为中，有一部分是由知道行为的社会规范所塑造的，但并未受到质疑或讨论。[40] 行为人的目标也许包含团体的目标，这也是行为人个人身份的证明。

然而，自发的行为要求按照个人自己的目标而行动，而不是代表一个自己都不认可的原则或目标而行动。

弗里德曼对工具模型的论述，必须假设所有三个关于个人利益的方面都为他的观点服务。他认为，股东只关心自己对财富的私人占有，公司只是（他们所理解的）个人利益的一种工具。虽然他们会依据社会习俗约束自己的行为，但在这些约束范围之内，利润最大化依旧是其目标。当然，在任何特定的个人情况下，渴求财富的动机都可能是复杂的，但弗里德曼强调的重点是这种复杂性可以被抽象并建模为作为个人利益的福利，这一福利由财务利润来衡量。然而，这正是森对个人利益和承诺理论的分析想要人们去否定的观点。首先，森告诉人们，假设行动总是以自我为中心，这是毫无理由的。因同情而行动也是一种考虑个人利益的行为，它也许大体上符合工具理论，但并不适用于弗里德曼的理论，后者认为股东唯一的个人利益就是赚取利润。通过探讨这一结果主义的看法，可以清晰地意识到这一点。如果每个公司都追求利润最大化，就一定会出现帕累托最优这一结果。但如果福利依赖于利润以外的事物，那么帕累托最优在只通过利润来衡量的时候和当福利依赖于利润以外事物的时候，所产生的结果是不一样的。其次，如果个人福利目标不包含股东的动机，那么弗里德曼就不能够得出所有股东都追求利润最大化的结论。[41]也许很多或者大多数股东的确追求利润最大化，但正如森所言，这不是行为人所追求的唯一目标。笔者将在下文详细探讨森的承诺理论，以证明还存在其他合乎规矩的、可能存在的股东目标。第三，鉴于该论述的义务论性质，弗里德曼还必须假设行为人的目标完全是他们自己的个人目标。这种义务论认为股东有权利自发地与公司管理者缔结契约。在这一假设中，股东的目标是利润最大化，也是公司必须要做到的事情。但如果个人目标选择并不这样认为，那么股东就不是在根据他自己的目标而行动，因此没有必要为了尊重股东的自主权而坚持这一目标，这里的自主权应被认为是股东发自内心的选择。例如，如果股东选择投资一家公司，仅仅是听从了团队中其他人的指挥，那么他的自主性在决定公司的行为中就不重要，因为他的这一投资行为并不是一个自主的决定。

因此，森的动机理论为人们提供了更多反对弗里德曼和哈斯纳斯关于公司行为的工具模型的理由。首先，森对显示性偏好理论的批评表明，人们应当质疑选择行为和偏好之间的表面联系，这种联系可能构成了一种假设，即股东通常在社会习俗的约束下寻求利润的最大化。第二，森对个人利益的假设所做的分析和批评表明，虽然一些动机可以通过个人利益的概念来解释，但它们不能全部被简化为以自我为中心的福利，更不能被定义或仅仅简化为利润的最大化。此外，行为人有时会受到一些承诺的激励，这些承诺超出了其对自身利益的考虑，甚至超出了其非自我为中心的目标。

森声称，在激励行为中，承诺至少可以扮演四种角色。第一，做出承诺可以是一种建立声誉的手段，或是一种约束自己的方式，从而实现一些与个人消费有关的长期目标，比如为退休存钱，或扔掉一整盒香烟。人们可以称之为"战略性承诺"（strategic commitment）。这种承诺就像一种长期投资，但它暗中反对工具模型。股东和企业所有者对不同的时间范围、不同的人生计划或优先项，以及不同的人生阶段进行投资。即使他们只关心利润最大化，但不同的时间范围却暗示着不同的、具有冲突的企业战略。或许弗里德曼的支持者们会回应称，通过追求一种整体利润最大化的简单策略，可以避免这些复杂性。然而，即使是那些仅以追求能够支付持续且可靠的股息为目标的企业，也会需要考虑这样做的时间跨度，并根据这个时间范围来调整其战略。例如，如果煤炭企业希望 20 年后还能持续分红，那么现在就应当考虑将产品多样化，转向其他能源，等等。因此，对利润最大化的承诺并不像工具模型所暗示的那样，是一个明确的战略。

第二，履行承诺可以为行为人树立形象。这被笔者称为"身份承诺"（identity commitment），会激发一种典型的身份塑造行为，比如购买本地足球队的股份，而该股份既不能使行为人的预期利润最大化，也不能带来任何其他直接利益。因此，身份承诺显然与利润最大化的目标相冲突，因此与工具模型的建议相冲突，即利润最大化只受习俗的约束。

承诺以另外两种方式来激励人们的行为，这两种方式都偏离了个人利益为激励行动的普遍或共同目标。人们可以出于社会承诺或"道德承诺"而行动，这些承诺至少在一定程度上是他们的个人目标，即使遵守这些承诺并不能提升个人的福利。有时候，行为人的选择是基于其群体所认可的原则，或是他们认可的有益于社会或符合道德的原则。正如笔者早些时候所指出的那样，森认为股东也许从内心重视所属的群体。如果股东有这样的承诺，那么公司只有为了利润最大化，才会要求其违背这些道德承诺。

最后，森提出人们有时依据代替他们自身目标的承诺而行动，即目标替换承诺。这种承诺有助于解释人们在囚徒困境（PD）中经常合作的这一事实，尽管标准理性选择理论建议在"一次性博弈"中提倡背叛。认识到"解决"囚徒困境的唯一方式是合作，人们可以为了一个并非自身的目标，而在承诺中理性地行动，尽管这样做意味着把自己的目标置于群体的目标之后。正如森所言，这是一种社会性思考，"是群体生活的一部分"[42]，而且是一种非个人利益为中心的群体认同方式。因此，据森所言，人们可以根据群体的偏好而非自身的偏好去理性地行动，这种理性行动仿佛那目标正是他们自己的一样。

作为在企业或公司行为中可能存在的动机，认识这四种承诺，可以让人们思考企业应当深思熟虑的投资策略，以及其社会和道德义务。[43]也就是说，承诺代表了在公司进行变化排序的一系列道德、政治或其他准则。在最低限度上，公司必须在不同的时间范围内，安排不同股东的福利，设定一个时间段来将利润最大化视为目标。他们还必须考虑把不同股东的福利和不同时间区间列入其中，选择设定一个时间段作为利润最大化的目标。它们也必须考虑，至少为了保持企业内部的信任关系，甚至是整个社会的信任关系（这一点有争议），什么样的社会和道德承诺是必要的。[44]最后，如果公司想对股东做出回复，那么它们必须考虑股东所重视的承诺，包括对其所在群体或是内部个人的承诺。总的来说，正如森所论述的，如果要服务于企业所有者更深层次、更现实的利益，那么企业应当考虑更广泛、多样的价值和承诺，而不仅仅是工具模型（其假设利润最大化是股东的唯一利益）所承认的那些价值和承诺。

有人或许会建议，抛弃这一假设来拯救被森质疑的工具模型，即森质疑以股东身份出现的股东只被利润最大化驱使。如此一来，工具模型会坚持企业应当在法律和习俗的约束下，为实现股东的目标而经营，无论股东的目标是什么。这一建议拯救了工具模型，但代价是使工具模型作为一种伦理理论，既含糊不清，又不能令人信服。变得含糊不清，是由于它不支持任何除股东可能有的目标以外的目标。由于股东碰巧所拥有的特殊目标并不能保证一定是道德的，因此作为一种伦理理论，它不能令人信服。

结　语

正如人们所看到的，森关于个人利益和承诺的观点是反对工具模型，这可以从描述性和规范性两个方面来寻求解释。从描述性的角度来看，森认为人们的利益和承诺，也许会与利润最大化这个单一目标相冲突。从规范性的角度来看，森表示社会中普遍存在的道德行为，是培养普遍的信任感的必要条件。没有这种信任感，交易和生产就无法有效地进行。同理，企业内部的道德行为对其底线来说也是有价值的。虽然工具模型认识到了社会中普遍存在的信任感或企业道德行为的价值，但它建议个人追求只受习俗约束的个人利益，并不意味着个人应该始终以道德的方式行事。

目前尚不清楚森将支持哪种企业道德责任模型，但笔者会提供一些试探性的推论。在他最近关于正义的著作中，森避开了他所称的先验正义论。先验正义论是为理想条件而设计的综合性理论，其出发点是一个完美的正义世界。[45] 森主张采取一种更为务实和零敲碎打的方法，关注在这个世界能够实现的结果。那么，他很有可能不会赞成假说的社会契约模型的方法论，这种方法适用于明显不理想的商业世界。

尽管如此，社会契约模型承认企业可以提供好处，让人们鼓励它们的存在，并创造一种信任的氛围，使它们能够在其中运行。对于承诺在创建一个开放和信任的群体中所起的作用，森的论述暗示，社会契约模型支持强调企业的利益（正如工具模型一样）。利益相关者和企业道德责任理论（与工具模型不同）都关注那些受企业决策影响的人的利益，森认为这一点也很重要。然而，他们都依赖于背景道德理论，来决定谁被影响以及它为何在道德上是重要的，这也是社会契约模型所强调的问题。因此，虽然在现存的模型中，没有一个足以成为森所青睐的那种企业道德责任模型，但一个关注现实的契约主义模型，既能履行现实或实际的承诺，也能考虑那些受企业影响的人的利益，也许能够指出他最重要的关切。这一模型需要提供对实际需求、利益和承诺（可能根据其能力范畴而设定）的描述性陈述。[46] 模型中的契约主义元素将展示，在模型中衍生的约束下，企业如何运转并能够最优地实现这些需求、利益和承诺，而这些特性中部分存在冲突和重叠。

致　谢

　　本章受益于本书编者拜伦·卡尔迪斯（Byron Kaldis）和尤金·希思（Eugene Heath）的细心阅读和丰富建议。笔者很感激他们的帮助。当然，如有任何遗留的错误或混淆，绝非他们之过。

尾注注释

1. Amartya Sen, "Does Business Ethics Make Economic Sense?," *Business Ethics Quarterly* 3, no. 1 (January 1993): 45–54; Sen, "Economics, Business Principles, and Moral Sentiments," *Business Ethics Quarterly* 7, no. 3 (July 1997): 5–15; Sen, "Business Ethics and Economic Success," *Notizie di Politeia* 16 (2000): 3–13. 还可参见他的会议演讲 "Ethical Challenges: Old and New," International Congress on "The Ethical Dimensions of Development: The New Ethical Challenges of State, Business, and Civil Society," Brazil, July 3–4, 2003, http://www. exclusion.net/images/pdf/623 _duvub_bra_sen_desaf-i. pdf。

2. Amartya Sen, *Development as Freedom* (New York: Alfred A. Knopf, 1999); Sen, *The Idea of Justice* (Cambridge, MA: Harvard University Press, 2009).

3. Amartya Sen, "Rational Fools: A Critique of the Behavioral Foundations of Economic Theory," *Philosophy & Public Affairs* 6, no. 4 (1977): 317–344; and Sen, "Economics, Business Principles, and Moral Sentiments."

4. 当然，伦理审议有可能导致人们遵守现行规范。但这里的重点是，伦理审议可能会导致一个人得出这样的结论，即遵守现行规范是不道德的。

5. 笔者认为森所主张的关于企业道德责任的观点同样适用于公司业务和非公司业务，同时也包括社会责任。笔者在文中所讨论的其他人，如米尔顿·弗里德曼（Milton Friedman）和托马斯·唐纳森（Thomas Donaldson），有时更具体指的是公司。弗里德曼使用"社会责任"（social responsibility）一词，在某种程度上，笔者将其解释为一种道德责任，涉及整个社会，而不仅仅是个人。道德和社会的区别，并不会在本章中发挥作用——重要的是它们都是被宣称的责任。笔者将同时使用"business"（企业）和"corporation"（公司），这取决于是森，还是笔者在讨论这些更有针对性的观点。然而，关于道德/社会责任的辩论在进行必要的修改后，正如其适用于公司一样，也会更加广泛适用于企业。

6. 笔者所说的道德义务或责任，是指通过道德思考而达成的、由明确的道德规范所支持的义务。社会责任是由社会规范支持的，在道德上可能是强制性的，也可能不是强制性的。这里，笔者基本上把"责任"和"义务"互换使用。

7. Milton Friedman, "The Social Responsibility of Business Is to Increase Its Profits," *New York Times Magazine,* September 13, 1970, 32.

8. 关于公司的本体论地位，以及它们是否是代理人的实例化争论，参见 Jan Garrett, "Unredistributable Corporate Moral Responsibility," *Journal of Business Ethics* 8, no. 7 (1989): 535−545; Patricia H. Werhane, "Corporate and Individual Moral Responsibility: A Reply to Jan Garrett," *Journal of Business Ethics* 8, no. 10 (1989): 821−822。由于森并未在这场辩论中做出贡献，因此笔者在本章中将予以略过。

9. 这些公司可能有反社会或不道德的目标，由此产生了这样的问题，即如果这些目标不符合社会法律和社会规范，那么是否应该追求这些目标。尽管这是一个有趣的问题，但笔者将把它留给别人来思考和探讨。

10. Marcel van Marrewijk, "Concepts and Definitions of CSR and Corporate Sustainability: Between Agency and Communion," *Journal of Business Ethics* 44, no. 2 (2003): 95−105.

11. 请记住，笔者尝试区分实际的道德义务和遵守习俗的任何假定义务。

12. John Hasnas, "The Normative Theories of Business Ethics: A Guide for the Perplexed," *Business Ethics Quarterly* 8, no. 1 (1998): 29.

13. Thomas W. Dunfee and Thomas Donaldson, "Contractarian Business Ethics: Current Status and Next Steps," *Business Ethics Quarterly* 5 (1995): 173−186.

14. Hasnas, "Normative Theories of Business Ethics," 29.

15. 互惠契约论者，如 David Gauthier, *Morals by Agreement* (Oxford: Oxford University Press, 1986), 可能会反对认为事实上不会发生这样的冲突。然而，只有当工具主义者是一个受约束的最大化者时，只有当社会契约模型被认为是一种互惠契约理论时，这种观点才可能是正确的，但到目前为止，这种理论还没有被阐明。

16. Patricia H. Werhane et al., *Alleviating Poverty through Profitable Partnerships: Globalization, Markets, and Economic Well-Being* (New York: Routledge, 2010), 71.

17. 同上，71。

18. 笔者省略了关于美德伦理理论的讨论，原因是道德或社会责任只能从这些理论中间接衍生出来。

19. Friedman, "Social Responsibility of Business," 33.

20. Hasnas, "Normative Theories of Business Ethics," 21.

21. Sen, "Does Business Ethics Make Economic Sense?," 45−46.

22. 作为道德义务的来源，工具模型不能容纳伦理。工具模型允许将社会、伦理和法律习俗作为约束，但不要求或允许伦理推理（这可能与习俗相冲突）来决定商业交易的目标。

23. 关于这一点，还可参见 Sen, "Ethical Challenges"。

24. Sen, "Economics, Business Principles, and Moral Sentiments," 10.

25. Sen, "Does Business Ethics Make Economic Sense?," 51.

26. 工具模型鼓励一种算计性的、非道德的态度，如果这有利于自身利益的话。否则——例如，如果其他人能够发现这些态度并惩罚那些持有这些态度的人——它将建议隐藏这些态度，或者在必要时消除这些态度，以最大限度地满足自身利益。

27. Sen, "Economics, Business Principles, and Moral Sentiments."

28. 同上，6。

29. 同上。

30. Amartya Sen, *Identity and Violence: The Illusion of Destiny* (New York: W. W. Norton, 2006).

33. Sen, "Economics, Business Principles, and Moral Sentiments," 8.

32. Paul Samuelson, "A Note on the Pure Theory of Consumers' Behavior," *Economica* 5 (1938): 61–71.

33. Amartya Sen, "Maximization and the Act of Choice," in *Rationality and Freedom* (Cambridge, MA: Belknap Press of Harvard University Press, 2002), 749.

34. 接受森对显示性偏好的批评，意味着任何从行为解释偏好的理论也可能会受到质疑。

35. 然而，尚不清楚森是否接受自治代理的概念。参见 Philip Pettit, "Construing Sen on Commitment," *Economics and Philosophy* 21, no. 1 (2005): 19。

36. Pettit, "Construing Sen on Commitment," 19.

37. Sen, "Rational Fools," 326.

38. 尽管"承诺"在日常话语中具有积极的内涵，但森并不认为所有以承诺为目标的行为都具有道德价值，或符合大多数人或所有人的利益。例如，以群体忠诚的形式做出的承诺，可能包括为了群体或群体的事业牺牲个体的"纯粹的个人"利益，但这一事业可能并不是道德的。此外，某些形式的承诺因自我升华的方式，而在道德上是可疑的，就像经常发生在被压迫的人身上那样，他们逐渐相信自己天生或理应被当作二等公民对待。

39. Pettit, "Construing Sen on Commitment," esp. 18–20.

40. 森在《公正的思想》(Cambridge, MA: Harvard University Press, 2009) 一书的 191 至 193 页中，讨论了这种承诺的合理性。他认为，人们可以将这些承诺视为反映自我强加的行为约束。在其他地方，笔者也提出了一种代理模型，它以基本概念为基础，按照人们所接受的规范行事，以便包括诸如取代目标的承诺之类的自我激励 (如果不是自主行动的话) 行为。参见 Ann E. Cudd, "Commitment as Motivation: Sen's Theory of Agency and the Explanation of Behavior," *Economics and Philosophy* 30, special issue no. 1 (2014): 35–56.

41. 尽管弗里德曼认为这是股东"普遍"所持有的动机，但从某种程度上说，这并不是股的动机，这更不符合他所坚持的论点，即企业的义务是实现利润最大化。

42. Sen, "Goals, Commitment, and Identity," in *Rationality and Freedom,* 212.

43. I. B. Lee, "Implications of Sen's Concept of Commitment for the Economic Understanding of the Corporation," *Canadian Journal of Law & Jurisprudence* 21 (2008): 97–127.

44. 无可否认，笔者并没有在这里提出这个论点，否则会偏离主题。

45. Sen, *Idea of Justice.*

46. Ingrid Robeyns, "The Capability Approach," in *The Stanford Encyclopedia of Philosophy,* ed. Edward N. Zalta, Summer 2011 ed., http://plato.stanford.edu/archives/sum2011/entries/capability-approach/.

图书在版编目（CIP）数据

财富、商业与哲学：伟大思想家和商业伦理 /（美）
尤金·希思，（美）拜伦·卡尔迪斯编；宋良译. —杭州：
浙江大学出版社，2021.2
（启蒙运动研究）
书名原文：Wealth, Commerce, and Philosophy:
Foundational Thinkers and Business Ethics
ISBN 978-7-308-20049-3

Ⅰ.①财… Ⅱ.①尤… ②拜… ③宋… Ⅲ.①商业道
德—研究 Ⅳ.① F718

中国版本图书馆 CIP 数据核字（2020）第 035810 号

财富、商业与哲学：伟大思想家和商业伦理
［美］尤金·希思　［美］拜伦·卡尔迪斯 编　宋良 译

责任编辑	叶　敏
责任校对	黄梦瑶
装帧设计	罗　洪
出版发行	浙江大学出版社
	（杭州天目山路 148 号　邮政编码 310007）
	（网址：http:// www.zjupress.com）
排　　版	北京大有艺彩图文设计有限公司
印　　刷	河北华商印刷有限公司
开　　本	710mm × 1000mm　1/16
印　　张	27.5
字　　数	436 千
版 印 次	2021 年 2 月第 1 版　2021 年 2 月第 1 次印刷
书　　号	ISBN 978-7-308-20049-3
定　　价	98.00 元